"鱼缸"系列书籍

上海交通大学设计学院 硕士教材

U0498580

设计调研

戴力农 主编

（第3版）

电子工业出版社

Publishing House of Electronics Industry

北京·BEIJING

内 容 简 介

设计调研是设计专业学生和设计师在信息时代需要掌握的一项基本技能,因此《设计调研(第 3 版)》全方位地就这一主题开展讨论。首先定性地介绍常用的数据采集方法,如观察法、单人访谈法、焦点小组、问卷法、头脑风暴法、自我陈述法、现场试验法和 AIGC 赋能设计调研,然后阐述常用的调研分析方法,如数据对比分析、知觉图、鱼骨图、卡片法、情景分析法、人物角色法、故事板、可用性测试、A/B 测试、用户点击行为分析及口碑净推荐分数、流量/转化率/跳出率、网站数据分析。最后介绍设计调研的一般流程,并通过 3 个不同类型的实践案例(基于大数据的设计调研与设计、社交聆听设计调研案例、场地空间设计调研案例)展现不同的领域设计调研与设计洞察的实践的发展过程。

《设计调研(第 3 版)》新增了很多内容,如 AIGC 赋能设计调研、如何推广设计调研、设计调研中的沟通与汇报、基于社交聆听(以小红书调研为例)的设计调研和海外互联网产品的设计调研等。

本书由知名用户体验设计师社群"鱼缸"组织撰稿,大部分作者也来自"鱼缸",是群体协作的成果。作者来自企业和高校,都是活跃在设计第一线的设计专家,如 SAP、德勤日本、阿里巴巴、腾讯、蚂蚁金服、思科、太平洋人寿、渔水源咨询、岱嘉医学等企业,以及上海交通大学、南京艺术学院等高校。本书的案例大量引用中外企业的实际产品和高校课堂实践,与当代的设计理念紧密结合。本书也作为上海交通大学设计学院设计系硕士课程《设计调研》教材,已经使用了 10 年。

未经许可,不得以任何方式复制或抄袭本书之部分或全部内容。

版权所有,侵权必究。

图书在版编目(CIP)数据

设计调研 / 戴力农主编. —3 版. —北京:电子工业出版社,2023.12
("鱼缸"系列书籍)
ISBN 978-7-121-46951-0

Ⅰ. ①设… Ⅱ. ①戴… Ⅲ. ①调查研究-设计 Ⅳ. ①C31

中国国家版本馆 CIP 数据核字(2023)第 248439 号

责任编辑:孙学瑛
印　　刷:三河市双峰印刷装订有限公司
装　　订:三河市双峰印刷装订有限公司
出版发行:电子工业出版社
　　　　　北京市海淀区万寿路 173 信箱　　邮编:100036
开　　本:720×1000　　1/16　　印张:26.75　　字数:513.6 千字
版　　次:2014 年 4 月第 1 版
　　　　　2023 年 12 月第 3 版
印　　次:2023 年 12 月第 1 次印刷
定　　价:99.00 元

凡所购买电子工业出版社图书有缺损问题,请向购买书店调换。若书店售缺,请与本社发行部联系,联系及邮购电话:(010)88254888,88258888。

质量投诉请发邮件至 zlts@phei.com.cn,盗版侵权举报请发邮件至 dbqq@phei.com.cn。

本书咨询联系方式:sxy@phei.com.cn。

编者名录表

章节	章 节 标 题	编者名	编 者 单 位
0	导读	李迦南	上海岱嘉医学、太翼数字健康
1.1	观察法	戴力农	上海交通大学设计学院
1.2	单人访谈法	李力耘	日本德勤咨询公司
1.3	焦点小组	李力耘	日本德勤咨询公司
1.4	问卷法	彭琼	成都信息工程大学
1.5	头脑风暴法	彭琼	成都信息工程大学
1.6	自我陈述法	周恒	SAP 中国研究院
1.7	现场实验法	陈嘉嘉	南京艺术学院工业设计学院
1.8	AIGC 赋能设计调研	李磊	北京汽车研究总院
2.1	数量对比分析	彭琼	成都信息工程大学
2.2	知觉图、鱼骨图	李迦南	上海岱嘉医学、太翼数字健康
2.3	卡片法	戴力农	上海交通大学设计学院
		宋东瑾	上海交通大学设计学院
2.4	情景分析法	李迦南	上海岱嘉医学、太翼数字健康
2.5	人物角色法	戴力农	上海交通大学设计学院
2.6	故事板	周莜	腾讯科技（上海）有限公司
2.7	可用性测试	李力耘	日本德勤咨询公司
2.8	A/B 测试	昌琳	中国太平洋人寿保险股份有限公司
2.9	用户点击行为分析及口碑净推荐分数	邹峰	腾讯科技（上海）有限公司
2.10	流量、跳出率和转化率	陈欣	阿里巴巴
2.11	网站数据分析	陈欣	阿里巴巴
3.1	设计调研的流程	徐沙	腾讯科技（上海）有限公司
3.2	设计调研和设计洞察	彭琼	成都信息工程大学

章节	章 节 标 题	编者名	编 者 单 位
3.3	设计调研中的沟通与汇报	李力耘	日本德勤咨询公司
		姚莹	上海交通大学设计学院
3.4	如何推广设计调研	戴丽霞	阿里巴巴
3.5	基于大数据的设计调研与设计	孙予加	阿里巴巴
3.6	基于社交聆听的设计调研	刘逸青	渔跃体验咨询
3.7	社交聆听设计调研案例——以小红书户外电源产品设计调研为例	刘逸青	渔跃体验咨询
3.8	海外互联网产品的设计调研	葛颖菁	蚂蚁集团
		华文	蚂蚁集团
3.9	场地空间设计调研案例-上海文化商厦设计调研	陆可贤 陈凝 范新楷 叶茜茜	上海交通大学设计学院

作者介绍

（按章节顺序排序）

李迦南

朴素中医合伙人，上海岱嘉医学交互设计师，上海太翼数字健康产品经理，现从事医疗信息化行业工作，曾在支付宝、上海唐硕咨询等公司工作，有多年互联网行业交互设计工作经验。毕业于上海交通大学艺术设计专业。

戴力农

上海交通大学设计系副教授，硕士生导师，南京林业大学家具设计与工程专业博士，同济大学建筑设计及其理论专业硕士，上海交通大学工业设计专业学士。曾任UXPA 中国理事，"鱼缸"用户体验社群创始人。撰书 13 本，并主持国家社科艺术类基金。研究方向为用户研究、空间体验设计、用户体验设计、新产品战略。

李力耘

日本德勤咨询公司高级咨询师，为客户提供数字化转型、IT 组织变革等方案。曾在三星电子上海设计研究所等公司担任用户研究主管，负责概念设计和用户研究。毕业于复旦大学心理学系，日本一桥大学 MBA。研究方向为数字化转型、IT 组织变革。

彭琼

荷兰埃因霍温理工大学设计学博士，成都信息工程大学讲师，曾在携程、SAP 参与用户研究及用户体验设计工作。研究方向为交互设计、信息可视化、创新设计方法及工具研究。

周恒

现任 SAP 中国研究院高级产品经理、高级用户体验设计师，曾任软件交互设计师、用户体验研究员。上海交通大学设计艺术学硕士，具有多年企业管理软件设计经验。致力于企业管理及软件产品策略研究。

陈嘉嘉

教授，博士生导师，南京艺术学院工业设计学院副院长。分别于南京艺术学院、江南大学设计学院、意大利米兰理工大学、德国科隆国际设计学院接受设计学教育，于南京大学社会学院接受社会学熏陶。专注于服务设计、战略设计、产品设计与设计社会学研究。曾主持或参与韩国三星及其他企业的多个设计项目，出版多本图书，担任国家及其他各级课题负责人，发表论文多篇。

李磊

汽车体验设计师，荷兰埃因霍温理工大学人机交互专业硕士，公众号"用户体验设计师"原创作者。现就职于北京汽车研究总院，职业背景涉及用户体验设计、交互设计、人工智能、技术规划、质量管理等。著有《这才是用户体验设计：人人都能看懂的产品设计书》。

宋东瑾

上海交通大学设计学院助理教授，曾赴阿尔托大学访学。主要研究方向为开放设计、社会创新设计、循环设计与可持续等。

周莜

腾讯用户体验设计专家，从事产品广告设计工作。硕士毕业于上海交通大学，曾获国际用户体验创新大赛（UXD Award）全国一等奖的金奖和最受欢迎奖、SAP 公司用户体验行会最高奖。

昌琳

太平洋寿险资深体验设计专家。硕士毕业于上海交通大学工业设计系，毕业后一直从事与用户体验设计相关的工作。曾就职于人因国际（Human Factors International，HFI）、惠普全球软件服务中心、美团点评，曾任喜马拉雅 FM 的 UED 总监，负责领导整个设计团队。

邹峰

硕士毕业于上海交通大学设计系。曾在霍尼韦尔、腾讯、思科等公司从事用户体验研究及产品研发工作。致力于探索新技术，并系统性地研究商业目标同用户体验融合的产品设计方法论，研究成果已得到多类项目的市场验证，效果显著。

陈欣

阿里巴巴用户体验设计专家，具有 10 年 B 端设计经验。现就职于阿里云设计中心，负责面向政企类客户的专有云业务 IaaS、PaaS 产品的体验设计，在云管控、数据可视化、体验度量领域有丰富的设计经验。

徐沙

浙江大学应用心理学硕士，毕业后就职于腾讯，先后在用户研究与体验设计部（CDC）和社交用户体验设计部（ISUX）从事用户研究工作。从业 5 年来，负责过多款个人产品和企业产品的用户研究项目，目前主要负责 QQ 公众号项目。

姚莹

上海交通大学设计学院机械-（国际）工业设计工程（International Industrial Design Engineering，IIDE）专业用户体验设计方向 2021 级硕士。

戴丽霞

阿里巴巴体验设计专家、设计调研产品负责人，上海交通大学安泰经济与管理学院工商管理专业在读硕士，上海交通大学工业设计、智能科学与技术双学士。研究方向为智能设计、设计中台、电商中后台、国际化。

孙予加（柳莺）

阿里巴巴大数据部高级产品经理，负责研发消费者研究类的大数据产品。数据产品"淘宝指数"和"全景洞察"的创始人，专注于用大数据研究"人"和"社会"。

刘逸青

渔跃体验咨询公司创始人，"鱼缸"用户体验社群联合发起人，"鱼缸"系列图书联合作者。现任上海交通大学助理教授、上海工艺美术职业学院外聘教师、上海社会科学院世界经济研究所大数据专家顾问。曾参与国家社会科学基金"海关特殊经济区和国际投资"智库专项、"中国家庭环境与儿童心理健康"课题。研究方向为基于用户体验的大数据精准营销与双向产品定义。

葛颖菁

蚂蚁集团高级设计专家，蚂蚁国际核心产品设计负责人，曾就职于腾讯研究院。上海交通大学软件工程硕士、艺术设计学士。研究方向为国际化设计、数字支付产品设计、设计策略、品牌与用户增长。

华文

AI 创业者，曾任职于蚂蚁国际、华为消费者终端。美国佐治亚理工学院工业设计硕士，拥有 5 项人机交互专利。

陆可贤

硕士毕业于英国皇家艺术学院建筑系室内设计专业，本科毕业于上海交通大学。

陈凝

硕士毕业于美国哈佛大学景观设计专业，本科毕业于上海交通大学。

范新楷

香港大学建筑学硕士，毕业后曾担任学院研究助理，现就读于美国哥伦比亚大学建筑系。本科毕业于上海交通大学。

叶茜茜

硕士毕业于意大利米兰理工大学室内与空间设计专业，本科毕业于上海交通大学。

特别感谢上海交通大学设计系硕士盛蓓茜同学帮助本书主编完成第 3 版书稿的组织和整理工作，她的耐心和责任心让我看到年轻人的潜力。她是一位优秀的年轻人，即使在压力最大的时候，也从未降低对书稿质量的要求，像她这样的年轻人是未来中国的希望！

读者服务

微信扫码回复：46951

● 加入"体验/设计"读者交流群，与更多同道中人互动

● 获取【百场业界大咖直播合集】（持续更新），仅需 1 元

目　　录

第 0 章

导读

设计调研可被拆分成"设计"和"调研"两部分，即为设计而调研。其中，设计指以用户为中心的设计（User-Centered Design，UCD），调研则是围绕着用户的行为、言论、想法和感受[1]展开的。一个常见的误解是，设计思维和调研方法一定要是最新的。事实上，设计流程已经被前人实践了无数次，建筑、家具、汽车、地铁系统、软件、电子产品都是设计师通过相同的设计流程得到的最终产品。纵观历史，优秀的设计师始终对用户的生活和未被满足的需求有着深刻的理解，同时遵循以人为本的宗旨构建有效的解决方案，并帮助公司通过创造符合用户需求的产品获益。

随着各行业的设计过程不断标准化、流程化，设计调研成为设计专业学生和设计师必须掌握的基本技能，本书全方位地就这一主题开展讨论。参考 NN/g[1]对以用户为中心的设计思维过程的定义[2]（如图 0-1 所示），设计调研工作（数据收集、数据分析）覆盖了共情用户、定义需求两个阶段，因此本书第 1 章将集中介绍常用的数据采集方法，如观察法、单人访谈法、焦点小组、问卷法、头脑风暴法、自我陈述法和现场试验法，并将谈到新工具——人工智能生成内容（AI Generated Content，AIGC）；第 2 章将介绍对数据进行调研分析的方法，如数据对比分析、知觉图、鱼骨图、卡片法、情景分析法、人物角色法、故事板、可用性测试、A/B 测试、用户点击行为分析及口碑净推荐分数（NPS）、流量、转化率和跳出率，以及网站数据分析；第 3 章先介绍设计调研的流程，然后通过不同类型的案例展现不同领域设计调研与设计洞察的实践发展过程。

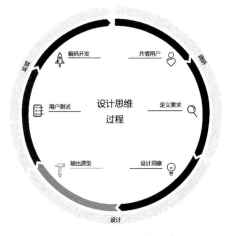

图 0-1 以用户为中心的设计思维过程（原图来自 NN/g，作者翻译）

---

1 Nielsen Norman Group，由雅各布·尼尔森（Jakob Nielsen）和唐·诺曼（Don Norman）于 1998 年创立，是全球知名的用户体验研究机构。该机构的研究论文、课程和咨询服务都基于实际的用户体验调研。

2 以用户为中心的设计思维过程包括 6 个阶段：共情用户、定义需求、设计洞察、输出原型、用户测试、编码开发。引自参考文献[1]。

0.1 设计之前为何要调研？走出两个误区

　　说起设计调研，一方面，大部分设计专业的学生，甚至是刚入行的设计师都认为设计调研只是走个过场，总是怀着根据设计编写调研结果的心态来应付老师、领导；另一方面，公司认为调研耗费人力、物力，采用了各种各样的方法将现有用户和潜在用户的各方面数据都收集到位，产出的结果却常常和没调研时的相差无几。

　　若想走出这两个极端的误区，就要先明确一个关键点：设计调研是一种商业活动，必须针对某个目的或主题进行。在以用户为中心的设计思维过程中，共情用户阶段指"进行研究，以了解用户的行为、言论、想法和感受"，这对应本书第 1 章的内容——数据采集法；定义需求阶段指"整合观察到的用户问题，整理使用场景，洞察用户需求"，这对应本书第 2 章的内容——调研分析。选取合适的数据采集和数据分析方法，以最低的成本精准获取设计所需的信息才是调研的目标。

　　表 0-1 展示了对于不同调研目的和研究成本，建议使用的不同调研方法。需要注意的是，本书第 1、2 章并未罗列出所有调研方法，若想继续学习更多相关内容，还请各位读者参考其他设计调研领域的图书。

表 0-1 不同调研方法的建议

调研目的	研究成本[1]	建议使用的数据采集法	建议使用的数据分析法
新产品方向探寻	低	文献法（行业报告、政策法规与论文，对行业不了解时必须先行） 单人访谈法（需行业专家、咨询师参与） 头脑风暴法（需业务专家参与）	数据对比分析 鱼骨图 情景分析法 体验地图（总结既有解决方案或竞品的用户使用过程） 用户旅程图（挖掘新产品的潜在机会）
	高	文献法（行业报告、政策法规与论文，对行业不了解时必须先行） 观察法 焦点小组（需行业专家、咨询师、业务专家参与） 问卷法 单人访谈法 自我陈述法 实验法	数据对比分析 知觉图（用于对通过问卷法收集到的数据做定量分析） 鱼骨图 人物角色法 情景分析法 故事板 体验地图（总结既有解决方案或竞品的用户使用过程） 用户旅程图（挖掘新产品的潜在机会）
产品接受度、满意度调查（新产品推广、竞品比较调研等）	低	文献法（侧重既有解决方案中用户的痛点、使用动机和态度） 问卷法（在线） 自我陈述法（在线，让用户描述不能接受的原因等） 单人访谈法（需行业专家、咨询师参与，演示既有产品或新产品原型）	用户移情图（侧重使用产品过程中用户的情绪变化） 用户旅程图（侧重描述使用产品过程中用户的情绪、动机、目标） 鱼骨图（分析不同情景中态度变化的原因） 数据对比分析 知觉图（用于对通过问卷法收集到的数据做定量分析）
	高	观察法 问卷法 自我陈述法 焦点小组（需用户意见领袖参与，演示既有产品或新产品原型） 实验法（在实际场景中，让用户体验既有产品或新产品原型）	数据对比分析 知觉图（用于对通过问卷法收集到的数据做定量分析） 鱼骨图（用于呈现对大量数据的研究结果） 用户移情图（侧重使用产品过程中用户的情绪变化） 用户旅程图（侧重描述使用产品过程中用户的情绪、动机、目标）

---

1 研究成本包含调研人力成本、时间成本及其他可能的支出（差旅成本、调研办公支持成本、开发成本、用户赠品等）。

续表 1

调研目的	研究成本	建议使用的数据采集法	建议使用的数据分析法
产品接受度、满意度调查（新产品推广、竞品比较调研等）	高		A/B 测试（软件产品类适用，灰度发布后收集数据） 用户点击数据分析（软件产品类适用，需依托网站埋点系统） 流量、转化率和跳出率数据分析（软件产品类适用，需依托网站埋点系统和漏斗分析系统，侧重于漏斗转化过程的原因分析）
产品使用意见反馈	低	问卷法（在线） 自我陈述法（在线，让用户描述不能接受的原因等）	数据对比分析 知觉图（用于对通过问卷法收集到的数据做定量分析） 鱼骨图（分析各类反馈产生的原因）
	高	观察法 问卷法 自我陈述法 焦点小组（需用户意见领袖参与，演示既有产品或新产品原型）	数据对比分析 知觉图（用于对通过问卷法收集到的数据做定量分析） 鱼骨图（用于呈现对大量数据的研究结果） 用户旅程图（侧重描述使用产品过程中用户的情绪、动机、目标）
既有产品优化	低	观察法（观察用户在使用过程中出现的问题） 问卷法（在线） 单人访谈法（需用户意见领袖参与，演示既有产品或新产品原型） 头脑风暴法（需业务专家参与）	数据对比分析 可用性测试（结合观察法、单人访谈法，采集用户反馈的关键定性数据） 用户旅程图（侧重于整理用户使用既有产品过程中的痛点、需求） 服务蓝图（侧重于评估公司资源对既有产品服务的支持程度及对应环节的用户满意度）
	高	观察法 问卷法 自我陈述法 单人访谈法（需用户意见领袖参与，演示既有产品或新产品原型） 焦点小组（需用户意见领袖参与，演示既有产品或新产品原型，侧重对整体意见的收集）	数据对比分析（对定性结果进行量化处置分析） 卡片分类法 可用性测试（软件产品类适用） 用户点击数据分析（软件产品类适用，需依托网站埋点系统） 流量、转化率和跳出率数据分析（软件产品类适用，需依托网站埋点系统和漏斗分析系统） 网站数据分析（软件产品类适用，需依托网站埋点系统） 情景分析法（适用于根据场景呈现用户的使用过程） 体验地图（总结既有产品的用户使用过程）

调研目的	研究成本	建议使用的数据采集法	建议使用的数据分析法
既有产品优化	高		故事板（总结既有产品的用户使用过程，反馈可改进点） 用户旅程图（侧重于整理用户使用既有产品过程中的痛点、需求） 服务蓝图（侧重于评估公司资源对既有产品服务的支持程度及对应环节的用户满意度）

下面将介绍在设计调研过程中各类方法的适用场景及局限性。

0.2 数据采集法概述

设计调研首先需要进行数据采集，然后才能对数据进行分析。设计调研是一种商业行为，自然不能同社会调研、长期性的文化调研一样长期投入人力、物力，因此在设计调研初期，了解各类数据采集法的特点及其采集结果的形式，并根据实际需要慎重选择是非常重要的。表 0-2 为不同数据采集法的适用场景、采集结果形式和所需的成本。

表 0-2　不同数据采集法的适用场景、采集结果形式及成本

数据采集法	适用场景	采集结果形式	成　　本
文献法	对行业报告、政策法规与论文进行检索 （1）适用于了解行业整体情况 （2）适用于了解行业中某个具体问题的详细情况	（1）文本、图片和视频等非结构化数据 （2）可由有经验的研究者在采集时灵活进行结构化组织和整理	极低
观察法 （见 1.1 节）	观察用户的客观行为 （1）适用于设计调研初期，其开放性有利于突破固有思维框架，为设计创意提供可能性 （2）采集客观、真实、不受干扰的用户数据 （3）采集不能回答问题的研究对象的数据	（1）文本、图片和视频等非结构化数据，需要后期投入人力进行整理 （2）可划分为研究者的客观观察与主观想法两部分	耗时最长，人力、物力成本最高

数据采集法	适用场景	采集结果形式	成本
单人访谈法（见1.2节）	适用于一对一访谈（1）了解用户在使用产品过程中的感受、经历及其对产品的印象（2）让被访者处于安全、放松的沟通环境中，帮助研究者了解更多	（1）结构化访谈收集到的结果能转化为定量数据（2）非结构化访谈收集到的结果更偏向于描述性的非结构化数据，需要额外投入人力进行整理	成本可控（1）通常邀请用户进行访谈，了解一手信息（这样获得的信息更精准，但成本较高）（2）也可邀请行业专家、咨询师参与，了解二手信息（这样获得的信息更概括，但成本较低）
焦点小组（见1.3节）	适用于以座谈会的形式针对同一主题面向多人进行访谈利用群体沟通的特点，互相启发，得到更多的用户愿望、动机、态度、理由	通过白板收集对立的意见（1）结构化问卷或访谈收集到的结果能转化为定量数据（2）非结构化访谈收集到的结果更偏向于描述性的非结构化数据，需要额外投入人力进行整理	成本可控（1）通常邀请用户进行访谈，了解一手信息（这样获得的信息更精准，但成本较高）（2）也可邀请行业专家、咨询师参与，了解二手信息（这样获得的信息更概括，但成本较低）
问卷法（见1.4节）	通过发放问卷来调查用户的情况，适用于收集用户的意见、感受、反应和认知等（1）线上问卷的发放不受空间限制，适用于大量收集各地用户数据的场景（2）适用于需避免匿见并保持匿名性的数据采集场景	可以直接通过计算机编码将结构化问卷的结果转化为定量数据，并结合定量分析快速得到调研结果	省时、省力、省钱（1）调查面广，不需要派人专访，不需要调查人员奔赴调查地点（2）无须培训
头脑风暴法（见1.5节）	通过思维激荡和相互启发等群体讨论活动收集意见（1）鼓励参与者进行创造性思考（2）适用于讨论创新方案、原因分析等场景	非结构化数据，可采用思维导图的形式对结果进行归纳整理	成本较低，但对参与者本身的资质有一定要求
自我陈述法（见1.6节）	用户个体对自己的使用过程和使用经历进行回顾（1）研究者从用户的描述中获取素材（2）自我陈述法不应该被单独使用，可以与用户的行为方式结合起来，一同作为判断的依据	收集到的结果更偏向于描述性的非结构化数据，需要额外投入人力进行整理	数据采集的成本不高，但数据的整理成本不亚于观察法、单人访谈法和焦点小组

续表 2

数据采集法	适用场景	采集结果形式	成　　本
现场试验法 （见 1.7 节）	在实验室之外的真实、自然的社会生活实际及情景中进行的社会心理学研究活动 （1）在设计调研初期，其主要目的为研究人们的态度、行为等因素是如何相互作用的 （2）在设计调研后期，可以用于评估设计方案的效果是否与假设相符	（1）收集到的结果为定量数据，通过归纳、观察现场试验法中数据的变量值得到 （2）定性现场试验法收集的是文本、图片和视频等非结构化数据，需要后期投入人力进行整理	通常花费高、代价高
AIGC 赋能设计调研 （见 1.8 节）	AIGC 可被用于调研的信息采集、提纲编写、结论呈现等环节，推进调研工作的展开	（1）文本生成式 AI 可以协助调研人员收集信息和撰写调研文档 （2）图像生成式 AI 可以快速生成调研人员所需要的图片	该技术尚不成熟，投入产出不可控（随着 AIGC 工具逐渐成熟，其结果变得越来越可预测）

0.3 定性数据分析法概述

访谈法、观察法等收集到的数据包含丰富的细节，如用户面对的任务、场景信息、操作过程，以及他们的情绪、见解、期望等。采用合适的定性数据分析法，按照分析框架得到可视化共识及分析结果是非常重要的。下面分别介绍侧重基础数据分析、侧重用户场景、侧重功能测试的定性数据分析法。

0.3.1 侧重基础数据分析的定性数据分析法

侧重基础数据分析的定性数据分析法是一些独立的小工具，是数据分析的基础。它们的适用场景和结果形式如表 0-3 所示。

表 0-3 侧重基础数据分析的定性数据分析法的适用场景和结果形式

分析法	适用场景	结果形式
鱼骨图 （见 2.2 节）	适用于对不同行业的原始数据进行归因分析，例如人、机、料、法、环	类似思维导图的树状结构
卡片法 （见 2.3 节）	适用于 （1）激发创造力 （2）对用户原始素材进行归类 （3）设计应用或网站导航（按用户心智模型归类）	通过聚类的形式组织原始数据，最后以标签的形式对数据进行标记

0.3.2 侧重用户场景的定性数据分析法

侧重用户场景的定性数据分析法，包括情景分析法、人物角色法（Persona）、故事板、体验地图（UX Mapping）、用户移情图（Empathy Maps）、用户旅程图（Customer Journey Mapping）和服务蓝图（Service Blueprinting）。

如表 0-4 所示，不同定性数据分析法的适用场景和结果形式是有区别的，可以根据不同的需求进行选择。

表 0-4　侧重用户场景的定性数据分析法的适用场景和结果形式

分 析 法	适用场景	结果形式
情景分析法 （见 2.4 节）	适用于帮助团队对某个场景的细节建立具体的认知，通过故事的形式生动形象地迅速描绘用户执行任务时的情况，找到潜在的产品问题和市场机会	对某一场景下用户的客观行为进行详尽的文字描述
人物角色法 （见 2.5 节）	适用于建立更为具体的特定用户形象共识，避免与抽象的"用户"进行沟通	用简练的文字为抽象的"用户"建立具体的形象
故事板 （见 2.6 节）	适用于帮助团队建立更为具体的特定用户使用产品的场景的共识，支持有针对性地挑选互动内容，并对其进行研究分析，还能在时间维度上拓展相关想法	通过运镜形成连续画面，用讲故事的方法来构建用户使用产品的场景
体验地图 （见 2.4 节）	适用于探寻创新产品机会点及帮助团队新成员快速了解业务	泳道图，按时间顺序展示用户在达成目标的过程中不同阶段的经历、使用的服务、采取的行动、心态和情绪的变化
用户移情图	适用于可视化用户在使用产品达成目标过程中的看法	四象限图，刻画单个用户在达成目标过程中的所说、所思，情绪的变化和采取的行动
用户旅程图 （见 2.4 节）	适用于帮助团队了解新业务、用户在使用既有产品的过程中的需求和痛点 可视化用户对特定的业务、产品的使用过程，适合激发产品设计思路	泳道图，按时间顺序展示用户在使用单一产品、服务完成特定任务的过程中，不同阶段的想法、使用的服务、采取的行动、心态和情绪的变化
服务蓝图 （见 2.4 节）	适用于帮助公司各部门员工了解他们提供的服务在协助用户完成特定任务过程中的情况，也可用于优化服务的流程或者内部跨部门协作	泳道图，按时间顺序展示用户在完成特定任务的过程中，接触和使用对应公司各项服务的时长、互动、情绪变化，以及公司其他部门或服务对此给出的支持

不同的定性数据分析法对原始数据的侧重点有如下不同。

- 情景分析法侧重于与用户任务和用户行为有关的数据。
- 人物角色法以与建立整体用户形象有关的数据为主，以与用户行为和目标有关的数据为辅。
- 故事板侧重于与用户场景有关的数据，通过图片将用户任务和行为可视化。
- 用户移情图以与用户在完成某个目标过程中的情绪、看法有关的数据为主，以与用户行为和目标有关的数据为辅。

- 体验地图以展现用户为达成目标而在各个阶段做出的不同行为为主，通常以泳道图的形式来表示，以与用户情绪、看法和使用的工具与服务有关的数据为辅。

- 用户旅程图以与用户使用单一产品、服务过程中出现的情绪、看法有关的数据为主，以与用户行为和目标有关的数据为辅。

- 服务蓝图以产品和服务与用户的接触点数据为主，以与用户的情绪、看法、行为和目标有关的数据为辅。

图 0-2 为不同定性数据分析法与原始数据之间的关系。

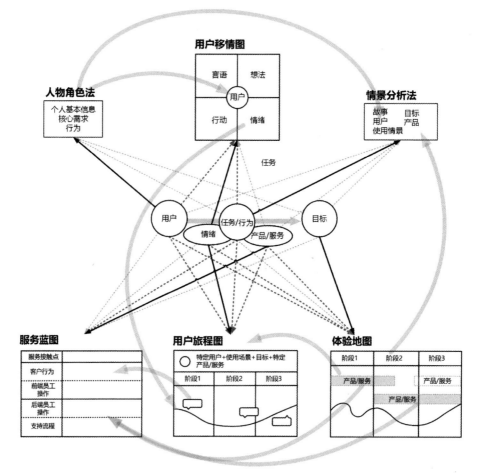

图 0-2　不同定性数据分析法与原始数据之间的关系

（体验地图、用户旅程图、服务蓝图与用户移情图示例源自 OX 研究咨询公司 NN/g，由作者翻译）

图 0-2 较为详细地展示了不同定性数据分析法对原始数据的摘取与组织重点，同时展示了联合使用不同定性数据分析法的可能性。

- 人物角色法可作为用户移情图、情景分析法中对人物信息的补充或者详细描述。
- 情景分析法生成的用户故事可作为体验地图中对各阶段场景的文字描述的补充。
- 用户旅程图可作为对体验地图的补充，侧重描述用户是如何使用某个产品或服务来完成特定目标的，也可以作为用户移情图中对用户情绪、看法的详细描述。
- 服务蓝图可作为对体验地图的补充，侧重描述在用户完成特定目标的过程中，企业服务需要如何配合；也可以作为用户旅程图中对用户与公司产品互动情况的补充。

0.3.3　侧重功能测试的定性数据分析法

侧重功能测试的定性数据分析法主要用于对产品功能进行研究，其中最著名的是可用性测试（见 2.7 节）。可用性测试可以发现人们如何执行具体任务，因此应该用它来测试向预期用户展示每个功能点的方式，通常与单人访谈法或焦点小组同时使用。在可用性测试中，通常会预先设计一定的任务流程，每个任务流程中都包含需要测试的功能点和测试该功能点的过程。可用性测试的成本相对较高，其结果包括功能问题卡片和问题评级，可用于指导后续的产品优化过程。

0.4 定量数据分析法概述

定量数据分析法分为两类，一类是对原始数据进行量化分析，进而得到最终的结果；另一类偏重对数据的持续自动采集，通过将数据汇总到既有的数据看板或导出量化数据的形式进行分析。

0.4.1 原始数据量化

表 0-5 为对原始数据量化 2 种分析法的比较。

表 0-5　原始数据量化分析法比较

分　析　法	适用场景	结果形式
数据对比分析（见 2.1 节）	展示原始数据中数量的大小关系、变化趋势和占比关系，协助研究者用统计学方法并配以表格、图片进行分析	通过表格与图片直观地展示结果
知觉图（见 2.2 节）	可视化展示消费者对产品、品牌、公司等在多个维度上的认知	通过直角坐标系和向量来展示目标群体对事物多维度的看法，可直观地展示事物和属性之间的准确关系。在数据量大的情况下得到的结果会更有价值

0.4.2 数据持续自动采集

定量数据分析法的特点是由程序持续自动地采集定量数据，并通过将数据汇总到可视化的界面或将数据导出的形式进行分析。例如，使用 A/B 测试，通过比较某一页面两个产品的设计方案在相同实验条件下一段时间内实际访问量的变化情况，来帮助企业选择更合理的方案。

　　数据持续自动采集主要通过数据埋点、程序自动采集的方式收集原始数据，成本相对较高。但此项工作的结果具有可持续的观测价值，因此在大公司中备受青睐。表0-6 为数据持续自动采集分析法的常用工具比较。

表 0-6　数据持续自动采集分析法工具比较

分 析 法	适用场景	结果形式
A/B 测试 （见 2.8 节）	对访问量等累积定量数据进行比较,以便选择更合理的产品设计方案 （1）A/B 测试需要两个版本的设计方案，A 代表旧的设计，B 代表新的设计 （2）让不同用户使用这两个版本的产品，比较在规定的时间或者访问量之内，两个版本的数据（如转化率、业绩、跳出率等），选择效果更好的版本	A、B 两个版本的不同功能页面相关数据的比较
用户点击行为分析 （见 2.9 节）	（1）判断页面所设计的内容和结构是否符合产品设计的预期 （2）发现用户对该页面上展现的哪些内容感兴趣	页面点击量可视化热点图、转化率
口碑净推荐分数（NPS） （见 2.9 节）	衡量用户的满意度和忠诚度,通过汇总用户的正向、负向评分,计算某个用户会向其他人推荐某个企业或服务的可能性	以百分比的形式展示用户对产品或品牌的推荐程度
流量、转化率和跳出率 （见 2.10 节）	判断某一网站运作是否良好,包括网站访问人数的多寡、新用户转化为活跃用户的情况、对网站不感兴趣的用户所占的比例	流量、转化率、跳出率等关键指标趋势分析图表或指标看板
网站数据分析 （见 2.11 节）	根据网站运行的各项定量指标(例如一个月内有多少人访问了该网站），综合分析该网站存在的问题和机会 为保证数据的准确性,设定的时间通常以一个月为佳。当分析人员获取指标数据时,可以很容易地分析出网站的运行状况	网站分析相关的各类综合指标趋势分析图表或指标看板

0.5 从设计调研到设计洞察

设计调研的目的是弄清楚人们想要什么，然后通过设计来满足他们的需求。设计调研过程中获得的数据只有被放在合适的情景中才能获得准确的解读，理解情景则需要设计者具备敏锐的洞察力和强大的换位思考能力，构建以人为本的解决方案，帮助公司创造用户所需的产品。

本书的第 3 章通过实例，逐步引导读者在实践中体验如何从设计调研转向设计洞察，并给出了多个领域的操作指南。表 0-7 是对第 3 章各部分内容的介绍，以及不同章节的推荐阅读人群和适用场景。

表 0-7 第 3 章内容介绍与比较

推荐阅读人群	适用场景	相应章节
零基础	设计调研的全过程，基于不同调研目标，选择正确的调研方法	设计调研的流程（见 3.1 节）
	如何从设计调研中获得设计所需的信息	设计调研和设计洞察（见 3.2 节）
有调研实践经验的人群	整个调研项目的管理过程实践（沟通与汇报）	设计调研中的沟通与汇报（见 3.3 节）
	如何在公司、团队内推广设计调研，让设计调研产生更大影响力	如何推广设计调研（见 3.4 节）
	社交产品数据的调研分析过程	基于社交聆听的设计调研（见 3.6 节）
行业细分领域人群	大数据挖掘分析案例	基于大数据的设计调研与设计（见 3.5 节）
	基于社交产品反馈数据分析的设计灵感导入过程	社交聆听设计调研案例（见 3.7 节）
	出海产品如何做设计调研	海外互联网产品的设计调研（见 3.8 节）
	环境艺术设计的设计调研	场地空间设计调研案例（见 3.9 节）

第 1 章

数据采集法

1.1 观察法

1.1.1 什么是观察法

"我们在不同程度上都是人类的观察者。"[2]

观察是人类与生俱来的能力，观察法是古老而原始的方法。一个健康的婴儿，最初的学习离不开他对周围人的观察。在无数次地观察了大人们的行为后，他开始自己探索、实践，然后学会了走路、说话。通过观察，孩童能够学会日常生活所需的大部分技能。

观察法也是科学探索中最常用的方法。只不过，要想将人类与生俱来的观察能力引入科学研究的范畴，仅靠本能是不够的。它必须超越常识，形成可以信赖的、具有一定信度和效度的资料，才能成为科学的工具和手段。

✍ 案例：

IDEO 设计公司想为美国的医疗保健组织——凯撒健康计划医疗集团（Kaiser Permanente，简称 Kaiser）制订一个既能吸引更多患者，又能减少开支的长期发展计划。IDEO 设计公司组织了一个由 Kaiser 的护士、医生、设备操作人员、社会学家、设计师、建筑师和工程师组成的团队来观察病人接受医疗检查的过程。有时候团队成员甚至要亲自扮演病人，如图 1-1 所示。

IDEO 设计公司的设计师 X 发现了病人就诊过程中存在的许多问题，例如，漫长的等候和不舒适的候诊室使得病人与家属往往在就诊前就已经开始烦躁。团队里的认知心理学家指出，老人、孩子和外国移民特别需要家属或者朋友陪同，但陪同者经常不被允许留在病人身边，这使病人感到痛苦、害怕和担忧。团队中的社会学家指出，病人讨厌这里的检查室，因为他们必须在到处都是可怕的针头的环境里独自半裸躺着超过 20 分钟，期间不可以做任何事情。

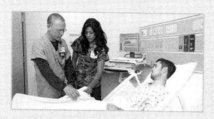

图 1-1　IDEO 设计公司的 Kaiser Permanente 项目的基础是大量的实地观察[3]

从 IDEO 设计公司的这个经典案例可以看出，观察法指观察者根据一定的研究目的、研究提纲或观察表，用自己的感官和辅助工具直接观察被观察者，从而获得资料的方法。观察一般指利用眼睛、耳朵等感觉器官去感知观察对象。由于人的感觉器官具有一定的局限性，观察者往往要借助各种现代化的仪器，如照相机、录音机、微型摄像机等辅助观察。

观察法在调研初期对创新更有价值。在设计调研过程中，观察法通常被应用于调研初期。在一些传统的设计调研中，研究者一开始会以问卷法为主，动辄设计一份有十几个问题的问卷，并将问卷发布到网上，待收集到一些答卷后就将其作为设计的依据。要知道，设计本来就是一项创意性工作，有的设计甚至是在创造一个全新的产品。只要有创新，就必定会赋予产品一些其原来没有的属性。那么，对一个原来没有的属性，也就是一个研究者自己都不知道的东西，如何提问？如果在调研初期做问卷，而且问题主要来自文献或其他桌面调研，也就是他人的研究，那么这个调研结果就是研究者凭着个人经验臆造出来的。因此，传统的以问卷开始的设计调研有很多局限性。若想使设计有所创新，就要回归设计的本源。设计的本源是解决人们在生活、工作中遇到的问题或者为他们创造更好的体验。研究者必须从了解使用者的生活、工作、操作方式、习惯、爱好等开始，发现问题、寻找设计的切入点，从而进行创新。这个过程同样适用于改良性设计。

研究者在调研初期对调研对象了解甚少，或者不知道问题所在，或者需要寻找新的突破点，因此需要保持"空瓶"心态，并深入使用者的生活、工作，这样才能找到可能在未来转化为创新点的那些"石子"。此时，研究者所知的只有一个"模糊的轮廓"，例如，需要研究什么人，他们要做哪些事，在哪里操作，等等。调研初期使用的方法必须非常开放，最好的研究方法通常是观察法。研究者需要去观察真实的使用者在真实的环境中是怎样操作产品的，他们有什么困难、痛点、情绪和观点。

1.1.2　观察法的 4 个维度

与原始的观察本能不同，科学的观察法具有目的性、计划性、系统性和可重复性。这就要求观察者在观察之前，对观察的各个方面进行设计。在明确了观察对象、观察主题、观察者要求等信息后，还需要对观察本身进行设计。通常，观察法的设计体现在 4 个方面，也称观察法的 4 个维度。

观察法的 4 个维度是布景、结构、公开性和参与水平。

1. 布景

在通常情况下，观察者最好能到真实使用者使用产品的真实环境中进行观察比较。例如，可以通过观察人们在阳台上操作洗衣机的整个过程对洗衣机进行设计调研，可以通过观察人们在饭店用餐后的付款情况对手机银行进行设计调研。但是，也有一些产品或者使用者无法被实地观察。例如，在调研某个特征变量对产品使用的影响时，会因为真实环境中有太多影响因素而无法知晓使用者的决策究竟是基于哪个因素做出的。当环境因素对事件的影响比较小时，也可以将被观察者请到观察者人为设计的场景中对其进行观察研究。以上真实环境和人为环境，就是布景。

✍ 案例：

　　在上海交通大学进行的一项对中产家庭饮食空间（包含厨房和餐厅）的研究中，观察者通过实地走访受访家庭，现场拍摄家庭饮食空间的日常状态，了解各家庭成员在这些地方会做些什么。从图 1-2 中可以看到，茶几上有食物，但也有大量的其他物品，如遥控器、香烟、笔记本、手机、证件和相机等，这说明人们在饮食空间中有大量与饮食无关的行为。因此，在传统的饮食空间中有很多使用新产品的机会。

图 1-2　受访家庭饮食空间中的茶几

　　人为布景通常在实验室里设置，也可能由与真实环境相似的地方改造而成。设计调研里人为布景的实验室与自然科学领域中那些布满冷冰冰仪器的实验室不同。对于设计调研来说，人为布景的实验室可能是舒适的办公室、温馨的客厅、欢乐的游戏室或者其他模拟情景。

　　人们通常认为，自然布景，也就是真实的使用环境，比人为布景更容易激发使用者的自然行为。但是有时候，布景究竟是自然的还是人为的对观察研究的影响很小。人为布景有着便于观察者控制实验条件（如变量条件），节省人力、物力和时间，可以避免偶然因素导致无法观察等诸多好处。例如研究表明，在洗澡时，新生儿比 3 岁的幼儿对环境熟悉性的要求更小，所以针对新生儿洗澡的调研不必严格追求在浴室(场地太小，不便于进行拍摄等记录数据的操作)里进行，而可以在客厅等方便观察、拍摄记录的空间中进行。又例如，如果要了解在不同光照条件下电视机的显示情况，那么在使用者的家中观察要花费大量时间等待光线变化，几乎需要一整天才能收集完一位使用者的行为和感受；而在实验室里，通过模拟自然光就可以在短时间里得到多位使用者的反馈。

2．结构

定量研究的观察结构

　　观察的结构指在观察前设计的框架。结构化观察指观察者按照这个框架进行观察，并将观察到的数据录入预定的表格等文件中，用以做后期的分析。由于有了明确的观察因素，并对观察到的现象进行了等级预设，观察者也能将观察到的内容填到对应的表格中，所以可以采集到清晰、明确的数据，非常有利于进行定量分析。比如观察使用某 App 的过程，可以预先将所有步骤编号，并将是否完成和使用的时长转换成分数，这样记录的数据就可以被用于最终分析。

　　结构化观察的要点是预先设计好框架，然后对观察者进行培训，让他们在观察中按照统一的规则记录、评价被观察者，得出便于分析的观察评价。这种方法需要信度尽可能高的观察者，不太适合没有经验的观察者。

预观察

　　如果在设计调研的早期就使用结构化观察，那么观察者可能不知道哪些行为和现象是有价值的。如果项目的时间充裕，那么最好的办法就是做预试验，也就是预观察。

　　在预观察之前，观察者可以根据自己的经验设计观察提纲。也可以不做提纲，完全在预观察中收集数据。

在预观察中，需记录被观察者的行为，然后对其进行编码及分类。也可以使用观察表或核查册，还可以先记录下来，后期再进行整理、分析。对于预观察中已经发现的行为，在正式观察前，要对所有观察者进行培训，使每位观察者明白每种行为的定义和范围，避免不知道如何记录一些模棱两可的行为。如果要对每个行为进行评分，就要清晰地规定评分等级与行为描述的关联，尽量减少不同观察者的主观差异带来的偏差。

在预观察后的分析中，对于一些一时不能确定是否有价值的观察因素，要遵守"宁多勿少"的原则，将其完整记录下来，这样就可以收集到广泛的数据。因为观察法要耗费大量的人力、物力，所以即使在后期发现有些因素没有被观察到，也几乎不可能再回到被观察者那里去补充数据。

定性研究的观察结构

在设计调研中，观察法通常以定性的方式进行。观察者不希望在早期就限定研究的因素，特别是对于创新性设计的用户调研，观察者更期望可以通过观察发现大量他们本来不知道的或者超出预期的被观察者的行为和表现。所以观察者更多地会采用开放式的观察，主要提供观察的维度和建议，不要求非常严格的顺序和内容，又被称为非结构化观察。

非结构化观察收集到的资料包括照片、视频、录音、图画和实物，其记录文字也常以描述为主。它能够让观察者全面地看到被观察者、产品、环境等诸多因素之间错综复杂的关系，可以让他们发现不少从来没有想过、从来没有见过的数据，给予设计创新肥沃的土壤。但正因为如此，非结构化观察的整理工作也是繁重的。设计调研的观察者通常会根据设计经验、事先对项目的了解和委托企业的意图对数据进行筛选，去除庞杂的、价值不高的信息，归纳分析有价值的数据，再利用其他方法进行更深入的探索。

3. 公开性

在观察法中，被观察的对象是否意识到自己被观察，有时候会对观察的结果产生影响，这种影响叫"观察者效应"。通常来说，如果被观察者不知道自己正在被观察，他们的行为就会自然得多，真实得多。

✎ 案例：

在上海交通大学的项目"上海地铁使用者研究"中，观察者对上海地铁做了600多次观察。并且，为了比较各地地铁的使用者差异，也选取了中国香港、东京、纽

约、芝加哥等大城市做实地观察。观察都是在乘客不知情的情况下进行的。图 1-3
是在中国香港地铁荔景站拍摄的，乘客在狭小的站台上靠着墙休息。中国香港地铁
站的休息设施很少，列车间距比较短。

图 1-3　在中国香港地铁站观察乘客的行为

　　但是，对于设计调研来说，有些项目必须得到被观察者的配合。比如要求被观察
者完成某项任务，在完成任务的过程中，观察被观察者怎样和产品、环境互动，这种
方式也常见于现场试验法（见 1.7 节）。还有一些项目，如果在实地自然地观察人们
对产品的使用情况，那么要么需要花费漫长的时间等待机会出现；要么干扰因素较多，
产品的使用情况多样，观察无法集中在主要研究的步骤上；要么完成任务的过程中可
能性较多，无法一一研究，只能了解部分分支，等等。此时，需要牺牲一定的被观察
者的自然状态，甚至将被观察者请到实验室，让他们按照观察者的要求完成任务。这
样一来，观察者就可以高效地观察到相关信息，较快地得到大量素材。

　　4．参与水平

　　在许多观察中，观察者需要介入事件才能观察到事情的完整情况，这叫作参与性
观察。在参与性观察里，观察者介入事件的程度叫参与水平，这通常需要在实施观察
前进行设置。

　　在参与性观察中，被观察者一旦知道观察者的真实身份，就难以表达个人的真实
想法，或难以表现出自然的行为。在一些单位的人才选拔中，也会采用参与性观察的
方式来考查候选人。通常是在候选人里夹杂部分观察者，观察者会与被观察者（候选
人）一起完成活动任务，然后在这个过程中观察候选人，并对他们作出评价。在这一
过程中，候选人因为不知道同伴是观察者，所以会很自然地表达自我。

　　在一些深入的参与性观察中，观察者在一定程度上会作为被调查群体的一员从事

研究。曾经有社会学家装成黑帮团伙的一员，参与团伙的活动甚至生活，研究其组织结构和信仰建立。参与性观察收集到的数据包括非正式的访谈记录、对事件的记忆、非正式交流的报告、成员互动的记录和对气氛的解释等。由于观察者和被观察者在一起，所以不会错失有关信息，还能发现和区分小组成员的观点，对所记录结果的真实含义有相当的把握，这样就避免了结构化访谈、问卷、远程观察等方法中出现的失真和遗漏现象。

　　参与性观察的缺点还有：由于被观察者事先不知道观察者的身份和他所进行的研究，所以当观察者最后公开自己的真实身份时，他们会认为观察者背叛了自己。因此，比起其他类型的研究，参与性观察给被观察者的生活带来的影响更大。观察者在进行参与性观察的过程中要格外谨慎，特别是在涉及个人隐私和公共道德方面时。

1.1.3　观察法的步骤

1. 明确研究主题

　　一旦决定使用观察法，就要确保研究团队的所有成员对研究目的有清楚的认知，否则观察者很容易被庞杂信息迷惑，无法敏锐地发现素材中的价值，这一点对于非结构化观察尤其重要。非结构化观察是开放式的，它允许观察者发现自己原来没有想过的东西，明确研究的主题能使观察者大致分辨出哪些信息对研究有价值，哪些信息虽然有趣但并无价值。

　　研究的主题一般包括研究的对象、研究的问题，以及某个特定的情景条件（也可能包含研究的对象物）。以研究"单身白领用洗衣机"为例，观察者需要知道其研究对象是单身白领，研究的问题是洗衣服及相关问题，特定的情景可以限制在家里，研究的对象物是洗衣机或者其他洗衣工具。

2. 选定观察对象和观察方式

　　明确了研究的主题后，就需要确定观察对象，并考虑选择哪种观察方式。

观察对象

　　观察对象对于研究非常重要。在制订观察计划时，需要对观察对象有明确的限定。以研究"单身白领用洗衣机"为例，不同年龄、不同文化背景、不同地域的人对该洗衣机的需求和使用方式都会很不同。根据以往对市场的了解，该洗衣机的主要使用人群可能是"都市年轻单身白领"，即生活在大城市、年龄为 22～30 岁、受教育程度为大专以上、以脑力工作为主、收入中等、独居的未婚者。

有些项目的观察对象一开始并不是非常明确，就可以适当放宽筛选条件，待完成了初期观察再重新确定观察对象。

观察方式

根据研究主题决定采用结构化观察还是非结构化观察。如果是改良性设计，观察者对研究对象、产品、情景等方面的情况都比较了解，如驻场设计师只是考虑某几个因素可能对产品产生的影响，那么结构化观察会提供更集中、易于量化程度更高的数据。如果是以创新为主的项目，或者观察者对课题不那么熟悉，如第三方设计咨询公司需要通过调研寻找设计灵感，非结构化观察则更加适合。

对于设计调研来说，非结构化观察更为常用。这时就要决定是将被观察者请到实验室里进行观察，还是在他们使用产品的场所进行观察。这取决于研究对象和被观察者。例如，以人种志（Ethnography）为主要方法的观察者，非常强调实地观察，这种实地观察和访谈的方式也被叫作"田野调查"（Field Works）。观察使用者在自然状态下的使用环境，常常有助于后期的产品创新，并且有些创新要素可能直接来自产品所在的环境。

关于公开性，大多数设计调研的观察可以让被观察者知道观察者的身份。有时候，让观察者了解一些研究的主题，能方便他们与观察者一起思考，提供与研究主题相关的信息。但大多数情况是，观察者只是告诉被观察者诸如"我们想更多地了解您平时是怎样使用洗衣机的"或者"是否能演示一下您上次洗衣服的过程？"等大致信息。因为一些被观察者对研究主题了解得越多，其思维就越可能受到限制，使得部分有价值的信息流失；还有一些被观察者则总是希望"表现出色"或者"符合大多数人的观点"，因而隐藏了自己的真实情况或想法。此外，入户调研几乎都会公开观察者身份，要求被观察者完成一些特定的任务。也有一些观察不需要公开观察者的身份，例如，在地铁站观察人们上下车的行为、人群的流动等。在这些项目中，是否公开观察者的身份不太影响观察的结果。在大多数设计调研中，观察者并不需要参与活动，所以比较容易确定观察方式。

3. 考虑影响观察取样的因素及观察取样的方法

除了对被观察者进行明确的范围限定、全面取样，还有一些因素也是需要预先考虑的。取样的多少往往取决于研究的目标，研究的因素越多，变量就越多，要想得到较为全面客观的观察内容，就需要增加观察次数。

例如，针对某公园的设计调研，单就天气、时段和是否是节假日这几个因素，就需要多次观察。晴天、阴天和雨雪天，上午、中午和下午，节假日和工作日，这些因素都会对公园的使用情况造成影响。对于每种情况至少需要1次观察，不考虑排列组合都有8种类型。加上公园场地因素，选点不同，观察到的内容就不同。这样一来，针对一个公园的观察就可能需要数10次。

影响观察取样的因素除了天气、时间、场地等，还包括与事件联系的密切程度、阶段等。有些研究需要进行长时间跟踪，长期积累数据。

常用的观察取样方法如表1-1所示。

表1-1　常用的观察取样方法

取样方法	特　　点
对象取样	选取特定的对象进行观察
时间取样	在特定时间内观察所发生的行为
场面取样	有意识地选择一个自然的场面
事件取样	观察一个事件的完整过程
阶段取样	选择某一阶段进行有重点的观察
追踪观察	对观察对象进行长期的、系统的观察，以了解其发展的全过程

4．列出观察提纲

在实施任何具体的观察之前，都应该先列出观察提纲，观察提纲的结构可以参考一些成型的设计研究框架。下面简要介绍美国伊利诺伊理工大学设计学院使用的POEMS框架。

POEMS[4]框架指导了观察者在设计调研时该观察什么、怎么记录，以及如何进行后期的整理分析。POEMS分别代表以下5个方面。

- P代表People，即被观察者。
- O代表Object，指观察时看到的物体，尤其指与被观察者相关的物体，如产品本身、在操作产品过程中涉及的物体。
- E代表Environment，指观察对象所处的空间与环境。
- M代表Message，指在观察过程中可能涉及的信息。例如打开电视时，提示开机的红灯会亮；微波炉加热食物结束时，会有"叮"的提示声。
- S代表Service，指在观察过程中被观察者可能涉及的服务，例如咖啡馆里的人需要Wi-Fi上网，这里的Wi-Fi就是一种服务。如果没有这个服务，人们的行为就会有所不同。

图1-4举例展示了POEMS代表的5个方面。

图 1-4　POEMS 代表的 5 个方面[5]

5. 进行准备及预观察

正式观察前的准备包括仪器设置、人员培训、分工及做好应变措施等。

在有条件的情况下，特别是对于那些以创新为目标的设计调研，可以进行预观察。预观察非常有价值，因为观察者对可能出现的创新点所知甚少，所以要在正式观察之前创建观察表。对于不熟悉的内容，创建出的观察表大概率只是泛泛的和通用的。如果希望做出更有针对性的观察表，就需要对观察有一定的了解。进行 1 次到 2 次预观察能极大地提高后续大批量观察的效率。当然，如果研究目标比较简单，观察者对调研的内容也很熟悉，就可以跳过预观察。

6. 实施正式观察

进入现场后，首先要选好观察位置，要有较好的角度和光线以保证观察的全面、精确。在通常情况下，需要两位以上观察者同时参与，从不同的角度拍摄记录。观察过程中不能影响被观察者，不要与被观察者随意交流，特别是在间接观察、非参与性观察过程中，最好不要让被观察者知道观察者的身份。在观察的过程中，观察者要将观看、倾听、询问、思考、五感、记录结合起来，以达到最佳的观察效果。

- **观看**：这是观察中最主要的方式，凡是与观察目的有关的行为和现象都要仔细查看。
- **倾听**：凡是在现场出现的声音都要听，对于被观察者的发言更要仔细地听。在公开性高的观察中，可以建议被观察者"放声思考"（即大声说出自己做每个动作时的想法）。
- **询问**：在内部观察时，观察者可当面询问被观察者相关问题。例如，可以问"对于这个问题，你是怎么想的"。

- **思考**：从刚开始获取信息时就要进行思考、分析，并随着观察活动的深入和观察资料的累积，逐步形成自己的看法。
- **五感**：在观察时，还要灵活运用触摸、品尝、嗅闻等方式协助观察，便于更好地理解被观察者。
- **记录**：虽然现代的拍摄工具非常多，拍照、录像都能用手机完成，能够进行较长时间拍摄的摄像机也已进入普通家庭，但观察法还是强调现场记录。特别要提出的是，现场记录下来的信息往往有两大类：一类是客观发生的现象；另一类是观察者自己的想法。一定要区分清楚这两类信息。在观察现场进行记录时，也可以将观察到的信息填入预设计的表格。如果是电子表单，那么可以将部分内容提前设置为选择项，这样一来会极大地方便后期的整理和分析。但是无论预设计的表格有多么完整，观察法还是强调做现场的手写记录。在进行现场手写记录时，观察者通常不止一位。如果有条件，那么可以像单人访谈法那样，安排一位主观察者现场手写记录，一位辅助观察者输入电子表格，一位助理维护摄像设备并进行补充提示。

7. 观察后的整理与分析

在进行现场观察时，大量的信息冲击着观察者的感官，想法、创意不断涌现。一场观察结束，观察者收获颇丰，而要想让劳动成果发挥出最大的价值，最好的办法就是在观察结束后的 1 小时内找个安静的地方对观察记录进行整理。人的记忆消退得很快，再加上研究工作烦琐，观察者也无暇把所录视频完整地再看一遍，所以只有尽快整理，才能将观察到的内容转化成有效的数据。

分析观察结果的方法有多种，相关内容将在第 2 章进行详细阐述。图 1-5 展现的是 POEMS 的分析阶段，观察者将所有根据被观察者的行为得出的设计洞察输入矩阵表的横轴，纵轴会自动生成同样的内容；然后由观察者在横轴上选择一个设计洞察，再在纵轴上选择一个设计洞察，对两者的相关性进行评分（1~5 分），并将分值填在横轴与纵轴的交点上（如果两个轴上的洞察相同，就给出相关性最高分，即 5 分）；然后计算机自动计算相关性矩阵，得到如图 1-5 所示的洞察之间的聚类，由此进行进一步的分析。

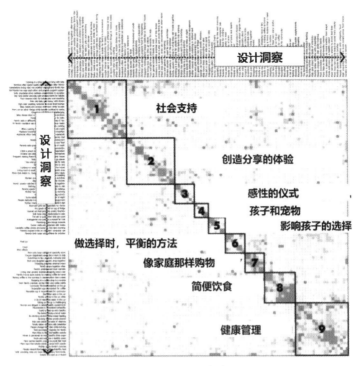

图 1-5　POEMS 的分析阶段

| 1.1.4　观察法的优缺点

优点

作为设计调研初期的一种非常开放的工具，观察法收集到的资料常常突破观察者原有的认知。由于被观察者与观察者的交流较少，受到的影响较小，并且大部分信息都是现场直接观察到的，不依赖被观察者的回忆，所以可以得到最真实、自然的数据。观察者往往能观察到被观察者没有观察到的内容，能更全面地记录实际情况。而对于被观察者来说，那些观察者认为新鲜、丰富的内容可能是他们习以为常的，往往容易被忽略。

观察法还有一个其他方法无法比拟的优点，即它能够对那些不能回答问题的研究对象进行观察，例如儿童、动物、残疾人和生病的老人。

缺点

观察法也有缺点。首先，观察法几乎是所有方法中耗时最长、人力和物力成本最高的。一般的企业针对短期和快速反应的研究，最多只能做少量的浅层次观察。

其次，在这种方法中，虽然被观察者受到的影响很小，能展现其最真实、自然的状态，但只要记录是由人做的，就会具有主观性。因此，被选择的数据和作出的评价可能是被扭曲的，被筛掉的信息也可能极有价值，只是在最初的观察中不被知晓。

再者，对于隐藏了观察者身份的观察，特别是参与性观察，如果观察者在观察的过程中不慎暴露身份，那么被观察者可能会感觉受到欺骗，这反而对研究不利，尤其是对于一些涉及隐私的研究。

最后，虽然观察法中结构化观察获得的资料可以被用于定量分析，但是由于它收集的样本有限，评价比较依赖观察者的主观意见，所以其产生的定量分析结论只能作为参考，不具有普遍代表意义。

1.1.5 应用案例——上海中高收入家庭儿童家具设计研究[6]

"上海中高收入家庭儿童家具设计研究"为博士论文《基于人物角色法的上海中高收入家庭儿童家具设计研究》中的课题，下面提取其中的观察法部分进行讨论。

1. 明确研究主题
研究的主题是亲子家庭住宅中的儿童家具设计。

2. 制订观察计划
定义观察对象

研究范围是上海地区，儿童年龄为 0～18 岁。关于对"中高收入（年人均收入）"的定义，参考调研期间（2012—2016 年）的统计局数据，将范围设定为 12 万～22 万元。其他约束条件还有：被观察家庭长期居住于上海，公寓为两居室或三居室，父母学历以大专以上为主，两代人或三代人同住，父母同在，独生子女家庭。

选择观察的方式

该课题选择人类学人种志的方式，强调田野调查，所以采用非结构化观察，研究团队（身份公开）到被观察者家中（自然布景），非参与性地采集数据。采集数据的方式为家庭成员拍摄日常生活照片（图 1-6）和观察者入户观察、访谈并行。研究注重了解儿童家具使用者的生活形态，而非局限于儿童家具本身，并从中提炼家长的生活观、教育观及家庭关系等更深层次的信息。

图 1-6　孩子帮奶奶做家务

3．考虑其他影响观察取样的因素

其他影响观察取样的因素包括孩子的性别、年龄，父母的学历、收入，住宅情况，所处地区，等等。

4．列出观察的提纲

因为要观察整个家庭的生活形态，所以其提纲会涉及生活的各个方面。此次观察提纲使用 POEMS 框架。

基本信息提纲

基本信息提纲包括：调研组基本信息、被观察者基本信息、家庭结构、家庭观念、家庭分工、家庭活动、孩子生活史、二孩计划、其他（如购物习惯、网购程度、获取信息途径、海淘程度、装修风格等）。

入户家居环境观察提纲

入户家居环境观察提纲包括：绘制户型平面图、家具布置图，拍摄各房间中各个空间的照片。

用户走查-行为观察提纲

用户走查-行为观察提纲包括：孩子在一个工作日、一个节假日里的行为跟踪记录，孩子的主要照顾者在一个工作日、一个节假日里的行为跟踪记录，其他家庭主要成员在一个工作日、一个节假日里的行为跟踪记录；问询和记录的内容包括人物、行为、环境、同做的人、产品、问题和发现。

入户实物记录提纲

入户实物记录提纲包括：住宅各方面物品记录、痕迹寻找和收纳情况记录等。

5．实施观察

列出观察提纲后，先进行预调研，检查观察提纲是否合理，是否覆盖了所有的问题。然后对观察提纲进行一定的修订，就可以开始正式调研了。

"基本信息"的询问分为两部分，第一部分在入户前通过电话进行询问，以此确认被观察者是否为合适的招募对象；第二部分在入户一开始时询问。

"入户家居环境观察"包括测量房间、家具并绘制一定比例的平面图，给每个房间的所有空间拍照。

"用户走查-行为观察"的实施指观察者需要从早上起床开始，一路跟随被观察者至他的每个生活场景中，直接观察被观察者模拟使用产品的状态，鼓励被观察者出声思维，记录被观察者对产品优点和缺点的评价，如图1-7所示。工作日和节假日各走查1次。

图1-7　观察者在现场跟随被观察者一路走查

"入户实物记录"是对家庭环境中产品使用的现状进行调查，收集实物的数据，需要拍到物品与环境、物品与被观察者的关系，并进行记录。

6．观察后的录入与整理

录入表（图1-8）结合了POEMS框架，同时对所有定性数据进行全面的收录，包含了观察提纲的所有内容，并同时采集参与录入工作的观察者对观察数据的洞察。

	A	B	C	D	E	F	G	H	I	J	K	L	M	N
1	编号	行为	行为描述	行为人性别	行为人身份	行为人年龄	物体	环境	信息	服务	行为动机	不满意或困扰	改进建议	观察者评价
2														
3														
4														

图1-8　录入表（局部）

后期采用卡片法（见2.3节）进行用户需求分析、需求层次分析和家庭观聚类等一系列数据分析。

1.2 单人访谈法

1.2.1 什么是单人访谈法

大多数研究的基础都和访谈有关。简单来说,访谈(Interview)就是用提问的方式,获取用户对产品的使用过程、使用感受、品牌印象,以及使用经历等内容的过程。单人访谈法是指调研人员对个人进行单独访问。对多人同时进行访问的访谈法叫焦点小组(参见 1.3 节)。相比通过后台获取或者大规模问卷收集到的数据,访谈所获得的内容可以被筛选、组织,形成更有说服力的数据,以帮助设计者与具体的用户进行交流,探求他们的使用意图、期待、理由等。

访谈的主要执行者一般被称为主持人(Interviewer 或 Moderator),而接受访谈的用户被称为被访者或参与者(Interviewee 或 Participant)。有经验的访谈主持人能熟练使用沟通技巧,提出访谈提问者的观点,让被访者充分展现自己的感受和想法。

大部分的访谈适合面对面交流的方式,随着功能强大的远程会议工具的出现,设计者在调研时也可以选择远程访谈。

1.2.2 招募

为了完成某研究而寻找、筛选、邀请合适的人,并安排他们参加访谈、测试等的过程叫作招募。

招募包括 3 个基本步骤:确定被访群体、找到被访者代表、邀请被访者代表参与访谈。招募时间根据项目需要和是否有用户数据库而有所不同，一般的招募需要 1~2 周时间。一个典型的招募日程如表 1-2 所示。

表 1-2   一个典型的招募日程

时　　间	活　　动
1~7 天	确定研究目标与用户（若需同需求方沟通并逐步商议，则可适当增加时间和步骤）
0.5~1 天	据用户特点，编写筛选文档
2~7 天	根据筛选文档寻找合适的受众
1~3 天	从合适的受众中初步筛选被访者
1 天	初排日程（综合考虑候选被访者、研究员、需求方等的时间）
1 天	向合格的被访者发出邀请
1 天	确定被访者及日程
0.5 天	测试前通知提醒
部分日程可以并行处理。根据寻找被访者的难度（条件要求所导致）不同、项目的紧迫程度不同、已有数据库的资源不同，整个招募过程所需时间可能为 3 天到 2 周不等。	

1. 确定被访者群体

了解研究目标和研究对象

无论是在项目初期的构思、策划阶段，还是在中期的开发阶段和后期的验证阶段，我们都需要知道，对于这个产品、这件事，用户是怎么理解、怎么操作的，他们在理解和操作的过程中是否会遇到困难。

因此我们需要思考以下问题。

（1）现阶段是否需要进行某方面的研究？例如了解前述要点。

（2）我们要寻找什么样的用户？正在使用该产品的是怎样的一群人？

（3）作为开发人员、销售人员，我们期待能够吸引何种用户？如何吸引他们使用该产品？

提出基本问题

确定了研究目的和研究对象后，我们需要梳理本次研究要回答的基本问题，包括对用户群体和他们行为的理解。下面的案例可帮助我们理解如何提出基本问题。

✍ 案例：

　　某电子商务网站近期打算找用户参与访谈调研，于是请公司的研究员执行这个项目。研究员首先询问此次调研的目标是什么，网站的产品经理回答是需要了解用户对网站的使用情况，看网站有哪里需要改进。基于这个回答，研究员继续询问产品经理是否希望对用户使用该网站的过程做一个描述。产品经理说，最近看到了用户把商品放入购物车或收藏夹却没有购买的数据。

通过探讨，最后确立该研究的目标是：理解那些把商品放入购物车或收藏夹却没有购买的用户的想法，并在此基础上研究如何提高用户的最终购买转化率。明确了这一点之后，研究员请产品经理一起思考哪些用户可以帮助他们完成这个研究，进而列出被访者的筛选条件。

编写筛选文档

筛选文档包括用户的基本信息、一般行为信息、与研究目的有关的信息。通过这些信息，研究者既可以投放筛选问卷找到合适的用户，也可以利用公司用户数据库中的购买日志等挑选出合适的用户。

基本信息包括参与者的性别、年龄、职业、联系方式、家庭状况等。在筛选时，我们会参考所有的基本信息，但性别、年龄、职业通常是最为重要的。

一般行为信息包括接触网络的年数、经常使用的聊天工具、每天使用网络的时间、一般付费习惯、每月收入等。这些信息虽然可以在用户初始注册时留下的数据中获得，但是随着时间的推移和使用经验的积累，用户的行为会有所改变，所以在研究前需要重新收集此类信息。

在刚才的案例中，与研究目标有关的信息可以被拆解为过去 2 个月内用户完成购买的次数和商品数、放入收藏夹的次数和商品数等。

除以上问题外，为了了解用户可以参与访谈的时间段，还要让被访者在筛选文档中勾选自己有空的时间段，以便研究者在执行访谈的过程中规划好时间。

2．挑选被访者群体

根据筛选文档制作招募问卷

这里主要介绍一下在没有用户数据库的情况下的招募方式，也就是通过网络和社群筛选的招募方式。

图 1-9 为一份招募问卷的样图，可供大家参考。我们根据筛选文档中的基本信息和一般行为信息设计了招募问卷中的常见问题。

问卷的投放往往需要其他部门（例如客服）的配合，或者由研究者从公司的网站和产品的社群中开始分发。

Q1. 您的性别是？
男 ·· 1
女 ·· 2

Q2. 您的年龄是？
20 岁及以下 ··· 1
21～25 岁 ·· 2
26～30 岁 ·· 3
31～35 岁 ·· 4
36～40 岁 ·· 5
41 岁及以上 ··· 6

Q3. 您每天登录 App 的次数是？
从不 ··· 1
1～2 次 ··· 2
3～5 次 ··· 3
6 次及以上 ··· 4

Q4. 最近 2 个月下单购买的次数是？
没有购买 ··· 1
平均每月下单 1～2 次 ····································· 2
平均每月下单 3～4 次 ····································· 3
平均每月下单 5 次及以上 ································· 4

Q5. 最近 2 个月放入收藏夹或购物车但没有下单的次数是？
没有这类情况 ··· 1
平均每月发生 1～2 次 ····································· 2
平均每月发生 3～4 次 ····································· 3
平均每月发生 5 次及以上 ································· 4

Q6. 是否可以请您参加 1 小时左右的访谈？可复选时间段
周一到周五的 9～18 点 ···································· 1
周一到周五的 18～20 点 ·································· 2
周六和周日的 9～18 点 ···································· 3
无法参加 ··· 4

图 1-9　招募问卷的样图

筛选过程

在回收了招募问卷后，剔除选项答案不符合招募要求的用户，将留下的用户按照能参与访谈的时间顺序来排列，一份待选的用户名单便产生了。

积累个人用户数据库

对于从来没有开展过招募活动的研究者来说，既需要争取公司其他人的支持以获得用户数据，也需要在每一次研究的过程中，积累可以扩充用户群体的方法。

过去有不少调研人员用 QQ 群来聚集用户群体，现在他们还通过微信社群积累了一批可以讨论产品的忠实用户。在社群中，需要经常鼓励用户讨论并收集对产品的使用心得及抱怨内容，在需要招募被访者时邀请他们参加，或请他们帮忙转发招募信息。

在短时间内招募到用户并没有你想象的那么难。其实，大部分用户对自己使用的产品的公司是有感情的，他们很乐意和你交流并且帮助你，告诉你如何改进公司的产品和设计。

3. 安排日程与邀请被访者

项目安排的时间和用户的空闲时间共同决定了访谈活动的时间表。可根据之前在招募问卷里让用户勾选的空闲时间段，找出符合项目安排时间的用户，并开始邀约。我们通过下面的案例进一步说明如何开展这个阶段的工作。

🖎 案例：

某个项目需要在 2 周之内完成，需要 20 名被访者。那么平均每天访谈多少人、每次访谈持续多长时间、同时有几位主持人执行项目，这些因素都会影响时间表的编排。

此外，一般公司职员的上班时间为周一到周五白天的 8~9 小时，而大部分用户可能的空闲时间是工作日的晚上和周末。这就需要与被访者做好沟通，并合理安排时间。

由于访谈之后一般需要进行整理并撰写报告，所以在安排 2 次及以上访谈的时候，要注意在相邻访谈之间给予适当的整理时间。

● 项目计划

根据这个项目的紧急程度，准备启用两位主持人，每位主持人访谈 10 人，即在 5 个工作日中每天访谈 2 人。计划至少需要 2 个工作日对访谈结果进行整理和报告。那么留给招募被访者的时间只有 2~3 天。

● 寻找候选被访者

第一天，列出了筛选条件后，通过微信群、小红书、豆瓣等发布招募问卷。当天就收集到了不少用户信息，第一份招募名单出炉。

● 邀请候选被访者

第二天，向招募名单上的候选被访者发出邀请。可通过发送微信消息、电子邮件、手机短信和打电话等方式来完成。比较正式且打扰程度最低的方式是发送电子邮件。

如果通过微信邀请，那么最好使用企业微信账号，这样既专业，又方便对方搜索到你。

在准备邀请文字的时候，除了明确时间、地点、人物、活动等信息，还要格外注意邀约的语气，真诚和为对方考虑的心态和语气是必不可少的。

如果使用打电话的方式进行邀请，就应该使用一些口头语，让对方感到体贴和真诚，避免使用具有命令感的语气。

- 给候选被访者访谈实施者的联系方式

邀约人如果并不是实际实施访谈的研究人员，就需要给候选被访者访谈实施过程前后实际联络人的联系方式。

- 预留备选被访者

有经验的招募者会知道，在筛选和邀请被访者时，一般需要多预留几个名额，以应对有的被访者因临时有事而不能到来的情况。还有一种情况是访谈结束后发现对方并不完全符合要求或者访谈获取到的内容低于预期。通常每10人需预留1~2个备选名额。例如，若本来只需要20名被访者，那么可能会向22名被访者发出访谈邀请。

4. 事前准备

在项目开始前，需要将项目日程重新浏览一遍，做到心中有数；通知所有的被访者，提醒他们项目开始的时间；逐一检查将要用到的材料、设备等。

如果该项目还需要邀请开发人员观摩，那么也需要提前通知对方，并为他们提供适当的观摩场所。有的公司具有配备单面镜的观察室，则可以将观摩者安排在观察室。如果访谈是在比较简单的房间中进行的，则需对观摩者的人数加以控制，并将他们安排在稍远离主持人和被访者的位置。

为被访者准备的饮料、小零食也在事前准备的计划里，这样不仅能够缓解长时间说话后的口渴，也能让访谈的气氛更为轻松。

5. 招募常见问题和对策
招不到人

招不到人是最常见的困难之一，有时是因为项目时间紧，缺少足够的报名者；而有时报名者足够多，从中却找不到合适的候选被访者。如果研究团队刚成立或者没有用户数据库，那么更令人着急。这时可以先使用下面两个方法，再慢慢积累自己的用户数据库：一个方法是请亲朋好友帮忙，一个人的能力毕竟是有限的，所以可以将招募条件告知自己的亲朋好友，让他们帮忙寻找。另一个方法是利用网络，研究团队可以在微博、小红书、QQ群、豆瓣等平台发布招募条件和访谈邀约，这些招募信息也可以被别人转发，从而扩散开来。

找错人选

在实际进行访谈的过程中，有时我们会发现被访者并不符合招募条件。这种情况虽然不多见，但一旦出现，就会打乱项目的计划和节奏。要想解决这一问题，除了提升筛选问题的质量，还可以在发出访谈邀约之前确认对方回答的信息。例如，在发出访谈邀约前，可以询问对方："在过去的 2 个月里，您是否有 2～3 次把商品放到购物车但没有购买的情况？"若对方回答"是的，想等降价了再买呢"，那么就可以继续对其发起邀约。

如果真的来错了人，那么也可以收集对方的产品使用情况作为日后研究的补充。前文中我们介绍了每 10 人要预留 1～2 个备选名额，因此即使有少部分人不符合条件，最后的总访谈人数也能满足要求。

失约和迟到

偶尔会有失约或者迟到的情况发生，这会浪费预留的访谈时间，而再约时间也会导致访谈延期。

所以在发出邀约时，需要考虑一些预留时间。同时在通知被访者时，用诚恳、坚定的语气告诉对方，这是一个正式且有排期的邀请，时间都是协调好的，不能随意变动。

此外，针对特殊天气，以及早晚高峰，工作人员可以在访谈前一天给被访者打电话或发短信，询问其是否遇到困难，以便掌握被访者的情况并向其提供帮助。

报名人数过多

在有多名符合条件的候选被访者的情况下，会难以决定最终选取哪几位进行访谈。这时，不仅需要考虑他们当中哪些人的条件更符合项目的要求，还需要考虑哪些人的时间更容易协调，在沟通时还需要留意对方的态度、表达能力及对产品的熟悉程度。这些条件对访谈的完成效果会有影响。

隐私保护

最后需要注意的是，要保护好参与者的隐私。在招募过程中，我们获取了很多人的个人资料，需要将这些资料保管好，避免无关人员接触。另外在支付礼金时，有些公司的财务部门会要求被访者提供身份证、银行卡等的复印件。在获取这些材料的时候，我们需要向被访者进行说明，且获取之后要注意用专用的抽屉、箱柜保存纸质资料。若有电子资料，则需要加密，仅限研究人员访问，避免信息泄露。如果项目持续时间较长，那么还可以根据公司规定及时销毁相关资料。

1.2.3 访谈结构

访谈的整个结构一般包含介绍、暖场、一般问题、深入问题、回顾与总结、结束语和感谢。下面依次展开说明。

1. 介绍

在访谈开始时，主持人会向被访者进行介绍说明。这个介绍说明需要包含本次访谈的目的、主持人自我介绍、被访者自我介绍、访谈规则描述和诚挚感谢等。

访谈的目的

向被访者描述此次访谈的目的。例如，"我们想邀请使用本公司产品的高级用户，聊一聊大家是如何使用该产品的，以便我们更好地为用户服务"。

主持人自我介绍

主持人需要进行自我介绍，一般需要给出自己的姓名、工作内容，并告诉被访者如何称呼自己等。

例如，"您好，我是×××，是这里的用户研究员。我平时的工作主要是收集和您一样的用户的建议，并且与设计部门沟通如何更好地满足大家的需求，从而设计出更好的产品。您可以叫我××"。

被访者自我介绍

这是主持人在介绍了访谈目的和进行了自我介绍之后请被访者简单介绍自己的过程，是主持人与被访者初步建立一对一合作关系的重要步骤。例如，"那么，请您自我介绍一下好吗？您叫什么名字？在哪里工作或学习呢"。

访谈规则描述

不管是单人访谈还是多人访谈，在开场介绍中都要对访谈的规则进行说明，这是为了保证访谈的有效进行。访谈规则包括以下几个。

- 表达真实想法。
- 没有对错之分。
- 访谈根据一定的问题开展。
- 访谈的流程和所需时间。

例如，"访谈过程中希望您能畅所欲言，把真实的想法告诉我们，您的回答没有对错之分，都能让我们更好地了解用户的想法。我们事先准备了一些问题，所以本次访谈会围绕着这些问题进行。整个过程大概需要1小时"。

诚挚感谢

完成了访谈开头的介绍后，主持人需简单询问被访者是否有疑问。若被访者表示没有问题，主持人则以感谢作为本环节的结尾。例如，"今天的访谈介绍大致是这样，您是否还有疑问呢？（等待回答）再次感谢您抽出宝贵的时间参加本次访谈，那我们接下来就开始吧"。

2．暖场

暖场指在正式提出访谈问题之前，通过一定的沟通技巧让谈话氛围更加融洽，让被访者进入轻松自在的心理状态的过程。访谈的介绍部分和暖场部分是紧密相连的，暖场也可以从被访者进入访谈地点时开始。

3．一般问题

访谈的问题可以分为一般问题和深入问题。一般问题通用于各个访谈对象、各种研究或项目。以下内容被称为一般问题。

请您说说平时是怎么使用×××的？能具体描述一下吗？

请您和我们讲讲您是怎么看待×××的呢？

您平时是怎么做这件事的？能和我们说说您有哪些需求吗？

您当时购买×××的原因是什么呢？出于哪些考虑？

4．深入问题

访谈的结构安排有时候是先问一般问题（2~3 个），再问深入问题（根据访谈目的和时间设置问题数量）；有时候是在问完 1 个一般问题后，紧接着针对该问题进行深入的追问或探讨。深入问题往往会关注细节，例如根据用户回答的使用情况进行追问，或者请求用户详细描述操作步骤。注意，在询问深入问题的过程中，主持人还可以和被访者展开讨论，所涉及的问题可能并非在事先的计划当中。例如，可以询问对方，如果不是这个情况，那又是怎么考虑的？为什么不选择另一个？等等。下面的案例可以帮助大家理解如何深入询问问题。

✎ **案例：**

刚才您说到使用的过程，我想就×××这一步再询问一下，您是怎么考虑的？这一步具体怎么操作？为什么这样做呢？

我们也看到有其他可以选择的对象，那您为什么不选择那一个，您能跟我们讲讲吗？

5. 回顾与总结

在访谈中，每部分的结尾都可以进行简单的回顾和小结，以结束该部分的内容并衔接后一阶段。而当整个访谈结束的时候，主持人可以对整场谈话的每个部分做总结，此次总结也可以被理解为向被访者做最后的确认。

6. 结束语和感谢

访谈即将结束的时候，要注意使用结束语。因为如果在问完最后一个问题后突然终结谈话，就会显得很突兀。结束语在之前回顾和总结的基础上，说明今天的访谈即将结束，感谢被访者给予的宝贵意见，最后表示自己会将他们的意见整理好并向设计部门传达等。

1.2.4　访谈类型

1. 结构化（标准化）访谈

结构化访谈又称标准化访谈，是一种对过程高度控制的访谈方式。访谈过程中对被访者提出的问题、提问的次序和方式，以及对被访者回答的记录方式都保持一致。对于结构化问题，较少使用开放式问法，而是将答案限定在一定范围或选项内，然后对所获数据进行量化和统计分析。

结构化访谈的优点是过程标准化，方便对比和量化分析结果；缺点是不能做太多语言表述方面的展开，否则无法对收集的数据进行类比，花费的时间也会较长。

2. 非结构化（开放式）访谈

非结构化访谈又称开放式访谈，或半结构化访谈，是一种较为开放的探索性访谈。对于访谈过程中抛出的问题，被访者不需要按某种固定格式回答，可以自由地描述事件、态度、感受。同时，如果被访者的回答已经包含后续问题的答案，则可以按情况更换问题的顺序，围绕着被访者已有的回答收集意见。在非结构化访谈中，比较多地考验了主持人对问题的理解，以及引导被访者深入回答的能力。

目前，成熟的访谈往往会结合结构化方式和非结构化方式，这样能更好地获取和分析数据。

1.2.5　访谈技巧

1. 主持人

一场成功的访谈，离不开优秀而有经验的主持人。主持人若想获得访谈所需要的能力，则既需要相应的性格和天赋，也需要自身的不断努力和经验积累。如果想挑选一位合格的访谈主持人，则要注意以下几点。

- 吐字清晰，表达清楚，语速适中。
- 提问时语句组织较自然、随和，不生硬。
- 总结方式不主观、不跳跃，尊重被访者的意见且能引导被访者展开话题。
- 有较强的亲和力，既能在较短时间内和被访者沟通，又能控制住讨论现场。
- 熟悉访谈研究的产品或服务。
- 对各种知识涉猎广泛。知识面较狭窄的主持人可能会受到被访者的挑战。

2．提问方式

需要事先确定好访谈时的提问方式和要提出的问题。问题和措辞方式要中立、客观。主持人要尽可能使用"是怎样的？""原因是什么？""可以描述一下吗？""如何考虑的？"等开放性句式，要避免使用指向性强的问题。指向性强的问题会导致被访者不能很好地思考，或者陷入需要反驳的情况。

例如，在被访者还没有给出答案的时候，不要询问被访者"A 和 B，你喜欢的是 A 吗"，合适的问法是"A 和 B，你更喜欢哪一个呢"，这样的表达虽然只改变了一点内容，但被访者的感受将会截然不同。

3．倾听与回应

在访谈过程中，当被访者表达观点时，主持人需要采用比较自然和具有鼓励性的倾听方式，让对方放松，说出真实的想法。回应时，可以默默点头，可以轻声附和"嗯"或"对"，可以说"哦，是这样"。回应不要过于频繁，但要让对方感受到自己的说话内容一直被听到。

4．重复与释义

有时针对被访者回答的内容，可以采用重复（稍做语序、词语的调整也可以）的方式，使其感受到自己表达的意思得到确认，并适当引导他继续展开话题。

例如，当被访者谈到自己为什么使用 A 而不使用 B 的时候，他说："我觉得 A 更有质感，速度更快。"主持人可以回应道："哦，您觉得 A 让您感觉更有质感、速度更快。"此时被访者可能会继续展开："对，因为……"

而另一种针对被访者的回答所做出的回应是为了帮助被访者概括并阐述，这种方式叫作释义，用于帮助由于没有找到合适的词语而用大段语言描述的被访者进行阐述，或者用于帮助被访者将所说的话做一个概括。释义时需注意不要引导被访者，也不能改变被访者的意思。

例如，被访者说："怎么说呢，这个不是很能说清楚，我觉得它不是我很喜欢的一个方向吧，有点太做过头了。"主持人可以通过上下文做出回应："您的意思是刚才这个有点夸张，不是您期望的方向，对吗？"

适度使用重复和释义可以使被访者回答的内容在访谈过程中得到解释和梳理，提高访谈的效率，提升访谈的效果。

5. 跟进与深挖

当被访者谈到和项目需求高度相关的内容，却又无意识地转换了讨论的方向时，主持人对项目相关问题的适当跟进和深挖就很有必要。主持人需凭借对项目的熟悉度和深厚的访谈经验，及时抓住与项目需求高度相关的回答，并对其进行跟进和深挖。

例如，被访者提到："到了这一步，我就希望能把之前的交易记录都显示一下。"主持人此时可以对该需求进行跟进："哦，那为什么在这一步会想要显示一下之前的交易记录呢？""您希望大概在什么位置显示交易记录，包括哪些内容呢？"这种适时的跟进可以让被访者的需求得到充分的表达，同时也完整地把握了用户行为对应的心理过程。

1.2.6　访谈环境

访谈的环境和氛围也会影响访谈的效果。首先，访谈所在的会议室、访谈室不能太大，也不能太小。太大会显得访谈所在的环境很空旷，容易分散被访者的注意力；太小又会使环境看上去很局促，主持人和被访者之间的距离太近。其次，访谈环境中的灯光、摆件等也能影响气氛。建议在访谈室内使用光线偏柔和的日光灯，比如白色光灯管与暖色光灯管相结合。还可以在访谈室内放置1~2个大沙发，并摆放一些公司的产品、玩偶、海报等。此外，在布置座位时，可使主持人和被访者的座位之间适当形成一个夹角，而不是在一条水平线上，这样会让两者看上去不那么对立，而是在共同商讨一个话题。单人访谈室的布置情况如图1-10所示。

图1-10　主持人与被访者的位置形成夹角，适合交流[7]

| 1.2.7　记录访谈

1. 观察

在访谈的过程中，除了主持人，一般还会有观察和协助记录整个访谈过程的助理研究员，有时候还会邀请项目相关人员来观摩。

尽管可以将整个过程拍摄下来并翻看录像，但在访谈过程中进行记录、思考，并对访谈内容进行调整和补充的效果优于回看录像，这也是研究员的价值所在。

观察的时候，不仅要注意被访者回复的话语，还要留意被访者的动作、表情，这会帮助研究人员更准确地理解和把握被访者的想法。

邀请项目相关人员来观摩访谈是一个使其近距离接触真实用户的好机会，可以避免他们的开发和设计过于主观和脱离实际。

有条件的公司可以建立用单面镜隔开的访谈室和观摩室，并配备摄像机等记录工具。

2. 影音存档

将访谈过程拍摄并保存起来，留待分析时的整理和后续的研究。目前比较常见的方法是将视频、音频，连同访谈时使用的大纲、用户填写的问卷等材料一起归类存放，并且给这些材料设置好必要的关键词，一旦需要即可通过检索找出。

3. 问题即数据

访谈所获得的语言文字内容其实就是我们所需要的数据。有怎样的问题，就会产生怎样的数据。研究人员，尤其是做记录的人员，在访谈的准备阶段需要对主持人的访谈大纲有很深的理解。针对每一个问题所产生的答案和理由，将是后期进行分析的基础。将各个用户对同一个问题的回答联系起来进行推敲、分析，就可以得出用户的价值观及其对产品的思考、态度，进而得出产品的设计方向，这便是这些数据的价值。

| 1.2.8　远程用户访谈

1. 远程用户访谈的价值

虽然面对面访谈的效果始终是最好的，但如今的网络会议工具、宽带网速、硬件设备的迭代提升，已经可以让我们通过远程的方式收获高质量的访谈结果。

远程的用户访谈可以节约研究团队的出差成本、来访者的出行成本，进而降低项目经费支出。

因为可以通过远程的方式和被访者沟通，所以选取被访者的范围不再受地理限制，扩大了样本范围，身处异地的用户也可以参与访谈。远程用户访谈还可以消除交通工具的延误、临时管控措施等对访谈实施时间的影响，保证了研究的按时推进。

因此不少研究团队也渐渐开始使用远程用户访谈的方式。那么远程用户访谈在实施时需要着重注意哪些方面呢？

2. 远程用户访谈的准备

在远程用户访谈的准备阶段，通常需要考虑以下不同于面对面访谈的问题。

（1）确保计算机等设备的音频、视频连接通畅。在招募和预约阶段，就将被访者的计算机等设备及网络条件列入筛选条件。在确定了被访者之后到实施访谈之前进行一次简短的在线测试，查看双方的摄像头是否可以正常使用、是否可以录屏、网络是否有延迟等。

（2）制作一份给被访者的访谈准备手册。将访谈前需要准备的内容和需要收集的资料做成手册，提前发给被访者，包括访谈进行的时间表、访谈前的在线测试说明、需要提前签署的协议等。

3. 远程用户访谈的实施

对于远程用户访谈的实施，我们结合线上沟通的特点，根据过往的经验罗列了一些可以帮助大家获取较好访谈效果的要素。

摄像头的使用

为了确保获得良好的沟通效果，打开摄像头是必要的，因为被访者在交流时是否能通过画面看到主持人的状态对访谈的质量会有影响。

摄像头拍摄主持人的角度不宜从下往上，而应尽可能和主持人的额头同高或者略高于主持人的额头。为了使主持人的面部不会过暗或过亮，光源需避免从单一角度照在主持人的脸上或身上，应尽可能保证主持人所在的房间光线充足且主持人不在背光的位置。

由于主持人看着计算机屏幕时其眼睛并非对准摄像头，被访者通过画面看到的主持人好像在盯着屏幕下方一般。因此主持人可以时不时对着摄像头与被访者交流，或者将视频会议的界面尽量靠近屏幕上方（或摄像头所在的位置），这样对方看到的主持人或眼神角度会更接近面对面交流。

有时产品团队或其他同事会一起观摩访谈，利用访谈室安装的广角摄像头，可以让被访者看到更多的空间，这时被访者会有一个人同一群人交流的感受，状态也会更自然。

虚拟背景的使用

使用虚拟背景特别是带有公司名称或图案的背景具有更正式、统一的感觉。在设置虚拟背景时，须避免由于背景色和主持人的衣服颜色相近而在身体和背景附近产生不可虚拟的边缘，影响被访者的观感，进而影响访谈效果。

不使用虚拟背景会给人更加真实且值得信赖的感受。主持人可坐在浅色或者白色的墙壁前，也可在摄像头拍摄的范围内进行适当的布置。如何布置可以参考 1.2.6 节对访谈环境的建议。

远程用户访谈时的管理内容

和面对面访谈管理的内容有所区别，远程用户访谈需要关注和管理的内容如下。

①访谈大纲。

②共享投屏和需要与被访者共同阅读的材料。

③通过共享屏幕观察被访者的操作。

④可以看到被访者面部表情的画面。

⑤可以看到主持人面部表情及会议室情况的画面。

⑥确保网络没有延迟。

⑦确保可同步录制视频。

基于以上内容，在准备远程用户访谈使用的会议室时，需要设置多屏幕/显示器来分别管理上述画面。除了主持人，一定要有助理研究员进行计算机设置等操作。

1.3 焦点小组

1.3.1 什么是焦点小组

焦点小组（Focus Group）是需要多人参与访谈，集中在一个或一类主题，用结构化的方式揭示目标用户的经验、感受、态度、愿望，并且努力客观呈现其背后原因的用户体验研究方法。在访谈的问题设计、访谈技巧等方面，焦点小组同单人访谈法有诸多相似之处。焦点小组经过长期实践而被稳定且广泛地使用，是因为其能够用 1~2 小时直接面对多名用户，可以在对同一类用户的探索中获得较多样本，也便于用户相互启发和深入讨论。同时，焦点小组可以引入不同类用户，引导他们进行对立性的探讨和表达，来帮助研究人员更好地理解用户的想法。

焦点小组的主持人

焦点小组中有主持人和被访者两个主要角色（非主要角色还包括助理研究员、观察员）。在焦点小组中，主持人就一些事先拟订的话题引导被访者展开自由讨论，并保证每一位被访者都能充分发表自己的看法。

焦点小组的规模和形态

从给予每位被访者充足的发言时间及把控节奏的角度来说，6~8 人的焦点小组是最适宜的。也有微型的焦点小组，如 4 人；或者较为大型的焦点小组，如 12 人，这一般由具体的研究项目决定。

焦点小组的实施时机

根据研究的需要，焦点小组能在不同时期开展。可以是在探索需求的初期，用来收集用户的期待和需求；也可以是在设计和发散的中期，请被访者体验具有一定完成度的产品并对其进行讨论；也可以在产品设计的后期将其作为一种启发式的测试手法，从被访者的使用反馈中获得测试数据。

1.3.2　焦点小组的优势与不足

1. 焦点小组的优势

（1）善于发现用户的愿望、动机、态度、理由。

由于焦点小组运用了群体沟通的方式，所以当群体成员发表意见的时候，会互相启发，产出更多的内容。焦点小组这种允许群体成员一一表达的方法，特别适合用于挖掘用户的愿望、动机、态度和理由。如果焦点小组寻找的是同一类用户，那么用户之间可以补充观点；如果焦点小组寻找的是对立类型的用户，那么用户之间可以提出各自的观点，更好、更多地表达出有意义的内容。有时候焦点小组中也会进行问卷调研，被访者不仅可以给出问题的答案，还可以在小组讨论中说出自己的思考过程，这对开发人员是非常宝贵的。

（2）可以灵活选择实施时机。

焦点小组可以根据研究的需要和产品所在阶段灵活选择实施时机。可以在收集用户需求或设计产品概念时实施，通过询问每位被访者的生活习惯、态度，捕捉他们对产品的潜在需求；也可以通过展示概念板（概念板指将讨论对象通过文字或图画展现出来的方式，通常会用合适的纸张将这些文字或图画打印出来）等材料，向被访者描述一个正在构思中的产品，进而获得他们的感受和建议。而在需要验证设计或测试原型（原型指还在开发前期的利用静态文字、图片或者动画，如 Figma 等展现的产品，以及可供测试的早期版本）时，也可以实施焦点小组，这样做不仅能获得一定数量的评分，更重要的是还能询问被访者是如何看待该产品或功能的。

（3）可以更好地利用场地空间并借助多种工具、材料达到调研目标。

焦点小组的实施环境一般较为宽敞，是以会议室为基础的空间。在会议室里，可以放置电视机、白板等，用于展示视频或图片等材料。此外，在焦点小组的执行过程中，还可以让用户填写相应的问卷，或者让用户用彩笔画出自己所想，或者体验不同型号的产品等。宽敞的环境和丰富的工具材料更便于焦点小组达成预期的目标。使用白板列出用户的想法并深入探讨的情况如图 1-11 所示。

图 1-11　使用白板列出用户的想法并深入探讨[8]

（4）能获得直观的对比。

当一个焦点小组中同时存在两种类型的用户时，可以在访谈中观察到不同类型用户之间观点的碰撞。在用户类型相同的两个焦点小组中，也可以感受到针对同一个问题，即使是同类型的用户其回答也颇不相同。这种直观的对比，使开发人员能很好地、清楚地了解各种类型用户的想法。

2. 焦点小组的不足

（1）不能得出可以推广的定量的结论。

焦点小组尽管可以同时实施 3～4 组，每组也有 8 名左右用户，但仍然不能被视为一种定量研究方法。焦点小组以探求用户的需求、态度为主，大多数结论都是描述和比较用户的看法、感受，因此不能作为定量结论代表整个用户群的想法。从这个角度来说，对于已经获得定量结论的问题，再利用焦点小组探讨其原因，或者针对焦点小组中得到的理由投放定量问卷会是很好的研究方法组合。

（2）群体之间存在一定程度的相互影响。

主持人的一个重要作用是使访谈中所有的被访者都能发表自己的想法，不受他人的影响。这实际上可能无法绝对保证，毕竟在群体讨论中，大家在互相启发思考的同时，也会互相影响。尤其是当大部分人已经表达了某种一致的看法时，剩下的小部分人可能会对自己的看法有所保留。这时候就需要有经验的主持人捕捉并尽可能发掘重要的观点。

1.3.3　焦点小组的实施结构

1. 介绍

焦点小组的介绍部分和单人访谈法相似。访谈开始的介绍需要包含访谈的目的、主持人自我介绍、被访者自我介绍、访谈规则描述、诚挚感谢等。这里会展开说明各部分，并简单介绍一下焦点小组与单人访谈法的不同之处。我们也把实施远程焦点小组的经验合并在这里做一些补充，供大家参考。

访谈的目的

向被访者描述此次访谈的目的，具体表述如以下案例所示。

✍ **案例：**

> "非常感谢大家来参加本次座谈会。今天我们邀请到各位，是想一起聊聊大家是如何看待手机使用的，以便我们更好地改进手机产品。"

主持人自我介绍

主持人需要进行自我介绍、一般需要给出自己的名字、工作内容，告诉对方如何称呼自己等。

在使用视频会议工具进行自我介绍时，可以协同肢体语言，比如对着镜头挥挥手，然后询问大家是否能清楚地看到自己、耳机的音量是否正好等。具体表述如以下案例所示。

✍ **案例：**

> "您好，我是×××，是这里的用户研究员。我平时的工作主要是收集和大家一样的用户的建议，并且和设计部门沟通如何更好地满足大家的需求，设计出更好的产品。大家可以叫我××。"
>
> "我来和大家招招手，是不是可以看清楚？我现在的声音听得清楚吗？有没有太响或太轻？请大家调整一下耳机的音量。"

被访者自我介绍

这是主持人在介绍了本次访谈的目的并进行了自我介绍之后请被访者简单介绍自己的过程，是初步建立一对一合作关系的重要步骤。

如果使用视频会议工具，那么可以看一下是否每位被访者都打开了摄像头。在通知大家参加访谈时，就需附上远程参加的说明，以保证获得较好的交流效果。具体表述如以下案例所示。

✍ **案例：**

> "那么接下来，请大家逐个进行自我介绍好吗？从我的左手边开始，请问您叫什

么名字？在哪里工作或学习呢？”

　　"我现在能看到大家都打开了摄像头，请各位和大家招招手。接下来我按照这里看到的参加者顺序，请大家做一下自我介绍吧。"

访谈规则描述

　　对访谈规则的介绍需要在焦点小组开始时进行。访谈规则的内容虽然不多，但尤为重要，可以保证访谈顺利有效地进行。

　　访谈规则包括以下几个。

- 表达真实想法。

- 没有对错之分。

- 访谈根据一定的问题开展。

- 问题被提出后，被访者们需一个接一个地回答。如果和其他被访者意见不同或想要补充自己的想法，就需要等对方回答结束之后再发言。

- 访谈的流程和时长。

- 如果是远程焦点小组，那么可以请大家在想发言的时候使用视频会议工具的举手功能，主持人依次邀请举手者发言。不过为了保证交流顺畅，如果对某一观点有意愿及时反馈，那么也欢迎大家直接开麦，只需要说明一下"我这边正好想补充一下前面的观点"。主持人这时需要更灵活地协调在视频会议工具上举手和直接开麦的发言顺序。

　　具体表述如以下案例所示。

✍ 案例：

　　"在本场座谈会中，希望你们能畅所欲言，把真实的想法告诉我们，您的回答没有对错之分，都能让我们更好地了解用户的想法。大家在发表自己想法的时候请依次进行，如果和其他人的想法不同需要补充，那么请等对方回答完再发言。有什么问题也可以向我提。我们事先准备了一些问题，本场座谈会将围绕着这些问题进行。整个过程大概需要1小时。"

2. 暖场

　　焦点小组的暖场也和单人访谈法一样，可以与介绍的过程穿插进行，也可以等介绍完毕再开始。暖场的主要目的是让被访者融入座谈会的氛围。暖场的时候，主持人要让被访者感受到本场焦点小组的气氛将是自由、轻松的。

暖场的方式，可以是在被访者进行自我介绍的时候，顺便让他们说一说自己的兴趣爱好、平时周末如何休闲等。当研究主题和日常生活有关时，也可以寻找一个切入的角度，并在正式提出问题之前，和被访者一起聊聊这方面的话题。例如，当研究主题与游戏有关时，可以问问大家平时是否玩游戏，有什么印象深刻的游戏；当研究主题与网站有关时，可以问问大家平时是否上网，都浏览什么网站；当研究主题与手机有关时，可以问问大家现在使用的手机的品牌，并询问能否展示一下，等等。暖场的问题有时会和部分一般问题重叠，但不一定都能得到一般问题所需要的有效答案，这就需要由主持人把控讨论的方向，以便较为自然地转入真正的访谈主题。

在远程焦点小组的暖场过程中，主持人可以使用视频会议工具中的聊天框来增进互动。可以事先准备一些选择题，让被访者在聊天框里输入选项或其他答案。也可以请被访者用表情符号来表达自己现在的心情，比如通过让大家在表情符号里寻找今天吃了什么来暖场和增进互动，使大家进入访谈的状态。

3. 开展焦点小组讨论

开展焦点小组时，可以提出事先准备好的问题询问被访者的看法，也可以辅以简单的问卷，让整个过程既有说的时候，也有阅读和写的时候，张弛有度。

焦点小组的问题分为一般问题和深入问题。一般问题指询问用户使用产品的大致背景、习惯、方式等；深入问题会以一定的结构或层次来有针对性地根据具体的内容展开提问。在设计和执行焦点小组提问时，其结构和思路与 1.2 节中单人访谈法的内容本质上是一致的。但焦点小组在提问时，需要更加注意平衡每位被访者的发言时长，并融合多位被访者的观点，引导他们互相启发和讨论。相比于单人访谈法，焦点小组的主持经验需经过更多的操练和实战才能获得。

一般问题

一般问题常常包括：最近使用的频率、最近一次的使用场景、最近使用的原因、一般的花费情况、最近一次花费情况等。一般问题可以从与被访者生活、行为习惯相关的问题入手，也可以从与项目有关的通用问题，即同类产品或项目可以共用的题目入手。

深入问题

询问完一般问题之后，可以开始询问深入问题，后者需要根据不同的研究主题组织不同的题目。例如，在进行有关购物 App 的研究时，可以设计一定的购物 App 使用任务，让被访者边完成边讨论，并根据实际情况提出更深入的问题，同时准备好回答他们的问题。此外，对于不同的研究主题，所需要准备的填写材料、展示资料也会不同。例如，对于刚才提到的研究购物 App 的焦点小组，就需要被访者自己携带或者由研究者事先准备手机。如果是研究未成形概念的焦点小组，则需要将该概念的定义和故事准备好，并准备卡片或投影等工具，方便被访者阅读或观看。

问卷与反馈

焦点小组常常也会用到问卷。当访谈进行到相关步骤时，可以发放问卷让被访者填写答案，再针对此答案与大家交流。这种方式是为了让大家在回答主持人问题时不受其他人的影响，也为之后的数据收集提供了便利。问卷的内容可以是选择题，让被访者在答题纸上打钩；也可以是简答题或填空题，让被访者写下词语、短句；还可以是排序题，让被访者写下自己想要的顺序。

问卷可以在访谈过程中发放，也可以在访谈前或访谈后发放，这主要由研究者想收集的内容来决定。

结束语与感谢

在焦点小组的访谈和讨论全部完成后，主持人还需要对本次焦点小组进行总结和回顾，点回今天的主题并致谢，让整场焦点小组完美结束。

日程表

一次典型的焦点小组的流程和时间安排如表 1-3 所示。

表 1-3 焦点小组的流程和时间安排

时　　间	活　　动
1～2 天	确定研究主题和目标用户
1 天	编写筛选问题
3～7 天	招募和筛选
1 天	预选候选人、初排日程
0.5 天	发送邀请给主要候选人，预留备选候选人
0.5 天	访谈前通知提醒
1～2 天	撰写访谈大纲，准备问卷、材料和工具
0.5 天	预演一场焦点小组
1～3 天	执行焦点小组
1 天	输入数据，保存影音材料
1～5 天	举行总结会并撰写报告
具体时间视焦点小组的规模而调整，招募阶段和焦点小组执行阶段是无法一起进行的，招募阶段至少需要 2 天，焦点小组执行阶段建议每天不超过 3 场，撰写报告需要 1 周左右。	

▌1.3.4　研究主题和目标用户

不同类型的研究主题需要不同类型的目标用户，所以针对不同的研究主题选择合适的目标用户对研究尤为重要。

1. 挖掘需求型主题

为挖掘用户需求而设计的焦点小组主要采用开放式的问题结构，通过引导和联想，让用户在轻松、自在的氛围中描述自己的生活场景，诉说自己的喜好和痛点，表达自己的想象和建议。有时候也会通过设计一些封闭问题，来帮助研究者确定或排除需求方向。

挖掘需求型的焦点小组可被用于设计之初的需求收集、创新设计时的头脑风暴和发现新产品的市场机会点等。

2. 结论验证型主题

当设计方案或产品版本已经比较成熟时，也会利用焦点小组来做一些验证。比如已经拥有了一个产品的测试版本（此时的测试版本一般是已能操作、互动的版本），设计人员想了解一下用户的反应。除了开展一对一的可用性测试，通过向用户演示、让用户试玩，让用户在焦点小组中各抒己见也是一个常用的办法。比起可用性测试，焦点小组可以更多地收集用户在与其他人进行了对话和思想碰撞之后的建议。如果在同一焦点小组中引入了两类用户，那么还可以得到这两类用户对该产品的看法和各自的依据。

结论验证型焦点小组可被用于了解初期测试版产品或已投入市场的产品的用户反应等研究项目。

3. 竞品对比型主题

研究者有时也会隐去自己的产品或公司名字，以中立的形式或者聘请外部调研公司，通过焦点小组来对比竞品，从而获得用户的真实评价。在这样的焦点小组中，需要将访谈所涉及的问题进行结构化整理，以便保证两种产品可以同时被评价和讨论。整场访谈下来，将会收集到针对这两类产品的回答，并可以进行对比。

竞品对比型的焦点小组不仅可以将自己的产品与市场上的其他产品进行对比，还可以将自己某一产品的不同方案进行对比，其目的就是在相同情况下比较不同的对象，并获得评价的理由。

有了研究主题之后，就需要对招募的用户进行规划。我们把需要招募的不同类型用户的比例做成筛选的条件表，该表也被称为配额表。最常用的筛选条件包括性别、年龄、产品使用经验、职业、收入。配额表示例如表 1-4 所示。

表 1-4　配额表示例

筛选条件	筛选要求
人数（每组人数×组数）	18 人（6 人×3 组）
男女性别比	男：女=2：1
资深用户和入门用户比	资深用户：入门用户=1：1
年龄	18~35 岁，其中 18~22 岁有 6 人，23~29 岁有 6 人，30~35 岁有 6 人

根据拟定的配额表，开始招募和挑选被访者，招募的详细办法见 1.2.2 节。

1.3.5　访谈大纲

1．根据主题确定板块结构

正如 1.3.3 节所述，访谈大纲主要包括一般问题和深入问题。一般问题包括询问用户日常生活习惯、对产品的一般看法、上网的行为习惯等。不同的项目可以共享一般问题。深入问题则需要根据具体的项目特点、项目涵盖的内容编写。我们可以先把项目涉及的点罗列出来，然后针对每个点写下"是什么""怎么样""为什么""什么时间"等疑问词。下面的案例可以帮助大家理解如何根据主题确定板块结构。

✍ 案例：

针对网上购物这个主题，可以列出如表 1-5 所示的板块结构。

表 1-5　板块结构示例

一般问题	• 每天花多长时间浏览电商平台？ • 最常用的电商平台有哪几个？ • 哪些电商平台通过网页浏览，哪些在手机端浏览？
深入问题 1	• 最近一次购买是在网页上完成的，还是在手机端完成的？以前是否在线下购买？这次选择这个购买方式的原因是什么呢？ • 现在每天要花多长时间浏览电商平台，平均多久下单一次？ • 每个月在电商平台的消费占总体消费的比例是多少？
深入问题 2	• 在网购时，会通过什么来评判商品？会浏览什么网站或 App 的产品推荐？ • 在什么情况下，会询问他人的意见？ • 是否会和网络卖家进行沟通？会沟通哪方面的内容？ • 买了东西之后，有没有向他人分享自己的购买心得？ • 一般通过什么软件向他人推荐自己购买过的产品？
深入问题 3	• 网购的时候，会选择什么支付方式？为什么是这个方式？ • 你觉得在支付的时候，是否顺利、便捷？是否安全可靠？ • 你是否经常查看购买记录并核对支付详情？有没有遇到过问题？

在罗列出这些问题之后,整个访谈大纲的思路将会渐渐清晰。在访谈大纲的基础上,再把需要探寻的问题渐渐丰富起来。

2. 撰写合适的问题

焦点小组中提出的问题需要在访谈大纲的基础上进行丰富和细化,不仅需要对问题的问法进行细化,还需要对被访者回答的方式进行设计。例如,有的问题希望被访者在几个选项中做出选择,有的问题希望被访者回答出感受的形容词,有的问题只是希望被访者可以进行充分的描述等。下面的案例可以帮助大家理解如何丰富和细化问题。

案例:

当问及"每天花多少时间浏览网上商城"时,可以具体询问一天当中哪个时间段所花的时间较多,一共花了多长时间,等等。在对答案的设计上,也可以采用表格的形式。

此外,要经常使用客观的问题来询问,例如,"你是怎么觉得的呢?""你能和我们说说原因吗?""你选择的是哪一个网站"。

要避免使用主观或有引导性的问题,例如,"这两个方案,你应该更喜欢 A 方案吧?""我觉得你是会对×××产品感兴趣的,对不对"。

3. 问题时间分配

在访谈大纲和问题都撰写完成后,需要对整个访谈的时间进行分配。具体的分配方式如以下案例所示。

案例:

以表 1-5 的访谈大纲为例。最好依次向每位被访者提问,或者至少留出三分之二以上的被访者回答问题的时间。一般问题约占 20 分钟,3 个深入问题各占 20 分钟,因此一共有 80 分钟的时间用于提问。加上前后介绍和总结,大概会占用 1.5 小时。研究者可以直接在访谈大纲上标明时间来控制访谈的节奏。

4. 选择材料、工具

焦点小组常常需要一些材料来帮助整场访谈顺利有效地完成。例如,可以将需要向用户展示的内容制作成 PPT,然后通过屏幕展示出来。或者准备好白板纸,将大家的主意(Idea)记录下来,进行发散、排序等。

常用的材料、工具有笔记本电脑、平板电脑、投影仪、电视机、白板纸、不同颜色的记录笔、打印出来的图片等。准备这些材料和工具的目的一是更好地展示、说明；二是更好地表达、沟通。

如果以视频会议的形式开展焦点小组，则需要熟练地使用视频会议工具里的共享屏幕、画笔功能。在实施之前需要排练，并请同事一起检验互动的效果。

5. 事前问卷、会中问卷

焦点小组的问卷有的在访谈开展前使用，有的在访谈过程中使用。为了避免被访者的回答受到其他人的影响，有时候需要在正式讨论之前，针对一些问题让每个人独立写下答案，然后在访谈过程中询问其给出相应答案的原因、态度等。访谈过程中发放的问卷常常用于辅助访谈的开展，当需要记录被访者的回答或让其留下一些建议时，可以将访谈过程中发放的问卷作为记录纸让被访者自己填写。

▎ 1.3.6 访谈场所

焦点小组的场所布置要能充分促使被访者发表意见，所以一般会使用圆形或椭圆形的桌子。另外会放一些零食、水果、饮料等让大家轻松地展开讨论。

事先用 A4 纸打印好被访者的名字，折成可以立起来的桌牌放在每个人的座位前。主持人、助理研究员和观察员可以通过座位的顺序和名字进行更好的记忆和记录。焦点小组的主持人 I、被访者 A1~A8 的座位摆放方式如图 1-12 所示。

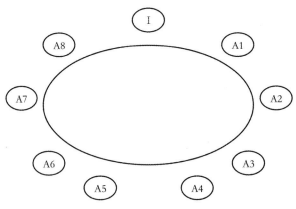

图 1-12 座位摆放方式

访谈场所内还会有电视机、白板纸等，一般放在主持人附近。需要指示的时候，主持人站起来操作，而被访者则在座位上观看。

另外，有的访谈场所具备观察室，通过单面镜将访谈室和观察室隔开，访谈过程中的对话可以传到观察室并被录音。焦点小组的观察室如图 1-13 所示。

图 1-13　焦点小组的观察室[9]

1.3.7　访谈技巧

1. 平均分配，鼓励引导

在焦点小组的访谈过程中，除了借鉴、使用各种访谈技巧，还要注意如何分配每个人发言的时间、如何引导不同人的发言。主持人在给予每位被访者发言机会的同时要尽可能做到平均分配时间，所以要尽量在开始的时候就控制好每个人的发言时间，掌握好度。主持人要用语言提示被访者："接下来我们每个人都谈谈自己的看法吧。"主持人需主要应对好以下两类被访者。

（1）意见领袖。有时候会出现一些特别"能说会道"的人，这些人往往会成为访谈中的意见领袖。在出现意见领袖时，主持人要学会适当地控制对方发言，如"刚才您给我们贡献了很多宝贵的意见，我们来听听其他人是怎么想的，请大家畅所欲言"。

（2）低活跃者。有时候也会出现一些说着说着就不发言了的人，这可能是因为他们觉得其他人已经说了自己想说的话，也可能是由于主持人一直和其他人互动。因此，主持人可以点到每个人，并鼓励对方即使答案是相似的也可以说说自己的看法。如果在访谈初期让被访者觉得不发言也没关系，或随便说说也没关系，那么后面调动起来会更费力，从而浪费收集用户意见的机会。

2. 提供思考时间，不要主导

抛出问题之后要给被访者留出适当的思考时间。焦点小组不是抢答竞赛，主持人询问了被访者之后，可以停留 2～3 秒，再请大家各抒己见。有的问题需要被访者回忆、整理思路，则可以提供 30 秒左右的时间，让他们想好再说；也可以先让被访者在手中的问卷里描述一下自己的想法，或画出自己心里的图案，再发表意见。

在整个讨论过程中，主持人以挖掘用户的想法为主。而挖掘是慢慢引导他们说出自己想法，不要主导他们的讨论、随意打断或匆忙下结论。

3. 化解争论

在访谈中出现多人争论的场景并非坏事，特别对于焦点小组这样的方法，是有助于被访者厘清自己的想法的，争论的原因也能成为理解不同被访者的切入点。

在遇到争论时，主持人要做一些引导。例如引导被访者依次发言，不分对错，并且适时地打断情绪激动的发言者，避免出现情绪失控的场面。要保证探讨是针对产品、研究对象的，而不是因为发生不同意见而针对个人的。具体的化解争论的方法如以下案例所示。

✐ 案例：

> 提示大家每个人的发言没有对错之分，请大家一个一个地说，或者将双方观点进行复述："刚才这位先生提到的是这个观点，那位女士提到的是那个观点，我解释得是否准确？然后我们再来看看你们的不同点在什么地方。"

1.3.8 访谈记录

1. 观察

在焦点小组执行过程中，和项目有关的人员会前来观察。整个观察过程要做到不影响访谈进行，不干扰用户的发言和思考。而观察员需要通过观察，记录用户的反馈，及时发现不恰当的问题以便改进。

有条件的公司可以搭建具有观察室和会议室的焦点小组环境，配备单面镜让观察员在观察室观看整个访谈。这样的环境也适用于可用性测试和其他研究。

2. 助理研究员记录

在访谈过程中，助理研究员要一边观察，一边记录。在完成访谈大纲后，助理研究员就要商量如何记录用户的回答。有些问题的答案要在事前问卷和会中问卷中记录，有些则要在访谈现场记录。由于焦点小组的访谈大纲可以设计成结构化的板块，所以记录纸的设计也要参照结构化板块。

当访谈中出现些许差错时，助理研究员可以比较自然地向主持人递交小纸条或小卡片来提醒主持人出现的问题。

3．笔录

有条件的公司和小组可以尝试聘请专业笔录员。他们使用特制的打字工具，可以边听访谈，边记录整个谈话的内容。如果有准确率较高的语音转文字的工具，那么也可以尝试。在焦点小组结束之后，再核对整个录像，就能提供完整的访谈文字。

4．影音存档

访谈过程中用户的思想飞扬、发言精彩、表情丰富，用影音记录可以让研究人员更好地理解用户，在后续整理报告时也可以剪辑提取相关片段。如果有人力、物力条件，那么也可以用摄像机或手机进行拍摄。

以视频会议的形式开启远程焦点小组时，可以使用视频会议工具自带的录屏、录音功能。

5．对追加问题和回答的记录

在访谈结束时，如果观察者有没有理解的地方或者想补充的提问，那么可以将纸条或卡片送进会议室，也可以通过事先建立好的在线文档让主持人进行追问。有时候主持人在访谈快结束时，也会请大家稍作休息，然后到观察室与观察者讨论访谈的效果，并询问是否还有需要补充的问题。这部分的回答也需要记录，有些可以并入之前的问题板块，新增问题可以放在记录的最后。

1.3.9　数据整理

1．材料和数据的分类

焦点小组需要不同的演示材料和问卷，在准备阶段就要做好材料和数据的分类。正如 1.2 节所述，助理研究员需要熟悉访谈大纲，仔细琢磨每个问题。记住，每个问题都对应着一组数据的产出，回答即数据。

2．准备数据表格

常用的办法是准备一个数据表格，可以用 Excel 或在线文档制作。将需要记录的数据在表格里标明，形成一个问题数据列表。如果表格的空间不够用，则在其他地方加以标注并继续记录。

3．补充遗漏

遗漏的问题会在问题数据列表中一目了然地显示出来，在进行访谈时，记录人员可以提醒主持人补充提问。若被访者已经离开了，则需要通过邮件等方式联系被访者，将答案补充完整。充足的准备会减少出现遗漏的情况。

1.4 问卷法

1.4.1 什么是问卷法

1. 问卷法及其特点

问卷法，也称为问卷调查法（Questionnaire），是调查者通过统一设计的问卷向被调查者了解情况、征询意见的数据收集方法。

问卷法是用户调研的常用方法，具有调查面广、不受空间限制、省时、省力、省钱、匿名等优点[10]。研究者可利用问卷法在短期内收集到大量数据，得出的调研结论具有广泛的适用性。但同时，问卷法的实施受调查目的、调查对象及问卷设计等方面的影响，收集到的数据在真实性和可靠性上存在一定局限性。用户调研往往不能仅靠问卷法获得用户的意图、动机及思维过程等信息，通常需要配合单人访谈法、观察法等定性研究方法使用。

2. 问卷、量表与测验

问卷本质上是一种测量工具，是为了解人们的行为、态度及社会特征[11]等信息而设计的问题的集合。问卷法主要包括设计问卷和使用问卷两部分工作。其中设计问卷是最重要的，将直接影响调研结果。问卷设计应紧扣研究目的，按照科学、完整的步骤进行。根据研究目的和性质不同，问卷可分为探索型、描述型、解释型[12]，且问卷中的问题有开放式和封闭式[11]之分。此外，问卷中有关态度问题的调查常会搭配量表[13]。因此，需分别对定性数据和定量数据进行整理分析。

量表是标准化的测量工具，涉及信度和效度问题，编制要求严格，需要经过长期检验并得到广泛认可才可以被正式使用。因为量表编制规范，所以对量表收集到的数据的处理相对容易。另外，在编制量表的过程中，经常会用问卷收集数据，所以问卷是编制量表的辅助工具之一。问卷与量表的主要区别在于二者的严格程度、规范程度、标准化程度不同。

测验指根据一定的法则用数字对事物加以描述，该术语隐含着对给定的问题有相应正确答案的意义。测验是一种系统化了的程序，在此程序里，受测者对一组构建好的刺激做出反应，而这些反应使施测者能以一个数字或一组数字来描述受测者，并由这个数字或这组数字推论受测者符合这个测验所想测量的行为的情况。测验经常会与问卷和量表配合使用。

问卷、量表与测验的对比如表 1-6 所示。

表 1-6　问卷、量表与测验的对比

名　称	问卷（Questionnaire）	测验（Test）	量表（Scale）
定义	收集目标对象群的意见、感受、反应、认知等数据的工具	能使事物特征数量化的数字连续体	根据一定法则用数字对事物加以描述，是一种系统化了的程序
特点	可在一段时间内收集大量样本，通常采用标准问题列表的形式，按顺序获取答案做统计分析之用	描述目标对象的某种心理特质	用数字描述受测者，从而推论其行为情况，具有间接性、客观性、相对性
对样本数量的要求	根据具体项目的研究范围及置信度估计，一般来说样本越多越好	至少 200 份	依据受测目的而定
计分方式	以题为单位	以分量表为单位	以题目分值为单位
编制框架	符合主题即可	依据理论，各分量表有明确定义	符合受测目的即可
统计分析	在描述统计方面有次数分配、百分比；在推论统计方面有独立性检验、显著性检验等	在描述统计方面有平均数、标准差、积差等；在推论统计方面有 T 检验、方差分析、回归分析等	在描述统计方面有总分、平均分等

1.4.2　问卷的分类

根据问卷中问题的结构化程度，问卷可分为结构问卷、无结构问卷和半结构问卷。

1. 结构问卷

结构问卷是一种限制性问卷。优点为适用于大样本研究；问题比较具体，回答简单、省时；回收率和可信度较高；易于统计、分析。缺点为限制多，被调查者的回答不一定真实。

2．无结构问卷

在通常情况下，无结构问卷并非完全无结构。其优点为适用于小样本研究；限制少，虽然只有回答，但能得到丰富的资料；可以进行较深入的研究。缺点为回答无统一格式，难以进行定量分析和对比分析；获得的数据有时与研究问题无关，影响调研效果。

3．半结构问卷

半结构问卷是混合了结构问卷和无结构问卷的问卷形式，它融合了二者的优点，取长补短，能提高研究的科学性。

根据问卷中的问题是否由被调查者填写，问卷可分为代填问卷和自填问卷。

代填问卷

代填问卷即访问问卷，由访问员根据被调查者的回答填写，包括当面访问问卷和电话访问问卷。

（1）当面访问问卷。研究者将选择并培训一组访问员，由这组访问员带着调查问卷奔赴各调查地点，按照调查方案和调查计划的要求访问所选择的被调查者，并按照问卷的格式和要求记录被调查者的各种回答。因为常常在街道上拦阻路人进行访问，所以使用当面访问问卷进行调研的方法有时候也被称为街访。

（2）电话访问问卷。通过打电话的形式向被调查者提问，并根据其在电话中的回答填写问卷。电话访问问卷成本低，省时、省力，可以收集到广泛的样本，适用于问题数量少、内容简单的问卷调查。但电话访问时间较短，能获取到的信息有限。另外，还需要访问员具备一定的访问技巧。

自填问卷。

自填问卷由被调查者自己填写，分为网络问卷和报刊问卷。在信息时代，通过网络让被调查者自填的问卷将越来越常见，通过自填问卷获取信息也相对容易得多。

（1）网络问卷。网络问卷即通过互联网发放的问卷。调查者通常将已设计好的问卷放到网络上，并告知被调查者按照要求在线填写，或下载并填写后发送到相应邮箱，或直接将数据留存在平台。网络问卷通过网络发放和回收，具有经济、环保、快捷、传播范围广等优点，已在各个行业得到广泛的应用。当前，还出现了专门提供网络调查问卷服务的网站，如问卷星、腾讯问卷、调研网络、OQSS 在线调查系统、赛迪问卷通、数字 100 等，各单位也可依托此类调查问卷服务网站、App 或小程序等进行网络问卷调查。

（2）报刊问卷。此类问卷被发布在报刊上，随报刊的发行传递到读者手中，号召报刊的读者填写问卷，然后在规定时间内将问卷邮寄回报刊编辑部。其优点在于样本分布广、匿名性强、问卷填写质量高、成本较低。缺点是调查范围难以控制，调查对象代表性差、回复率低。现在较少使用。

1.4.3　问卷的结构

问卷的结构通常包括：问卷题目、封面信、指导语、问题和答案，以及编码和其他资料[11]。

1. 问卷题目

问卷题目应当符合研究目的。题目可以是具体的，也可以是抽象的。若问卷内容涉及隐私，则最好使用抽象的题目[14]。

2. 封面信——给被调查者的短信

封面信包括以下内容。

- 调查者的身份信息。
- 调查的内容和目的，即调查什么，为什么调查。
- 调查对象的选取方法和保密措施。
- 感谢语，署名。

✍ 案例：

亲爱的同学：

您好！我们是××大学"大学本科生就业调查"课题组成员，正在全省范围内进行 2023 年大学本科生就业情况的调查。我们想通过您了解目前本科生就业的真实情况，为教育部门进一步做好大学生就业工作提供参考依据。

本次调查不用填写姓名，答案没有对错之分。我们承诺将对您提供的信息保密。感谢您的合作！

××大学"大学本科生就业调查"课题组

联系电话：××××

××年××月

3. 指导语——填写说明

指导语是对填写的方法、要求及注意事项进行说明，目的是让被调查者知道该怎么填写问卷。通常可以写在封面信中（适用于填答方法简单的问卷），也可以单独写在封面信后（适用于要求较多的问卷），还可以分散在调查问题后（适用于问题复杂、需进行特殊说明的问卷）。

✎ **案例：**

> （1）请在每个问题后符合自己情况的答案序号上画圈，或在横线处填写适当内容。
>
> （2）问卷每页右边的数字及短横线用于计算机处理，您不必填写。
>
> （3）如无特殊说明，则每个问题只能选择一个答案。

✎ **案例：**

> 填表说明：
>
> 这份问卷是要了解您对我们新上线产品的评价。请您一定回答所有问题，如果某个问题您不能确定如何回答，就选择最接近您真实感觉的那个答案。
>
> 所有问题都请您按照自己的标准、愿望或感觉来回答。
>
> 例如，您觉得×××产品是让人满意的产品吗？
>
> A. 非常满意   B. 比较满意   C. 一般
>
> D. 比较不满意   E. 完全不满意
>
> 请您根据自己的实际情况选择，在对应选项处打钩即可。

4. 问题和答案——问卷的主体

问题，也称条目，即问卷中向被调查者提出的问题，是获取信息的工具。问题的形式可以分为开放式和封闭式两种。问题内容应与研究目的相符，表达要简洁明了，可分为事实类、态度类、背景资料类等。

5. 编码和其他资料

编码，即给每个问题及答案编上数字，目的是将文字资料转化为数字，便于计算机处理。编码分为预编码和后编码两类。

其他资料包括问卷编号、调查员编号、审核员编号、调查日期、被调查者住址及合作情况等。

✍ 案例：

	编码
（1）您的性别　①男　②女√	2
（2）您的年龄　_26_　岁	26
（3）您的文化程度	
①小学及以下　②初中　③高中　④大学√	4
（4）您的每月收入　_3000_　元	3000

1.4.4　设计问卷问题

1．问题形式的设计

（1）开放式问题——问题+留白。开放式问题指不提供问题的具体答案，由被调查者自由填写。开放式问题具有灵活性、适应性强（适合尚未弄清各种可能性答案的问题，如答案类型很多、答案比较复杂的情况），以及有利于被调查者自由表达意见的优点。其缺点是标准化程度低，难以进行整理分析；容易出现无价值的信息；对被调查者文化程度要求高；要花费较多时间填写。

✍ 案例：

①您在空闲时间里最喜欢干什么？

②您找配偶时最看重什么条件？

（2）封闭式问题——问题+答案。封闭式问题通常将可能出现的答案全部列出，由被调查者从中选取一个或几个。其优点在于容易进行编码和定量分析、回答问题耗时少，以及容易得到被调查者的配合。其缺点是缺乏弹性，容易导致强迫性回答。有可能迫使那些不知道如何回答或具有模糊认识的被调查者乱填答案。封闭式问题主要有以下几种形式。

- 两项式，即只有两个答案。
- 多项式，即有两个以上答案。
- 排序式，即列出多个答案，要求被调查者对这些答案排序或划分等级。

✍ 案例：

您在当前生产经营过程中常遇到哪些困难（请按困难程度，使用数字1~6给下列答案编号，困难最大的为1，最小的为6）？

（　）资金不足　　　（　）缺乏技术　　　（　）买难卖难

（　）土地划分不当　（　）摊派过多　　　（　）信息闭塞

此外，根据答案的排列形式，多项式问题还可细分出矩阵式问题或表格式问题。

✎ 案例：

您觉得下列问题在我们产品的交互设计中是否严重（请在每一行符合您意见的空格中打勾）？

	严重	比较严重	不太严重	不严重	不知道
①反应太慢					
②信息混乱					
③选择受限					
④反馈不及时					

（3）后续性问题（相关问题、跳转问题）。有些问题只适用于一部分调查对象，调查对象是否需要回答这些问题需要根据他对前面某个问题的回答而定。

✎ 案例：

您知道××品牌吗？

A. 不知道

B. 知道→（跳转到）您用过该品牌下的几种产品？

A. 1种

B. 2种

C. 3种及以上→（跳转到）还会继续使用该产品吗？

A. 会

B. 不会

C. 不确定

2. 注意事项

（1）研究目的是问卷调研的核心，因此设计问卷时必须要明确研究目的。

（2）坚持清晰性原则，问题应当具体、明确，不能提抽象、笼统的问题。

✎ **案例：**

（错误问法）您在过去 1 周内做过几次运动？（过去 1 周指刚过去的 1 周还是过去的 7 天？）

（正确问法）您在过去 7 天内做过几次运动？

（3）坚持单一性原则，避免出现复合型问题。

✎ **案例：**

（1）（错误问法）您喜欢看电影、电视、报纸吗？（会让人疑惑到底是选一个，还是可以多选。）

（正确问法）以下选项里，您最喜欢的娱乐方式是？（一个题目只涉及一个问题。）

（2）（错误问法）您父母退休了吗？（问的到底是父亲还是母亲，还是两个都问。）

（正确问法）您父亲退休了吗？或您母亲退休了吗？（一次只问一个主体。）

（4）问题应通俗易懂，使用的语言要尽量简单，不要用复杂抽象的概念、专业术语（如核心家庭、社会分层、政治体制）或缩略语（如 CPI、SUV）。

（5）避免具有倾向性和诱导性的问题，通常社会头衔、权威地位、职业、情感等字眼都会影响被调查者对问题的理解和对答案的选择。

✎ **案例：**

（错误问法）大多数医生认为被动吸烟会导致肺癌，您同意吗？（强调了大多数医生这一权威群体的观点。）

（正确问法 1）现在有一种说法，即被动吸烟会导致肺癌，您对此的态度是什么？（用现象法，即描述某种现象以供被调查者评价。）

（正确问法 2）您如何看待被动吸烟会导致肺癌这一说法？（客观描述比权威性描述更合适。）

（6）不用否定形式的提问。

✎ **案例：**

对于抽烟问题的提问。

① 您抽烟吗？

② 您不抽烟，是吗？

③ 您不赞成在公共场所吸烟，是吗？

相比之下，②和③的问题形式没有①的好。

（7）不要直接提敏感性或威胁性的问题，例如，关于个人利害关系、个人隐私（如性观念和性行为）、各地风俗习惯和社会禁忌（酒驾、在公共场所吸烟）等的问题。

✎ 案例：

（错误问法）您家有多少存款？

（8）对必要的敏感性问题进行处理。有时候必须在问卷中提出一些敏感性问题，因为它们对研究较有价值，无法回避。对于这种情况，在设计问卷时可以用以下方法将其合理化，或将其不恰当的影响降至最低。

① 让问题适度模糊。

✎ 案例：

如果精确到千元，您的年薪是多少？

A. 1 万元以下　　　　B. 1 万~10 万元　　　　C. 10 万元以上

② 转移对象。

✎ 案例：

对婚姻关系中的第三者，有些人认为不道德，有些人认为无所谓，您同意哪种看法？

③ 采用假定法。

✎ 案例：

如果春节放假时长可以调整，您希望能放几天假？

④ 提供背景信息。

✎ 案例：

当前人们除了会自己买书、订杂志，还会用其他方法来获得阅读材料，包括从图书馆借书。请问您目前有没有图书馆的借书证？

⑤ 设计辅助题目。

✍ 案例：

> 一般来说，您每个星期上网的次数比您的朋友多，比您的朋友少，还是差不多？请想一下您的朋友里，谁上网次数最多？1 个星期大概几次？您自己大概 1 个星期有几次？

3．问卷问题的数目

一份问卷包含多少个问题，要依据研究目的、研究内容、样本性质、分析的方法、拥有的人力、物力和财力等因素来决定，没有固定的标准。在通常情况下，设置的问题数量应当使被调查者在 20 分钟内完成，最长也不要超过 30 分钟。

如果研究经费和人员相当充足，可根据结构式访问的方式设计问卷，并付给被调查者相应的报酬或纪念品，那么问卷能收集到的信息会比较丰富。如果问卷的内容与被调查者熟悉的、关心的、感兴趣的事物有关，那么问卷长一些也无妨；反之，问卷应尽量简短。

4．问卷问题的顺序

（1）总体结构：应遵从由浅入深、由易而难、先事实后态度、先封闭后开放、先有趣后紧张的顺序。

（2）各部分内容：问题应层次分明，有逻辑顺序。确定不同部分的调查内容，将相同内容的题目放在一起有利于被调查者思考，不会破坏被调查者的思路和注意力。

（3）具体题目安排：每部分问题应按照逻辑顺序排列，且需将相互检验的问题隔开，否则起不到相互检验和印证的作用。

1.4.5　设计问题的答案

1．答案的分类

通常可分为是非型、选项型、排序型、程度等级型、模拟线性型和视图模拟型等[15]。

（1）是非型：即"是"与"否"或"有"与"没有"的回答形式。如果调查对象持中立态度，或者不清楚自己的想法，就可能随便选择，这便是是非型答案的缺点，弥补的办法通常是增加备选答案，即"不知道"或"不好说"。

（2）选项型：提供若干答案，根据研究目的要求被调查者选择一个或多个答案。

✍ **案例：**

> 通过××网购买家具时，在商品配送方面遇到过以下哪些问题（可多选）？
>
> A. 拍下商品后，卖家很久才发货
>
> B. 送货时间过长，卖家发货后很久才收到商品
>
> C. 商品包装不美观
>
> D. 商品包装质量差

（3）排序型：列出若干选项，由被调查者按顺序排列。需要注意的是选项一般应控制在 10 个以内，否则会影响调研效果。

✍ **案例：**

> 您认为影响您购买某产品的因素中最重要的是什么？请按重要程度给以下选项排序，将序号 1~5 填在不同的括号内（重要程度从 1 到 5 递减，1 为最重要，5 为最不重要）。
>
> （ ）价格　　（ ）外观　　（ ）功能　　（ ）色彩　　（ ）体验

（4）程度等级型：即李克特法（Likert 法），给出若干答案，并将它们按"大小""轻重"等顺序排列，每个备选答案对应一个数字。通常给出 3、5、7 个等级，以 5 级最为常用。

✍ **案例：**

> 和以往的版本相比，我觉得××版的运行速度更快。
>
> A. 非常同意　　B. 比较同意　　C. 一般　　D. 比较不同意　　E. 非常不同意

（5）模拟线性型：给出一条一定长度（通常为 10cm）的直线，在直线两端给出 2 个意思相反的词，由被调查者根据自己的感受在直线上相应的位置做标记，研究者用尺子量出该标记距离 0 点的距离即为答案。与等级型答案相比，模拟线性型答案不易使被调查者受给出答案的影响，能比较准确反映其内心感受。但模拟线性型答案不易被理解，近年来也出现了更容易被理解的改进版本。

✍ 案例：

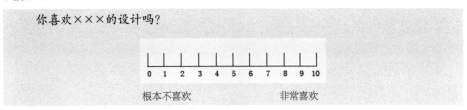

（6）视图模拟型：以具有明显视觉效果的图形、图片作为答案，在医学、心理学领域的问卷中使用较多。由于图形、图片不需用文字表述，所以在用户研究领域，视图模拟型答案对于某些不方便使用文字表述的情况是较为理想的选择。

✍ 案例：

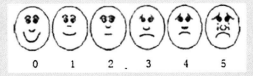

0 非常愉快，无疼痛
1 有一点疼痛
2 轻微疼痛
3 疼痛感明显
4 疼痛较严重
5 疼痛剧烈，但不一定哭泣

2. 注意事项

（1）答案设计要符合实际情况。

✍ 错误案例：

您每月的收入状况？

①200 元以下　②200～300 元　③300～400 元　④400 元以上

（2）答案设计要具有穷尽性和互斥性。

✍ 错误案例：

您喜欢看哪一类电影？

①故事片　②爱情片　③武打片

（3）答案只能按照一个标准分类。

✍ 错误案例：

您经常看什么类型的电影？

①剧情片　②动作片　③文艺片　④故事片　⑤短片

说明：这几个答案的分类标准不同（有的按内容分类，有的按长短类型分类），不能同时作为备选答案。

（4）程度等级型答案应按照一定的顺序排列，前后须对称。

✍ 案例：

您如何评价本次服务？

（正确案例）①很满意 ②比较满意 ③无所谓 ④不太满意 ⑤很不满意

（错误案例）①很满意 ②很不满意 ③无所谓

1.4.6 问卷法的实施

1. 选取被调查者

选取被调查者时常用抽样法，可随机抽样，也可分层抽样，视问卷的具体情况而定。选取的被调查者的数量通常应多于所需的研究对象，可以使用以下公式确定的被调查者数量。

$$\text{选取的被调查者数量} = \frac{\text{所需的研究对象数量}}{\text{回收率} \times \text{有效率}}$$

2. 问卷设计的前期探索工作

在设计问卷前应先进行探索和摸底，了解被调查者的基本情况，以便对各种问题的提法和可能的回答有初步的认识。常见方式包括查找文献、熟悉选题、深入调查地区、实地体验、走访调查对象和交流调查问题等。通过前期的探索工作，可以整体把握问题的形式、可能的回答类型、敏感问题的可接受回答程度，以及概念的简单化等方面的情况。

3. 设计问卷初稿

问卷初稿的设计通常有以下两种方法。

- 卡片法。即写卡片、用卡片分类，在类中排序、在类间排序，然后检查修正，形成初稿。

- 框图法。思路是"总体结构—部分—具体问题"。具体步骤是画出问卷各部分及前后顺序框图；考虑各部分前后顺序；写出每部分的问题及答案，安排好每部分问题的顺序；对所有问题进行检验、调整和补充，整理成文，形成问卷初稿。

卡片法和框图法可按照以下步骤结合使用。

（1）根据研究假设和所测量的变量的逻辑结构，列出问卷各部分的内容，并安排好所有部分的前后顺序。

（2）一部分、一部分地将前期探索工作中得到的问题及答案写在卡片上。

（3）在每部分中，安排并调整卡片之间的结构和顺序。

（4）从总体上对各部分的卡片进行检查、调整。

（5）将满意的结果抄在纸上，并附上封面信等内容，形成问卷初稿。

4．试用、评估、修改

问卷初稿在正式投放前，应进行试用和评估，并将存在的问题进行修改后才能正式使用。对问卷初稿的传统评估主要有客观检验法和主观评价法两种。

客观检验法

适用于大型调查。在正式调查的总体中抽取一组小样本（30~50 份）进行调查，检查分析调查的结果，从中发现问题和缺陷，并进行修改。检查和分析的内容包括回收率（<60%的有问题）、有效回收率、对未回答问题的分析和对填答错误的分析。

如果调查问卷中有量表题，则需要在问卷初稿小规模试用后进行信度分析和效度分析，以便发现问题并及时修正，确保问卷质量。信度分析即可靠性分析，可检测被调查者是否真实回答问题；效度分析有助于了解问卷的问题和答案设计是否合适。通常可使用 SPSS 进行信度分析和效度分析。

主观评价法

适用于小型调查。将问卷初稿送给相关领域的专家、研究人员及典型的被调查者，请他们根据自己的经验和认识，从不同的角度直接对问卷进行评论，指出存在的问题并给出改进的意见。

目前有研究提出了将以用户为中心的深度单人访谈法和可用性测试法作为对客观检验法和主观评价法的补充，强调分析被调查者对问卷的理解和判断[10]，从而优化问卷初稿。

▎1.4.7 问卷的发放、回收、分析

1. 问卷的发放

可采用邮寄发放、当面发放、网络发放等形式发放问卷。邮寄发放简便易行，对被调查者的影响最低。通常建议附上一封感谢信，并附上寄回问卷用的空白信封和邮票。当面发放问卷是最有效的发放方式。当面发放，当场填写，可以及时解决不明白的问题，易于与调查者合作。

影响问卷调查成败的因素主要包括问卷本身的质量和样本的质量。为了解决样本偏差问题，就要求样本量足够大，具有代表性，因此要尽可能地多渠道投放问卷。另外也要保证足够的发放时长。例如，对于网络问卷，其发放时间、可回收的问卷数量以及答卷效果与被调查者的上网行为、习惯均有很大的关系。在工作日或周末发放问卷，在白天或晚上发放问卷，都有可能存在较大差别。

2. 问卷的回收

如果问卷的回收率仅在 30%左右，则收集到的资料只能作为参考；若回收率在 50%~70%，则可以采纳建议；若回收率在 70%以上，就可以将收集到的信息作为研究的依据。因此，一般要求问卷的回收率不低于 70%。进行问卷回收时还要确定问卷的总数、有效问卷的数目及二者的比例。

细分被调查者。通常会在问卷最后让被调查者留下一些个人信息，如性别、年龄、城市等，目的是将用户和用户行为对应。这样可以让调查者尽量减少个人喜好对研究的影响，深入理解被调查者的行为特点。

3. 问卷的分析

在进行问卷数据的整理分析时通常需要删除不完整答卷、多选题全选的答案、逻辑矛盾的答卷。还需要根据答题时长来筛除问卷，问卷答题时间太短，反映了答题态度不认真，答题时间太长则反映了答题时受外界干扰较多。准确、丰富的筛查手段有助于进一步提高数据的质量。

问卷的统计分析通常会将定性分析和定量分析结合。问卷的定性分析是一种探索性的调研方法，目的深化对问题的理解，常用于分析问卷中的开放式问题。因此，此类分析主要针对问卷中的开放式问题，例如对于简单题，采用执行研究方法进行分析。问卷的定量分析指对问卷结果进行一些简单的分析，如百分比、平均数、频数等[15]。通常对于选择题可根据各个选项数与问卷总数的比例进行定量汇总。复杂的定量分析可以用 SPSS、SAS 等工具，相关内容可查看 2.1 节。

1.5 头脑风暴法

| 1.5.1 什么是头脑风暴法

头脑风暴法（Brain-Storming method，BS），又称智力激励法、自由思考法、畅谈会或集思会，由美国创造学家 A.F.奥斯本于 1939 年首次提出[16]，1953 年正式发表，是一种被广泛应用到激发创造性思维的活动中的激发性思考方法[17]。

头脑风暴法以收集创意为目的，通常将具有相关科研能力和知识素养的人集中组成一个小组，进行集体讨论，相互启发和激励，引起创造性设想的连锁反应，产生尽可能多的创意。它对提出的方案逐一进行客观、连续地分析，以寻找切实可行的最佳方案。

头脑风暴法的实质是一种群体性的创造活动方式，鼓励参与者在创造性活动中打破常规的思维方式。在头脑风暴的过程中，参与者能敞开心扉、自由交流、思维高度活跃。因此，相较于单个个体活动，头脑风暴在思维激荡和相互启发等方面更有优势，能得到 1+1>2 的效果。中国的古话"三个臭皮匠，顶个诸葛亮"从另一个角度证明了可以通过头脑风暴法相互帮助、相互交流，集思广益。

目前，头脑风暴法在公司、企业的创新设计、项目管理、市场营销等部门及高等院校的设计、广告、策划类专业都得到了非常广泛的应用。头脑风暴的几个活动片段如图 1-14 所示。

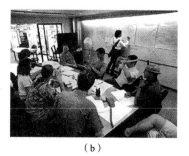

（a）　　　　　　　　　　　　　　（b）

图1-14　头脑风暴法的几个活动片段[18]

1.5.2　头脑风暴法的分类

1. 按方法提出者分类

较为经典的头脑风暴法包括默写式头脑风暴法、卡片智力激励法和德尔菲法[19]。另外，电子头脑风暴法（Electronic Brain-Storming method，EBS）的提出者难以追溯，本节暂将其归于此。

默写式头脑风暴法

默写式头脑风暴法由西德创造学家荷立创造，规定每次头脑风暴有6人参加，每人在5分钟内提出3个设想，所以又被称为635法。

在举行635法会议时，由会议主持人宣布议题和创造发明的目标，并对与会者提出的疑问进行解释。之后，给每人发几张设想卡片，在每张设想卡片上标上1、2、3等编号。每位与会者在卡片上填写的内容必须能让他人看懂，并留下让其他人填写新的设想的空间，相邻的2个设想之间要留一定的空隙。在第一个5分钟内，每人针对议题在卡片上填写3个设想，然后将设想卡片传给自己右手边的与会者；在第二个5分钟内，每人从别人的3个设想中得到新的启发，再在卡片上填写3个新的设想，然后将设想卡片再次传给右手边的与会者。在通常情况下，半小时可以传递6次卡片，一共可产生108个设想。

默写式头脑风暴法可以避免多人争着发言而使设想遗漏的情况。

卡片式智力激励法

卡片式智力激励法又称CBS法，由日本创造开发研究所所长高桥诚发明，其特点是每人都可以对其他人提出的设想进行质询和评价。针对所要讨论的主题，让每个与会者在卡片上写出若干想法、点子，然后向其他人介绍。其他与会者可以在倾听、赞扬的同时，对原始的想法进行再创造，继续在同一张卡片上写出想法、点子，从而尽可能多地收集想法、创意。卡片式智力激励法的卡片展示如图 1-15 所示。

图 1-15　卡片式智力激励法的卡片

德尔菲法

德尔菲法（Delphi 法）是头脑风暴法的一种变式，由美国知名咨询机构兰德公司于 20 世纪 40 年代发明。它将专家会议改成专家函询，并通过匿名的专家反馈来形成客观、全面的预测结论[20]。

专家由主持预测的单位挑选，人数视课题大小而定，通常在 20 人左右。主持测试的单位与专家直接联系，收集专家意见，并将这些意见加以综合、整理后匿名反馈给各位专家，并再次征询专家的意见。通过三到五轮的反复，专家意见达成一致，作为最后的预测意见。

德尔菲法在改善传统头脑风暴法易受权威影响、不利于充分发表意见，易受表达能力和心理因素限制，容易随大流等问题上有明显的优势。另外，德尔菲法还有利于降低群体决策中群体思维对个人意见的削弱作用，从而提高决策质量。

电子头脑风暴法

在信息时代，使用计算机和互联网进行的在线的头脑风暴法[21]替代了面对面的头脑风暴法。与会者在计算机上输入的所有观点、创意都展示在显示屏上，所有人都可以及时观看、知晓他人的观点。

2. 按实施目的分类

头脑风暴法按整体实施目的划分，可分为直接头脑风暴法和质疑头脑风暴法（后头脑风暴法）两种。前者在专家群体决策的进程中，尽可能地激发创造性、产生设想；而后者对直接头脑风暴法产生的设想和方案逐一质疑，提出更具有可行性的方法。

头脑风暴法通常需要围绕一个话题或设想展开，因此按照话题或设想的探索目的亦可分为开发型头脑风暴法和论证型头脑风暴法。开发型头脑风暴法的目的是获取大量设想或为课题寻找多种解决思路，要求与会者善于想象，语言表达能力强。论证型头脑风暴法的目的是将众多设想归纳转换成实用型方案，要求与会者善于归纳、分析和判断。

3. 按组织形式分类

若按组织形式划分，头脑风暴法可分为自由发散型、辩论型、击鼓传花型、主持访谈型和抢答型。

自由发散型头脑风暴法

自由发散型头脑风暴法是被用于讨论初期，解决关于"意见和建议"的问题的头脑风暴法。其优点在于自由、无拘束、思维发散性好，但存在缺乏组织、效率不高、思维深度不够、责任不明确等缺点。这种头脑风暴法适合在团队成员都具有强烈责任感和积极参与意识的情况下使用，也适用于儿童。

辩论型头脑风暴法

辩论型头脑风暴法是一种形式与辩论赛类似的头脑风暴法，通常适用于简单的主题，以及对思维广度要求不高的主题。该方法获得的点子较有深度，但容易出现为争输赢而诡辩的情况。

击鼓传花型头脑风暴法

击鼓传花型头脑风暴法与击鼓传花游戏相似，即大家在类似击鼓计时的时间限制下轮流发表看法。适合对特别发散、开放式的主题进行讨论。用该方法进行讨论的效率较高，但击鼓传花的方式容易使发言略带强制意味，可能让与会者感到紧张，从而影响头脑风暴的效果。

主持访谈型头脑风暴法

主持访谈型头脑风暴法是一种由主持人负责主持和控制场面、与会者共同进行头脑风暴的智力激励法。该方法要求有能力较强的主持人来把控局面，因此跑题、偏题的可能性大大降低，容易实现主题聚焦，保证讨论问题的质量。但存在发言人的想法容易被主持人的想法替代、太过深入某一主题、发言广度不够的情况，不利于调动个体积极性。

抢答型头脑风暴法

抢答型头脑风暴法是一种在形式上类似抢答比赛的头脑风暴法。适合轻松、活泼、有趣的主题，需要将与会者分组，以便形成竞争关系。与会者以举手等方式争取发言权，通常以积分等形式鼓励与会者抢答。

1.5.3　头脑风暴法的操作流程

头脑风暴法主要包括前期准备、开放讨论、成果整理 3 个阶段，每个阶段都具有重要的意义。下面将分别对头脑风暴的操作流程进行详细介绍。

1. 前期准备阶段

（1）确定头脑风暴的议题和任务。

（2）确定头脑风暴的参与人员及其分工：头脑风暴法一般要求 5～12 人参加，最好由不同专业背景者或不同工作岗位的人员组成；设有 1 名主持人，只负责主持会议，不发表任何评论；设有 1～2 名记录员；可适当以录音、摄像等方式来确保完整记录每个设想。

（3）确定头脑风暴的类型。

（4）选择主持人：要求主持人熟练掌握头脑风暴法的要点和操作要素，善于激发与会者思考，使场面轻松、活跃又不脱离头脑风暴法的主题，能控制好时间，清楚把控讨论的方向，力争在有限的时间内获得尽可能多的创意性想法。

（5）准备设备：进行头脑风暴时通常需要白板、投影仪，以及记录用的纸、笔和便携式计算机等。助理研究员可根据情况选择使用传统的纸和笔做记录，或直接在计算机上进行记录。

（6）布置会场：应尽量选择较为安静、有桌子的会议室作为会场，以保证与会者能充分发表各自的看法，助理研究员能完整记录每个想法。头脑风暴的会场环境如图 1-16 所示。

（7）其他：由于头脑风暴法要求与会者有一定的经验和基础，清楚头脑风暴法的原则和方法，所以可以在正式开始头脑风暴前对与会者进行一些训练，例如打破常规进行思考、转变思考角度，以减少与会者的思维惯性，将其从单调、紧张的工作状态中解放出来，从而以饱满的热情投入头脑风暴。

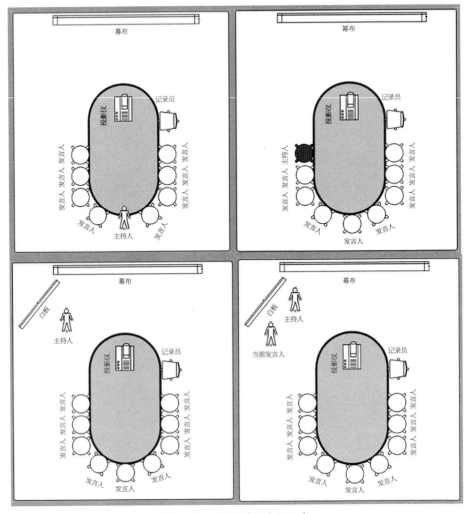

图 1-16　头脑风暴的会场环境

2．开放讨论阶段

（1）主题通报：正式开始前由主持人公布头脑风暴的主题，并介绍与主题相关的情况，让与会者做好准备，突破思维惯性、大胆联想，在头脑风暴中产生更多想法。

（2）头脑风暴的过程。

① 可轮流发言，每轮、每人用通用术语简明扼要地说明自己的 1 个设想，避免发言不均或形成辩论。

② 与会者可从大家每次提出的设想中找出与自己的设想有重复的部分，对此进行补充，并在此基础上形成新的设想或综合想法。

③ 主持人应用赏识、激励的词句和微笑、点头等行为来鼓励与会者多表达想法。主持人需经常强调想法、点子的数量，例如要求平均 5 分钟内产生 10 个设想。

④ 如果遇到全体沉默的情况，那么可稍微休息几分钟，通过散步、唱歌、喝水、吃零食等方式进行调整，然后再次进行头脑风暴。也可以给每人发一张与问题无关的图画，要求他们讲出从中得到的灵感。

头脑风暴的开放讨论阶段通常持续 1 小时左右，形成的设想不应少于 100 种。最好的设想常常在头脑风暴即将结束时被提出。如果预定的结束时间已到，但与会者的发言仍未结束，那么可根据情况延长 5 分钟。若在预定结束时间后的 1 分钟内再没有新的想法、观点被提出，头脑风暴即可结束。

3. 成果整理阶段

头脑风暴过程中的整理

助理研究员在头脑风暴的过程中需要适时地对记录内容进行整理，从而为结束后的整理提供便利。例如，调整内容的隶属关系和结构层次，删除重复的内容，对有歧义的内容做修改，补充、完善信息，适当添加图标、注释，等等。

头脑风暴结束后的整理

在完成头脑风暴后，通常会利用思维导图工具对讨论的内容进行系统梳理，包括整理层次结构、突出关键内容、梳理逻辑关系、调整图形布局与美化页面等。最后导出 doc、pdf、gif、png 和 jpg 等格式的资料。

形成成果报告

将整理过的符合创新性、可行性或其他相关标准的头脑风暴成果形成报告。成果报告通常是各种创意的优势组合，对形式无统一的规定，可以视具体要求而定，可以是思维导图，也可以是 Word 文档、PDF 文档。

1.5.4　头脑风暴法的原则

头脑风暴法是一种智力激励法，能提高团队的创新能力和生产效率，也能提升个体的创新能力。为保证头脑风暴的有序进行并取得良好效果，需要遵循以下原则。

（1）自由发散原则：营造轻松氛围，让所有与会者放松思想，不受任何限制，能从不同角度、层次、方向来自由思考，提倡大胆设想，力求出现标新立异的创意。

（2）主题聚焦原则：头脑风暴的目的是获得尽可能多的想法，与会者可以发散思维，可以天马行空地随意设想，但必须始终围绕所讨论的主题进行。

（3）以量求质原则：头脑风暴鼓励多思考，多做设想。设想越多，具有创新性的设想就越多。

（4）延时评判原则：在进行头脑风暴的过程中，应当集中精力发掘创造性想法。不对别人的任何想法进行任何评价，也不必过分自谦。认真对待每个设想，不管其是否适当和可行。防止出现扼杀性语句，例如"这根本不可行""太陈旧了""老套""完全不可能""我提出一个不成熟的想法"等，应当让所有与会者在充分放松的心境下，在别人设想的激励下，集中全部精力拓展自己的思路。具体做法如下。

①每人每次只提一个设想。

②可以适当使用幽默的话语活跃气氛。

③从别人的设想中得到启发，或补充他人设想，将他人的若干设想综合起来提出新的想法。

④主张独立思考，不允许私下交谈，以免干扰他人思考。

⑤不强调个人的成绩，应以团队的整体利益为重，注意和理解他人的贡献，共同创造民主环境，不让多数人的意见阻碍新观点的产生，激发个人提出更好、更多的想法。

（5）二次创新原则：相关部门的主管或决策者应当认真阅读头脑风暴的成果文档，必要时进行更高层次的头脑风暴。

1.5.5　头脑风暴法的支持工具——思维导图

思维导图[22]，也称心智图、脑图，是一种结合了图画和文字的优势，能反映主题层级性、关联性和隶属关系，并能快速、有效地表达发散型思维的可视化工具。思维导图有助于记录思维过程，并能起到启发和组织思维的作用。因此，思维导图是支持头脑风暴活动的良好工具。思维导图的呈现形式没有统一标准和要求，既可以只以文字的形式出现，也可以以图文配合的形式出现（图 1-17）。因此，与会者可根据具体情况，灵活选择纸笔或软件等来完成思维导图。常用的思维导图软件有 MindManager、MindMapper、XMind、FreeMind 等。思维导图软件可以使用结构化的表现方式，打破 Word 等文字处理软件的线性文字结构；也可以使用图形化的视觉表达，随时插入有意义的图标，生动表意；还可以使用鼠标等工具进行拖拽操作，方便随时修改；还可以在在线头脑风暴中使用，让与会者自主输入内容，实时同步，提高在线沟通效率。

✍ 案例：

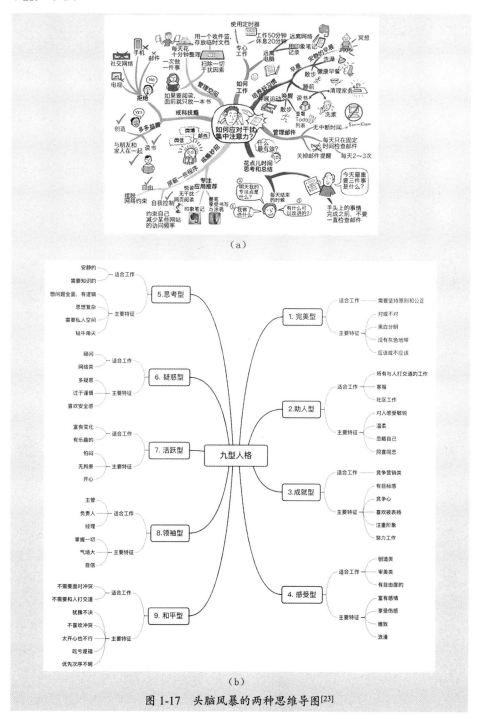

（a）

（b）

图 1-17　头脑风暴的两种思维导图[23]

1.5.6　头脑风暴法的优点与局限性

1．头脑风暴法的优点

头脑风暴法是已被广泛应用的创造性思维方法。通过头脑风暴，个人在团体中所产生的设想数量是其单独工作时的2倍及以上。多年的头脑风暴法实践表明，采用头脑风暴法的小组的表现比没有采用头脑风暴法的小组的表现要好。国际知名设计公司IDEO认为头脑风暴法是一种很有效的激发创造力的方法。

一方面，针对某一主题运用头脑风暴法进行创意激励，有利于营造出自由、愉快、畅所欲言的氛围，让所有与会者自由提出想法，相互启发，相互激励，发散思维，产生联想，从而产生共振和连锁反应，产生更多的创意和灵感。

另一方面，运用头脑风暴法可以排除折中方案，对所讨论的问题通过较为客观、连续的分析，找到一组切实可行的方案，具有广泛的应用性。

2．头脑风暴法的局限性

头脑风暴法在激发创意方面具有明显优势，但由于对时间、费用等方面的要求较高，与会者通常是相关领域的专家或具有较高知识素养的人，所以在具体实施中具有一定的局限性，存在潜在的过程损失，具体表现在以下几方面。

产生式阻碍（Production Blocking）

在头脑风暴过程中，当某个与会者阐述自己的观点时，其他与会者只有两种选择，一是努力记住自己已经产生但没有机会表达的观点，以免遗忘；二是被迫去听别人的观点，导致注意力分散，遗忘已产生的想法或难以继续产生新的想法。在通常情况下，产生式阻碍会随着头脑风暴与会者人数的增加和规模的扩大而越加明显。但产生式阻碍在电子头脑风暴法中不存在，因为所有的与会者都能通过计算机同时表达自己的观点。

评价焦虑（Evaluation Apprehension）

头脑风暴法的本质目的是在减轻与会者思想负担的情况下，让与会者畅所欲言，从而收集尽可能多的想法。但是在实际操作中，与会者可能担心其他人对自己设想的价值、新颖性等方面的评价，从而不会或者犹豫把自己的有些想法表达出来，以至于影响头脑风暴的成效。

社会惰化（Social Loafing）

社会惰化指个体倾向于在进行群体工作时付出得比自己独自工作时更少的现象。对此的研究最初源于体力劳动，如拔河。当头脑风暴的与会者意识到他们的观点将被汇集，并作为整体被看待、分析时，就可能降低自己的努力程度。而当与会者认为他们是以个人而不是以群体为单位被评价时，社会惰化现象会减少。另外，与会者也可能因为感觉到自己的观点并不一定是团队所需要的，从而对自身观点价值不肯定，这也可能造成社会惰化。

认知干扰（Cognitive Interference）

产生认知干扰的原因可能是个体过于关注别人提出的观点，也可能是别人提出的观点影响了个体思考。电子头脑风暴法中的认知干扰不太明显，因为与会者不必在别人提出观点时立即反应，而是可以选择性地产生想法。

交流速度（Communication Speed）

电子头脑风暴中可能出现一种潜在的速度损失，即大多数人的说话速度比打字速度或书写速度快，因此打字可能使交流速度变慢，从而抑制观点的产生[24]。

1.5.7　经典案例

✍ 案例：

　　每到冬天，美国的北方都大雪纷飞，非常寒冷。电线上积满冰雪，大跨度的电线常被积雪压断，严重影响通信。过去许多人都试图解决这一问题，但均未能如愿。后来，电信公司经理尝试应用头脑风暴法解决这一难题，该经典案例[25]的解决进程如下。

　　按照头脑风暴法的规则，大家七嘴八舌讨论开来。有人提出设计一种专用的电线清雪机，有人想到用电热来融化冰雪，也有人建议用振荡技术清除积雪，还有人提出坐在直升机上用大扫帚去扫电线上的积雪。对于坐飞机扫雪的设想，虽然听起来滑稽可笑，但也没人提出批评。相反，一位工程师听到此想法后，思维受到冲击，想出了一种简单可行且高效的清雪方法。他想，在每次大雪后，让自动直升机沿着积雪严重的电线飞行，高速旋转的螺旋桨即可将电线上的积雪迅速扫除。他马上提出这个用直升机扫雪的新设想，顿时又引起其他与会者的联想。有关用飞机除雪的主意一下子又多了七八个。不到一小时，与会的 10 名技术人员共提出了 90 多个新设想。会后，公司组织专家对这些设想进行分类论证。专家们认为设计专用清雪机、采用电热或电磁振荡等方法清除电线上的积雪，在技术上虽然可行，但研制费用高、周期长，一时难以见效。那几个因坐飞机扫雪激发出来的设想，倒形成了一个大胆的新方案，如果可行，那么将是一个既简单又高效的好办法。经过现场试验，发现用直升机扫雪真能奏效。这个悬而未决的难题，终于在头脑风暴中被巧妙地解决。

1.6 自我陈述法

1.6.1 什么是自我陈述法

自我陈述法（Self-report）最早用于心理学研究[26]，研究者根据被试者对一系列关于情绪、行为及性格特征的问题的回答，对其病情进行判断。该方法通常让被试者在完全无干扰的环境中完成纸质版或电子版的测试。这是一种在心理学领域被普遍应用的方法。但是，在应用自我陈述法的过程中，心理学领域的研究者发现了该方法的局限性，即人们在自我陈述经验、想法时，很容易通过反馈夸大事实。例如，部分被试者会有从众心理，他们会按照社会广泛接受的标准来回答问题。因此，多数心理学研究或诊疗专家建议不要单独使用自我陈述法，可以将其与被试者的行为习惯、使用经验结合起来，一同作为判断的依据。根据实际情况辅以其他研究方式，可以最大限度地弥补自我陈述法的局限性。

近年来，自我陈述法作为一种简单、灵活的数据采集法在产品开发领域被广泛采用。这种方法通过让个体回顾和描述自己使用产品的过程和经历，为研究者提供素材。自我陈述可以以谈话、录音等口头形式进行，也可以以日记、笔记、问卷等书面形式进行[27]。图 1-18 就是一位被试者在办公室环境中使用电动按摩椅时用手机记录使用情况并及时反馈的场景。为了研究用户在办公室环境中对电动按摩椅的操控体验，需要记录被试者在不同使用阶段的感受。与家用情况不同的是，办公室环境中的设施是共享的，时间跨度较长且使用条件无规律的客观条件加大了可用性测试的难度。在这个案例中，使用自我陈述法让诸多棘手的问题迎刃而解：研究者既不用受制于时间问题也不用担心反复实地造访产生不便，被试者只需按照各自的使用时间和地点参加测试即可。

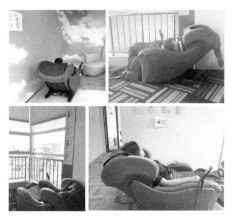

图 1-18　办公场所调研实例

相较于其他数据采集法，自我陈述法的实施流程较为灵活，更符合当代时间碎片化的客观情况，因此被普遍应用于了解用户的情绪、态度、观念等主观感受的研究中。此外，自我陈述法也经常与观察法或问卷法结合使用，对定量数据进行采集。

1.6.2　自我陈述法与其他数据采集法的比较

自我陈述法虽然与其他数据采集法（如观察法、单人访谈法和问卷法）有着相似的特性，但是从场景还原度和反馈收集难度上来看，自我陈述法有明显的综合优势。图 1-19 是自我陈述法与观察法、单人访谈法和问卷法的比较。

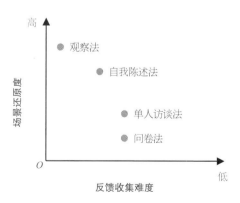

图 1-19　自我陈述法与观察法、单人访谈法及问卷法的比较

1. 自我陈述法与单人访谈法

在单人访谈中，研究者时时刻刻陪伴着被试者，随时对被试者进行引导或帮助，并记录被试者的反馈，把控实验进度。而自我陈述法更注重不受干预的自然使用环境，整个过程由被试者掌握，对结果的反馈较为滞后和间接。

2. 自我陈述法与观察法

同样是追求自然、真实的使用环境，观察法的实验条件较自我陈述法更为粗放、自由，并且研究者以观察结果为依据进行后期分析（通常为定性分析）。相比之下，尽管自我陈述法的整个过程处于无人工干预的状态，但最后必须通过被试者的主动"汇报"[1]来收集反馈。因此，在某些复杂的自我陈述开始之前，我们需要让被试者充分了解研究的目的及实施步骤。当然，自我陈述法对于结果的分析也必须基于被试者的自我表达，可定量也可定性。如果条件允许，建议尽量使用自我陈述法与观察法相结合的方式。

3. 自我陈述法与问卷法

收集反馈是自我陈述法中很重要的部分之一，而反馈表也是研究者常用的工具。本质上，自我陈述法中使用的反馈表无异于问卷法中的问卷。自我陈述法一般会根据被试者的主观感受设计问题，可在产品使用过程中分次实施；问卷法则可兼顾主观感受和客观现象，多为一次性的调查。另外，问卷法相对独立，可以随时随地开展；而自我陈述法有着较为严格的适用条件，被试者须置身于产品使用场景中进行独立思考并主动表达，以保证反馈的信息足够真实。

| 1.6.3　自我陈述法的适用条件

现有的数据采集法大多可为产品开发的各个阶段服务，自我陈述法却是个例外。由于研究者对实施该方法的整个过程的干预度较低，所以自我陈述法的适用条件较为严苛。

首先，自我陈述法较适用于产品发布后或功能完整度较高的产品的试用期。由于在整个数据采集过程中被试者几乎没有接受引导的机会，所以产品的稳定性就成为了该方法成功的第一要素。没有多少人愿意测评一个经常出故障的产品，即使被试者很耐心地按照要求提交了反馈，获得的数据也不会对改进产品有太大帮助。

那么，可以用完美的设计图纸替代真实有形的产品吗？在产品开发的大多数阶段

1　根据实际情况，"汇报"既可以是书面形式或网络问卷形式，也可以是音视频形式。

的用户研究中，设计方案甚至是草图给予了研究者极大的帮助，既能帮助被试者对产品产生形象的认识，又能保持较低的测试成本，并且方便修改。但是，如果我们希望进行全面、深入的用户研究，那么对真实有形产品的使用经历远比纸上谈兵实用。

此外，自我陈述法要求被试者在使用过程中主动反馈问题，这势必提高了对被试者的要求。明确被试者是所有数据采集方法的基础，自我陈述法的被试者不仅是产品的目标用户，还要能积极主动地参与到记录和反馈的实验活动中。在试用新产品的过程中，高级用户甚至专家级用户具有较为丰富的产品使用经验，更易提出建设性的反馈意见。当然，如果研究的目的是了解新用户的使用情况，那么对被试者的要求就另当别论了。

为了收集到更有价值的信息，要尽量对被试者的参与兴趣度进行评估。例如，在某些产品的用户论坛或会员俱乐部中，可以很容易地发现一些活跃的用户，他们长期参与对产品的评论并善于分享自己的使用经历。如 SAP 的用户论坛上就设有专门的板块供全球用户参与产品的创新。另外，不直接参与产品研发的内部员工也可能是很好的测试对象，图 1-20 就是通过公司论坛收集到的内部员工反馈。

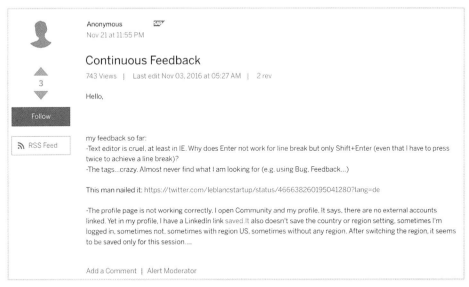

图 1-20　利用论坛收集到的内部员工反馈

综上所述，邀请经验丰富的粉丝用户参与其中，让他们在稳定的产品使用环境下表达自己真实的感受，正是自我陈述法的核心所在。

1.6.4　自我陈述法的反馈收集

和其他数据采集方法一样，自我陈述法的反馈收集是至关重要的。而在多数情况下，反馈表几乎是研究者与被试者之间唯一的沟通途径。那么如何用一份简单的反馈表对被试者进行引导，就成了保证测试有效性的关键。在为自我陈述法制作这类反馈表时，一般不提倡使用篇幅长、步骤过多的问题，简单易理解是基本原则。否则，因反馈表过于烦琐而使被试者中途放弃测试或草草了事也是非常可惜的。

一般来说，自我陈述法的反馈表包括前言、主体和结语 3 部分。前言部分应该讲明白调研的目的、意义、步骤、关于匿名的保证，以及对被试者的要求，最后要对被试者的配合予以感谢，并且要附上研究者所属机构或组织的名称、调查时间。主体部分是主要部分，这一部分应包括调查的主要内容，以及一些说明。结语部分是调查的一些基本信息，如调查时间、地点、调查员姓名、被试者的联系方式等。关于问卷的设计可参照本书相应章节。

自我陈述法的反馈并不要求内容的广泛和全面，而更侧重于让被试者在使用产品后，以某种轻松的方式积极主动地向产品开发者反馈自己的使用经历或建议。至于反馈表的形式，则取决于产品本身的特点。大部分互联网产品使用网页形式的反馈表，这种形式的好处在于不仅易于数据统计，更提供了与用户互动的可能性。尤其需要指出的是，反馈并不一定拘泥于纸面的数据，在有条件的情况下采用录音甚至是录像，结合出声思维（Think Aloud）的方式，也会令结果更加丰富。这是因为出声思维[28]的基本特点正是要求被试者在完成任务的同时以口语的形式报告操作情况，可用性测试专家通过对被试者报告的内容进行分析，可以获知被测系统中存在的问题，哪些部分常为被试者忽视或误解，以及被试者对被测系统的看法，等等。在理想情况下，出声思维更能表达被试者的主观情绪和他们在产品使用过程中的即时反应。

1.6.5　自我陈述法的案例

对于一些复杂的产品或系统，自我陈述法是比较合适的调研方法，这是因为用户对复杂产品的认识需要一定的时间。传统问卷的结构形式相对单一，内容覆盖面广，问题精细度高；而自我陈述法的问卷相对灵活，旨在成功引导被试者，提倡轻松、活泼的表达方式。我们先将自我陈述法的问卷划分为若干部分，划分标准可以是功能模块，也可以是用户的行为层次，之后就能够"因地制宜"地设计问卷了。

　　本节将以对按摩椅操控性的调研为例，展示自我陈述法是如何被运用于实际的。在发售了该按摩椅之后，研究者期望收集办公环境下的用户使用反馈，以便对按摩椅进行更有针对性的调整。这不仅要收集用户对产品的第一印象，还要了解用户在使用一定次数之后对该产品的评价、提出的问题或建议。由于实地访谈条件受限，且按摩椅的使用时间也十分随机，所以研究者最终决定采用自我陈述法，在几个月内持续收集了多名用户在不同使用阶段的反馈数据。研究者邀请若干名被试者使用各自办公室中的按摩椅，并通过自述和问卷相结合的方式来反馈使用过程，对使用体验进行即时评价（如图 1-21 所示）。

图 1-21　用户自述使用体验

　　根据用户的使用层次不同，按照以下 3 个步骤逐级深入收集用户反馈。

1．对该款按摩椅的整体印象（对所有用户适用，兼顾新用户、普通用户和熟练用户）

　　无论是哪种层次的用户，都有自己对产品的理解和评价。即使是不太了解产品使用细节的新用户，也能通过按摩椅的说明书、操控面板上的菜单导航、简单交互等方式，对其操控性进行大致的评价。尽管整个问卷的结构是严谨的，但研究者还是需要在问卷的初始部分给用户营造轻松、易解答的氛围。免录入的问卷形式是比较符合这种要求的，通过点击已有选项来打分可能是比打字录入更容易被接受的方式之一。用户只需轻轻一点，就能发表自己的评价，以这种免录入的形式作为问卷的开始，可以最大限度地消除用户对传统问卷的抵触感，逐步将用户引导进更深入的问题。

　　最重要的是，无论完成度如何，用户都可以随时发送问卷。这样的做法能够很好地保留已录入的数据，不会产生因为用户中途关掉窗口所造成的部分有效数据丢失的现象。另外，问卷中的产品使用次数也是非常有价值的信息，用户可以在使用的任何阶段反复对产品进行反馈。尤其对于一些复杂的产品，第一印象远不及用户反复尝试、深思熟虑后的反馈重要。追踪用户态度在整个产品使用周期中的变化也是非常有意义的。在产品使用过程中，这种反复就同一个主题提交评价的做法正是自我陈述法的优势所在。该案例中对整体印象评价的反馈如图 1-22 所示。

图 1-22   整体印象评价

2. 对该款按摩椅的主要操控功能进行排序，标出最易操作或最有帮助的功能（对所有用户适用）

在图 1-23 中，研究者列举了该按摩椅操控系统中的亮点功能，并请用户根据自己的使用经验，找出这些功能中最有用或最好用的几个。对于设计人员或产品经理来说，如果用户在使用一段时间后，没有对产品设计之初所规划的亮点功能进行关注或给出好评，就说明该产品在设计定义上出了问题，这为后期的深度测试提供了明确的方向。另外，在一些服务性项目中，绘制用户旅程地图有助于了解用户的使用体验及交互状态[29]。自我陈述法能持续收集用户反馈，十分适合捕捉产品整个生命周期中的用户体验。如果说问卷法是在一个点上撒网，那么自我陈述法就是在一条时间线上串起了多个小网，观其过程，察其变化。

图 1-23　功能评价

3. 在既定业务场景中的专业问题反馈

这部分需要用户在深入接触产品的基础上，结合自己的实际使用经历来进行反馈。尽管部分用户本身已经是资深的产品使用专家，能够轻松自如地就产品存在的问题"侃侃而谈"，但反馈表还是要尽量按功能模块或使用步骤列出不同问题，保证被试者不会漏掉任何一个关键环节。尤其是对于较为复杂的产品，如软硬件结合的产品或是大型软件系统等，由于行业、国家、地区、公司等不同，情况各有不同。而研究者并不希望被试者的反馈信息过于天马行空，这时就需要一个隐形的框架将用户反馈约束或引导为同一个方向的内容。所以，研究者设计了如图 1-24 所示的反馈窗口，将调研反馈的方向控制为按摩椅操控器的可用性，而非按摩椅本身。

图 1-24　问题反馈

在数据整理阶段，研究者对 3 个步骤进行了区别处理。无论是第一次接触产品的新用户，还是使用经验丰富的资深用户，我们都能通过第 1 步得到他们对产品的总体印象；第 2 步有利于发现产品设计与用户实际需求之间的差别。总体来说，前两步能够通过程序自动计算得到定量的结果，而第 3 步需研究者采用传统的定性分析方法来归纳总结。

上述案例采用了单个用户独立参与的方式。而近年来，随着网络互动的普及，人们更乐于在虚拟社交圈中发表自己的意见。因此，研究者也将这种方式引入了自我陈述的反馈问卷中。如图 1-25 所示的某外国网站的反馈表中还增加了互动部分，既能让被试者在互动中完成问卷，又有助于研究者研究总结出具有共性的问题。

图 1-25　互动式案例

4．精妙的问题设计让研究者事半功倍

自我陈述法中对问题的设计至关重要，这不仅决定了被试者能否按既定的流程完成调研，也影响到反馈内容的质量和真实性。"循循善诱""逐级深入""因势利导"是设计问题时必不可少的原则。

首先，我们要明确几个问题：对于一个已经发布的产品，用户为什么会想在反馈表中描述自己的真实感受？难道只有到了怒不可遏的时候才会来反馈？这种发怒用户的数据如果流入公共平台怎么办？这几个问题困扰了研究者多年，他们一方面希望能在更大的平台上邀请用户积极参与调研，另一方面又不希望只收集到"愤怒"的数据，更不想让这些数据影响潜在用户。这样的尴尬处境让不少研究者在收集用户反馈时变得小心翼翼、如履薄冰，然而其间也不乏尝试创新且卓有成效的案例。以下就以若干商业 App 为例，谈谈那些能够提升研究效果的妙招。

从"后排"走到"C 位"

国内互联网应用在经历了诸多市场验证之后日趋成熟，尤其是在收集用户反馈这件事上变化明显。探索如何将用户的真实使用感受快速收集回来，并根据第一手数据对产品进行迅速迭代，已成为研究者的一项重要工作内容。体验为王迅速成为业界的共识及行业发展的驱动力之一。现在只要随意打开一款 App，就能发现开发者对待用户的"吐槽"早已不是过去那种"犹抱琵琶半遮面"的态度了。曾经在 App 里四处"躲藏"的"请您反馈"，现如今已大大方方地走到了显眼的位置，其界面设计也更为用心。图 1-26 就是一个在 App 内弹出的内测邀请函的实例。

图 1-26　App 中的用户反馈招募函

满意、不满意，数据一样重要

产品设计的目的是解决问题，而用户研究是明确问题的手段，为了对产品有一个全面、客观的认识，仅仅收集负面反馈是不够的，研究者也要了解产品的优势。一份好的自我陈述反馈表，要能同时收集正反两方面的反馈，尽量去除研究者的主观引导。

Shopify 是知名的零售商业管理软件，虽然其业务功能复杂，但使用起来简单、流畅，很多并不具备信息化知识的小零售商也能快速上手，在短期内熟练使用该软件。它的用户反馈表也跟产品本身一样，简单且友好，所有的反馈数据都被收集到了 Shopify 后台，其中的好评还会被自然地引入更公开的平台。这种方法既收集到了较为全面的用户反馈，又做到了口碑宣传。图 1-27 描述了 Shopify 评价反馈的整个流程。

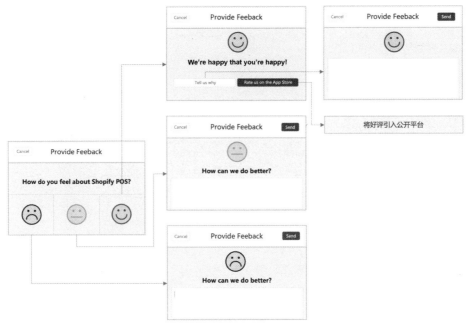

图 1-27　Shopify 精心设计的评价反馈流程

结构化是把双刃剑

用户自我陈述的过程并不复杂，困难往往发生在后期的梳理归纳阶段。将非结构化文本转变为可分析的结构化数据，这个过程会耗费较多的精力。有时候研究者为了让研究结果便于分析，更倾向于在反馈表中增加结构化的框架或分类。合适的框架可以引导被试者的思路并规范反馈的内容，以减少无关信息。但这如同一把双刃剑，带来便利的同时削弱了调研的效果。过度复杂的结构需要被试者时刻保持理性，能够对自述的内容进行正确的分类。这样做尽管降低了分析成本，但也为被试者带来了不小的困难。图 1-28 就是一个高度结构化的反馈表，被试者在描述情况之前要充分理解这些分类的含义，否则反馈也将无从进行。

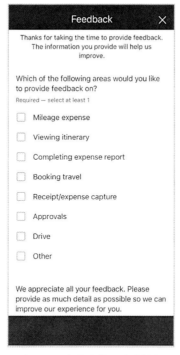

图 1-28　高度结构化的反馈表

| 1.6.6　自我陈述法的优缺点

自我陈述法的最大优点莫过于维持了被试者的自然使用状态，这是其他方法所没有的。首先，自我陈述法的形式决定了被试者可以在相对较长的时间内自主使用产品；其次，反馈大多在被试者主动、积极的前提下产生。因此，自我陈述法收集到的反馈比较实用且可信，极少产生其他方法中被试者由于紧张或某些个人原因而传达回错误信息的情况。

然而，这种自然使用的状态也给分析带来了困难，尤其是对于过于简单的自我陈述法。首先，反馈时间难以控制，有的用户在使用初期并未产生问题，尤其是对一些高级、复杂、不常用的功能，这不利于收集有针对性的信息。很多互联网产品将这种方法改进为长期的用户反馈，收集的内容也更加粗放、不设限制，用户既可以填写功能设计方面的意见，也可以反映产品质量、稳定性等技术问题。因此，时间和内容的不确定性决定了过于简单的自我陈述法难以进行系统的调研。当然，如果在反馈及实验过程中对研究的内容和时间加以控制，那么也完全能够获得全面、深入、有针对性的反馈信息。

另外，自我陈述法对实验过程基本不做控制，这也带来了一定的风险和困难。无论是观察法还是单人访谈法，研究者都随时记录被试者的一举一动。而自我陈述法则对被试者有较高的要求，既要能在使用中发现问题，也要能主动利用研究者提供的问卷反馈问题。并且，自我陈述法收集到的反馈意见往往夹杂着一定数量的不相干信息。在上文提到的 Shopify 软件案例中，不少用户的反馈都与产品使用体验毫无关联，甚至有很多用户误认为这是个软件质量测试问卷，而研究者直到汇总问卷结果时才发现这些问题。但是，如果能够对被试者进行筛选，使其完全了解该方法的流程及反馈表的用意，则可以避免这一问题。

1.6.7 与其他数据采集方法结合

自我陈述法天然就是一种与其他多种数据采集方法结合使用的综合性方法。自我陈述法收集的反馈结果能为后期有针对性的访谈确定目标、选择被试者。另外，观察法、问卷法、出声思维、用户使用行为统计等都可以与自我陈述法配合使用。总之，每种方法都具有各自的优劣势，需要研究者根据实际情况相互结合、灵活运用。

1.7 现场试验法

1.7.1 什么是现场试验法

现场试验法（Field Experiment）又称现场实验法、实地实验法，是社会心理学研究方法中的一种，是在实验室外真实、自然的社会生活情景中进行的社会心理学的研究活动，其目的在于测试一项干预措施的有效性。在现场试验中，研究者会对一个或多个实际的组织、社区、市场或其他自然场景中的变量进行控制，并对不同组进行干预，以观察干预的效果。与实验室试验不同，现场试验法可以更好地模拟真实情况，并提供更加准确的实证数据。自然环境下的试验可以更好地考虑环境因素的影响，例如社会文化、经济条件、人口特征等，从而更加贴近用户的真实情况。同时，现场试验法可以探究更多真实世界的问题，包括商业行为、政策效果、社会互动等。例如，美国宾夕法尼亚大学的一项研究发现，将儿童照片贴在学校食堂的果蔬区域，能够促进学生的膳食健康。研究者将儿童照片放在一个学校的食堂的果蔬区域，结果学生对果蔬的购买量和摄入量明显增加。更有趣的是，研究者在一家博物馆的展览中进行试验，将一些文物的标签改成相关故事，结果游客的参观时间和感兴趣程度有所增加。现场试验法由于其及时性、真实性和有效性，已成为一个重要的社会心理学研究方法。

现场试验法也被广泛地用于社会治理。例如，美国的"打击犯罪计划"在纽约市选定一些犯罪高发区域，加派警力进行巡逻并打击犯罪，以减少犯罪发生率。该计划采用了现场试验法，通过将随机分配的试验组与对照组进行比较，得出了该计划的有效性。美国肯塔基州的"儿童早期学习计划"针对低收入家庭的孩子提供免费的学前教育，以促进他们的学习和发展。该计划采用了现场试验法，通过将随机分配的试验组与对照组进行比较，评估了该计划对孩子的语言、认知和社交能力的影响。美国加州电力公司的"节能计划"通过向用户发送电费账单和节能建议，来鼓励用户减少能源浪费。该计划采用了现场试验法，通过将随机分配的试验组与对照组进行比较，评估了该计划对用户节能行为的影响。

1. 影响现场试验法的 6 个因素

在经过多次实践后，不同学者对现场试验法有不同的看法。其中，Harrison 和 List[4] 提出了影响现场试验法的 6 个因素。

（1）**样本性质**。现场试验的样本一般是在所研究问题涉及的真实参与者中随机选择的，力图使样本具有代表性。例如，针对某品牌咖啡杯的现场试验，可以采取随机抽样的方法来获取样本。

（2）**被试者带入试验中的信息性质**。被试者可能对试验中的商品或任务具有先验的信息，这就需要研究者通过一定的设计使这种信息的重要性减弱。例如，在帝·巴黎包现场试验中，为了避免被试者带有先验性的主观印象，研究者故意将包上的标签、词句、厂家说明等去掉。

（3）**商品性质**。试验涉及的商品本身也是构成"现场"情景的重要部分。例如，在帝·巴黎包现场试验中，包本身和卖场环境构成了整个"现场"的情景。

（4）**试验中任务的性质**。被试者在试验中完成的任务是现场试验的重要组成部分，具有丰富经验的人和缺乏经验的人在特定任务中会表现出明显的差异。例如，在某些田野环境中形成的成功经验可以被"迁移"到其他田野和实验室环境中，从而启发没有经验的被试者。

（5）**风险性质**。在实验室和实际场景中面临的风险的性质是不同的，这会影响行为，人们在真实情况下会谨慎对待，而在实验室中则可能轻率决策。

（6）**试验环境**。被试者所处的环境同样可能影响行为，真实的环境可能为行为提供启发或策略背景。

此外，由于用户研究中的现场试验法不同于一般的自然科学实验，其研究对象是人，所以试验设计更要符合基本的道德标准。

2. 现场试验法的优缺点

相对于其他用户研究的方法而言，现场试验法在用户研究中并不常用。这是因为虽然由现场试验法获得的数据适合进行定量分析，但是采集的数据本身并不一定出于

被试者理性的判断。所以现场试验法常常需要辅以定性的观察,以判断被试者的反应
是否带有过激的情感。

现场试验法的优点在于其试验场景通常为真实情景,能够更好地反映出干预措施
对被试者的影响。相较于实验室试验等人为制造的环境,现场试验更具有真实性。虽
然现场试验在真实情景中进行,但研究者可以通过随机分组、设置对照组等方式来控
制干扰因素,从而更准确地评估干预措施对研究对象的影响。由于现场试验在真实情
景中进行,其结果更具有推广性和适用性,所以在不同时间、不同地点,甚至不同研
究对象上进行相似的现场试验,结果往往是可重复的。

现场试验法的缺点在于它需要在真实场景中进行干预和操作,而有些干预措施在
现实中难以实现,比如政策、组织结构等,这些限制了现场试验法的可操作性。现场
试验法往往存在内生性问题,因为试验组和对照组之间的差异除了干预措施,可能还
包括其他干扰因素,比如组成差异、历史因素等。此外,高昂的成本也是现场试验法
被诟病之处,其试验成本包括试验设计、试验场地、人力等,资源有限的研究者可能
难以负担。由于现场试验需要在真实场景中进行,其试验周期往往较长,可能需要数
月或数年,这既给研究者带来困难,也影响试验结果的可靠性。并且,由于现场试验
法的试验场景通常为真实情景,因此试验结果可能受到场景限制,因而无法推广到其
他场景中。

1.7.2　现场试验法的分类

针对用户研究,现场试验法一般分为定量和定性两种。定量的现场试验法一般在
实验室中进行,采取模拟现实环境的做法。因此,定量的现场试验法需尽量接近现实
的情形,构建出某种适合研究的环境,并在此环境中对被试者施以刺激,测量其所产
生的结果或现象,梳理相关的因果关系。定量的现场试验法要求对环境加以一定的控
制,研究者把现场当作实验室从事研究。研究者操纵自变量,尽可能地控制额外变量,
观察因变量(由于试验变量的不同而产生变化的试验对象)的情况。一般有以下几个
操作要点。

(1)选择要研究的变量:确定研究的变量是什么,如某种产品的价格、页面布局、
颜色或产品描述等。

(2)设计试验:设计试验计划,确定如何对变量进行干预和测试。例如,如果你
想测试产品价格对销售量的影响,那么可以设计两个价格不同的产品,并将它们放在

不同的店面或页面上进行销售。同时要确保试验组和对照组是随机分配的，这样的对比结果才具有代表性。

（3）进行试验：进行试验并记录结果。例如，可以记录每个产品的销售量、访问量和转化率。

（4）分析数据：对获得的数据进行分析，比较试验组和对照组之间的差异。使用统计方法（如假设检验）来确定差异是否显著。

定性的现场试验法常常与实地观察法、深度单人访谈法、追踪观察法结合使用，它是一种通过收集和分析数据，探讨客观、接近自然和真实的心理活动规律的方法。定性的现场试验法和实地观察法之间是有区别的，实地观察法不涉及任何试验刺激，而现场试验法要求研究者对现场环境进行某种处理。此外，现场试验法还要求能够控制一个或一个以上的自变量。因此，相较于实地观察法，现场试验法不仅使研究者对自变量有所控制，而且可以保持一定的真实性。

实地观察法被英国社会学家莫塞（Mosor）誉为社会探究的第一等方法。莫塞认为，实地观察法主要是研究者基于对事件的敏锐观察，获得的对于某一产品的特定活动和背景环境的总体理解，并有目的地利用感官或科学仪器记录人们的态度或行为。与定性的现场试验法相结合时，实地观察的研究者必须提前建立一定的观察框架，用于组织和明确观察的重点。这类框架能够帮助研究者专注于特定的目标和问题，以及有效且系统地对现象和事件的发生、发展和变化进行记录。这样更易于对事实进行实质性和规律性的解释。

┃ 1.7.3　现场试验法的操作流程

1. 定量的现场试验法的一般步骤

（1）确定研究问题：首先需要明确要研究的问题和目的，以及研究对象和场景。例如，可以研究某个组织的管理方式对员工绩效的影响，或者研究某项政策的效果等。

（2）设计试验方案：根据研究问题设计试验方案，包括干预措施、试验组和对照组的选取、试验期间的数据收集方式等。试验方案需要考虑试验的可行性和有效性，以确保试验结果能够反映出真实情况。

（3）随机分配试验组和对照组：通过随机分配试验组和对照组，可以避免个体差异或其他因素对试验结果产生影响。试验组和对照组之间应该保持类似的特征和背景，以确保试验组和对照组之间的差异仅仅是干预措施。

（4）进行干预和收集数据：在试验期间，对试验组进行干预，如改变工作条件、提供培训和教育、发送邮件或短信等，同时通过问卷调查、观察记录、测量等方式收集试验组和对照组的数据。

（5）数据分析和结果评估：在试验结束后，对收集到的数据进行分析和统计，比较试验组和对照组之间的差异，评估干预措施的效果和影响。同时，需要考虑数据的可靠性和有效性，以及试验结果的可推广性和适用性。

2．定性的现场试验法的一般步骤

（1）准备工作：首先，进入现场是准备工作的重点，包括选择研究者进入现场的身份、方式和途径，处理好研究者与被试者的关系。其次，需要在测试之前列好观察与访谈相结合的提纲。最后，需要在测试之前在测试现场放置隐藏的摄像头，用以记录测试过程中被试者的行为和言语。

（2）取样：定性的现场试验法需要利用过滤表挑选出合适的被试者。过滤表为根据试验目的、内容及预设结果而设计的一份类似问卷的表格。它用于在试验正式开始前，帮助研究者找到合适的被试者。具体的取样方法是让一定数量的目标人群填写过滤表，根据填写结果筛选出适合的被试者。

（3）收集数据：这一步看似简单，但在实际的操作过程中经常会出现信息遗漏、信息不全、信息不能肯定的情况。为了防止以上情况发生，一般至少会安排 3 位研究者，分别负责记录、深度访谈和观察被试者。

（4）数据整理、分析与解释：可以通过 POEMS 框架对被试者的交互行为做标记。

图 1-29 为王李莹在其论文《幼儿绘本设计中的用户目标研究——基于 POEMS 观察框架的用户研究》中使用的 POEMS 框架[30]。观察幼儿在阅读活动中的行为可以帮助设计师了解其在阅读活动中的目标和动机，使用 POEMS 框架可以帮助观察者记录有价值的信息，从而更好地为后续工作做铺垫。

人	物	环境	信息			服务
			声音	动作	情绪	
			★○ 幼儿："现在呢，你们可以上车了，列车要开动了。"	★○ 幼儿拿起话筒，对着话筒说话，话筒贴着嘴巴，把话筒放回对应位置，将书本翻到上车页面	★○ 幼儿：愉悦	
			■玩具："丁零零。"	★○ 幼儿按玩具上的相应按钮	★○ 幼儿：愉悦	
			■玩具："叮咚，叮咚。"	★○ 幼儿按玩具上的相应按钮	★○ 幼儿：愉悦	

图 1-29　《幼儿绘本设计中的用户目标研究——基于 POEMS 观察框架的用户研究》中使用的 POEMS 框架[30]

1.7.4　现场试验法的案例

1. 定量的现场试验法案例

✒️ 案例1：智能手机触摸手势工效学的现场试验

西安交通大学学生许雯娜、张煜的论文《基于现场评价的智能手机触摸手势工效学研究》[31]中记载了智能手机触摸手势工效学现场试验的经过。该试验的目的是研究不同情景下的触摸手势工效学参数是否存在显著性差异，现场情景下情绪警觉水平变化是否对点击接触时间造成影响，现场情景下加速度变化是否对触摸手势位移参数速度造成影响。为此，基于特地为试验而设计的 Android 2.3.3 平台测试软件，设定了单击测试、双击测试、长按测试和滑动测试的内容，以确定触摸手势工效学参数。

试验设备包括预装手势触摸工效学测试软件的 3 部同型号 Android 手机，1 部 Affectiva Q Sensor 腕式无线生理传感器，该传感器用以记录被试者在完成任务时的皮肤导电率和运动瞬时加速度。测试程序界面如图 1-30 所示。

（a）程序主界面　（b）测试设置界面　（c）单击测试界面

图 1-30　测试程序界面

参与该现场试验的用户共有 40 名，男女比例为 1:1。被试者的年龄范围为 18~29 岁，为智能手机主要使用人群。其中 21~25 岁的被试者比例最高，占 72.5%。90% 的被试者为右利手，新手用户为 6 人，有经验用户为 34 人。

试验过程：如图 1-31 所示，在室内静坐、户外行走、公交静坐三种情景下，让用户分别在使用右手拇指、左手拇指和双手操作的同时，使用利手食指进行单击、双击、长按和滑动进行测试。三种情景下单个用户的测试时长为 1 小时 40 分钟。

（a）室内静坐　　　　（b）户外行走　　　　（c）公交静坐

图 1-31　测试情景

在试验前，提出的假设为基于非理性用户模型的触摸手势现场评价因素框架。通过分析试验数据，验证了现场情景对手机操作工效学参数具有显著影响，通过修正的手机触摸手势阈参数能够提高手机识别准确率，优化手机触摸操作性能。

具体试验数据请参考《河北科技大学学报》2014 年第 2 期第 118～126 页[31]。

案例 2：基于推荐奖励的消费者生成广告的现场试验

消费者生成广告（Consumer Generated Advertising，CGA）指消费者通过朋友圈分享、微博点赞和转发、大众点评发表评论等手段在互联网平台上创造出与企业产品或品牌相关的内容。对于企业而言，合适的奖励对促进消费者参与广告生成具有重要的影响。但是，消费者在网上发布个人信息将在一定程度上暴露个人隐私，尤其是信息隐私。付出隐私代价虽然有助于提高消费者生成广告的真实性，但同时，个人隐私泄露过多会导致隐私代价过高，进而抑制消费者的生成意愿。为此，刘娟等人[32]提出了现场试验的各种假设。假设 H1：奖励水平对消费者生成广告的意愿有显著影响，相对于低水平奖励，高水平奖励更能激励消费者生成广告。假设 H2：隐私代价对消费者生成广告的意愿有显著影响，相对于高隐私代价，低隐私代价更能激励消费者生成广告。假设 H3：隐私代价会影响奖励水平对消费者生成广告的意愿的作用。具体表现为：低隐私代价下，奖励水平对消费者生成广告的意愿的影响显著；高隐私代价下，奖励水平对消费者生成广告的意愿的影响不显著。假设 H4：产品类型对消费者生成广告的意愿有显著影响，相对于实用品，享乐品更能激励消费者生成广告。假设 H5：产品类型会影响奖励水平对消费者生成广告的意愿的作用。具体表现为：对于享乐品，高水平奖励比低水平奖励更能激励消费者生成广告；对于实用品，奖励水平对消费者生成广告的意愿的影响不显著。假设H6：奖励水平、隐私代价对消费者生成广告的意愿的影响对于不同产品类型有不同的作用模式。具体表现为：对于实用品，隐私代价能够调节奖励水平对消费者生成广告的意愿的影响；对于享乐品，隐私代价不能调节奖励水平对消费者生成广告的意愿的影响。

在设计试验时，研究者将纸质平面广告作为刺激物，根据不同奖励水平和不同隐私代价制作了两种宣传海报，并将它们置于不同的试验场景中以观察消费者生成广告的行为。在正式试验时，选取了某高校附近的文具店和奶茶店，开展了"您帮我宣传、我给您优惠"的活动。如图1-32所示，宣传海报上分别印有两种奖励水平和隐私代价的活动要求意愿。将这两种海报分别放在收银台边上显眼的位置，待顾客付款时由店员向其介绍该活动，并观察其是否转发朋友圈以获得相应的优惠。这个现场试验持续了8天，在8种试验场景下共有324人参与，其中有效被试者有315人。最后得出的结论为：对于消费者生成广告的意愿，奖励水平是很重要的影响因素，消费者会随着奖励额度的提高而更愿意生成广告。隐私代价对消费者生成广告的意愿存在负向影响。随着个人信息泄露得越多、越敏感，消费者生成广告的意愿越低。试验的详细过程可参考《系统管理学报》2021年第30卷第3期第490～498页[32]。

低额奖励+低隐私代价　　　　　　　高额奖励+高隐私代价

图1-32　测试海报[32]

2. 定性的现场试验法案例

案例1：角色游戏——"娃娃家"区域活动

"娃娃家"是某幼儿园中的一块活动区域，它的设立目的是帮助小班的学生将自己的生活体验以游戏的形式反映出来，由此可以理解小班学生对日常生活的认知情况。

观察方法：追踪观察法

观察日期：2012 年 5 月 17 日

开始时间：上午 10 点 20 分

结束时间：上午 10 点 40 分

观察地点："娃娃家"活动区域

观察对象：小五班学生郭瑞祥（化名，以下同）

其他参与人员：小五班学生游博秋、杨远平，郑老师（幼儿园老师）

在老师宣布可以进入自己喜欢的区域玩游戏之后，郭瑞祥来到了"娃娃家"活动区域，拿了"爸爸"的角色牌。进入该区域后，郭瑞祥把娃娃放进微波炉。游博秋将娃娃从微波炉拿出来后，郭瑞祥又把娃娃放了进去。两三回后，郭瑞祥终于把娃娃放进了微波炉，并且在很开心地转动了一下微波炉开关后说："就快可以吃了。"接着他将娃娃拿出来，说："开饭喽，开饭喽。"并且把娃娃放到桌子上。然后他咬娃娃、打娃娃，再把娃娃扔在地板上，随后跑到切菜炒菜区。郑老师第一次过来干预："怎么 3 个人（郭瑞祥、游博秋、杨远平）都在这里？娃娃怎么在地板上？"随即郭瑞祥又跑到娃娃旁边，但没有捡起娃娃，反而是用脚踢它，然后离去。接着又来到了炒菜的锅前，把拿出来的菜放到锅里炒了一下。但同时"奶奶"（游博秋）和"爷爷"（杨远平）也在炒菜区，3 个人在抢来抢去。

郑老师第二次过来提醒后，郭瑞祥来到了坐垫上，把其中一个娃娃抱起来并坐到坐垫上，模拟照顾宝宝，同时伸手拍了拍躺在旁边的另外一个"宝宝"。1 分钟不到，他就站起来把娃娃放到了坐垫上，自己来到了"娃娃家"中切菜和洗菜的水池前，认真地切菜。但是他在切菜时，没有注意一次只能切一种菜，而是抓了一大把，用刀子切了一下，就放到盘里，并且全部倒到锅里。就这样切菜，然后把菜倒进锅里持续炒了 2 分钟左右，他突然跑过去抱起娃娃，并且试图把娃娃放进微波炉。在"爷爷"的阻止下，他生气地把娃娃扔到了地板上。郑老师第三次过来问："郭瑞祥，你到底在干吗？你怎么可以把宝宝扔到地板上？赶快捡起来。"郭瑞祥跑过去把娃娃捡了起来，并且放到了坐垫上。然后去炒菜区，帮忙拿盘子等。郭瑞祥四处闲晃了 1 分钟左右，游戏终止的音乐声响起来，3 个人忙着收拾玩具，游戏结束。

角色游戏——"娃娃家"区域活动的试验分析如下。

（1）幼儿进入"娃娃家"后，3 个人没有提前分好工，以至于一度出现 3 个人抢做一件事情的情况。

（2）郭瑞祥不知道作为"爸爸"应该做些什么，他不喜欢抱娃娃。他对宝宝的行为都是又打又踢，但表情是开心的，说明他没有认识到自己这个行为是错误的。

（3）郭瑞祥把娃娃扔到地板上，说明了他没有遵守游戏规则，老师前天才说过娃娃怎么抱、怎么照顾，他都没有注意。

（4）他与同伴的合作还是不错的，后面知道帮忙拿盘子，或者是把菜端到桌上，这个表现比较好。

（5）他把娃娃放进微波炉这个行为是值得我们去思考的。他没有弄清楚虽然这是个假的娃娃，但是不能把娃娃放进微波炉，他没有弄清楚娃娃的身份。

案例2：RunAhead——探索基于头部扫描的跑步者导航

这个项目的目的是为在陌生地点跑步的人提供导航支持。视觉导航和语音导航App会让跑步者分散注意力，影响跑步效果。在现场试验时，研究者发现跑步者会自然而然地旋转头部以查看并评估适合跑步的道路。为此，研究者设计了RunAhead系统，通过跑步者自然地旋转头部，为其提供即时的导航反馈。研究者在十字路口选定了一个圆的范围，并将路径选项映射到这个圆中。当跑步者进入这个圆时，RunAhead的头部扫描功能就会被激活，持续监测跑步者头部的朝向，然后将这个方向与最佳路径的角度进行比较评估，并向跑步者给出反馈。图1-33和图1-34分别为RunAhead的扫描范围和设备照片。

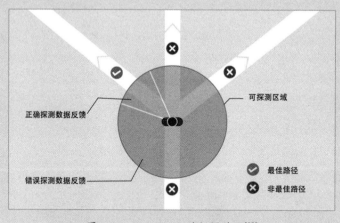

图 1-33　RunAhead 的扫描范围[33]

图 1-34　RunAhead 的设备照片[33]

为了验证 RunAhead 在引导跑步者沿着最佳路径行进时是有效的，同时测试听觉导航、视觉导航，甚至触觉导航中的哪一种可以更好地改善跑步体验，研究者进行了现场试验，并收集 3 个指标：错误数量、任务工作负荷和系统可用性。不同条件的被试者和系统错误指标有助于衡量系统的效果。运用工作负荷问卷调查法和半结构化访谈有助于衡量被试者的跑步体验。此外，系统可用性问卷可以衡量 RunAhead 的不同版本或条件的可用性。

为了创造真实的测试环境，研究者设置了包含几个交叉口的真实跑步路线，被试者可以尝试使用头部扫描机制。这些交叉口的支路之间角度较大，以便于激活跑步者头部设备上的扫描功能。如图 1-35 所示，研究者始终跟随被试者，记录他们的跑步过程，并确保他们的安全。研究者共招募了 24 名被试者（男性 11 人，女性 13 人），年龄为 17 ~ 56 岁。所有被试者都在相同条件下进行了现场跑步试验。最后研究者验证了头部扫描机制的有效性，并发现听觉和触觉反馈是首选且最不显眼的反馈模式。

图 1-35　被试者在前面跑，研究者带着 GoPro 跟在后面做记录[34]

1.8 AIGC 赋能设计调研

1.8.1 什么是 AIGC

2022 年，ChatGPT 引发的热潮将 AIGC 这个概念迅速带入了公众的视野。一时间，AIGC 将会对不同领域产生哪些影响成为各学科和各行业争相讨论的话题。那么对于设计调研工作来说，AIGC 可能带来哪些改变？我们又该如何看待和利用这一智能时代的"新生事物"呢？本节我们就将讨论 AIGC 及其对设计调研的影响。

1. AIGC 的定义

AIGC 是 "Artificial Intelligence Generated Content" 的缩写，直译为"由人工智能生成的内容"，也被称为"生成式人工智能"（Generative AI）。简单来说，就是利用人工智能算法让计算机生成对人类有价值的文本、图像、视频、音频等各种形式的"内容"文件。利用 AI 生成内容，这看起来并不算新鲜，事实也的确如此——尽管 AIGC 这个概念最近才被大众所熟知，但"用 AI 生成内容"的思想及相关研究几乎与 AI 学科的历史一样悠久。例如，ChatGPT 的鼻祖、世界上第一个聊天机器人 Eliza 诞生于 1966 年，该程序预先存储了一些与经典主题（如"家庭"）相关的对话目录，然后根据从用户对话中抓取到的关键词（如"妈妈"）系统化地对用户的提问进行回应，比如被问到"你有妈妈吗"，Eliza 会说"您想要跟我谈论您的家庭吗"[35]。从广义上说，Eliza 能够根据用户提出的问题生成有效的文本内容，进而在人机之间实现流畅且有意义的对话，这就是一种"AIGC"。

由于"AI"是一个很大的概念，相关的算法多种多样，因而 AIGC 的含义也十分丰富。不过，如今我们在讨论 AIGC 时，指的往往是以 ChatGPT 为代表的，基于深度学习、强化学习等新兴 AI 技术的 AIGC（若无特殊说明，本节所讨论的 AIGC 均属此类）。借助新一代 AI 技术，计算机在内容生成方面的能力取得了质的飞跃，不仅在对话时可以给出篇幅更长且富有逻辑的回答，还可以根据用户的需求"创作"出有价值的内容，如文稿、画作、曲谱、程序代码等。这些技术上的进步大幅提高了 AIGC 商业化落地的可能性，也为 AIGC 赋能设计调研带来了广阔的想象空间。

2. AIGC 的基本原理

当前，主流 AIGC 背后的核心技术是以深度学习为代表的"机器学习"，但这个名称很容易让人对 AIGC 产生误解。事实上，机器的"学习"与我们在学校学习知识的过程完全不同，其本质是对模型参数的不断调整。这里的"模型"指某种计算规则，其中包含一些待确定的参数。计算机会利用模型对输入的数值进行计算，并得到输出的结果。模型可以很简单，如"$a \times x$"（x 为输入的数值），只有 a 这个参数；也可以很复杂，如包含成千上万个参数的深度神经网络（本质上也是一套计算规则）。使用深度神经网络进行的机器学习就被称为"深度学习"。

很多时候，我们希望找到输入（如 2 个关键词）和输出（如一幅图）之间所隐含的规律，进而实现用新输入得到有效的新输出。这时，我们可以先积累足够多的包含"输入→输出"关系的数据，然后选择某种模型，并不断调整其中的参数，直到找到一组参数使模型的输出与足够多的数据一致——这就是机器"学习"的主要过程，用数据给机器调整参数的活动则被称为"训练"。训练好模型后，我们就可以使用新的输入来（以一定的成功率）获得期望的输出，比如输入 2 个新词来生成一幅新图。

以 ChatGPT（全名为 Chat Generative Pre-trained Transformer，是 OpenAI 公司研发的聊天机器人程序）为例，开发团队使用了来自公开（如互联网）和已授权渠道的庞大数据集——包含了人类的各种思想、观点、论述、推理及数学问题的解法等——对深度神经网络进行训练。这个训练好的基础模型能够对文档中的下一个单词进行预测[36]，从而通过"逐词"的方式生成对用户的回复。同时，开发团队还引入了基于人类反馈的强化学习（Reinforcement Learning from Human Feedback，RLHF）来对模型的行为进行微调，使符合人类要求的内容有更高的概率被生成出来。也就是说，ChatGPT 之所以能生成某个回答，并非是像人类聊天那样先有了某种想法，然后思索合适的文字将想法表达出来，而是基于过往经验（训练数据），输出那些能有更高概率满足人类要求的单词。AI 绘图也是同样的道理，只是模型要预测的不是单词，而是图像中的像素点。当使用合适的模型和参数调整算法，且数据的规模足够庞大时，AIGC 对内容预测的准确率会变得很高，使其输出的内容与数据集中人类生产的内容相似，就好像它真的在如人类一样思考。

3. AIGC 的类型

AIGC 的目标是生成内容，我们可以根据输出"内容"的类型对 AIGC 进行类型划分。目前，常见的 AIGC 包括文本生成式 AI、图像生成式 AI、语音生成式 AI、音乐生成式 AI、视频生成式 AI、程序生成式 AI 等。接下来让我们结合设计调研工作，讨论一下每类 AIGC 可能的应用方式。

1.8.2　文本生成式 AI 在设计调研中的应用

文本生成式 AI 是 AIGC 的基础类型之一，Eliza、ChatGPT 等基于文本的聊天机器人都属于此范畴。使用了海量人类对话文本数据进行训练后，AI 能够根据用户的具体问题生成逻辑合理且语气、语法、用词等与人类对话非常相似的文本，从而使用户与 AI 之间的对话像人与人之间的对话一样自然。当然，"文本"并不仅仅是对话，在不同的训练数据及工具（如搜索引擎）的支持下，文本生成式 AI 还可以根据用户的需要生成篇幅更长的结构性文本，例如文字介绍、话题论述、内容总结、论文提纲、演讲文稿甚至长篇小说等。此外，语音转文本、机器翻译（基于一种语言的文本生成另一种语言的文本）也都可以归入文本生成式 AI 的范畴。

在设计调研工作中，有很多需要收集或编写的文本，我们可以尝试使用 AIGC 来生成一些参考性的内容。下面我们使用微软的 Bing Chat，以收集信息和撰写调研文档为例，来演示一下 AIGC 在设计调研中的应用过程。Bing Chat 是集成了 GPT-4 和 Bing 搜索引擎的聊天机器人[37]，能够利用互联网上搜索到的信息，以符合人类语言习惯及文档规范的方式，生成用户所需要的文本，并有三种对话模式（更精确、更平衡和更有创造力）可供选择。以下示例给出的对话文本均为 Bing Chat 的原始输出，并标注了所选的对话模式和生成时间。

1. 用 AIGC 进行信息收集

在调研初期，我们往往需要先对所研究的方向有一定程度的了解，这时我们可以使用 AIGC 来获取一些基础性信息。例如，我们希望调研用户在汽车外面时与车的交互需求，那么可以像下面这样询问 Bing Chat（考虑到篇幅，略去了部分生成的内容）。

✎ 案例：

> （对话时间：2023-07-06。对话模式：更有创造力。）
>
> 用户：
>
> 车外交互的常见需求有哪几类，每类有哪些需求？
>
> Bing：
>
> 您好，这是必应。根据我从网络上搜索到的信息，我为您总结了一些车外交互的常见需求和分类，但请注意这只是参考，您可能需要根据您的具体项目和目标进行调整和完善。
>
> 车外交互的常见需求有以下几类。
>
> - 安全性：车外交互的需求之一是提高汽车的安全性，通过与车外环境（如行人、其他车辆、道路设施等）进行有效的信息交换和互动，以避免或减少事故的发生，保护驾驶者和乘客的生命财产安全。例如，通过智能灯光或车外投影将汽车的状态（如转向、刹车、警示等）和驾驶者的意图（如问候、感谢、道歉等）传递给车外环境，以及根据路况和天气自动调节灯光的模式和角度；通过生物识别技术（如指纹识别、指静脉识别、人脸识别、虹膜识别等）来实现无钥匙进入和启动汽车，以防止汽车被盗或被他人使用；通过 V2X 技术（即车与一切的通信技术）来实现与其他车辆、基础设施、云端等的数据交换，以获取实时的路况信息、预警信息、导航信息等，从而提高驾驶效率和安全性。
> - 便利性……（略）
> - 个性化……（略）
>
> 以上是我为您总结的一些车外交互的常见需求和分类。希望这些信息能够对您有所帮助。如果您有任何问题或建议，请随时与我联系。

可以看到，针对车外交互需求的相关问题，AIGC 给出了条理清晰的回答，且包含了较为丰富的需求示例。我们也可以尝试询问 AIGC 其他问题，如市场上现有产品的相关信息。

✍ **案例：**

（对话时间：2023-07-06。对话模式：更有创造力。）

用户：

有哪些车型的车外交互做得比较好？请举例并详细描述其设计亮点。

Bing：

您好，这是必应。根据我从网络上搜索到的信息，我为您列举了一些车型的车外交互设计亮点，但请注意这只是参考，您可能需要根据您的具体项目和目标进行调整和完善。

车外交互是指……（略）

以下是一些车型的车外交互设计亮点的例子。

- **捷豹路虎**的自动驾驶"大眼睛"[①]：这是一种利用前大灯作为投影仪，向行人和其他车辆传达自动驾驶状态和意图的设计。例如，当自动驾驶车辆检测到行人时，会用大灯投影出一个虚拟的斑马线，并跟随行人移动，表示让行人先行。这种设计可以增强行人对自动驾驶车辆的信任感和安全感。
- **奔驰 EQS**[②]……（略）
- **小鹏汽车**[③]……（略）
- **智己汽车**……（略）

感谢您的耐心阅读，这是我为您提供的一些车型的车外交互设计亮点的例子。如果您有任何问题或建议，请随时与我联系。

[①]敲敲干货|自动驾驶汽车探索方向：车外交互的 N 种可能性（知乎）；[②]梅赛德斯-EQ 之夜："电"亮美好未来（20210418_哔哩哔哩_bilibili）；[③]一文详解：车载人机交互|人人都是产品经理：情感化设计：车外交互新方式（知乎-知乎专栏）。

在这个案例中，AIGC 不仅为我们列举了一些在车外交互方面做得比较好的车型，还对其设计亮点做了虽不算详细但也较为清晰的描述。同时，由于很多信息来源于 Bing 搜索引擎，Bing Chat 还在文本的最后给出了一些信息的引用来源。

通过与上述例子类似的方式，我们可以在调研初期利用 AIGC 对所研究的方向进行快速了解，为后续的调研工作带来一些有益的思路和启发。

2. 用 AIGC 生成调研文档

在设计调研过程中，我们经常要撰写一些必要的文档，如调研方案、访谈大纲、调查问卷等，AIGC 也可以为这些文档的内容提供一定的参考，如以下案例所示。

✍ **案例：**

（对话时间：2023-07-06。对话模式：更有创造力。）

用户：

请提供一份有关车外交互需求的调研提纲。

Bing：

您好，这是必应。我可以为您提供一份有关车外交互需求的调研提纲，但请注意这只是参考，您可能需要根据您的具体项目和目标进行调整和完善。

车外交互需求调研提纲：

一、背景介绍

- 车外交互是指……（略）

- 车外交互的目的是……（略）

- 车外交互的方式主要有以下几种：

……（略）

二、调研目标

- 了解当前市场上主流或前沿的车外交互方式及其特点、优势和不足。

- 分析用户对车外交互的需求、偏好和期待，以及影响用户选择和使用车外交互方式的因素（如安全性、便利性、舒适性、个性化等）。

- 探索未来可能出现或发展的车外交互方式及其潜在价值和挑战。

- 提出针对不同场景和用户群体的车外交互设计建议和优化方案。

三、调研方法

- 文献综述：收集并分析相关的文献资料，如行业报告、专业论文、专利文献等，以了解当前的技术发展水平和趋势，以及相关的理论框架和模型。

- 竞品分析：收集并分析当前市场上具有代表性或创新性的车外交互产品或方案，如 BMW i4、奔驰 EQS、小鹏 Xmart OS v2.1.0 等，以了解其功能特点、优势和不足，以及用户反馈和评价。

- 用户访谈：通过访谈或问卷的方式，收集并分析目标用户对车外交互的需求、偏好和期待，使用过程中的体验和感受，以及对未来车外交互的想法和建议。

- 场景分析：通过观察或模拟的方式，收集并分析不同场景下（如城市、郊区、高速公路等）车外交互功能的使用情况和效果，可能出现的问题和风险，以及对场景适应性的要求和改进。

四、调研内容

- 车外交互方式的分类和特征：根据交互媒介、交互模式、交互内容等维度，对车外交互方式进行分类和描述，比较其各自的特征、优势和不足。

- 车外交互方式的市场现状和发展趋势：根据市场份额、用户评价、技术成熟度等指标，分析当前车外交互方式的市场表现和竞争力，以及未来可能出现或发展的车外交互方式及其潜在价值和挑战。

- 用户对车外交互的需求和期待：根据用户的基本信息（如年龄、性别、职业等）、用车习惯（如驾驶频率、驾驶时长、驾驶场景等）、用车目的（如工作、娱乐等）等维度，分析用户对车外交互的需求和期待，以及影响用户选择和使用车外交互方式的因素（如安全性、便利性、舒适性、个性化等）。

- 车外交互的场景适应性和优化方案：根据不同场景下（如城市、郊区、高速公路等）车外交互的使用情况和效果，以及可能出现的问题和风险，分析车外交互的场景适应性和局限性，并针对不同场景和用户群体的车外交互设计提出建议和优化方案。

五、调研成果

- 车外交互需求调研报告：系统地总结并呈现调研过程和结果，包括文献综述、竞品分析、用户访谈、场景分析等各个环节的内容和结论，以及对车外交互设计的建议。

- 车外交互需求调研附件：包括调研所用的文献资料、竞品信息、访谈问卷、场景数据等原始材料，以及调研过程中产生的图表、图像、视频等辅助材料。

希望这份提纲能够对您有所帮助。如果您有任何问题或建议，请随时与我联系。

　　在这份调研方案的基础上，我们还可以要求 AIGC 生成更进一步的内容，如我们可能需要的访谈提纲，如以下案例所示。

✍ **案例：**

（承接上一段对话。）

用户：

请给出用户访谈的大纲。

Bing：

用户访谈的大纲如下。

用户访谈大纲

一、访谈目的

- 了解用户对车外交互的需求、偏好和期待，使用过程中的体验和感受，以及对未来车外交互的想法和建议。

二、访谈对象

- 目标用户：拥有或打算购买智能汽车的用户，年龄在 18~60 岁，性别不限，职业不限，驾驶经验在 1 年以上。

- 访谈方式：电话访谈或在线访谈，每次访谈时长约为 30 分钟。

- 访谈数量：至少访谈 10 名目标用户，以保证数据的有效性和代表性。

三、访谈内容

- 基本信息：收集用户的基本信息，如年龄、性别、职业、居住地等，以了解用户的背景特征。

- 用车习惯：了解用户的用车习惯，如驾驶频率、驾驶时长、驾驶场景、用车目的等，以了解用户的用车需求和场景。

- 车外交互认知：了解用户对车外交互的认知和理解，如车外交互的定义、分类、功能等，以了解用户对基础知识和概念的熟悉程度。

- 车外交互体验：了解用户使用过或正在使用的车外交互方式及其体验和感受，如使用频率、使用场景、使用效果、使用问题等，以了解用户的实际情况和满意度。

- 车外交互期待：了解用户对未来车外交互的期待和建议，如期望有哪些车外交互方式、期望实现哪些功能、期望解决哪些问题等，以了解用户的需求和偏好。

四、访谈提纲

- 基本信息
- 您的年龄是多少？
- 您的性别是什么？
- 您从事什么职业？
- 您目前居住在哪里？
- 用车习惯
- 您平均每周开车多少次？

- 您每次开车大约多长时间？
- 您一般在什么样的场景下开车（如城市、郊区、高速公路等）？
- 您开车的主要目的是什么（如工作、娱乐等）？
- 车外交互认知

- 您对车外交互有什么了解或认识？
- 您能举例说明一些车外交互的方式吗？
- 您认为车外交互有什么作用或价值？
- 车外交互体验
- 您使用过或正在使用哪些车外交互方式（如智能钥匙、智能灯光、车外投影、车身屏幕、感应门把手等）？
- 您使用这些车外交互方式的频率是多少？
- 您使用这些车外交互方式的效果如何（如是否方便、快捷、安全、舒适等）？
- 您使用这些车外交互方式遇到过哪些问题或困难（如是否有误操作、干扰、失效等）？
- 车外交互期待
- 您对未来车外交互有什么期待或想法吗？
- 您希望有哪些新的或改进的车外交互方式吗？
- 您希望通过车外交互实现或满足哪些功能或需求？
- 您希望解决或避免哪些车外交互的问题或风险？

感谢您的耐心阅读，这是我为您提供的用户访谈大纲。如果您有任何问题或建议，请随时与我联系。

此外，AIGC 还可以为调研的一些环节给出有用的建议，如以下案例所示。

✎ 案例：

（承接上一段对话。）

用户：

如何让访谈对象快速理解车外交互的含义？

Bing：

有一些方法可以帮助访谈对象快速理解车外交互的含义，如下所示。

- 给出一个简单明了的定义，例如：车外交互是汽车与车外环境（如行人、其他车辆、道路设施等）之间的信息交换和互动方式。

- 给出一些常见或典型的例子，例如：智能钥匙可以让您无须拿出钥匙就能打开车门和启动汽车；智能灯光可以根据路况和天气自动调节灯光的模式和角度，也可以通过灯光的变化将汽车的状态和意图传递给车外环境；车外投影可以在车外投射图案或文字，来显示汽车的信息或与车外环境进行交流等。
- 给出一些具体或生动的场景，例如：当您行驶在夜晚的高速公路上时，您可以通过语音控制来调节音乐、导航、空调等功能，而不用分心去触摸屏幕；当您在停车场找不到自己的汽车时，您可以通过手机远程控制汽车发出声音或闪烁灯光，来帮助您快速定位汽车；当您在路边遇到需要帮助的行人时，您可以通过车外投影来显示一些友好或有用的信息，如"请问您需要帮忙吗？""这里有一个加油站"等。

希望这些方法能够对您有所帮助。如果您还有其他问题，请随时与我联系。

3. 用 AIGC 生成文本的要点

以上是 2 个将 AIGC 用于设计调研的例子。在实际调研中，我们可以根据工作的需要尝试使用 AIGC 来生成其他与调研相关的文本，如可用性测试方案、调研总结报告等，还可以输入长篇的文本资料，让 AIGC 给出资料的综述及要点。显然，文本生成式 AI 可以帮助我们提高文本收集、阅读、理解、构思、撰写等方面的效率。

在使用 AIGC 生成文本时，有如下 3 点需要注意。

（1）详细描述需求。尽量详细地描述文本的生成要求，如在"有哪些车型的车外交互做得比较好？"后边增加"请举例并详细描述其设计亮点"，有可能引导 AIGC 生成更加丰富和详细的内容。

（2）利用多轮对话。AIGC 能够基于上下文生成内容，因而当第一轮生成的内容不够详细或不足以满足要求时，可以进一步追问，如"请描述得再详细一些""请更详细地阐述第三部分"或"除了这些例子，还有哪些车型也设计得不错"。

（3）当心错误内容。AIGC 生成的文本可能存在错误，比如在刚刚给出的"如何让访谈对象快速理解车外交互的含义"这一例子中，Bing 给出的回答中"当您行驶在夜晚的高速公路上，您可以通过语音控制来调节音乐、导航、空调等功能，而不用分心去触摸屏幕"明显不属于车外交互的范畴。这些错误可能源于对引用信息的错误整合，或是信息源本身就是错的。因此，在使用生成的内容前，我们需要对内容及信息源（对于未给出引用链接或链接不足的答案，可以尝试通过提问的方式向 AIGC 索要链接，看其是否可以给出）进行仔细的检查，以确保在调研材料中使用正确的信息。

▌1.8.3　图像生成式 AI 在设计调研中的应用

　　图像生成式 AI 可以根据用户的要求生成具有特定主题、元素、风格的图像，如艺术画作、宣传海报、产品造型图等。目前，AI 绘画可以说是 AIGC 商业化程度比较高的板块，其生成图像的方式也很多样，例如输入黑白的线稿后生成彩色图像（AI 上色），或输入画面结构的简单示意（一些线条或色块）后生成精美的画面细节。不仅如此，如今很多 AI 绘图软件都是多模态的，如使用文本生成图像，用户只需要输入一些关键词（如"少女、小猫、浩瀚星河"）或文字描述（如"请画一幅少女在浩瀚星河追逐小猫的画，画风参考毕加索"）即可直接生成图像。

　　那么图像生成式 AI 对设计调研是否也有助益呢？答案是肯定的。正所谓"一图胜千言"，在调研过程中，我们经常需要借助图片来更好地向利益相关者传递信息，如向用户展示生活场景、向客户展示用户故事（如 2.6 节的故事板）等。但在很多时候，由于缺乏必要的美术功底或绘图时间不足，为调研工作准备品质较高的图片是很困难的。如果 AIGC 能够快速生成调研人员所需的图片，那么显然能够大大提高调研的质量和效率。目前用于图像生成的 AIGC 产品有很多，这里我们还是以 Bing Chat 为例，来演示一下 AI 生成图像的过程。Bing Chat 使用了 OpenAI 公司的 DALL · E 图像创建器，用户只需在聊天窗口中给出一段文字描述，就可以得到四张生成好的图片。例如，我们希望在有关车外交互的调研材料中展示"用户找车难"这一问题的示意图，可以对 Bing Chat 说："画一个在车外找不到车、很着急的人，以漫画形式。"AI 生成的其中一张图片如图 1-36 所示（原图为彩色）。

图 1-36　Bing Chat 生成图片示例（绘图要求：画一个在车外找不到车、很着急的人，以漫画形式；生成时间：2023-07-07）

在这张图片中，AI 给出的内容看似满足了文字描述的要求，但一个成年人站在车边手扶着车却找不到车显得有些不合常理。为了获取更令人满意的图片，我们可以换一种描述，如"画一个在停车场，离车很远，找不到车的中年人，以漫画形式"，AI 生成的其中一张图片如图 1-37 所示。

图 1-37　Bing Chat 生成图片示例（绘图要求：画一个在停车场，
离车很远，找不到车的中年人，以漫画形式；生成时间：2023-07-07）

一个人站在大量汽车前找不到自己的车，这就比之前的图片合理了很多。可见，借助 AIGC，即便没有绘画功底，我们也可以快速获取一些调研所需的图片。

在使用 AIGC 生成图片时，有以下 3 点需要注意。

（1）使用更具体的描述。在上述例子中，增加了"停车场""离车很远""中年人"等信息后生成的图片看起来更加符合调研的要求，因而尽可能具体地对期望的画面进行描述是有益的。有些时候，AIGC 可能会询问用户画面的细节（如"您对衣服颜色有什么要求吗"），我们也可以根据需要给出更多的细节描述。此外，如果对绘画风格有特殊要求，那么可以在描述中加以说明，如"以漫画形式"。

（2）调整关键词。目前来看，AIGC 对于一些关键词的处理还不够好。如在上述例子中使用"很着急的中年人"时，生成的人物表情大多是惊恐、抓狂或懊恼的，与"着急"相差甚远。这时我们可以更换或删掉特定的关键词，以获取更令人满意的输出。需要注意的是，一些国外的图片生成式 AI 可能会先用机器将中文描述翻译为英文，然后再基于英文描述生成图片。在这种情况下，对中文关键词处理不好可能是翻译的问题，因而可以考虑直接用英文对图片内容进行描述，以确保 AI 得到正确的输入。

（3）多多益善。目前看来，AI 还很难一步到位地绘制出用户期望的图片，除根据情况调整输入 AI 的描述内容外，我们往往还需要对 AI 生成的多张图片进行仔细的挑选。如果对 AI 生成的图片不满意，那么也可以通过对话（如"不是很满意，请再画几幅"）的方式要求 AI 生成更多的图片，从而提高发现所需图片的可能性。

1.8.4　其他类型 AIGC 在设计调研中的应用

除了文本生成式 AI 和图像生成式 AI，其他类型的 AIGC 也能对设计调研工作有所助益。

语音生成式 AI 的主要工作包括将文本内容转化为与人类说话的音色、语气、语调、节奏相似的语音（如 AI 解说），以及将文本或语音用特定人物（如某位明星）的声音进行合成。这类 AIGC 产品在市场上也有很多。对于涉及语音的产品，我们可以使用 AIGC 生成必要的语音文件，并快速搭建原型，以便尽早对用户使用产品时的对话偏好展开调研，或在有设计方案后尽早实现语音的可用性测试（见 2.7 节）。当然，语音生成式 AI 并非**音频生成式 AI** 的全部，市场上还有一些能够生成配乐、音效等音频内容的 AIGC 产品，我们可以根据调研的实际需要（如原型制作）灵活运用。

视频生成式 AI 可以实现利用文本生成视频（如虚拟人解说）、对已有视频进行智能剪辑等。在设计调研中，我们可以尝试使用此类 AIGC 生成简单的视频介绍或视频原型。

程序生成式 AI 可以根据需要生成软件代码。很多时候，由于编程能力不足或时间有限，在项目早期构建出可操作的电子原型是非常困难的，而 AIGC 显然可以在这方面提供一定的支持。

总之，AIGC 能够赋能信息收集、文档撰写、视觉传达、（调研用）原型搭建等设计调研环节，我们应当利用好 AIGC 这一强大的工具，以提高设计调研工作的质量和效率。

1.8.5　当前 AIGC 的局限性

尽管在内容生成方面的能力可圈可点，但正如之前原理部分所述，当前 AIGC 背后的核心技术是以深度学习为代表的机器学习。经过庞大数据集的训练，AIGC 能够对内容中的元素（如下一个单词）进行准确率很高的预测，从而使其生成内容的整体水平看起来与人类的不相上下。尽管从结果上看，这种基于"概率"生成内容的方式非常有效，但其也存在一些比较明显的局限性，需要我们在使用时加以注意。

（1）**缺乏必要的内容理解能力**。"能够生成"并不代表"能够理解"，这种局限性在图像生成时尤为明显。AIGC 真的理解人类的五官和四肢吗？恐怕不是。比如 Bing Chat 的图像创建器会时不时生成一些畸形的人物：只有一条腿、手上长眼睛、手指数量不对（图 1-37 就是一例）等。显然，稍微有点常识的人都不会这样画。当前的 AIGC 甚至很难理解一些基本的空间关系，比如输入"道路旁边有一排隔离墙，墙的外面有一个奔跑着的小女孩"这样的描述，Bing Chat 会毫不犹豫地把小女孩画在道路上，即使增加"道路和小女孩被墙隔开"这样的描述也是如此。从生成的图片来看，AI 并不理解文字的含义，而只是简单地将其中的部分关键词（道路、一排隔离墙、奔跑、小女孩）描绘在了一张图片中。因此，对于比较复杂的场景描述，当前的 AIGC 要绘制出令人满意的图片还是比较困难的。

（2）**缺乏基本的逻辑推理能力**。与"理解"类似，即便能够生成逻辑清晰的内容，也不代表 AIGC 真的能够进行逻辑推理。当前 AIGC 生成内容之中的逻辑实际上蕴藏于训练数据之中，说到底还是由人类生成的。比如 ChatGPT 的机制是不断输出更可能满足要求的"下一个单词"，如果正确的回应是有逻辑的，而且数据集中也有类似的逻辑，它就很可能给出一个逻辑合理的答案。如此一来，当训练数据集足够庞大（互联网上的问答可谓包罗万象）时，AIGC 对于大部分日常问题都可以给出逻辑清晰的回答。但是，当面对数据集中完全没有的逻辑（比如我们构建出的一个几乎没人提过的新问题）时，其缺乏逻辑推理能力的劣势就会暴露出来。下面举一个例子。

✎ **案例：**

（对话时间：2023-07-10。对话模式：更有创造力。）

用户：

小明在高速公路上开车，路的右侧有一排 3 米高的石墙，远处的天空中有一个飘飞的气球，墙的另一边有一个在追逐气球的小男孩，孩子的附近是他的父亲和母亲，小明没有减速，请问小明做得对吗？

Bing：

您好，这是必应。这是一个道德问题，没有绝对的对错。小明开车在高速公路上，应该遵守交通规则，保持安全的速度和距离。如果他没有减速，就可能造成危险的后果，比如撞到气球、石墙或者小男孩。小明应该关心自己和他人的生命安全，尽量避免发生事故。在这种情况下，一个人可能会说，小明做得不对。

无论是远处天空中的气球，还是被 3 米高的石墙隔开且在父母监管下的小男孩，都不会对高速公路上行驶的车辆产生什么实质性威胁。事实上，坐在车中的小明根本就看不到高达 3 米的石墙后面的人，减速反而不合常理。但很显然，对于小明的行为，AI 做出了错误的判断——它只是将高速、气球、石墙、小男孩、没有减速等内容放在一起，并将其判定为一个危险场景，而没有对这一情形可能的发展进行合理的逻辑推理。

（3）**无法超越数据**。从本质上说，AI 从数据集中学到的是一种输入与输出之间的计算规律，而非思维、原理或法则，这使其输出的内容很难超越训练数据的水平。这有点像打篮球时学到的"手感"：经过大量的训练，我们能够在各种角度将球准确地投入篮筐，但并不理解其中的物理学原理，因而也很难使用这种手感解决打篮球之外的问题（如发射一枚炮弹）。严格来说，当前的 AIGC 可以灵活回答的是那些所需知识、逻辑或内容结构已包含于训练数据之中的问题。对于那些"超越数据"的问题，比如洞察全新的用户需求、使用从来没人用过的原创画风、给出开创性的观点或设计思路等，当前的 AIGC 几乎是无能为力的——这也是刚刚案例中 AI 回答失败的根本原因。此外，时效性也是一个需要关注的问题，如果训练模型使用的是截止到 2020 年的数据，那么 AIGC 对 2020 年之后相关问题的回答可能会不尽如人意。在这方面，一个不错的解决思路是将 AIGC 与搜索引擎关联，从而使最新的搜索信息能够被纳入 AIGC 的回答之中。

（4）**垃圾进，垃圾出**。无法超越数据的另一层含义是，提供给 AIGC 的训练数据的水平决定了其输出内容的水平。这意味着如果数据中存在错误、谬论或偏见，那么这些问题也会反映在输出的内容之中，用一句俗语来说就是"垃圾进，垃圾出"[38]。例如，当前 AIGC 的一个主要数据来源是公开的互联网，若是与某类产品相关的绝大多数讨论都出自男性视角，那么 AIGC 的输出很可能也会传递这种偏见，导致女性用户的需求被严重忽视。

（5）**滥竽充数的内容**。基于概率的回答方式意味着不论正确与否，AIGC 都会试图给出一个流畅、通顺且看起来一本正经的答案，哪怕这些内容其实是胡乱编撰出来的。尽管研究人员已经引入了很多抑制其乱写的机制，但"滥竽充数"的问题仍然难以避免。更令人担忧的是，AIGC 编撰出来的很多虚假内容一旦被发布在网上，就可能被 AI 作为训练数据来学习，导致其生成数据的水平变差（垃圾进，垃圾出），而这些"差数据"和更多的编撰内容又可能被输入给 AI 继续学习，进而生成更差的数据，陷入恶性循环。尽管随着 AI 技术的发展，这些问题还是有望得到有效控制的，但我们也应时刻谨记：当前并不能保证 AIGC 生成的内容一定是正确的，所以我们不能对其完全信任，而应在使用前对内容进行仔细核实。

总的来说，我们应当将当前的 AIGC 视为一个熟知人类已有庞大知识库，但缺乏理解和逻辑推理等能力，无法超越现有数据水平，可能带有错误、谬论或偏见，甚至还会编造错误内容的"助手"。毋庸置疑，AIGC 能够为设计调研工作提供很多有价值的参考性内容或建议，进而有效改善调研的品质与效率。但至少目前，我们还不能完全依赖 AIGC 完成设计调研相关的内容输出。

1.8.6　AIGC 对设计调研的未来影响

尽管就目前来看，在设计调研中使用 AIGC 仍存在诸多局限，但我们必须肯定 AI 领域所取得的巨大进步，且这些变化正开始对我们未来的设计调研工作产生深远的影响。随着 AI 技术的不断发展，相信未来会出现性能更强，甚至搭载了更好的全新 AI 技术的 AIGC，而其生成内容的质量也必然会得到大幅度的提升。

在未来，如果 AIGC 能够与数据分析软件、可视化工具、办公软件等充分整合，那么我们甚至可以直接利用 AIGC 完成调研数据分析、可视化呈现、幻灯片制作等工作，最终实现设计调研"全流程内容"的智能生成。届时调研人员将得以从这些繁复的机械性工作中解放出来，转而将更多的时间和精力投入更具人性与创造力的设计调研环节，比如观察用户行为、洞察全新需求、与用户面对面交流、创建用户模型、设计调研所用原型等。目前，AI 在推理、情感、行动等很多方面的能力还远不及人类，因而至少在相当长的一段时间内，设计调研工作还是只能由人类来主导——AI 则会在这个过程中发挥越来越重要的作用。

当然，目前的 AIGC 尚处于成长阶段，关于其给设计调研带来的可能影响，本节只算是管中窥豹，希望能为读者带来一些启发。作为设计师，我们应保持对 AI 发展的关注，与时俱进，不断尝试将最新的科技成果纳入自己的工具箱，使设计调研工作得以更好、更快地开展。

参考文献

[1]　GIBBONS S. Design thinking 101[EB/OL]. (2016-07-31) [2023-07-22]. https://www.nngroup.com/articles/design-thinking/.

[2] 莫里斯. 男人女人行为观察[M]. 刘文荣，今夫，译. 上海：上海文化出版社，2001.

[3] IDEO. Nurse knowledge exchange for Kaiser Permanente[EB/OL]. [2013-09-03]. http://www.ideo.com/work/ nurse-knowledge-exchange/.

[4] KUMAR V, WHITNEY P. Faster, cheaper, deeper user research[J]. Design Management Journal, 2010, 14(2): 50-57.

[5] KUMAR V, WHITNEY P. Daily life, not markets: customer-centered design[J]. Journal of Business Strategy, 2007, 28(4): 46-58.

[6] 戴力农. 基于人物角色法的上海中高收入家庭儿童家具设计研究[D]. 南京：南京林业大学，2017.

[7] VENGOECHEA. Why UX research might be the perfect career for you—and how to get started[EB/OL]. (2021-10-13) [2023-07-29]. https://www.themuse.com/advice/how-to-become-ux-researcher.

[8] IRONWOODINSIGHTS. Online vs in-person: 8 tips in choosing the ideal qualitative methodology[EB/OL]. (2019-01-25) [2023-07-29]. https://ironwoodinsights.com/blog/post/online-v-person-8-tips-choosing-ideal-qualitative-methodology.

[9] BRIANVOTAW. WebMD Mobile App[EB/OL]. (2019-01) [2023-07-29]. https://www.brianvotaw.com/WebMD-Mobile-App.

[10] 周雪，侯文军，孙炜，等. 以用户为中心的问卷设计[J]. 北京邮电大学学报（社科版），2014，2(16)：83-89.

[11] 风笑天. 问卷法[J]. 青年研究，1999，2：39-43.

[12] 李俊. 如何更好地解读社会？——论问卷设计的原则与程序[J]. 调研世界，2009(3)：46-48.

[13] 钟柏昌，黄峰. 问卷设计的基本原则与问题分析——以某校 2011 年教育学硕士学位论文为例[J]. 学位与研究生教育，2012(3)：67-72.

[14] 赵红. 收集资料的方法——问卷法[J]. 继续医学教育，2006，29(20)：34-37.

[15] 周雪，侯文军，孙炜，等. 以用户为中心的问卷设计[J]. 北京邮电大学学报（社科版），2014，2(16)：83-89.

[16] 徐斌. 创新头脑风暴：方法、工具、案例与训练[M]. 北京：人民邮电出版社，2009.

[17] OSBORN A F. Applied imagination[M]. New York: Charles Scribner's Sons, 1957.

[18] 百度图片. 头脑风暴法[DB/OL]. [2023-07-28]. image.baidu.com/.

[19] MBA 智库百科. 头脑风暴法[DB/OL]. [2023-07-28]. https://wiki.mbalib.com/wiki/.

[20] MBA 智库百科. 德尔菲法[DB/OL]. [2023-07-28]. https://wiki.mbalib.com/wiki/.

[21] GATES S P. Effects of group interactive brainstorming on creativity[D]. Virginia: Virginia Polytechnic Institute and State University, 2001.

[22] BUZAN T. The mind map book[M]. 2nd ed. London: BBC Books, 1995.

[23] 百度. 头脑风暴思维导图[DB/OL]. [2023-07-28]. image.baidu.com/.

[24] DENNIS A R, WILLIAMS M L. Electronic brainstorming: theory, research and future directions[M]. Oxford: Oxford University Press, 2003.

[25] 百度文库. 头脑风暴法案例[DB/OL]. [2023-07-09]. https://wenku.baidu.com/

[26] WIKIPEDIA. Self-report-study[DB/OL]. (2022-10-4) [2023-07-19]. https://encyclopedia. thefreedictionary. com/Self+report+study.

[27] 戴力农. 当代设计研究理念[M]. 上海：上海交通大学出版社，2009.

[28] 周荣刚，张侃. 可用性测试中的出声思维法[J]. 人类功效学，2005，11(3)：55-56.

[29] 斯蒂克多恩，霍梅斯，劳伦斯，等. 这才是服务设计[M]. 吴海星，译. 北京：人民邮电出版社，2022.

[30] 王李莹. 幼儿绘本设计中的用户目标研究——基于 POEMS 观察框架的用户研究[J]. 设计艺术研究，2021，11(1)：31-37.

[31] 许雯娜，张煜. 基于现场评价的智能手机触摸手势工效学研究[J]. 河北科技大学学报，2014，35(2)：118-126.

[32] 刘娟，张建强，仲伟俊. 消费者生成广告研究——基于推荐奖励的现场实验[J]. 系统管理学报，2021，30(3)：490-498.

[33] SHREEPRIYA. Experimental design for usability testing in the field[EB/OL]. (2020-12-08) [2023-08-02]. https://medium.com/research-stories/experimental-design-for-usability-testing-in-the-field-cd75b489f98e.

[34] GALLO D, SHREEPRIYA S, WILLAMOWSKI J. RunAhead: exploring head scanning based navigation for runners[C/OL]. [2023-08-02]. https://dl.acm.org/doi/10.1145/3313831.3376828.

[35] 萨博雷，德阿西斯. 漫画图解人工智能[M]. 王月玲，译. 北京：北京联合出版公司，2021.

[36] GPT-4[CP/OL]. [2023-07-02]. http://openai.com/research/gpt-4.

[37] 维基百科. 微软必应[DB/OL]. [2023-07-12]. https://zh.wikipedia.org/wiki/ Microsoft_Bing#cite_note-27.

[38] 刘嘉闻，舒马赫. 人工智能与用户体验：以人为本的设计[M]. 周子衿，译. 北京：清华大学出版社，2021.

第 2 章

调研分析

2.1 数据对比分析

在设计调研的过程中，需要通过定性或定量的研究分析方法，从前期用观察法、单人访谈法、问卷法等调研方法收集的数据和其他资料中总结归纳出有意义的结论，帮助设计师全面了解用户的需求，为后面的用户体验设计提供强有力的支持。其中，数据对比分析是最为基础且常用的分析数据间占比、趋势变化和相关性等主要关系的定量研究分析方法。

通常情况下，数据之间的这些关系均可直接通过表格、图表和图示来呈现。其中，相关性关系要用到统计学方法。本节将介绍数据对比分析方法及其应用案例。

2.1.1 数据间关系的表现形式

数据间关系的表现形式主要分为 3 种：表格、图表和图示。如表 2-1 所示。

表 2-1 表格、图表和图示的比较

<table>
<tr><th>类 型</th><th>表 格</th><th>图 表</th><th>图 示</th></tr>
<tr><td>图例</td><td><table>
<tr><th>序号</th><th>姓名</th><th>基本工资</th><th>绩效</th><th>补助</th><th>实发工资</th></tr>
<tr><td>1</td><td>陈大</td><td>5000</td><td>5000</td><td>0</td><td>10000</td></tr>
<tr><td>2</td><td>刘二</td><td>4000</td><td>5000</td><td>500</td><td>9500</td></tr>
<tr><td>3</td><td>张三</td><td>6000</td><td>4000</td><td>0</td><td>10000</td></tr>
<tr><td>4</td><td>李四</td><td>3000</td><td>4000</td><td>1000</td><td>8000</td></tr>
<tr><td>5</td><td>王五</td><td>4000</td><td>4500</td><td>0</td><td>8500</td></tr>
<tr><td>6</td><td>吴六</td><td>5000</td><td>4500</td><td>0</td><td>9500</td></tr>
</table></td><td>
</td><td>
</td></tr>
<tr><td>基本定义</td><td>由行、列和单元格组成的二维平面。行、列的交叉部分形成了表格的单元格</td><td>以图形化的方式呈现数据</td><td>由各种形状符号、文字组合在一起形成的一种具有特定关系的结构</td></tr>
</table>

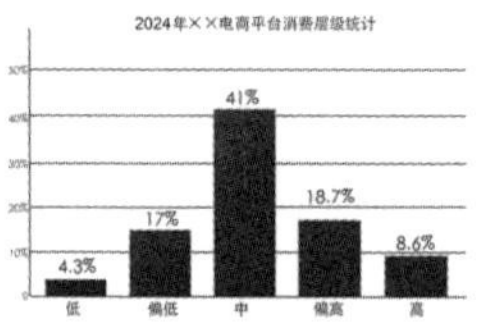

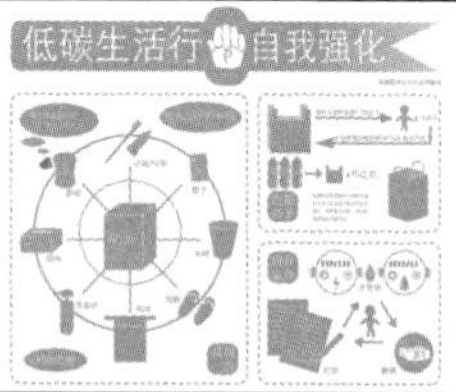

续表

类　型	表　格	图　表	图　示
适用场合	精确表达每个数据；可保存无大小关系的数据，并分析有大小关系的数据	呈现数据的整体样貌	直观展示文本概念的关系
特性	适合比较单个数据	易于看出数据的整体趋势与差异值	较为灵活
编码方式	文字、数字和符号	图形	图形

1. 表格

表格通常由行、列和单元格 3 部分组成，用于显示数字及其他项，以便快速对数据进行引用和分析。通过对比表格中行、列及单元格之间的相关数据，可以直观展现分析结果，因此表格在设计调研领域被广泛应用。单元格是表格的最小单位，可以被拆分或合并。单个数据的输入、修改都是在单元格中进行的。表格中的内容可以用文字、数字和符号等形式直观呈现。

2. 图表

图表是一种可直观呈现数据间关系的形式[1]，通常在表格的基础上创建，并随着表格中数据的变化而变化，方便用户查看数据和预测趋势。

图表具有良好的直观性和可读性，应用范围广，可以展现事件全貌及数据之间的关系和意义，便于研究人员从不同角度分析、比较数据。例如，变量及平均值的分布情况、各变量分布的特性、各变量间的差异、变量的相对重要性，以及变量随时间等因素变化的情况等。

3. 图示

图示是用各种形状、符号配合少量文字形成的一种具有特定关系的结构，表示或说明特定的信息内容。图示既是一种形象思维的表达方式，也是数据信息关系的展示方式之一。

2.1.2　设计调研常用图表

在设计调研中，常用的图表有四种：饼图、柱状图、条形图和折线图。

1. 饼图

饼图，即将一个圆划分为若干扇形，并根据扇形的面积表示数据大小及占比情况。饼图适用于展现数据的分布情况和数据之间的关系，以及整体与部分（Whole-to-Part）的关系。饼图的局限性在于数据类别不宜过多，否则无法精确比较。

基于基础饼图，还衍生出了环状图、玫瑰图（如图 2-1 所示）。

图 2-1   基础饼图、环状图和玫瑰图示例

（1）环状图，以圆环的弧长度表示部分在整体所占的比例，中间区域可展现文本信息。环状图的圆环可以是单个或多重的，能同时展现多个类别的数据。

（2）玫瑰图，由统计学家南丁格尔[2]首创，本质上是带有饼图外形特征的柱状图。玫瑰图通过扇形的半径比较数值的大小，视觉上呈现出花瓣的形状，因而又被称为鸡冠花图，适用于对比不同变量的情况，能突出某个或某几个变量的数据。

2. 柱状图

柱状图通常表达时序关系，横轴往往是与时间相关的变量，纵轴是数据变量。柱状图可以展示多种类别的数据，也可以比较同类别的数据。**柱状图**用途广泛，是变化性最大、种类最多的图表，主要分为堆积柱状图、分组柱状图、直方图和瀑布图 4 种。图 2-2 为基础柱状图。

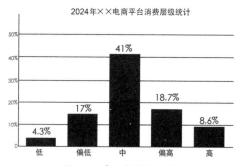

图 2-2   基础柱状图示例

（1）**堆积柱状图**，适用于呈现多个类别及各个类别下的子类别的数据。

（2）**分组柱状图**，主要用于分组内数值的比较。由两个类别变量与一个数据变量组成，将主要类别变量置于坐标轴上，次要类别变量采用图例配合颜色的方式说明。

堆积柱状图和分组柱状图是由基础柱状图发展而来的，如图 2-3 所示。

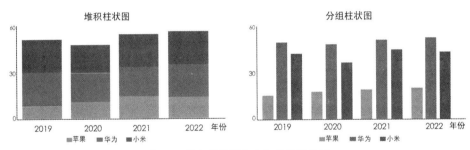

图 2-3　堆积柱状图和分组柱状图示例

（3）直方图（Histogram）是用一系列高度不等的纵向条形图表示数据的分布情况。一般横轴表示数据类型，纵轴表示数据分布情况。条形图的宽度表示数据范围，高度表示数据出现的次数，整体形态反映了数据的分布情况（如图 2-4 所示）。

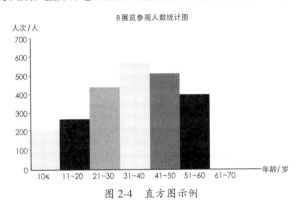

图 2-4　直方图示例

（4）瀑布图（Waterfall Plot）是由麦肯锡咨询公司独创的图表，采用绝对值与相对值结合的方式，展示各成分的分布与构成，适用于表达数个特定数值间的关系，展示数据的积累变化过程。但各类别数据差异不宜太大，否则难以比较。如图 2-5 所示，该瀑布图展示了某人在一段时期内的收支变化情况，说明钱都花到哪里了。

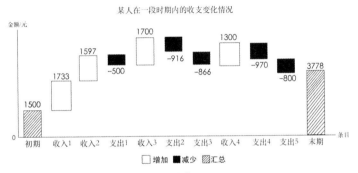

图 2-5　瀑布图示例

3．条形图

条形图即横条图，以沿水平方向自左至右的形式呈现，用不同长度的矩形长条表示数据大小。条形图呈现的是各个项目间的关系，横轴是数据变量，纵轴是类别变量（如图 2-6 所示）。为了让数据信息展示得更加直观，条形图中的横条一般会按数据的大小顺序排列，即排序长条图。有时为了实现特定视觉效果，也会采用不按顺序排列的设计，这能带来一定的节奏感。

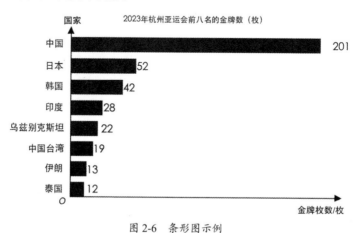

图 2-6　条形图示例

排序长条图强调数据间的相对关系，如图 2-7 所示。数据经过排序后能展现更多意义，如最大值、最小值和中间值，以及两个数据之间的测距，等等。

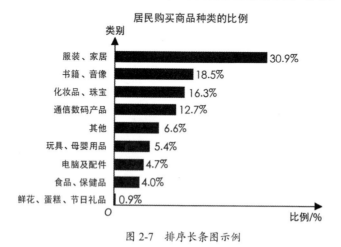

图 2-7　排序长条图示例

4．折线图

折线图是由线条与数据标记构成的图表，以表达数据的整体特征为主，适用于呈现连续性数据的变化情况，可容纳无限数据，但也最容易被干扰。折线图包括单折线图、多重折线图、点折线图和折柱图 4 种类别。

（1）单折线图：在坐标轴中只呈现与一组数据对应的单条折线图，如图 2-8（a）所示。

（2）多重折线图：将多个单折线图放在相同的坐标轴中。对多组数据进行整体比较时，可采用多重折线图。多重折线图通常用于比较同级数据，如图 2-8（b）所示。

（3）点折线图：当数据较少或线条方向变化不明显，却需要强调数据点时，为清楚标示内容，可配上数据点标记，这就形成了点折线图，如图 2-8（c）所示。

（4）折柱图：以柱状图为底，加入折线图，能清晰呈现分组数据的对比关系及变化趋势，如图 2-8（d）所示。

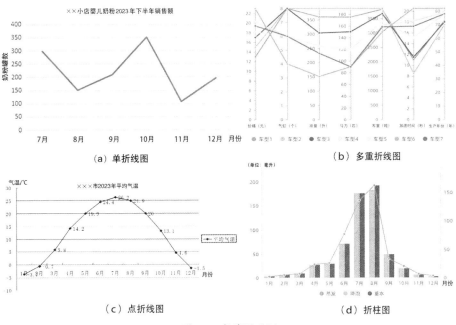

图 2-8　折线图示例

5．其他图表

（1）散点图（Scatter Plot），也称为 XY 散点图，由两个变量组合而成，目标在于呈现出这两个变量之间的关联性，主要探讨它们之间是否存在正相关、负相关或不相关三种关系，如图 2-9（a）所示。散点图在设计调研中也常常作为知觉信息的分析工具，在 2.2 节有详细的介绍。

（2）气泡图是散点图的变形，由三个数据组成，其中第一个和第二个变量通过横轴和纵轴呈现，第三个变量以面积不同的气泡来呈现（如图 2-9（b）所示）。由于人眼对面积的判断不精确，气泡大小会影响人们对数据所对应的横、纵轴位置的判断，从而降低沟通效率，所以气泡图只适用于数据量小且数据较离散的情况。

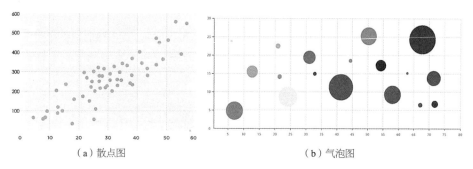

（a）散点图　　　　　　　　　　　　（b）气泡图

图 2-9　散点图和气泡图示例

（3）**雷达图**[3]可被当作一种头尾相连的折线图，但是没有水平方向的共同基准，不具有连续数据，以线条连接（如图 2-10 所示）。雷达图中数据的头尾相接不具有目的性。

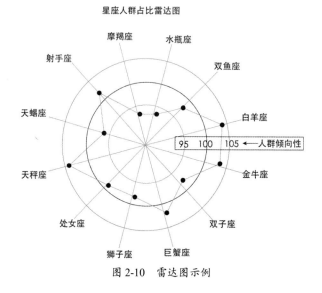

图 2-10　雷达图示例

（4）**面积图**是一种用区域面积呈现数据变量间关系的图表，可看成将折线下方的区域填上颜色，以增加数据分量的折线图（如图 2-11 所示）。面积图可分为一般面积图、堆积面积图和百分比堆积面积图。

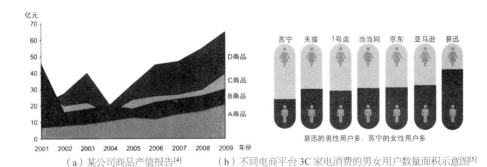

（a）某公司商品产值报告[4]　　　（b）不同电商平台 3C 家电消费的男女用户数量面积示意图[5]

图 2-11　面积图示例

（5）**箱线图**利用数据的 5 个统计值——最小值、第一四分位数、中位数、第三四分位数、最大值来描述数据，适用于展示一组数据的分散情况，以及对几个样本的比较，不适用于大数据量。如图 2-12 所示，该箱线图展示了某公司的 5 种产品在 2023 年 1 月的销量分布情况。图中产品 B 的销量比其他产品稍高，产品 C 的销量大部分都在 40 万元以下。

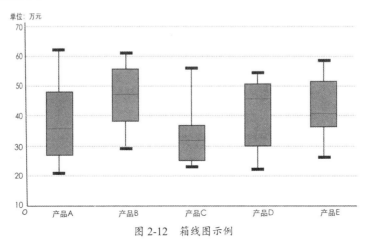

图 2-12　箱线图示例

2.1.3　数据大小关系的对比分析

数据大小关系是最常见的关系，数据大小关系的比较通常分为三类。

（1）同一个数据变量在不同时间点的大小比较。例如，某产品在几年内的销售情况比较。

（2）不同数据变量在同一个时间点的大小比较。例如，在同一时刻不同产品的销量总额比较。

（3）不同数据变量在同一个领域中的大小比较。例如，在同时间段内不同用户网购次数比较。

若要进行数据大小关系的对比分析，则既可以直接使用表格，也可以选用柱状图、条形图、基础饼图、玫瑰图，这些图表可直观展示并比较数据变量间的大小关系。

✍ 案例：

如图 2-13 所示为利用图表展示数据变量的大小关系，直观明了。

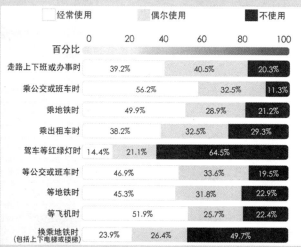

（a）2021 年全球 5G 基站比统计

（b）不同场合人们使用手机的情况[6]

图 2-13 数据大小关系的对比分析示例

2.1.4　数据趋势变化关系的对比分析

数据趋势变化关系主要强调在指定时间段中数据变量的整体走势，而非单纯比较相邻数据变量的大小关系。折线图通常能比其他形式的图表更好地展示数据之间的上升趋势、下降趋势、波动趋势和保持水平不变的趋势。

✍ 案例：

从图 2-14 中可以直观地看出亚马逊公司从 2009 年第一季度到 2013 年第二季度收入情况的整体变化趋势。

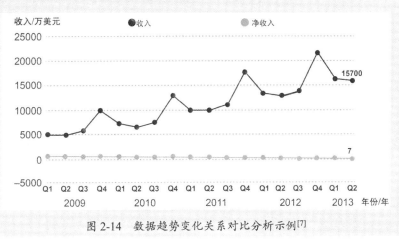

图 2-14　数据趋势变化关系对比分析示例[7]

此外，面积图和折柱图也可以用于反映数据变量的变化趋势。

2.1.5　数据占比关系的对比分析

数据占比关系指不同数据变量在总体中所占的比重，饼图在此类对比分析中的应用最为广泛。饼图能呈现的数字有限，往往用不同的颜色来表示不同数据变量在整体中所占的比例。

✍ 案例：

图 2-15 用饼图直观展现用户休息时手机摆放位置的情况。

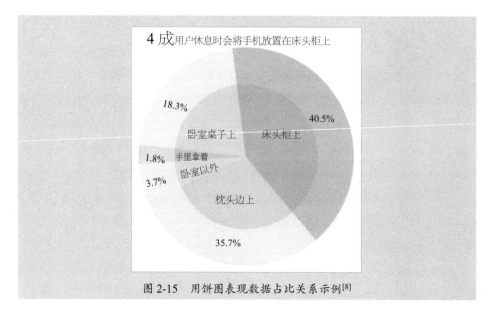

图 2-15　用饼图表现数据占比关系示例[8]

2.1.6　数据相关性关系的对比分析

相关性指数据变量之间存在的关系，当某一数据变量改变时，与之相关的数据变量会发生相应变化。通常分为以下三种情况。

（1）**正比相关**：数据变量间的增减关系同步。当某一数据变量变大或变小时，相关数据变量会相应地变大或变小。

（2）**反比相关**：数据变量间的增减关系相反。当某一数据变量变大或变小时，相关数据变量会相应地变小或变大。

（3）**制约相关**：当某个有决定性作用的数据变量存在时，相关数据变量呈现出一种结果；当某个有决定性作用的数据变量不存在时，相关数据又会呈现另一种结果[1]。

数据相关性关系往往为大小比较关系或趋势变化关系。在用户研究中，研究者通常会通过各种调研和实验获得数据，也会根据情况选用 SPSS 等统计软件对数据进行对比分析，其中应用较为广泛的是描述统计方法、独立样本 t 检验、单因素完全随机设计的方差分析及回归分析等。此外，研究者也会利用散点图来呈现数据变量间的相关性关系。如图 2-16 所示为一线城市网民互联网价值图谱，通过虚拟、现实、群体、个人 4 个方面展示了网民使用互联网的行为间的关系。

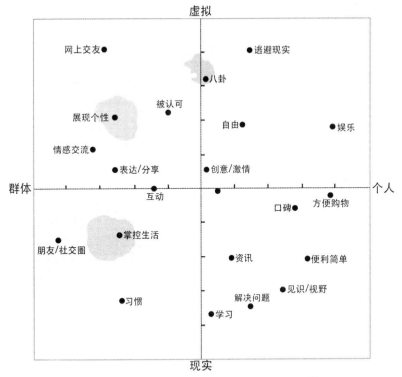

图 2-16　一线城市网民互联网价值散点图示例[9]

数据对比分析是用户研究中最为重要的部分，它通过对调研资料的整理、分析，帮助研究者改善产品设计、提升用户体验。鉴于篇幅，这里只能对运用统计学方法对数据进行对比分析做简单的介绍。而实际上数据对比分析所涉及的知识远远不止这些，还需要用户体验研究者及产品设计师好好研究。

2.2 知觉图、鱼骨图

在调研分析的过程中，除了前文提到的数据对比分析，还有很重要的一方面——数据（特别是定性数据、主观评价数据）归纳，即通过归纳、整理数据，得出结论。本节介绍的两类图表的作用就是更好地展示将数据进行归纳、整理后得出的结论。

2.2.1 知觉图

知觉图（Perceptual Map）又称认知图、感觉图谱、维度图，常被用来直观地展示消费者对某种产品、品牌、公司或者其他事物在两个或多个维度上的认知[10]。知觉图起源于市场营销分析领域，用来帮助营销经理进行市场分析。

知觉图是针对大量主观评价数据的定量分析工具，通过分数评估被测群体对事物多维度的看法，直观地展示事物和属性之间的准确关系。

1. 知觉图的两种类型

二维知觉图

二维知觉图即在平面直角坐标系的横轴和纵轴上标明相应的属性（维度），相对容易解读。

✍ 案例：

图 2-17 归纳的是通用汽车公司旗下的产品在消费者心目中的定位，横轴和纵轴分别表示车型的运动性和舒适性。越靠近东面的车型（如 MERCEDES 560SL）运动性越好，越靠近北面的车型（如 LINCOLN TOWM CAR）舒适性越好。

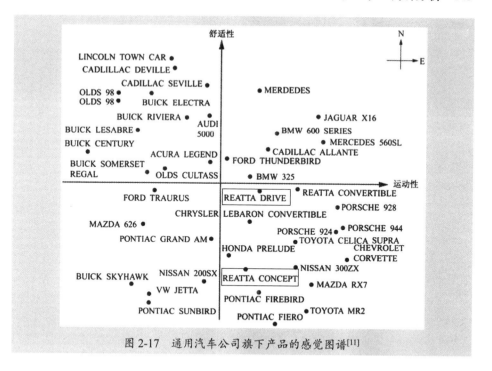

图 2-17　通用汽车公司旗下产品的感觉图谱[11]

注意，二维知觉图有别于营销领域的"矩阵分析法"或"四象限法"。后两者通常根据业内专家的评估快速生成，用于本公司产品与竞品在特定维度上的比较；前者是更严谨的定量分析方法，需要采集原始数据作为分析的起始。

多维知觉图

多维知觉图意味着在事物之间进行更多维度的比较，其示意和解读也更复杂。

✍ 案例：

图 2-18 引自《营销工程》[12]一书，展示的是消费者如何看待啤酒市场。该案例从啤酒的 13 个属性切入，总结出消费者分群的两大依据：价格和口味（体现在横轴和纵轴的两对强关联的属性："经济"与"高档"，"口味淡"与"口味重"）。

（1）带箭头的矢量表示啤酒的属性，两个矢量靠得越近（夹角越小），表示它们之间的相关性越强。西面的矢量"物有所值"和"节省费用"强关联，而东面的矢量"特殊场合""在外用餐"和"高品质"强关联。由它们可以归纳出啤酒消费者分群的依据之一——价格。北面的矢量"深色"和"重味"强关联，南面的矢量"淡色"和"淡味"强关联。由它们可以归纳出啤酒消费者分群的依据之二——口味。

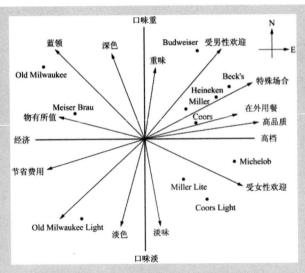

图 2-18　啤酒市场的感觉图谱

（2）代表啤酒品牌的圆点与矢量靠得越近，说明它们越接近矢量所代表的消费者印象。

（3）代表啤酒品牌的圆点在矢量上的投影离坐标系原点越远，代表该品牌带有的对应属性越强。如图 2-19 所示，虽然 Budweiser 和 Beck's 这两个品牌的啤酒在男性眼里相差无几，但在女性群体中，Beck's 明显更受欢迎。

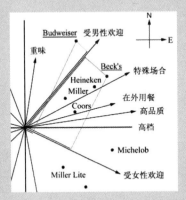

图 2-19　Budweiser 和 Beck's 在男性和女性中的受欢迎程度比较

上述多维知觉图的绘制采用的是对应分析（Correspondence Analysis）的方式，代表品牌的圆点与属性矢量之间的距离表示该品牌具有该属性倾向的强烈程度。

2．知觉图的应用

在设计调研领域中，知觉图可被视为一种多维度的数据可视化分析工具，其用途包括产品设计定位决策、产品竞争性与可用性评估结果可视化、产品用户体验设计竞争性分析可视化。

产品设计定位决策

（1）通过比较消费者对不同产品在多个维度上的看法，研究者可以利用知觉图查看市场的空隙，为设计提供更有力的依据。以图 2-18 为例，第三象限中只有 1 个品牌（Old Milwaukee Light），说明还有非常大的市场潜力可挖掘。

（2）在概念测试阶段，知觉图可以验证概念产品的市场反应和消费者可能喜欢的该产品的细分市场。例如对于图 2-17 中的 REATTA，通用汽车公司通常用知觉图来评价其概念（REATTA CONCEPT）和试驾结果（REATTA DRIVE）[11]。最终得到的结果让管理者感到放心，与别克系列的其他车型相比，REATTA 给用户的感受更高档[13]。从知觉图上可知，消费者对 REATTA 产品的感知更偏向于运动性而非舒适性，这点有别于别克（BUICK）系列产品，消费者对后者的感受更偏向于舒适性而非运动性。

（3）知觉图可反映消费者认为哪些产品是相似的，帮助研究者明确直接竞争对手。图 2-20 展示了不同品牌的洗发香波在不同维度上的相似性，同一圈内的产品为直接竞争对手。需要注意的是，在多维知觉图中，横纵坐标轴对应的刻度示意品牌与相应属性的对应关系，反映相应品牌圆点到对应属性矢量上投影离坐标系原点的距离，轴本身没有业务上的意义。如何解读品牌与相应属性的对应关系，可参见图 2-19 对应的说明。

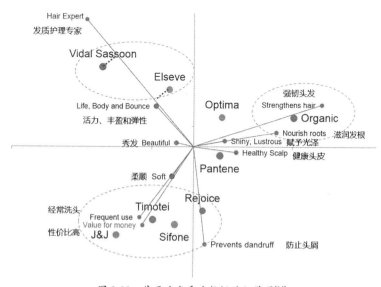

图 2-20　基于洗发香波数据的知觉图[14]

产品竞争性与可用性评估结果可视化

图 2-21 引自西门子研究所的论文[15]，探索了不同汽车信息娱乐系统的直观属性和实际易用性之间的关系。专家通过对 15 个汽车信息娱乐系统的 7 个易用性维度，包括盲操作可控性（Blind Controllability）、驾驶任务干扰度（Limited Interruptibility）、最小化认知负荷（Minimize Cognitive Load）、界面一致性（Consistency）、功能导向明晰度（Ease of Navigation）、系统易用性（Perceived Ease of Use）和界面自解释性（Self-Explanatory)进行评估，证明不同汽车信息娱乐系统在易用性维度方面存在差异。

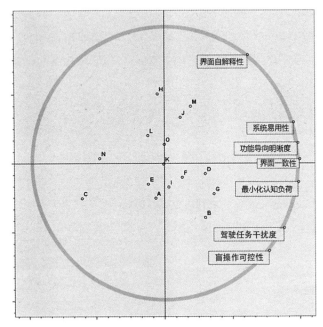

图 2-21　15 个汽车信息娱乐系统（以字母 A～O 代表）矢量模型在
易用性维度上的知觉图

若汽车信息娱乐系统（以字母 A～O 代表）的矢量模型在投射到某个易用性维度向量上后具有正的距离（到原点），则该系统被认为在此易用性维度上具有良好的表现。如图 2-21 所示，系统 H 和系统 M 在界面自解释性这一维度的表现良好，而系统 C 在此维度上表现不佳。

表 2-2 基于专家评估结果的原始数据生成。由此可见，多维知觉图可通过定量的可视化方法，对相对主观的专家评估结果进行直观的解读。

表 2-2　15 个汽车信息娱乐系统（以字母 A～O 代表）在易用性维度上的专家评估平均结果

系　统	A	B	C	D	E	F	G	H	I	J	K	L	M	N	O
盲操作可控性	3.5	5.0	2.0	4.0	3.0	3.3	4.0	1.8	3.3	3.0	2.5	3.0	2.3	2.0	3.0
驾驶任务干扰度	3.5	4.8	2.3	4.8	3.3	3.5	4.5	2.5	3.5	2.0	3.5	4.0	3.0	3.0	3.0
最小化认知负荷	3.5	4.3	1.8	4.0	3.3	5.0	4.5	3.8	4.0	1.5	3.0	3.0	3.8	3.5	3.0
界面一致性	4.3	5.0	3.0	4.8	4.0	4.0	5.8	4.5	5.0	4.3	5.0	4.3	4.5	4.5	3.0
功能导向明晰度	4.5	2.3	3.5	4.3	5.3	3.8	3.8	4.5	3.8	3.5	4.5	3.5	3.8	3.3	4.8
界面自解释性	3.0	3.8	1.8	4.5	3.0	3.5	3.5	5.3	3.3	5.3	4.8	4.0	4.3	2.8	4.3
系统易用性	3.5	4.0	1.8	4.5	3.5	4.3	4.8	3.5	3.5	2.5	4.8	3.8	4.0	3.3	5.3

产品用户体验设计竞争性分析可视化

知觉图也可被应用于产品用户体验设计竞争性分析，即将不同产品在同一场景下的功能可视化以便于分析。图 2-22 展示了 7 家餐厅的预约 App 从“登录”到“提交预约并等待”的各环节中在用户体验设计的 13 个维度中的评估结果。

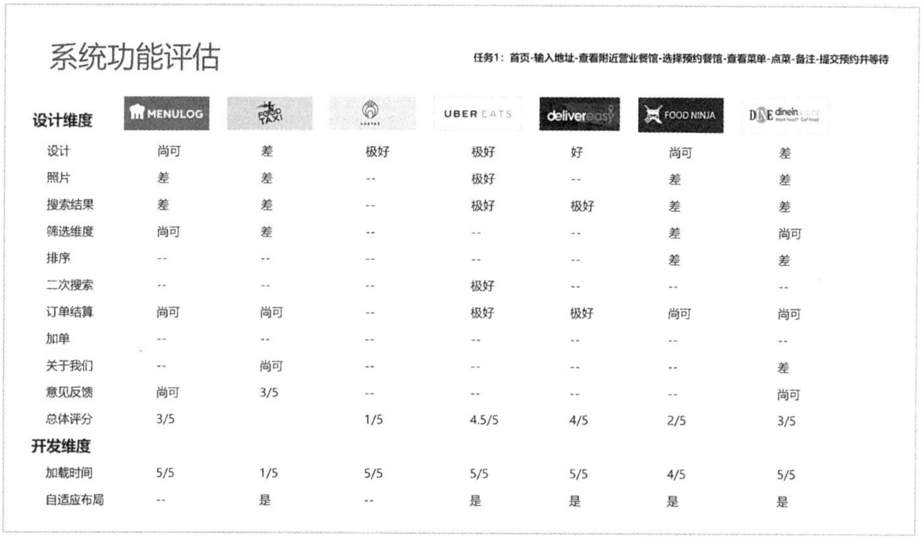
系统功能评估

任务1：首页-输入地址-查看附近营业餐馆-选择预约餐馆-查看菜单-点菜-备注-提交预约并等待

设计维度	MENULOG	FOOD TAXI		UBER EATS	delivereasy	FOOD NINJA	DINE dinein
设计	尚可	差	极好	极好	好	尚可	差
照片	差	差	--	极好	--	差	差
搜索结果	差	差	--	极好	极好	差	差
筛选维度	尚可	差	--	--	--	差	尚可
排序	--	--	--	--	--	差	差
二次搜索	--	--	--	极好	--	--	--
订单结算	尚可	尚可	--	极好	极好	尚可	尚可
加单	--	--	--	--	--	--	--
关于我们	--	尚可	--	--	--	--	差
意见反馈	尚可	3/5	--	--	--	--	尚可
总体评分	3/5		1/5	4.5/5	4/5	2/5	3/5
开发维度							
加载时间	5/5	1/5	5/5	5/5	5/5	4/5	5/5
自适应布局	--	是	--	是	是	是	是

图 2-22　7 家餐厅的预约 App 在用户体验设计的 13 个维度中的评估结果[16]

对数据进行预处理（例如将差、尚可、好、极好转换为 1～4）后，确认空缺数据，根据前文提到的产品竞争性与可用性评估结果可视化的方法生成知觉图。

3．知觉图的绘制

虽然知觉图可以根据研究者的经验和直觉绘制，但这样得到的结果的信度和效度都令人怀疑。下面以用户评价为原始数据介绍如何利用定量数据绘制知觉图[12]。

（1）找出需要评价的产品属性。针对不同的设计调研目标，需要评价的产品属性有以下几个常见选择：待比较产品、竞争对手、比较的属性和用户群体。

其中，对用户群体的区分和选择很容易被忽略。如果没有适度地区分用户群体，就会导致获取的用户评价数据不够一致。因此，用户群体过于泛化，或根本没有对用户群体进行区分和选择，都将导致用户评价数据出现非常多的极端值，使知觉图的效度降低。建议研究者在研究刚开始的时候，细分用户群体，以便获取相对一致的用户评价数据。

（2）获取用户评价数据。需设计打分问卷来获取用户对产品的每个属性的评价。有两种"打分"策略：第一种是让用户对涉及的所有产品的所有属性进行打分（1～10分或1～5分）；第二种则是让用户选出最符合属性描述的产品。从细致程度上看，第一种方法获得的数据更精准，但对用户而言需要的填写时间也更多。

✎ 案例：

汇总用户的评价数据并将其绘制成表格(以模拟的航空公司用户评价数据为例，见表2-3）。

表2-3   模拟的航空公司用户评价数据[17]

模拟的航空公司 用户评价数据	美洲航空 公司	联合航空 公司	美国航空 公司	大陆航空 公司	西南航空 公司
方便	5	8	3	3	8
准时	6	5	5	4	8
全面服务	8	7	5	4	6
舒适	6	6	4	4	3

1：最差。9：最好

（3）绘制知觉图。绘制知觉图的方法包括因子分析（Factor Analysis）[1]、多维尺度量表（Multidimensional Scaling）[2]和对应分析法（Correspondence Analysis）。

对于刚接触知觉图绘制的人来说，对应分析法需要的理论知识较少，操作步骤相对简单，适用范围广，因此这里主要介绍采用对应分析法生成知觉图。

对应分析法是一种在低维度空间（Low-dimensional Space）中描述两个变量之间

---

1   因子分析是从变量群中提取共性因子的统计技术，在知觉图绘制中起抓住两个细分依据的作用。例如，前文介绍多维知觉图时把产品的属性矢量归纳为口味、价格两大细分依据。使用因子分析法构建知觉图的常用软件是 SPSS，具体操作方式见参考文献[18]。

2   多维尺度量表是一种市场研究方法，通常用于归纳消费者心中多个品牌同类产品之间的"替代"关系。可在绘制知觉图时使用，具体操作方式见参考文献[19]。

相对关系的分析方法。采用 Excel 的外部插件 XLSTAT[20]可以很方便地生成知觉图。图 2-23 是根据表 2-3 所列的数据生成的知觉图。

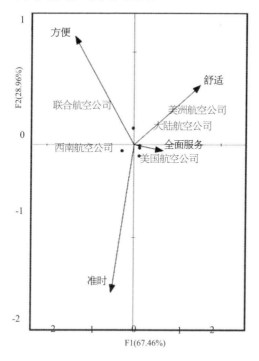

图 2-23　对应分析法生成的知觉图

4．知觉图的优缺点

知觉图是一种比较专业的图示分析方法，可以展示用户对不同产品、品牌的印象，其优缺点如下。

（1）知觉图的优点

① 数据收集相对简单，用打分问卷即可。

② 使用插件能立即获得分析图，操作相对简便。

③ 图的信息量大，可分析的维度很多，包括相关联的属性、不同品牌在不同属性上的差异、当前产品的竞争对手，以及竞争较少的蓝海市场。

（2）知觉图的缺点

① 收集知觉图所需数据时，需要研究者具备一定的用户分群能力。如果事先不对用户进行分群，就会给后期知觉图的分析造成困难。

② 绘制知觉图需要研究者具备一定的统计学基础。同时，因为知觉图属于市场营

销领域的专业用图[1]，所以研究者需要系统地学习相关方法并经过实践操作，才能熟练掌握知觉图的绘制方法，否则在原始数据采集后的预处理、统计分析、数据解读上均会有很大的困难。

③ 虽然知觉图用于市场分析非常细致、专业，但仅限于把握产品设计的大方向，并不意味着它能深入分析某个设计决策。要想作出具体的决策，还需要进一步剖析用户对产品形成某种认知的原因。

④ 在数据收集不到位的情况下，绘制知觉图容易得出错误、形式化的结论。

2.2.2　鱼骨图

鱼骨图又叫石川图、特性因素图，由日本管理大师石川馨先生发明。在设计调研的过程中，需要对现象进行剖析，才能找到根本原因。而鱼骨图就是用于在产品质量管理中发现问题"根本原因"的工具[24]。此外，鱼骨图也能很好地展示问题间的关系[2]。

在鱼骨图中，"鱼头"代表待分析的问题、现象；粗线标记的"鱼大骨"代表产生问题的原因的大方向；从"鱼大骨"上长出的"鱼小骨"代表该大方向下的具体原因；"鱼小骨"再往下细分则是每个具体原因的影响因素。

鱼大骨代表的原因剖析方向根据行业的特点不同而有所不同，见表 2-4。

表 2-4　配额表的示例

原则	原因剖析方向	适用行业
6M	人员（Man）、材料（Material）、机器（Machine）、方法（Method）、测量（Measurement）及环境（Mother-nature），部分情况下还包括管理（Management）和资金与维护（Money and Maintenance）	制造业
8P	程序（Procedure）、政策（Policy）、地点（Place）、产品（Product）、人员（People）、过程（Processes）、价格（Price）和促销（Promotion）	行政管理与服务业
4S	供应商（Supplier）、系统（System）、环境（Surrounding）和技能（Skill）	服务业，也适用于通用的行业原因分析

1　推荐查阅：知觉图在市场营销领域的入门视频，见参考文献[21，22]；进阶学习资料，见参考文献[23]。

2　鱼骨图在使用方法上分为整理问题型（结构化整理问题的从属关系）、原因型（找出导致问题的原因）和对策型（找出有利于完成目标、提升指标的因素）。在设计调研中，鱼骨图的主要用途是分析问题背后的原因，因此本书主要介绍原因型鱼骨图。

✎ 案例:

图 2-24 是分析人类惧怕人工智能的原因的鱼骨图。

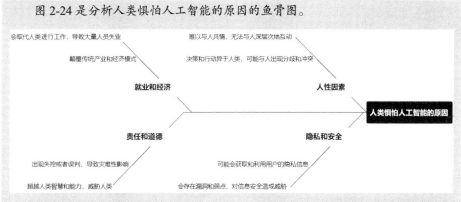

图 2-24 人类惧怕人工智能的原因分析鱼骨图

在图 2-24 中,鱼大骨代表人类惧怕人工智能的原因。在人性因素这个分支(即鱼小骨)上,导致人类惧怕人工智能的原因是人工智能的决策和行动异于人类,可能与人出现分歧和冲突。

在鱼骨图中,每一根鱼小骨都是它所在鱼大骨的原因,而对它的子鱼骨来说,它又是一种现象或问题。鱼骨图中鱼大骨、鱼小骨和子鱼骨之间的关系如图 2-25 所示。

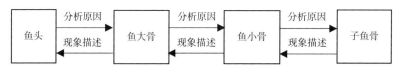

图 2-25 鱼骨图中鱼大骨、鱼小骨和子鱼骨之间的关系

1. 鱼骨图的应用

设计调研过程中常常用单人访谈法、观察法等采集定性数据,若涉及现象分析、原因剖析,则可在数据分析有结论时进一步使用鱼骨图深入探寻关键原因。用鱼骨图分析原因有如下两大特点。

(1)全面。"鱼大骨"是在数据、讨论、经验的基础上产生的,在此之上继续深挖原因,不容易遗漏。

(2)擅长深入分析。从图 2-24 的鱼骨图结构可以看出,"鱼小骨"(具体原因)

往往在多次提问后出现。这种现象有点类似日本发明家丰田佐吉[1]提出的5个为什么[2]方法。

✎ 案例：

> 对于"我的汽车无法启动"这个问题，
>
> （1）为什么电池电量耗尽？
>
> （2）为什么交流发电机不能正常工作？
>
> （3）为什么交流发电机的皮带断裂？
>
> （4）为什么交流发电机的皮带远超出使用寿命却从未更换？
>
> （5）为什么汽车未按照厂家保养计划保养？（根本原因）

鱼骨图需通过一系列问题来绘制。研究者在明确了问题的大方向后不断细分出产生问题的相关因素，直到明确地指向某个可行的设计方案或空白市场时，才停止细分。

使用鱼骨图时需要注意：鱼骨图只能深入、全面地"找到问题"，而问题的优先级和严重程度则需结合专家建议或严重程度指标[3]来确定。

✎ 案例：

> 某产品新版本体验差的原因鱼骨图如图2-26所示，系统性能因素包括"服务器维护时间在白天""登录时产品容易崩溃、退出"和"新版本的操作响应不如旧版本"，根据产品软件开发指标[26]给出的产品系统性能问题优先级、严重程度如表2-5所示。

---

1 丰田佐吉（1867—1930），日本发明家，丰田自动织机公司的创立者，其子为丰田汽车公司创立者丰田喜一郎。

2 又称"5个为什么""五问"或"五问法"，是一种提出问题的方法，用于探究造成特定问题的原因。鼓励解决问题的人要努力避免主观或自负的假设和逻辑陷阱，从结果着手，沿着因果关系链条，"顺藤摸瓜"，穿越不同的抽象层面，直至找出问题的根本原因。丰田生产系统的设计师大野耐一曾经将五问法描述为"……丰田科学方法的基础……重复5次，问题的本质及其解决办法随即显而易见"。具体见参考文献[25]。

3 各行业的问题优先级、严重程度指标并不相同，以产品开发领域的指标为例：最高严重程度指缺少主要功能或者主要功能毫无作用，所产生的问题会导致系统停顿，并进一步导致无法进行下一步测试；最低严重程度指维持功能运转正常，有改进的空间，产生的问题不会导致系统出现任何故障，且不影响下一步测试。具体参见参考文献[26]。

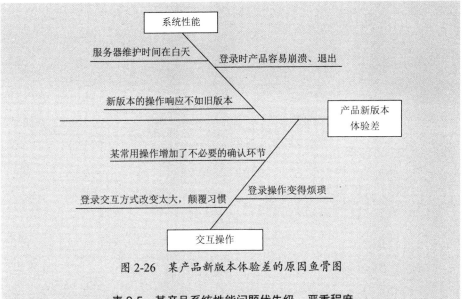

图 2-26　某产品新版本体验差的原因鱼骨图

表 2-5　某产品系统性能问题优先级、严重程度

条　　目	严重程度	优　先　级
服务器维护时间在白天	严重（Critical）	紧急（Immediately）
登录时产品容易崩溃、退出	高（Major）	紧急
新版本的操作响应不如旧版本	低（Cosmetic）	方便时修复（Not Urgent）

　　结合表 2-5，就能厘清鱼骨图指示问题的处理优先级。注意，每根"鱼大骨"上的问题的评判标准并不相同，需根据问题所处的范围来确立。例如交互操作中的评判标准是可用性标准[1]或者客户满意度[2]，而非产品软件开发指标。

2. 鱼骨图的绘制

确定问题

　　前文提到需在设计调研有了初步的结论、问题时才能使用鱼骨图，这说明鱼骨图的使用前提包括有清晰的问题，这个问题有充分的定性、定量数据支持。满足了这两个前提，就能保证下一阶段讨论的顺利进行。弄清问题才知道"鱼大骨"怎么划分，有数据支持才能画出"鱼小骨"。

　　此外，问题的范围可大可小。当问题范围较大时，必须保证调研团队中有人对问题所处的行业有清晰的认识。例如探讨中国存在看病难、看病贵的问题时，建议有医

1　可用性指技术的"能力"，它能很容易地被特定范围的用户使用，辅以特定培训和用户支持，在特定的情景中能完成特定范围的任务。具体见参考文献[26]。

2　客户满意度指将客户对某产品的期望值与实际感知效果相比较后得出的指数。具体见参考文献[27]。

生和患者参与。若条件不足，则建议尽量收缩问题范围，确保不超出团队成员的认知。

讨论绘制

鱼骨图的绘制包括两个步骤：第一步，区分"鱼大骨"；第二步，细化"鱼小骨"。

绘制"鱼大骨"时，建议和有行业经验的团队成员沟通，确立可能导致问题的几大原因并进行初步的归纳，从归纳的结果中得出"鱼大骨"。"鱼大骨"的数量不超过6根。

绘制"鱼小骨"时，需要团队成员采用头脑风暴的方法，针对"鱼大骨"指示的方向逐一讨论，可借鉴前文提到的5个为什么方法，刨根问底地找出原因。

其中，"鱼小骨"的绘制要点如下。

（1）在绘制"鱼小骨"（具体原因）时，必须找出导致上一层"鱼大骨"（问题）的直接原因。例如，在"某项目延期原因"中，"人员""鱼大骨"对应的直接原因不能是"某人生病请假"，而应该是"项目成员投入不足"，生病减员是造成项目成员投入不足的直接原因。

（2）绘制"鱼小骨"时需要有数据佐证，以确保设计的严谨性，避免得出错误的结论。

（3）在绘制阶段，图上不能出现对策或解决方案，须将已经有的对策整理在别处。

（4）当某个原因可同时归于2根以上的"鱼小骨"时，以关联性最强者为准。

商定优先级、严重程度和设计方案

至此，鱼骨图的绘制完成了。对设计调研来说，还需要和熟悉行业的团队成员确定问题的优先级、严重程度和相应对策，并在鱼骨图上进行标注，再讨论设计方案。

3．鱼骨图的优缺点

（1）鱼骨图的优点

①直观、有条理地呈现问题的原因。

②绘图本身的难度不大，易操作。

③能给产品经理、市场人员、设计师和管理者很多启发，对设计方案有直接的指导作用。

（2）鱼骨图的缺点

①数据分析需要多行业专家参与，鱼骨图本身只是一种可视化分析结果。

②鱼骨图仅分析原因间的层级关系，还需要其他工具辅助评估原因的严重程度和优先级。

2.3 卡片法

2.3.1 什么是卡片法

卡片法是以卡片为载体帮助人们进行思维显现、整理、交流的方法。例如，资料卡片法是指将自己摘抄的资料信息写在卡片上。一张卡片上可以是一个问题，也可以是一幅图画，还可以是一个感想。相对于整本的笔记，资料卡片可以被灵活地移动，容易整理，可随时抽取，便于查找，还可以将不同时间点记下的信息进行比较、排列等。

卡片法是古老而经典的方法，至今被广泛应用。例如，早期的图书馆没有计算机等检索设备，最经典的方法就是用卡片对图书进行分类。读者可以按照不同的方式寻找图书。例如，若读者想按照卡片法查找"鲁迅"的书，就可以先在作者姓名的卡片组里，按照音序找到"L"，再找到"鲁迅"。在"鲁迅"这张卡片里有鲁迅所有著作的名称，读者再按照书名对应的编码找到某书对应的卡片，或者直接根据编码到书库里找到书。

也有些公司会利用卡片广泛征集想法。如在公用墙面上张贴若干个主题海报，员工可以自由地在感兴趣的主题下发表想法，将每个想法都写在一张纸条上。有些公司甚至用卡片来投票，如给每人一张便利贴，让其贴在自己最喜欢的想法下面，哪个想法得到的便利贴最多，就代表大家最喜欢哪个想法。卡片这种简单、方便的小物件有很多优点，可以被创造性地使用。

卡片法也被广泛应用于激发创造性思维。例如，在头脑风暴的过程中，针对特定的主题，大家先在卡片上写出自己的若干想法，然后向他人介绍，他人可以在赞扬这些想法的同时进行再创造。将每个想法单独记录在一张卡片上。使用了卡片的头脑风暴法可以比较完整地记录想法，而每个想法对应一张卡片也便于后期整理。卡片法可以被用于各种设计点子的归纳、分析或创造，如图 2-27 所示。

图 2-27　卡片法可以被用于各种设计点子的归纳、分析或创造

在设计行业里，结合计算机软件等工具，卡片法可以被应用于多个领域，如 Figma 的多人在线协同卡片（如图 2-28 所示），一些思维导图工具（如 XMind）也具备部分卡片分类功能。在设计领域的研究中，卡片法主要被用于信息的分类整理，可以与一些信息分析方法结合使用。本章主要介绍卡片分类法。

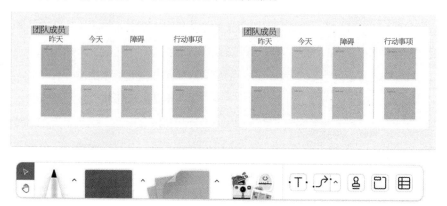

图 2-28　Figma 的多人在线协同卡片

2.3.2　不同类型的卡片分类法

卡片分类法分为开放式的卡片分类法（Opened Card-sorting）和封闭式的卡片分类法（Closed Card-sorting）。

1. 开放式的卡片分类法

开放式的卡片分类法非常依赖参与者，这是一种完全探索式的操作。参与者需要将所有的信息分组，并决定每组有多少张卡片，并为不同的组命名。这个过程由参与者独立完成，再加上活动场地往往比较大，通常要花费参与者较多的时间，可能会出现参与者不能耐心完成任务的情况。

开放式的卡片分类法也包括线性德尔菲法。线性德尔菲法是基于第一个假设架构，由后面的参与者不断迭代、完善而成的。线性德尔菲法的优点在于其比一般的开放式卡片分类法更节省时间，让参与者也比较轻松，不需要做完整的创造工作，只需要在既有的架构上表达自己的想法。

开放式的卡片分类法适合在假设形成阶段使用，例如对网站的信息进行整理，从而确定导航的个数及内容；把纷杂的用户行为归纳成若干用户需求，等等。

开放式的卡片分类法不适合做数据量大的分类。如果数据量很大，那么研究者可以让参与者事先确定分组的个数及内容，再采用封闭式的卡片分类法，让参与者根据自己的期望把各卡片分别归在不同的分组下。

2. 封闭式的卡片分类法

运用卡片分类法对原始信息进行分类时，研究者事先确定信息结构的层数，并把各层的名称标出来，然后让参与者根据自己的期望把各卡片分别归在不同的层名下，这种卡片分类法叫封闭式的卡片分类法。封闭式的卡片分类法更适合做分类的有效性测试，针对研究者事先做好的分类结构进行用户测试，并评估分类结构和命名等。

封闭式的卡片分类法中也包括反向卡片分类法，即研究者提供若干寻找信息项的任务，然后提出一些信息条，请参与者在分类中找出信息条。这样的方法通常只能在单层级中使用，结构树测试则可在多层级中遍历。反向卡片分类法可以做信息结构的可寻找性测试，也可以评估分类结构和命名等。

2.3.3　卡片分类法的操作

卡片分类法（Card Sorting）在设计的各个环节都可以进行，主要是帮助研究者对信息进行整理、分类。卡片分类法是一种简单而有效的方法，既可以由一个人来完成，也可以由一组人来完成。卡片分类法非常容易掌握，即使是生手也可以在几分钟内了解其操作方式。

本节将介绍在设计心理学研究中运用较多的用户参与式的卡片分类法。当然，这样的分类方法由研究者来使用也没问题。以下是常见的操作过程。

1．准备工作

（1）**选择卡片用纸**：建议选择有一定厚度（如 150 克以上）的纸张。对少量卡片进行分类时可以用便利贴，以便在白板上移动、粘贴，而竖起的白板还会让参与分类的人有更宏观的感受。但是对数量比较多的卡片进行分类，例如对购物网站的商品进行分类时，如果用便利贴，则需要很大的空间，且参与者一多就会行动不便，因此不太适合。特别是当非专业的用户参与卡片分类时，比较软的便利贴也具有局限性。[28]

（2）**确定卡片的大小**：通常选用名片大小的卡片。如果有较多的文字或者图片，则卡片可以更大一些。但一般不应大于一般人的手掌，因为太大的卡片不易移动、摆放。

（3）**准备好足够的卡片**：通常 30 张左右是容易操作的，最好不要超过 70 张。此外，一定要多准备一些空白卡片作为备用。简单的做法是将已有的信息打印成小纸条并裁好，同时也有必要准备一些空白的纸条。

（4）**选择卡片的颜色**：如果分类后形成多层级的树形结构，就需要准备几种不同颜色的卡片。有多少个层级就要准备多少种颜色，并且最好多准备几种，以便应对想法的改变。在通常情况下，白色的卡片作为最基础的条目被放在树形结构的底层。如果用的是便利贴，那么以最常见的黄色便利贴作为底层。

（5）**设置分类环境**：进行卡片分类的场所应该有足够的空间和放卡片的桌面或者墙面（需要用便利贴和白板时），要保证参与者能够方便地围绕着桌面移动。如果有分组，则需要给不同的小组配备独立的空间和家具。可以在分类现场安装摄像机来录制分类过程，也可以通过定期拍照来记录。如果研究者希望用机器录下参与者放声思考的过程，则需要加装录音设备。

（6）**准备操作说明**：如果是邀请用户来进行分类，研究者就需要准备一份简明的操作说明，告诉用户分类的操作方式、时间限制和其他要求。

（7）**选择参与者**：如果由用户来分类，研究者就需要选择合适的用户。选择参与者非常重要，首先，样本要有代表性，要能覆盖真实用户的大多数不同类型。其次，用户必须是与产品不相干的人，对产品的性质没有认知，这样能降低干扰。Jacob 认为，一个分类项目合适的参与人数通常是 15 人，大型项目可以有 30 人[29]。也有学者认为，少于 30 张的卡片可以由 6～10 人进行分类；当卡片数量众多的时候，则需要 20～30 人，且需要现场配备自动化辅助工具。

（8）其他：还可以准备一些笔，方便参与者修改或者编写分类名称。如果有小礼物送给参与者，则会激发他们的参与热情。

2．操作过程

（1）研究者将待分类的内容以卡片的形式呈现。卡片正面描述待分类的内容，并用概括性的语言对内容进行简单描述；卡片背面标记序列号，以便后期进行统计分析。卡片上的文字必须经过研究者内部讨论，可以适当参考相应领域专家的意见。有需要的话也可以在文字下方添加少量描述，便于理解。

（2）参与者可以单独进行分类，也可以与他人结合成组进行分类，如图 2-29、图 2-30 所示。在某些特殊情况下，研究者甚至可以远程遥控分类活动。一般来说，如果数据比较多，那么适合将参与者编成小组进行分类，且通常 4 人一组，这样有利于让每个人充分发表意见。

图 2-29　用户将纸条放到自编的分类下面[30]　　　　图 2-30　卡片分类法实施过程中的讨论

（3）由研究者向参与者说明分类的整个过程和目标。研究者请参与者在经过充分讨论后，将他们觉得属于同类的卡片放在一起，并让他们在每一组卡片的最上方，用其他颜色的空白卡片写上他们觉得最合适的分类名称。如果参与者有不知如何分类的卡片，则可以让他们拿出这些卡片，不一定要分完所有卡片。如果参与者有不知该如何填写名称的分类，则也可留下空白。

（4）在参与者操作的过程中，研究者应该在他们附近观察，确保参与者理解了卡片上的内容。如果发现参与者的卡片分类有明显不合理处或者对某张卡片的归类很犹豫，那么研究者要及时与参与者沟通，及时询问原因并记录下来。同时研究者要注意，其对内容的解释一定不可以对参与者的分类产生诱导作用。如果可能，那么研究者可以鼓励参与者采用放声思考的方式进行分类，及时表达自己的想法。研究者尽量不要使参与者感到有压力，如果有需要，那么研究者可以离场。

（5）请参与者在完成分类后回顾一下自己分类的过程，对条理不清晰的地方进行重新思考。

（6）确定分类后，参与者可以将分类的原因和逻辑解释给研究者听。

（7）研究者将各小组分好类的卡片打包好，并和小组成员的信息放在一起，以便用于日后的研究，有必要的时候可以联系参与者。

（8）研究者感谢参与者，赠送礼品。

3．几点补充

（1）请用户进行分类得到的结果会比研究者自己分类得到的更客观、更有启发性。研究者或者设计师也可以通过这一方法站在用户的角度理解信息分类的内在逻辑。特别是网络产品的导航信息分类，分类的名称日后出现在网站上是由用户来阅读、认知和选择的，因此信息架构是否符合他们的习惯非常重要。

（2）研究者可以邀请委托项目的客户一起参加分类，也可以邀请项目领导或者项目决策人参加分类。信息分类后的解释和说服工作对项目的命运起着决定性作用，如果他们能适度地听到真实用户的心声，那么将更容易信服。

（3）研究者要求参与者必须把每张卡片都归入自己的分类，但是参与者在分类过程中也可能产生犹豫或者发现某张卡片可以被分在多个类别里。这些问题可能源于分类本身，但更多的可能是卡片信息不清晰，容易引起歧义，或者不同用户群的理解存在差异。这些问题都提示研究者需考虑修改卡片信息本身。

（4）参与者的分类不需要特别严谨、合乎逻辑，研究者要鼓励他们按照自己的感觉分类，这是因为用户参与分类的结果并不是项目最终的结果。用户分类的方式，特别是那些多个组都得出的相似的分类名和分类方式，会成为研究者分类结论的重要参考，甚至成为最终结论的一部分。

（5）现在有一些在线工具也提供多人异地协同工作的功能，诸如 Trello、Figma、Notion、Miro 等，这使研究者可以邀请地理位置更远的用户。这些工具也可以实现多人在线管理和协作，在呈现任务时也比较容易操作，可视化程度也比较高。

┃ 2.3.4　对卡片分类结果的分析

卡片分类法能够看到用户对物品分类的心智模型，在一定程度上能为产品导航信息的分类起到很好的启示作用。对卡片分类法得到的结果可以采用不同的方法进行分析。

最简单的方法是直接观察。将用户的分类结果进行反复浏览，并讨论、体会用户分类的一般规律。通过这种方法，研究者可以宏观地看到每组分类的情况，从中感悟用户的心智模型。同时，研究者也可以看到不同的用户分类方法的差异，从而理解用户分类时的逻辑和差异，甚至从中找到不同用户间的共性和差异性。但是，对于数量较多的卡片分类来说，直接观察不但会花费很多时间，还会因为信息量过大导致人脑无法处理，所以难以分析用户的分类结果。

处理大信息量的数据时，定量分析的集簇分析法就展现了利用计算机软件分析的优势。集簇分析法是一种分组研究的定量方法。运用这种方法可以有效地对卡片分类法得到的结果进行综合计算，从而得到距离矩阵，然后利用不同的算法对距离矩阵进行进一步处理，最终画出易于分析和理解的树状图。

研究者可以将用户的分类结论按照卡片背后的序号输入一些经典的卡片法分析软件，如 IBM EZSort、CardZort、WebSort、Optimal 等进行处理，虽然部分软件已经停止开发和下载了，但以前安装的还可以继续使用。

用任何方法得到的用户分类结果都会和研究者的分类结果有所不同。通过将它们进行比较，可以看到研究者与用户的心智模型的不同。若多数用户都倾向于某种分类方式或分类名称，则需要按照用户的逻辑进行修改，这样才能保证产品最终能被用户理解，并能让用户进行正确的操作。当然，在比较了不同用户的分类结果和研究者自己的分类结果之后，也不一定要完全依照用户的分类结果。

有时候不同用户分类的想法差异很大，这就需要进一步找出原因。出现这样的情况时常是因为卡片上信息的表述得不够明确，不同人理解的差异很大。有必要的话，研究者可以调用现场用户讲解的资料，甚至联系用户得到解释。

卡片分类法不仅适用于对大量数据进行分类，也适用于对某个局部数据进行分类，并且可以重复进行，直到问题被解决。

2.3.5　Q–sorting 法

用于设计研究的 Q-sorting 法来自心理学的 Q 方法（Question），也被称为 Q 分类法，是以卡片为载体的分类手段。Q-sorting 法通过对个体进行调查获得有价值的资料。该方法不像其他研究方法那样预先提出研究假设，而是开展探索性的研究，有助于我们发现新的思想并提出新的假设。因此，Q-sorting 法虽然是一种小样本研究方法，但也具有大样本统计分析的一些优点，其结论也具有代表性和可行性[31]。

Q-sorting 法包括了一整套科学的统计、分析操作。首先，研究者建立类似抽样框的"集合"，集合中是对主体的非事实性、纯粹自身观点的表述。然后，研究者从集合中抽取语句样本，并强行按照尽量客观的标准将其分为几类。研究者从每一类中平均抽取一定数量的语句，组成样本。然后将每个样本写在一张卡片上，让其有单独的代码。随后将卡片打乱、洗匀，再对参与者进行测量。参与者则根据研究者提供的"非指导性提示"，将卡片按照从"最同意（+5）"到"最不同意（−5）"的顺序分成几个类别，并确保分在中间的样本一定多于两端的，呈正态分布。接着，研究者计算出一个相关矩阵，并整理测量结果。最后，研究者从结果中回溯到最初的陈述句，或对参与者进行更深入的访谈，了解他们把特定语句放在顶端或底端的原因。有时候，从这些访谈中得到的语句又会组成另一个 Q-sorting 法的集合，这个新的 Q-sorting 法将进一步增进研究者对参与者在此研究中反应的理解。Q-sorting 法的样本量通常在 40个左右。

Q-sorting 法更是一种方法论。Q-sorting 法最重要的特点是强调了主观性和个别性，与传统的科学实证主义大相径庭。斯蒂芬森认为"主观性"也是具体行为，完全可以在科学的认可下测量研究。Q-sorting 法是以"发现"为目标的。Q-sorting 法注重个体研究，反映了统计学中最基本的原理之一——平均数不等于众数（$M \neq D$），更不代表个别情况，个体特征是不依赖于群体特征而存在的，而具体性却是所有科学事业的要件。其方法体现了斯蒂芬森的"（科学的）目标不是收集事实而是达到理解"。[32]

然而，也正因为 Q-sorting 法追求发现，所以它无法保证参与者的普遍代表性。另外，Q-sorting 法过于依赖参与者的口头报告，毕竟参与者的主观意识不能涵盖所有行为的驱动力，人的活动也会受各种非决定性客观条件的制约。并且，Q-sorting 法是对问题抽样，而不是对人抽样，其集合的形成方式决定了其结构具有高度的变动性，因此很难说 Q-sorting 法所取的样本在多大程度上代表了总体。

将 Q-sorting 法引入设计调研可以更好地发现参与者对研究者收集的数据的理解和评价。具体操作如下。

1. 建立集合

集合元素来自数据收集时的观察法、单人访谈法、自我陈述法、文献法和其他获取用户信息的方法。集合元素必须是研究者针对用户所做的直接和间接的了解中，用户的非事实性的、纯粹自身观点的表达。其形式可以是语言类的，也可以是非语言类的，如图画、照片等。

2．从集合中抽取样本

研究者把集合里的元素按照尽量客观的标准分成几类。Q-sorting 法的样本通常在 40 个左右，将 40 除以分类的个数即可得到每个分类中应该抽取的样本量。研究者将这些样本形成文字卡片，并为每张卡片标上号码，再将卡片打乱，作为备用。

3．测量用户

研究者向被测用户说明 Q-sorting 法的流程，要求用户将样本按照"最同意（+5）"到"最不同意（-5）"，或者"最喜欢（+5）"到"最不喜欢（-5）"的顺序分成几组，并将分组结果放在桌上，按+5、+4、+3、+2、+1、0、-1、-2、-3、-4、-5 的顺序摆放。如果样本量少，那么也可以采用从+4 到-4 的 9 项分组。当样本更少时，可以只按照"最积极""中性"和"最消极"分 3 组。

研究者必须提醒用户注意，分类的时候一定要保持各组的数量呈正态分布，即中间分组的样本量一定要比两边的多。虽然这个数量不必非常严格，但是总体的情况还是需要强调的。

可以让用户把他们不熟悉的或者不确定的选项放在中间的类别中，这样能确保测量的结果与主体经验一致。

4．分析数据

用卡片上的号码标识分布中陈述语句放置的位置，研究者可以计算出一个相关矩阵。这能反映影响被测用户观点的要素。然而要素只是数量值，并不能说明群体间存在差异的原因。研究者若要了解这个原因，就必须仔细推敲样本中产生这些要素的初始陈述句，或者对被测用户进行更深入的访谈，询问他们为何把某一特定语句放在顶端或底端。

有时候，从这些访谈中得到的语句会组成下一个 Q-sorting 法的集合，这个新的 Q-sorting 法集合将进一步增进研究者对被测用户在此课题中反应的理解。

Q-sorting 法不需要很多用户参与测试，却非常注重集合能否尽可能地将人们对研究主题所有的看法包含其中，这样才能揭示所研究问题的实质。布朗在 1980 年指出，隐藏在 Q-sorting 法背后的一个重要事实是，对于某个特定问题，世界上所有人仅存在有限的不同观点。因此，Q-sorting 法的巧妙之处在于，它不需要大量参与者参与研究，只要尽可能地在研究设计中包含人们对该主题的各种观点。同时，Q-sorting 法中的被测样本量不宜过多，过多不利于结果的产出。通常情况下，Q-sorting 法中被测样本的数量在 40 个以下[31]。在设计调研中，研究者可以考虑更少的被测样本量。

2.3.6　卡片法的发展与局限性

卡片法这种古老但是至今行之有效的方法，可以帮助人们把隐性的思考显性化，已经成为我们了解他人想法、和他人交流的重要途径。卡片法更注重发现而不是结果，这可以让研究者获得用户对信息的更多的解释，而非某个具体的结论。卡片法能帮助研究者从用户的角度出发，高效地理解自身以外的世界和从来没有想过的观念，体验迥然不同的心智模型，在未来设计出可以满足用户需要的，符合用户生活行为习惯的产品，并拥有被用户正确理解的呈现方式，使用户在使用产品的过程中得到精神、物质的满足。

任何一种科学方法都有其善于解决问题的领域，同时也有其局限性。总体来说，卡片法是一种定性的研究方法，其原理和实践过程都存在着较大的主观因素。例如，卡片样本的抽取是否足够客观、能否使参与者理解不会产生太大的差异。在小组讨论中，人们可能互相影响，例如由于性格不同，积极主动的参与者更愿意表达，最后的讨论结果也往往偏向这样的人。由于卡片法是小样本方法，参与的人数不会很多，这些人员的选择是否合理、是否有足够的代表性都会影响最终结果。

2.3.7　应用案例——上海中高收入家庭儿童家具设计研究

1.1 节里的"上海中高收入家庭儿童家具设计研究"案例使用观察法、单人访谈法获得了大量定性数据，本节将介绍如何用卡片法对这些数据进行分析[33]。

1. 素材收集

研究者在入户前做了桌面研究，对其他研究者针对这一课题进行的研究做了梳理，产生了大量的文本数据。然后将它们录入 Excel 表格，并进行编码。

随后，研究者深入实地，了解了亲子家庭住宅的整体布局和各个房间的布置及使用情况，听了孩子及其家长介绍的儿童和家人一天的生活，了解了儿童和其他家庭成员的生活特点和生活习惯，并要求被试家庭在访谈之前提供照片，根据制定好的访谈记录表进行访谈，同时注重使用过程中出现的问题，进而引出被访者的意识与评价。

在此次研究中，研究者入户观察了 22 个上海家庭，并进行了实地访谈，收集了大量照片、视频资料。图 2-31 为观察照片（左图）和记录卡（右图）。

内部	位置	物品	
		分类	详细
	床上	床上用品　被褥	靠垫
		生活　生活小品	袋子
		玩具　玩具	玩偶
		床上用品　被褥	床单
	床上		

图 2-31　入户观察照片和记录卡

2. 整理录入

在该课题中，研究目标之一是对用户的真实行为进行分类，并寻找行为背后的需求。在进行整理分类时，研究者使用了卡片法。研究者将每张照片的"访谈记录表"都登记到 Excel 中（见 1.1 节图 1-8），然后将每份表格单独制作成一张卡片。录入的过程中需要注意，可以将重复的或者信息不完整的素材进行处理，去除重复的素材，补充不完整的信息。将每个行为数据的参数都整理完整并录入的好处是，在分类归纳好数据后，可以在参数比较中发现关联的数据之间的一些规律。

3. 归纳聚类

这个环节需要邀请多人参与，参与的人需要具备一定的经验、能力及相关背景知识。小组成员要同意最后的排布方案，这个环节的优点在于能保证小组所有人员都认可该结构，缺点在于不能保证由研究小组得出的结论能代表使用者的观点。每个小组成员会得到大致等量的卡片，每张卡片表示一种行为。一名小组成员从他的卡片堆中选出一张，大声读出它代表的行为，并且把它放在桌上（或墙上）。其他成员在讨论了每张卡片后，将相似的卡片放在一起。有的卡片会被移到新的卡片堆里，有的则会留在原来的位置。这个过程一直持续下去，直到小组成员将所有卡片归类完毕。每个卡片堆中的卡片都与其他卡片堆中的卡片在某种程度上有所不同。图 2-32 展示了文字卡片和照片卡片的归纳聚类。

图 2-32　文字卡片和照片卡片的归纳聚类

4．需求提炼

接下来是参与者给每组行为"制作"相应的标签。标签的名称要能够概括这组行为，并能反映行为背后的需求，标签名称的格式为"××需求"。整合完数据之后，还需将原始素材汇总，整理出所有的需求，这样就可以解释观察到的绝大多数使用者行为的背后需求。如图 2-33 所示，在孩子及其家长的所有需求中，有 17 项是仅属于孩子的需求，16 项是仅属于家长的需求，12 项是两者共同的需求。

孩子的需求	孩子和家长共同的需求	家长的需求	
角色扮演、自我展示、交往、隐私、表达情感、模仿、遵从父母（与权威需求对应）	培养气质、陶冶情操、尊重	以孩子为中心、培养独立人格、家庭展示、家庭外交往、权威、培养习惯	群体心理需求
形成独立人格、认知、探索、感情、娱乐、健身	方便、舒适、美观整洁	私密、经济、见证成长	个体心理需求
基本生理、被照顾、容错、耐用	信息、存储、调节、温度、通风、光照	监护、代管（与监护需求相对）、卫生、安全、健康、移动、产品功能单一	基础生理需求

图 2-33　孩子及其家长的需求[34]

5. 运用卡片法将需求归纳为家庭人物角色模型

再运用卡片法，将所有家庭放入价值观维度模型里进行聚类（图 2-34 是将全国 81 个家庭进行聚类后的结果），并将前面获得的使用者需求按照不同的相关性分析，组合成四类家庭。通过创建家庭人物角色模型，研究者可以得到最终分析结果。最后，研究者为每个家庭人物角色模型建立卡片，详细内容请参考 2.5 节。

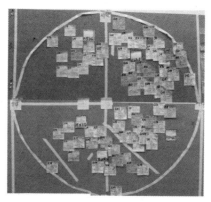

图 2-34　将全国 81 个家庭进行聚类后的结果[35]

2.4 情景分析法

定性数据分析法的内容是非常丰富的，而情景分析法作为定性数据分析法中比较综合又比较基础的方法之一，需要被重点介绍。本节除了介绍情景分析法，还会穿插对其他部分相关方法，如人物角色法、体验地图、用户旅程图和服务蓝图等的简要讲解，并将这些方法与情景分析法组合在一起解决问题。

2.4.1 什么是情景分析法

情景分析法又称脚本法，简称情景法。情景分析法最早用于企业的战略分析[1]，因此其定义更多地偏向未来的规划和设计——"情景分析法是假定某种现象或某种趋势将持续到未来，对预测对象可能出现的情况或引起的后果做出预测的方法，通常用来对预测对象的未来发展进行种种设想或预计，是一种直观的定性预测方法。"[36]

20世纪90年代末，在人机交互领域，约翰·卡罗尔（John Carroll）[2]提出了以场景为基础的设计理念（Scenario-based Design）。此设计理念相较于在企业的战略分析

---

1 常见的说法是，荷兰皇家壳牌石油公司（Royal Dutch Shell）于20世纪60年代末率先使用基于情景的战略规划，成功地预测了20世纪70年代因OPEC的出现而导致的原油价格上涨，以及20世纪80年代由于OPEC石油供应配额协议的破裂而导致的原油价格下跌。情景分析法由该公司的皮埃尔·瓦克（Pierre Wack）于1971年正式提出。

2 人机交互领域的领军人物，宾夕法尼亚州立大学信息科学与技术学院教授。他曾经被ACM人机交互学会选入CHI研究院，以表彰他卓越的领导才能和对人机交互领域做出的巨大贡献。他著有 *Making use: scenario-based design of human-computer interactions*。

中所用的情景分析法，更偏重用户客观的行为描述。但两者的核心要素是相同的，即通过故事的形式生动、形象地迅速描绘用户执行任务时的大致情况。

回到设计调研分析的过程中，研究者需要梳理对用户所处环境、行为的描述。这时情景分析法就是很有力的框架工具，被用来构建故事。它能通过故事串联用户、环境、行为等要素，并能细腻地捕捉到用户在实际场景中的生理、心理特点，帮助研究者找到潜在的产品问题和市场机会。

✎ 案例：

"看见植物园里美丽的樱花，18 岁的小丽从包里拿出 iPhone，熟练地点开屏幕右上角的美图秀秀图标，进入自拍模式，然后转过身背对着樱花树，摆出标准的瘦脸姿势，按下了快门。待拍摄完毕，打开高级模式，试了 10 来个主题，纠结许久，才把满意的照片发到了朋友圈。"

上述案例就是一段来自情景分析法的描述。基于 GOMS[37]心理学模型，用情景分析法描述的故事必须有以下要素：环境状态、角色、互动对象、事情经过和结果、角色在过程中的行为和对结果的反应。具体如何分析详见 2.4.3 节。

在实际的测试过程中，为了让用户的行为更鲜活，研究者还会采用**故事板**的形式，故事板的具体定义和使用方法参见 2.6 节。

2.4.2　情景分析法的应用

1. 对用户行为的梳理

在设计调研中，观察法和单人访谈法往往会得到很多用户行为片段，研究者无法仅靠这些片段分析或定位问题。而情景分析法可对片段"穿针引线"（有效组织片段），为分析做好准备。提示：使用情景分析法需尽量忽略用户的个性行为，归纳出共性行为。

2. 设计前期的头脑风暴

在研究者构建出用户行为故事和问题点后，通过故事让设计师、产品经理、市场人员共同参与分析，规划未来产品或者验证现有产品方案是否符合用户的习惯。

举个使用情景分析法验证现有产品方案的例子——产品经理和设计师对医院门诊专家每月排班的规划。普通人理解的排班，无非是安排某专家每天几点到几点诊治多少位病人，是精确到时间点的排班，且这个排班操作由医院管理员来完成。但市场人员考察了医院的实际情况后，描述的却是如下情景。

>"医院有一位专职管理员在月末为全院门诊专家做好下个月的排班。每位
>专家每周的排班都大同小异，但天与天之间排班的差别还是挺大的，这是由
>医院门诊每天的人流量决定的。
>
>"正因如此，管理员无法给出精确的排班表，他会说上午给某专家安排 2
>位病人，下午安排 4 位病人。在医院门诊病人多的时期则会做出相应的调整，
>即上午安排 3 位病人，下午安排 5 位病人。
>
>"但当出现突发性事件或者专家的效率提升时，会临时出现某天上午给某
>专家多安排几位病人的情况。"

在了解到这样的情况后，产品经理和设计师对产品做了如下调整。

>将排班改成按人头来安排，增设一段时间内的排班模板，同时让专家和
>管理员都有权限根据实际情况调整第二天的工作安排。

2.6 节将介绍的故事板也是头脑风暴阶段可以使用的方法之一，它以图示的形式直
观地展示用户实际的行为习惯和所处的场景。

3．对人物角色信息的补充

在人物角色的构建过程中，情景故事可以协助研究者厘清典型人物的行为路径。
人物角色法中对典型人物的构建主要参考对实际用户的分群归纳，且仅限于性格、属
性等方面，对于设计分析而言意义不大。因此针对每个典型人物给出产品使用描述来
厘清用户的行为路径，这和情景分析法的初衷是不谋而合的。

撰写描述方面可参考 2.4.3 节，图 2-35 为撰写人物角色信息的实例。

个人信息：

姓名：王超　　　　　职业：学生

年龄：20　　　　　　居住地：上海闵行区学校宿舍楼

身份：大一学生　　　性格：寡言、想法多样、喜欢动小脑筋、理性

性别：男　　　　　　优点：喜欢规划、善于理财

简介：

每周三都是王最期盼的，因为这一天有他最喜欢上的篮球课。上午王睡了个懒觉，9点爬起来，穿上运动服后来到2餐吃早饭。然后便赶在10点前兴冲冲地来到东区篮球场。为了给老师留下一个好印象，他主动向老师提出做老师的小帮手，并拉上他的好朋友李每节课都轮流去南体借还球。由于这次是李去借球，所以他只需在下课的时候把球还到南体。

篮球课一转眼就结束了。王理好球来到南体还球，由于南体的后门离东区篮球场比较近，而且停放的自行车少，走起来比较方便。所以王选择从后门进入南体。看到南体的乒乓球课还没结束，许多同学还在激烈地打着乒乓球，王无奈地摇了摇头，拎着一大袋的篮球小心翼翼地穿过乒乓球场，以免影响到其他打乒乓球的同学。王将球放在了借球室，顺便穿过乒乓球场去了趟卫生间，便和李一同回寝室了。

南体使用情况：

路过频率：每周三四次（借还球，上下课路过）

通常路过的场地：借还球时需要经过一楼的乒乓球场、抄近路时要经过南体的后门

用户目标：

使用南体是因为：

1.体育课上下课的时候要去南体借还球；

2.有时候上下课经过南体是为了抄近路而穿过南体；

3.有时候是为了借用南体的卫生间而来到南体

环境要求：

1.由于借球室的位置在一楼乒乓球场旁边，所以上下课时在路过乒乓球场时会和该场地的运动人员相互影响；

2.南体的许多门都是不开的，对于想图方便抄近道的人来说并不是很方便

图 2-35　撰写人物角色信息的实例

2.4.3　撰写情景故事

撰写情景故事要做好如下准备工作。

1. 归纳情景故事主线

通过观察法、单人访谈法采集到数据后，研究者会得到许多零碎的个体情景故事。和写剧本一样，写情景故事也要主线清晰。我们用下面这个实际例子来说明。

这是对团购产品目标用户之一——"穷忙族"的调研分析。经过调研，研究者发现该用户群体的行为往往围绕着节省消费和匆忙奔波展开。其中比较有代表性的是刚

入职不久的年轻人。以上的归纳来自研究者在访谈过程中对用户产生的印象——"舍不得花钱""忙碌的生活""刚入职的年轻人"。

再依据一些真实故事（如付不起一起去新年音乐会的钱，只能让一个人去；工作太忙忘了准备另一半的礼物……），就能勾勒出故事的主线：年轻的小伙子想追求心仪的女孩，但因为工作太忙、经济拮据，错过了增进感情的机会，最后因为准备不充分而表白失败。

值得注意的是，情景故事的展开最好能和产品的业务匹配。例如，在团购业务中，有餐饮、娱乐两大核心板块，节假日期间销售额较高，这些都可以作为情景故事的环境。

2．收集情景故事要素

有了故事主线，还需要如下细节才能直观地反映用户的行为状况。

（1）特定的环境或状态。特定的环境或状态指目标用户和产品能发生交互关系的环境或状态。以团购产品为例，包括年轻人的约会场所、上下班时间（团购挑选时间）、周末（团购使用时间）、各种节假日（能产生购物冲动的时间）。

（2）一个或多个角色的动机、能力、知识。在情景故事中描述对推动故事发展有意义的用户动机、能力及用户所了解的知识是必要的。即使在相同的环境下，由于不同用户所掌握的知识、能力不同，产品需要给予的信息引导或者运营策略也不同。例如，准妈妈会对辐射、营养方面的信息更关注，价格并非她们关注的首要因素；初入职场的年轻人则会因为经济拮据而对价格敏感。

（3）和角色互动的工具或者物体。这种工具或物体可以是产品信息交互、推送的载体，例如计算机屏幕、网站、手机 App、商场里的大屏幕等。如果是实体产品，则涉及的工具会更广泛，如语音、手势、表情、特定大小的声响、NFC 感应等。

在实际生活中，用户不可能每时每刻都待在计算机屏幕前，一直运行着软件。因此，在情景故事中描述物体的时候最好能注明物体当前的状态。

"这个场景中发生的一系列事件和最后的结果"与"用户为达成目标而制订的计划，以及对结果产生的反应"这两点在撰写时往往交织在一起。为了达成目标，用户会有所期待、计划，进而付诸实践。这一过程会因为环境等综合因素而产生不同结果，用户对结果的好坏会产生不同的反馈。

情景故事中是否需要对用户的反馈进行描述由产品有无反馈功能而定。例如，在淘宝 App 的购物流程中有商品评价环节，则用户购物后的情绪就需在情景故事中体现。淘宝 App 的客户反馈功能如图 2-36 所示。

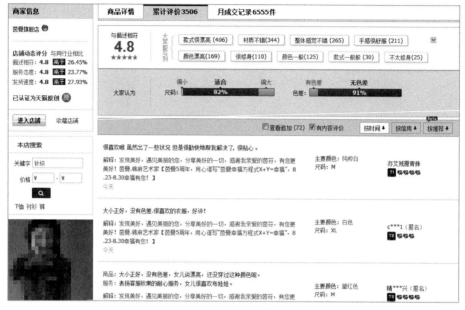

图 2-36　淘宝 App 的客户反馈功能

特定的环境或状态、角色的动机、和角色互动的工具等数据，在实际收集过程中往往会出现很多无关紧要的细节，以至于让研究者容易忽略或遗漏针对调研目的、产品的细节等问题——这是写情景故事与写剧本或小说的区别。情景分析法撰写情景故事的最终目的是弄清用户的行为，指导产品的改进。

例如，在前文的例子中，因为是针对团购产品，所以我们着力描述角色在消费前的决策时间、购买时间段及决定购买时的心理状态是有意义的。具体的描述如下。

> "虽然下班时间是 6 点，但年轻人每天都要忙到 7~8 点才能回家。如果正在赶项目，那么深夜回家也是很正常的事。"
>
> "这样匆忙的生活使他基本无法和女孩正常交往，甚至会忘了买生日礼物祝福她。"
>
> "一张音乐剧门票的价格相当于他 1 个月的工资，最后他只能买一张门票让女孩自己去看，等音乐剧结束的时候再去接她。"

而一些额外的描写，如深夜回家的场景或者分手之后痛苦万分的心态，对产品改进的意义不大。

3．整理完善情景故事

情景故事的完善指控制篇幅和内容，以 100~200 字为佳，既清晰又不冗长，既精简细节又有利于记忆。情景分析法是速写，而非流水账。故事过长会削弱对关键流程的刻画。例如，"一位刚入职的年轻人想追求心仪的女孩，但他每天都忙到晚上 7～8 点才能下班，因此平时约女孩吃晚饭都是奢望。女孩喜欢听音乐剧，但一张票的价格相当于他的月薪，最后只能买一张票让女孩独自去看，约好音乐剧结束再去接她。但由于那天加班，年轻人赶到剧场时女孩已经回家了。年轻人准备在情人节给女孩一个惊喜，却因为太忙直到情人节前一天才想起，无奈两手空空去表白，被女孩愤然拒绝了。"

情景故事也可以通过体验地图可视化，展示年轻人追求女孩的不同阶段的经历、使用的服务、采取的行动和心态、情绪的变化。

通过表格的形式将故事分为追求女孩期间的接触阶段、互动阶段与确立恋爱关系阶段，研究者罗列出每个阶段中年轻人的关键想法（如希望更进一步地了解女孩），进而列出他的计划（如组织见面）和采取的行动（如寻找机会认识女孩）、阻碍计划进行的原因（如加班多、个人时间少），以及年轻人的情绪变化（如紧张）。相应的体验地图如图 2-37 所示。

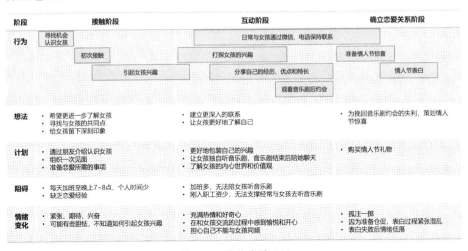

图 2-37　体验地图示例

需要注意的是，体验地图是对用户日常生活中为达成特定目标的各个阶段的概述，更偏向于客观描述。而下文提到的用户旅程图则可被视为基于体验地图的场景片段，是用于研究某个产品（如团购 App）或服务在用户完成特定目标过程（如安排约会）中的作用或优化方向。

4．标注情景故事中的要点

故事是一种通俗易懂的表现形式，其目的是让大家准确理解用户的行为习惯。研究者必须对故事中的要点进行预处理，以便参加讨论的设计师和产品经理在了解细节前对用户具备全局认识，同时便于分析。可供参考的预处理手段如下。

（1）**绘制主要行为流程图**。某团购产品用户的主要行为流程图如图 2-38 所示，用户对某个线下活动的团购产生购物冲动，根据朋友推荐或自行搜索在大众点评、猫眼等平台上比价，和各渠道人员沟通活动细节后选定一家下单参与团购，支付成功后收到团购短信凭证及活动提醒，根据短信凭证如期参加线下活动，活动结束后在团购平台上进行评价。

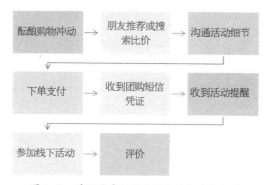

图 2-38　某团购产品用户的主要行为流程图

（2）**标注故事中的物品及其状态**。前文提到，物品往往是产品和用户接触的渠道，因此罗列这些物品有助于分析产品和用户的接触渠道，以及完善信息推送机制。

以谈恋爱的年轻人为例，"一位刚入职的年轻人想追求心仪的女孩，但他每天都忙到晚上 7~8 点才能下班（计算机、个人邮箱、QQ、交通工具），因此平时约女孩吃晚饭都是奢望。女孩喜欢听音乐剧，但一张票的价格相当于他的月薪，最后只能买一张票让女孩独自去看，约好音乐剧结束再去接她，但由于那天加班（手机 App、短信），年轻人赶到剧场时女孩已经回家了。年轻人准备在情人节（短信、邮件）给女孩一个惊喜，却因为太忙直到情人节前一天才想起，无奈两手空空去表白，被女孩愤然拒绝了。"

（3）**标注机会点**。故事中用户的行为结果未必都尽如人意，而在不尽如人意的结果上标注机会点，有助于产品萌发新特色。

"一位刚入职的年轻人想追求心仪的女孩，但他每天都忙到晚上 7~8 点才能下班①，因此平时约女孩吃晚饭都是奢望。女孩喜欢听音乐剧，但一张票的价格相当于他的月薪，最后只能买一张票让女孩独自去看②，约好音乐剧结束再去接她，但由于那天加班③，年轻人赶到剧场时女孩已经回家了。年轻人准备在情人节④给女孩一个惊喜，却因为太忙直到情人节前一天才想起⑤，无奈两手空空去表白，被女孩愤然拒绝了。"

① 在这类用户下班前 10 分钟或到家后半小时内给予团购信息推荐。

② 定价策略上可以考虑双人组合。

③ 娱乐类活动增加散场提前告知。

④ 节日团购信息推送。

⑤ 特殊节日加急服务。

在完善了故事和标注之后，设计师和产品经理就能一起进行设计前期的讨论。

5．建立用户旅程图启发产品设计

用户旅程图可帮助团队直观地了解既有产品使用过程中客户的需求和痛点，可视化用户使用特定服务、产品的过程，适合启发产品设计。用户旅程图会按时间顺序展示用户在使用单一服务、产品完成特定任务的不同阶段下，使用服务、产品时的想法，以及采取的行动和心态、情绪的变化。

假设当前的公司产品为团购 App，则可根据上述情景分析法或者体验地图中的分析结果，围绕用户使用团购 App 进行决策、协商、准备、约会的全过程建立用户旅程图，如图 2-39 所示。

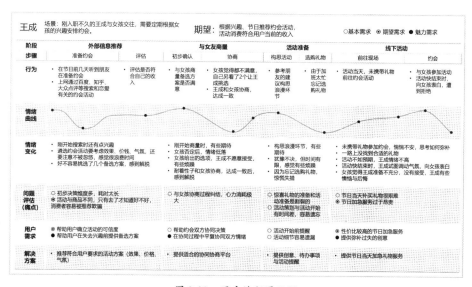

图 2-39　用户旅程图示例

设立和团购 App 有关的约会筹划及实施场景，将整个过程分为"外部信息推荐""与女友商量""活动准备""线下活动"4 个阶段，并在每个阶段中填充相应的行为及情绪。

建立了用户旅程图后，可以依据用户在使用团购 App 过程中的关键情绪变化节点及其相应的行为，标注各阶段存在的痛点与机会点，并将它们细分为基本需求、期望需求和魅力需求。在需求讨论会上，这三种需求将被作为产品新功能的讨论基础。

可能的痛点如下。

- 挑选活动和与女友协商的过程太过纠结，在决策过程中浪费太多的心力（基本需求）。
- 惊喜礼物的准备和活动准备是割裂的，需要再次决策（基本需求）。
- 节日加急服务过于昂贵（期望需求）。
- 节日当天补买礼物很艰难（基本需求）。
- 活动与商品不同，只有去了才知道好不好，而且人们一般只去一次，消费者容易被推荐欺骗，对平台失去信任（期望需求）。

可能的解决方案如下。

- 推荐符合用户要求的活动方案（效果、价钱、气氛）。
- 提供适合的协商平台。
- 提供创意、待办事项与活动提醒。
- 提供节日当天加急礼物服务。

6．利用服务蓝图设计特定服务及配套内部流程

服务蓝图帮助公司各部门了解他们提供的服务在协助用户完成特定任务过程中的情况，可用于优化服务的流程或者内部跨部门协作。需按用户完成特定任务过程中使用、接触对应公司各项服务时的时长、互动情况、情绪及公司其他部门或服务所需的支持来绘制服务蓝图。

产品经理在查看过设计师提供的用户旅程图后，决定进一步根据公司的既有资源构思节日当天加急礼物的服务功能，绘制了服务蓝图（如图 2-40 所示），确立新产品落地的要素，包括如何向客户推送加急礼物服务，企业的前端员工、后端员工及相应的服务供应商如何协作以确保客户能在短时间内收到合意的礼物并营造节日氛围。

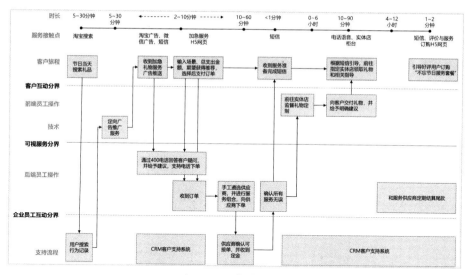

图 2-40　服务蓝图示例

2.4.4　B端产品在使用情景分析法时的注意事项

按照完成任务目的性质的不同可以将产品分为B端产品和C端产品。B端产品这一叫法最初来自入驻平台商户使用的管理平台，现在则泛指面向工作、为了辅助完成特定任务、提高效率、增强协作与管理而开发的产品，例如淘宝商家的商品管理后台、微信公众号平台、公司OA系统、钉钉、腾讯会议或者公司的数据报表系统。C端产品则指面向个人、消费者的产品，例如大家日常用到的微信、BiliBili等应用。

1. B端用户和C端用户的差异

从表 2-6 可以看出B端用户和C端用户在使用产品上存在巨大差异。B端用户由于"被迫"使用产品，对产品使用流程的每个细节都了如指掌，往往对改变有着一定的抵触心理。他们不希望新产品的出现会改变自己的日常工作，不给他们添乱、不因为莫名其妙的新问题导致加班就"谢天谢地"了。同时，他们又期待着新产品能解决现有工作中的问题，提高工作效率。而对于C端用户来说，有用的产品只能在最初接触阶段打动他们，过不了多久他们就会开始挑刺和比较，喜新厌旧对他们来说是家常便饭，他们钟爱不断有新花样的产品，哪怕带着一点瑕疵也没太大问题，关键在于"今晚你又有什么新节目"。

表 2-6　B 端用户和 C 端用户的差异

用 户 群	用户数量	产品使用特点	对产品体验的核心要求
B 端用户	通常只有特定的几个人	"机械化操作"产品：工作中使用（被迫使用），很有规律地使用产品，使用时间相对固定	尊重用户的原有习惯 安全，不出故障 顺畅 结构清晰，让用户了如指掌 随时知道用户的协作者的情况
C 端用户	从几万人到几十亿人不等	期待被产品取悦：自发使用，倾向立即放弃不再有趣的产品	不断更新 有用，和用户有共同语言 有趣

2．B 端产品在使用情景分析法时的特殊性

面对 B 端用户"机械化操作"产品的特点，在使用情景分析法时需要更多关注以下几方面。

（1）在没有使用新产品时，用户在工作中有哪些特殊的、不愿更改的习惯。对于工作，多数 B 端用户都倾向于不断使用工具，越用越熟练，最后形成习惯，如不能为他们带来显著的效率提升，就不要轻易打破这些习惯。这些习惯很难从访谈中被了解到，因为 B 端用户对工具细节的把握会自然地融入日常的操作中。所以更应该进行实地观察，让 B 端用户演示一遍他们在某个场景中对产品使用的全过程。如果没有这样的条件，就只能通过多次面对面的访谈与刻意提醒，让用户说出他们工作时的操作细节。

以医院内交班系统的调研过程为例，一开始谈到交班流程时，医生们是这么描述的："7 点交班的时候，值班医生会打开电子病历，先交代昨晚对病人的处置方法和用药，然后由经验丰富的主任医生对个别病人的治疗进行指导。"深入了解后，我们发现交班其实是一个很紧张的过程，通常只有 10 分钟到 20 分钟的时间，之后紧接着就是查房。因此实际交班过程中，值班医生只会简述情况严重或变化较大的病人的信息，变化不大的病人的情况只是一带而过或者只字不提。

（2）现有工作的哪些环节是运行最顺利的。在使用情景分析法时，设计师往往只关注问题与痛点。但对 B 端用户来说，新产品的任何一个环节都应该运行得比原来好，至少要和原来持平。如果更换后的产品在某个环节的运行还不如之前的产品，那么用户会倾向于否定整个新产品，因此"哪些环节运行得最顺利"在情景故事中也是不能忽略的。

（3）结合其他方法来撰写情景故事。情景分析法需要深度的信息，必要时需要结合多次访谈和观察来获取信息。同时，B 端用户的操作往往基于严谨的工作流程和协作，因此设计师可以以流程图为线索，串联多个角色的情景故事。

2.4.5　情景分析法的优缺点

在设计调研中，情景分析法入门简单、操作易行。即使没有好文笔，只要做到叙事清晰，也一样可行。情景分析法清晰、直观地展示了用户的操作流程，故事的亲和力与细节能引发团队成员讨论。设计沟通最忌讳大家聊的"用户"不是同一类人，鸡同鸭讲，而情景分析法有助于统一大家对用户的认识，有争议时也可参考情景故事做出判断。

情景分析法同样存在一些缺点。例如，前期的故事归纳容易流于形式。一旦归纳不够严谨，就会让后期的工作建立在歪曲的用户故事基础上，导致错误的分析结果。此外，虽然情景故事容易引起共鸣，但可能会有偏颇，建议设计师结合定量数据分析工具更客观、全面地分析用户。

2.5 人物角色法

2.5.1 什么是人物角色法

早在 2008 年，设计师就开始使用一种叫"人物角色法"的调研工具。

✍ **案例：**

> 2008 年，腾讯公司联合调研项目团队想要新开发一款手机宠物游戏"爱宠国"[38]。他们通过细致的用户调研，最终确定了以下三种用户群："情感依赖型——忠实玩家""休闲娱乐型——大众玩家"和"好奇尝试型——初级玩家"。
>
> 团队对"情感依赖型——忠实玩家"的人物角色描述包括：给用户起一个真实的姓名"张勉"，然后定义他的年龄、职业、学历等基础信息，爱好、性格等个性标签，甚至还有头像和他说的话。这里着重介绍了用户计算机和手机的使用情况与用户的目标和动机，并针对用户设定了该产品的商业目的。团队将这些信息做成一张人物角色模型卡，如图 2-41 所示。

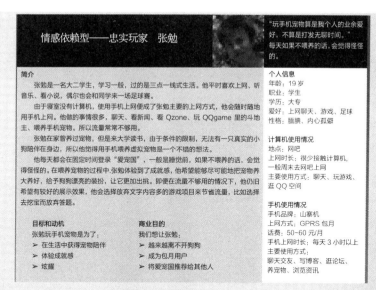

图 2-41 "爱宠国"人物角色模型卡之一：情感依赖型

通过人物角色模型卡，腾讯公司的这个团队给予了用户非常清晰的描述，使这款游戏能在各个阶段针对不同的用户都有明确的设计。

1. "最强大的工具在概念上非常简单"

人物角色法看上去生动有趣、简单易行，它把虚拟的未来用户变成一个个栩栩如生的"人"，设计师可以为这个"真实"的"人"做产品，多么酷！

在最终的人物角色模型卡上，设计师可以清晰地看到未来用户的样子：他们有照片、有名字、有工作、有家庭、有文凭、有爱好……你可以知道他们期望什么，为什么期望这些，他们会在怎样的情景下做什么。

我们将称这些为人物角色模型。人物角色不是真实的人，但是他们基于真实人物的行为、观点和动机，将这些要素抽象综合成一组对典型产品使用者的描述，以辅助产品的决策和设计，并且在整个设计过程中代表他们。人物角色是在人种志调查中收集到的实际用户行为数据基础上形成的综合原型（Composite Archetype）[39]。人物角色模型常以人物角色模型卡的方式展现，如图 2-42 所示。

图 2-42　人物角色模型卡示意[35]

2．为何需要人物角色法

人物角色法可以很好地帮助设计师跳出"为自己设计"的惯性思维。在实践工作中，设计师常常会犯许多常识性错误，典型的如"我就是用户""我比用户更了解产品，所以我知道该怎样使用，他们的问题一定是……"某些设计师对产品有着独特的情愫，他们更钟爱自己为之付出心血的产品，并坚定地相信每个精心的设计都是有价值的。但是他们忘记了，"自己只是千万用户之一，既非典型用户，也不代表大多数用户""用户需要的是使用和体验，他们不需要懂得产品背后的技术原理和运行程序""用户和用户不完全一样""用户很少停下来欣赏那些精心攻克的技术难题和华丽却无用的噱头"。

相反，用户的心理模型往往和设计师的技术实现模型完全不同（如图 2-43 所示）。用户基于自己的能力、知识使用产品，他们从外部使用产品，对产品的期待取决于他们的生活和工作目标、行为习惯、认知观念和审美。而设计师更多地考虑如何使产品技术合理、流程顺畅，如何让自己的工作方便易行，实现利益最大化。人物角色模型正是一种非常好的办法，可以帮助设计师和其他研发人员立足于用户的角度看问题。

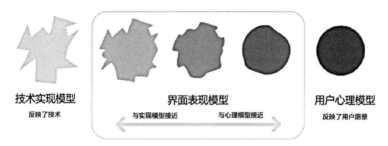

技术实现模型
反映了技术

界面表现模型
与实现模型接近　　与心理模型接近

用户心理模型
反映了用户愿景

图 2-43　用户心理模型与技术实现模型[40]

所以，在创建人物角色模型时，应尽可能减少设计师的主观臆测，理解用户到底需要什么，从而更好地为不同类型用户服务。

2.5.2　人物角色法的类型和比较

人物角色可以分为定性人物角色、经定量检验的定性人物角色和定量人物角色。对这三类人物角色的研究在步骤上有所不同，他们应该说是各有优缺点，也适用于不同的情况。三类人物角色的比较[41]如表 2-7 所示。

表 2-7　三类人物角色的比较

类型	研究步骤	优　点	缺　点	适　用　性
定性人物角色	1. 定性研究：访谈、现场观察、可用性测试 2. 细分用户群：根据用户的目标、观点和行为找出一些模式 3. 为每个细分用户群创建一个人物角色	1. 成本小。与 15 个用户访谈，细分用户群，创建人物角色 2. 简单，调研的程序容易理解和接受 3. 需要的专业人员较少	1. 没有量化证据。必须适用于所有用户的模式 2. 已有假设不会受到质疑	1. 条件和成本有限 2. 管理层认同，不需量化证明 3. 使用人物角色风险小 4. 在小项目上进行的试验
经定量检验的定性人物角色	1. 定性研究 2. 细分用户群 3. 通过定量研究来验证细分的用户群：用大样本来验证细分用户模型 4. 为每个细分用户群创建一个人物角色	1. 量化的证据可以保证人物角色 2. 简单，调研的程序容易理解和接受 3. 需要的专业人员较少。可以自己进行简单的交叉分析	1. 工作量较大 2. 已有假设不会受到质疑 3. 定量数据不支持假设，需要重做	1. 能投入较多时间和金钱 2. 管理层需要量化的数据 3. 非常确定定性细分模型是正确的

类型	研究步骤	优 点	缺 点	适 用 性
定量人物角色	1. 定性研究 2. 形成关于细分选项的假说：一个用于定量分析、多个候选细分选项的列表 3. 通过定量研究收集细分选项的数据 4. 基于统计聚类分析来细分用户群：寻找一个在数学意义上可描述的共性和差异性的细分模型 5. 为每个细分用户群创建一个人物角色	1. 定量技术与定性分析相结合。模型在第一时间得到验证 2. 迭代的方式能发现最好的方案 3. 统计聚类分析可以接受更多的变量	1. 工作量大。持续时间较长，约 7~10 周 2. 需要更多专业人员 3. 分析结果可能与现有假设和商业方向相悖	1. 能投入时间和金钱 2. 管理层需要量化的数据支撑 3. 希望通过研究多个细分模型来找到最适合的那个 4. 最终的人物角色由多个变量确定，但不确定哪个是最重要的

2.5.3 人物角色法的步骤

人物角色法的输出结果很生动，要做好却不容易。人物角色法要基于一定广度的用户调研，加上一定深度的分析才能形成易于操作的结论。目前设计领域比较常用的是林恩·尼尔森（Lene Nielsen）的"十步人物角色法"[42]，具体步骤如下。

1. 发现用户

目标：用户是谁？有多少用户？他们对品牌和产品做了什么？

使用方法：数据资料分析。

输出物：报告。

2. 建立假设

目标：用户之间的差异都有什么。

使用方法：查看一些材料，标记用户人群。

输出物：大致描绘目标人群。

3. 调研

目标：关于人物角色的调研（喜欢/不喜欢、内在需求、价值），关于场景的调研（工作地环境、工作条件），关于剧情的调研（工作策略和目标、信息策略和目标）。

使用方法：数据资料收集。

输出物：报告。

4．发现共同模式

目标：是否抓住重要的标签？是否有更多的用户群？这些用户群是否同等重要？

使用方法：分门别类。

输出物：分类描述。

5．构造虚拟角色

目标：基本信息（姓名、性别、照片）、性格（外向、内向）、背景（职业）、对待技术的情绪与态度、个人特质、需要了解的其他方面，等等。

使用方法：分门别类。

输出物：分类描述。

6．定义场景

目标：这种人物角色模型适合哪种场景？

使用方法：寻找适合的场景。

输出物：需求和场景的分类。

7．复核与买进（可忽略）

目标：你是否知道哪些人会喜欢它？

使用方法：对人物角色模型的描述进行评价。

8．知识的散布（可忽略）

目标：我们可以怎样与组织分享人物角色？

使用方法：会议、邮件、参与各种活动。

9．创建情景

目标：在设定的场景与既定的目标下，当人物角色使用该技术时会发生什么？

使用方法：叙述式剧情，使用人物角色描述和场景形成剧情。

输出物：剧情、用户案例、需求规格说明。

10．持续的发展

目标：新的信息或数据是否导致人物角色模型需要修改？

使用方法：可用性测试、新的数据。

输出物：专人负责，帮助所有研究者输入用户调研数据。

以上 10 个步骤不是都必须完成，研究者需要根据不同的项目确定应该做哪些、哪些更重要。要注意的是，在实际项目中，人物角色模型并不是一经建立就固定不动的，而是不断迭代的。在最初的研究中，它可能只是粗略的群体描述；随着研究和设计的深入，研究者将赋予它更多的细节，如功能、交互方式、与他人的关系等。

人物角色可以清晰地揭示用户目标，帮助研究者把握关键需求、关键任务、关键流程，知道必须做什么，也知道不该做什么。人物角色不是精确的度量标准，它更重要的作用是作为一种辅助决策、设计、沟通的可视化工具。

要特别指出的是，由于人物角色模型卡的重要意义之一是方便不同研究者进行沟通，所以用户研究员建立了模型后，需要让设计师、产品经理等合作者了解它、使用它，不断地提出建议进而修正它、完善它，才能让它发挥作用，否则很容易让它流于形式，成为噱头。

2.5.4 人物角色模型卡

人物角色法的最终成果是人物角色模型卡。要想制作出这样的模型卡，需要填入哪些元素呢？有研究者总结出 Web 人物角色模型卡的 10 个要素[43]，如图 2-44 所示。

1. 基本档案

基本档案主要包含统计学档案、地理档案、心理学档案、行为档案、与产品相关的档案等。

统计学档案包括年龄、性别、家庭规模、收入、职业、教育背景等；地理档案包括国籍、居住地等；心理学档案包括社交层次、生活风格、参加的活动、观点、动力、性格等；行为档案包括使用类型（熟练程度）；与产品相关的档案包括使用频率、品牌忠诚度、使用状态（潜在的，初次还是经常使用等）、购买意愿、购买的利益点等。当然，不要忘记附上一张生动、合适的真人照片！

2. 人格特征

可以用大五类人格特征（The Big Five Personality Traits）[44]和麦尔斯-布瑞格斯人格类型量表（Myers-Briggs Type Indicator，MBTI）[42]来呈现。其中，大五类人格特征主要取与用户体验相关性较强的两个变量——开放性（Openness）和神经质（Neuroticism）。

3. 参照对象及其影响

参照对象指那些能影响用户与网络、计算机和其他设备、软件、App 关系的对象，可以是人，可以是品牌，也可以是产品。例如，用户的好友，或者用户关注的微博、论坛等。

图 2-44　Web 人物角色模型卡的 10 个要素

4．原型和引语

根据不同的产品类型，可以有不同的人物原型。例如，从消极的到积极的 8 个原型：否定型、不稳定型、犹豫型、懒散型、中立型、积极型、苛求型、狂热型。除了给人物角色赋予某种原型，还需要选取一些极具代表性的引言来表现这类原型的特点。

5．技能

通常描述用户对以下技能的掌握和使用情况：IT 方面的技能、使用软件和 App 方面的技能、使用人际社交网的技能。这些技能可以用柱状图来展现。

6. 用户体验的目标

当用户使用界面的交互功能时，会期待收获怎样的体验？通常，用户在使用产品时会有若干目标，企业需要根据用户对这些目标的看重程度将其排序。常见的目标包括充满乐趣、让用户感觉自信、不浪费时间，等等。

7. 用户曾使用过的设备和平台

该类型的用户使用过哪些设备和平台。

8. 使用习惯和兴趣

用户有哪些使用习惯和兴趣。例如，该类型的用户经常用哪些类型的 App 或者软件，其兴趣是游戏、摄影、社交还是设计。研究者可以用饼图来表示它们之间的比例关系。

9. 哪些事必须做/哪些事不可以做

对该类型用户制订一些交互和体验方面的规则，例如，有哪些必须做到、哪些希望做到、哪些不可以做、哪些最好避免。

10. 与品牌和产品的关系

这里记录该类型用户与品牌和产品的关系。例如，是潜在用户、初试用户，还是老用户，他们寻求哪些价值。

在实际项目中，人物角色模型卡的 10 个要素不需要全部具备。研究者可根据项目的具体要求进行取舍，也可以根据项目的需要增加一些新的要素。以上要素旨在帮助研究者思考得更全面。

2.5.5   人物角色法的优缺点

使用人物角色法的基本原则之一是"不可能设计出适合所有人的网站"。有价值的设计必须针对特定的服务对象——用户群越是精确，产品的定位越清晰，功能越差异化。

人物角色法能让研究者聚焦于用户，明确用户有不同类型，研究团队可以一起创造一个对象。由于人物角色法重点关注的是用户的目标、动机、行为和观点，所以研究者能清晰地了解用户的需求和交互方式，并且不断地修正、完善产品。

人物角色法是一座有效的桥梁，让设计调研团队中的人员有了统一的视角和目标。设计调研团队通常包括心理学家、人类学家、设计师、工程师、营销人员，他们的知识背景、关注点不同，沟通中会有一些障碍，这会使设计调研的成果难以落地，或者调研的结论在设计阶段就被束之高阁，无法实施。这就需要一个容易理解的、不会引起歧义的模型，贯穿整个研发过程而不走形。人物角色模型正是最佳的解决方案，它能代表终端用户群，让研发调研团队的人员在工作时这样交流："因为叶小文是技术小白，所以我们不必告诉她热水器出错的原因，而是直接指示她将冷水阀关小。"如此一来，设计师知道如何设计热水器的界面，工程师知道如何编程。

随着行业不断发展，出现了五花八门的设计调研工具，研究者很容易获得大量数据。但是如果负责人或者设计师不能很快看到结果，就很难赞同研究者的结论，也不会将它应用到产品上。然而，如果研究者将手中的所有数据一股脑丢出去，那么会降低最重要的数据的影响力。所以就需要一个简单、生动的形式将调研的结果呈现出来。人物角色模型非常生动，清晰易懂，同时包含海量的信息和错综的关系。其中大量定性的描述符合人们对个体、社会和文化的理解，其包含的信息远比数据更加丰富且易于理解。

2.5.6　应用案例——上海中高收入家庭儿童家具设计研究[30]

接着 2.3 节中的案例"上海中高收入家庭儿童家具设计研究"，分析如何制作人物角色模型卡。正如 2.3 节所述，整合完数据，研究者将海量的原始素材汇总，整理出使用者的主要需求。随后再次通过卡片法，将用户的价值观进行分类。最后结合不同的需求，形成四类家庭人物角色模型（推导过程详见 1.1 节和 2.3 节）：托管自在型、等级精英型、民主社交型和理性自立型。本节主要展现十步人物角色法里的"5. 构造虚拟角色""6. 定义场景""9. 创建情景"，下面比较民主社交型和托管自在型的家庭人物角色模型卡和情景故事。

1. 民主社交型家庭人物角色模型卡

如图 2-45 所示为民主社交型家庭人物角色模型卡。

民主社交型家庭人物角色基本情况为三口之家，外婆住得很近，经常过来帮忙。这类家庭具有非常强的"群体性"和较高的"释放性"，他们是强民主和弱有序的家庭。

家庭成员关系：民主、平等，互相尊重。妈妈是女强人，在家里的等级最高，她情商高，善于社交和情感沟通。家庭氛围和谐、愉快。

家庭教养观念：注重个性培养和独立精神，尊重并理解孩子的探索欲，强调情感交流、个人才艺表现。

经济水平、生活层次较高。孩子妮娜会参与购买儿童家具，但最终决策人是父母。家具的外观设计要考虑妮娜的喜好，功能要对家长有吸引力。

图 2-45　民主社交型家庭人物角色模型卡

家庭成员的生活更多的是追求效率、方便、舒适及个性，这些基本是中级或高级的需求。

2. 民主社交型家庭人物角色模型卡之设计情景故事

如图 2-46 所示为民主社交型家庭的情景故事。

图 2-46　民主社交型家庭的情景故事

周日下午，妮娜幼儿园的同学芳芳和琳达过来玩，妈妈们端了饮料和点心跟着孩子们进来。海伦看着小剧场紧闭的帘子问："妮娜，你们换好衣服了没？""马上，马上，等待公主，没有耐心怎么行？"又窸窸窣窣地过了好一阵子，琳达才从里面推出移动小衣柜来。琳达穿的是王子装，站在小剧场的门口假装敲门："有请艾莎（Elsa）公主（《冰雪奇缘》角色名）——"芳芳慌忙地跑出来，头上的皇冠也是歪的。妈妈们一阵哄笑："艾莎没出来，安娜倒先跑掉了。"海伦努力捂住嘴，摇摇手。这时候，帘子缓缓拉开，妮娜穿着她最爱的电影《冰雪奇缘》里艾莎公主的冰粉色长裙，探身出来，唱道："And it looks like I'm the queen。"（《冰雪奇缘》主题曲歌词。）

3. 托管自在型家庭人物角色模型卡

如图 2-47 所示为托管自在型家庭人物角色模型卡。

爸爸:张子斌

【描述】

35岁，英国某分子仪器公司亚太地区技术服务部总工程师，天蝎座。名校精密仪器专业，全额奖学金公派赴英留学硕士。爱好收集各国咖啡。

妈妈:余欣怡

【描述】

30岁，国企行政财务部经理，天秤座。出身医生家庭，财经本科。喜欢炒股、名牌包。

家庭教养观念

爱自己也爱他人，做一个让自己幸福，也让他人幸福的人就好。天生我材必有用。

儿子:辛巴(Simba)

【描述】

5岁，知名幼儿园国际部大班，白羊座。体格健壮、性格开朗、活泼、机灵、善良、勇敢、热爱小动物，具有"小领袖"风采。喜欢运动和锻炼身体，动手能力强，喜欢涂画和做游戏。

图 2-47　托管自在型家庭人物角色模型卡

托管自在型家庭的基本情况为小夫妻和孩子与外婆、外公同住，房子是外婆协助购买的。晚上孩子与外婆、外公同屋睡觉。

此类家庭家长的教养方式是既尊重孩子的个体需求，又要求孩子遵从家庭的群体需求，并且希望孩子能尽量表达出自己的需求，表现出家庭关系的弱等级和家庭教育方式的一定灵活性。犹如自然地形中的盆地，周围有一圈托管方（祖辈）作为靠山，内部有着平坦富饶的土地任由子孙长成自己喜欢的样子（孩子的自在），所以叫"托管自在型"

这类"祖辈影响力大"的家庭生活层次大多在中级或高级。家长的需求主要集中在中级，部分达到高级。表现为追求个性的满足，如爱好、家庭活动也更偏向个体化。祖辈的权威性和希望家庭团聚的观念又让这类家庭呈现一定的群体性，因此这类家庭表现为"有一定群体活动的个体性倾向"。祖辈通常会要求大家一起吃饭。

外婆和外公已经退休，在上海有房子，平时会到女儿家帮忙带孩子，周末有时候回自己家住。

家庭成员关系：辛巴出生后，外婆搬来同住，外婆在家里的地位很高。家里主要是外婆操持家务，妈妈也会陪儿子画画，陪外婆、外公喝茶。爸爸总是很忙，经常出差和应酬，回家还要花时间在自己的爱好上，他认为家里有妈妈、外婆就够了。辛巴很想爸爸多陪他玩，因为爸爸和他玩起来最"疯"。

家庭教养观念：爱自己也爱他人，做一个让自己幸福，也让他人幸福的人就好。天生我材必有用。

经济水平较高，生活层次较高，辛巴会参与购买儿童家具，家具得他喜欢才行。

4．托管自在型家庭人物角色模型卡之设计情景故事

如图 2-48 所示为托管自在型家庭的情景故事。

图 2-48　托管自在型家庭的情景故事

听说爸爸今天又晚归，辛巴很生气，哭着说："赖皮赖皮，说了带我出去玩的。"他的高低床下面有帘子，辛巴钻进去紧紧地把帘子拉上。妈妈知道他一定是生了很大的气，因为只有这时，他才会把自己"关"在"洞穴"里。

接到外婆电话，爸爸张子斌应酬完就回来了，一进门就看到老婆指了指辛巴的房间："气到现在，饭都不吃。"爸爸钻到儿子的房间，故意脚步很重，但是他站在帘子外面不进去也不出声，他知道辛巴一定忍不住。果然，还没有 1 分钟，帘子上怪物眼睛的小孔闪了一下，又过了 1 分钟，辛巴冲出来了！"哈哈哈，好吓人的小狮子啊，你抓不到我啊。"爸爸赶紧绕到了床的后面。辛巴追过来了，嚷着："你说话不算数，哼，我抓到你要好好罚你！"跑了几圈，爸爸看辛巴的情绪过去了，就开始求饶："你说怎么罚？天都黑了，不要出去了好吗？""不行，说话要算数！""我累死了，看看我只能趴着了。"爸爸顺势趴到地垫上。"那你给我做灯影，讲鬼故事。""那你必须先吃饭。"

晚上 11 点 30 分，妈妈轻轻地推开门，看到爸爸和辛巴躺在地垫上，已经睡着了，旁边放着饭碗。她摇醒了爸爸："就让他睡这里吧，外婆也上床了。抱过去万一弄醒了，他又要闹你。"

在设计调研中使用人物角色法有诸多好处，但要建立合理、有说服力、生动鲜明的人物角色并不容易。特别是在创建原来预想中没有的模型时，研究者不仅要具备设计调研技能，也要有广博的社会经验和人文认识。在搜集数据阶段，初级研究者和资深研究者都能做得很好。但是在后期分类建立模型时，研究者对产品领域的了解、对社会文化理解的深度和广度决定了最终的模型是否全面、有深度。这是初学者难以把握的部分，所以需要一些资深研究者介入。

2.6 故事板

美国著名的认知科学专家罗杰·尚克（Roger Schank）指出："人类生来就理解故事，而不是逻辑。"在设计调研的过程中，研究者可能很容易地采集到足够的数据，但还需广泛涉猎该领域的相关知识，深入理解与分析用户需求，以求在众多信息中提取有价值的，并协调好信息之间的关系，这样才能做出令目标用户满意的产品。

故事板可以帮助客户、设计团队、专家和用户进行沟通，对产品做出有效的评估，进而优化调研分析，为最终的设计提供有力支持。

故事板支持视觉化思维，已成为一种超越语言、文字的更直观、更易被接受的交互方式[46]。此外，故事板能够形象地表达用户与产品的交互情况、使用情景对交互行为的影响，以及事件过程和时间概念等。故事板提供的视觉语言可以大大地提高设计团队的沟通效率，并消除专家和用户之间因背景差异而造成的认知鸿沟。

2.6.1 什么是故事板

20 世纪 30 年代初，沃尔特·迪士尼公司最先将故事板应用于动画领域[44]。目前，故事板被广泛应用于电影、广告、互动媒体、产品设计等领域。设计调研中的故事板则更多地被用于帮助研究者理解用户的心理与行为、使用场景、需求，以及对产品的设想和规划。

Corrie Vander Lelie[45]指出，故事板之所以在设计调研过程中十分重要，是由两个层面决定的[47]：第一，读者能够通过代入角色或者情景获得视觉化的互动体验，这是在设计调研团队内进行理解和沟通的基础，可以消除一些不恰当的理解。第二，读者可以把自己的经历反映在故事板上。通过这样有目的的观察，可以有针对性地挑选互动内容，并能从时间维度上对想法进行拓展。究其本身，故事板记录和描述了很多承接关系，使得研究人员能够非常方便地回想、探讨和确定主题。

2.6.2　故事板在设计调研中的应用

设计调研的过程包括数据采集阶段、调研分析阶段和产品宣传阶段。

1. 数据采集阶段——用故事板发现问题

在数据采集阶段，研究者经历了漫长的数据采集，最主要的任务是发现有价值的问题。研究者需要集中注意力去获取相关信息，例如用户心理、行为及相关物品等。

故事板可以辅助头脑风暴法、焦点小组等多种数据采集方法，与潜在用户进行交流，发现最有价值的问题，也便于研究者发散思维和相互探讨交流。这个阶段的主要目的是明确故事角色、使用情景、环境气氛、整体感觉等，其表现形式可以比较粗糙，但应该图文结合，将版面安排得空旷，便于随时添加内容。摩托罗拉公司 CXD（Consumer Experience Design）与上海交通大学媒体与设计学院合办 Workshop 案例的故事板，如图 2-49 所示。

图 2-49　摩托罗拉公司 CXD 与上海交通大学媒体与设计学院合作举办 Workshop 案例的故事板[46]

✍ 案例：

　　摩托罗拉公司想要设计一款能够促进男性和女性情感沟通的手机。图 2-49 所示的故事板包括男性和女性的主题角色，故事可能涉及的电子物品（手机、相机等），以及如何用一种新颖的方式让男女进行沟通。该故事板没有较强的逻辑性，却营造出了人物和产品的使用环境和情景。

在数据采集阶段运用故事板，较之常规的观察法、单人访谈法，更有助于研究者思考那些被文字一笔带过的细节，从而更好地发现有价值的问题。另外，简要绘制故事板的过程，也是很好的收集数据和整理思路的过程，在一定程度上也能提升有效数据的采集效率。

2．调研分析阶段——用故事板营造情景

数据采集阶段获得的资料往往结构松散，只有由关键词构成的分散片段；而在调研分析阶段，需要用故事板建立更加细致、明确的事件脉络及时间线，强调过程性和连贯性。

故事板上表现的内容应当始终遵循时间线。如图 2-50 所示，研究者能沿着时间的脉络，展示人物和周围环境的互动情况，形成系统、有逻辑的顺序，并尽量保持风格统一。这样做的好处在于可以给用户带来如同看电影一般的沉浸感，便于他们记住情节，帮助用户体会产品原型的优点和不足，指导设计师等进行下一步设计。

图 2-50　用户在办公室用座机给他同事打电话[48]

与鱼骨图（参见 2.2 节）和卡片分类法（参见 2.3 节）相比，故事板更具有亲和力，更易被用户接受。在与用户建立了良好沟通关系的情况下，用户对于产品的反馈更加真实且充满情感。这种视觉化的手段能够让更多不同层面的用户参与讨论。

由于故事板法强调过程，不可避免地需要很强的故事结构，也就是电影故事板中所说的脚本，所以故事板法结合情景分析法（参见 2.4 节）使用，效果会更好。而对于故事角色而言，人物角色法（参见 2.5 节）提炼的人物形象对于故事板角色形象的塑造起着重要作用。

由于用故事板营造情景在调研分析中有着重要作用,因此 2.6.3 节将着重探讨如何用故事板构建情景,即情景故事板。

3. 产品宣传阶段——用故事板介绍产品核心功能

用于产品介绍的故事板更接近于我们通常看到的说明书,设计者需要直观地将产品核心功能的使用场景和使用流程在故事板中阐述清楚。故事板需呈现的内容通常包括:完整的产品信息、产品使用的方式和使用过程,甚至可以包括设计者对市场远景的预期。表现形式可以根据产品风格来定,要符合且有助于展示产品的风格和形象。

| 2.6.3　情景故事板及其四要素

情景故事板通过讲故事来构建用户使用产品的场景,从而发现并寻找问题的解决方案。完整的情景故事板一般包含人(Human)、物(Object)、环境(Environment)、事件/行为(Action)这四要素。

1. 人

人是情景主体,即在整个情景中有行为、会思考的单个人或一群人。对于故事板而言,人通常指故事中的角色。

2. 物

物对于故事板来说不单指物品或产品,也可能是不确定的内容,可以被看作某个实体"功能"。这个"功能"可能是现实存在的某个物品,也可能是研究者的设计创意。

3. 环境

环境包括物理环境和社会环境。具体到故事板中,环境是整个社会、经济、技术、文化及具体设计问题等因素的反映,它的概念也就演变成一种情景,包括时间、地点、周围的情况等一系列内容。

4. 事件/行为

事件/行为具体指人的交互行为,它将人、物和环境结合,构成整个故事的内容。

| 2.6.4　故事板的表现手法

明确了情景故事板的四要素,研究者就可以开始绘制故事板。但是研究者仍会发现,相同的四要素可以构建出差异巨大的故事板。本节将介绍纸面绘制和计算机绘制两种表现手法。

1. 纸面绘制

纸面绘制属于非数字绘制方法。总体来讲，纸面绘制上手容易，有一支笔、一张纸就可以开始创作。纸面绘制非常适合绘制初期构思故事板人物和整体框架，可以在有限时间内完成较多故事。另外，绘制工具及表现效果不同，最终的呈现形式也有很大差异。这里以最方便、快捷的速写为例进行讲解。除此之外，还有素描风格、彩铅画风格等，这些方法主要用于电影脚本，这里不再赘述。

速写是故事板的前身，用简练的线条表现人物站位、景别构图，展示相邻镜头如何衔接与处理，也可以快速表现物体的特征，传达人物的神态。

✍ **案例：**

图2-51是情绪加速器情景故事板的纸面绘制示例，说明了一个情绪加速器可以创建一个信息系统，显示附近想乘坐出租车的年轻女孩和想去的位置，情绪加速器根据收集到的信息帮助年轻人配对。

图2-51　情绪加速器情景故事板的纸面绘制示例

一旦确定了思路，就可以迅速完成整个速写过程。只需用单线绘制所要表述的内容，或者适当辅以文字说明。即使没有太好的手绘基础，也可以非常清晰地展示整个创意过程。

2. 计算机绘制

计算机绘制属于数字绘制方法。随着计算机技术的普及，计算机已逐渐成为部分艺术工作者必不可少的绘画工具，数位绘图板（Graphics Tablet/Digitizer）[1]等绘画工具

1　数位绘图板又叫数位板或电绘板，是一种使用电磁技术的计算机输入装置，使用时用专用的电磁笔在数位板表面的工作区书写。电磁笔可发出特定频率的电磁信号，数位板内部具有微控制器及二维的天线阵列，微控制器依序扫描天线板的横轴及纵轴，然后根据信号的大小计算出笔的绝对坐标，并将每秒约100~200组的坐标资料传送至计算机。

也可以归为此类，它们就如同画家的画板和画笔。区别在于一般的画笔由木头做成，数位绘图板的画笔则是一种十分精密的电子产品，它能结合 Painter[1]、Adobe Photoshop 等绘图软件，创作出各种风格的作品，如油画、水彩画等，这无疑为故事板增添了更多生趣。随着更加方便的移动设备的普及，也出现了更多方便易用的软件，如用于平板电脑的 Procreate，有多种画笔可供选择，手指也可以成为画画工具。

✍ 案例：

　　图 2-52 为矢量风格，采用矢量软件如 Adobe Illustrator 或 CorelDRAW 绘制单个人物（如医生、儿童等）和环境元素（如门、计算机等），每个故事都为统一的单色平涂，从而保证整个故事板的完整、统一。画面的呈现效果平面化，没有质感。造型能力较弱的人可以先在纸面上用铅笔绘制初稿，再到计算机中进行矢量化表达。

图 2-52　矢量风格[49]

　　绘制故事板的线上工具有很多，例如英国一家影视制作公司 Animade 开发的 Storyboard。图 2-53 中的工具是 Boords，无须安装任何软件，可免费使用。故事板编辑器有两个主要区块，中央区块用于编辑故事板关键帧，可反复编辑；右上角则列出了设置、导出、分享等辅助功能选项。

1　Painter 是一套专业的自然媒介（Natural Media）计算机绘画软件。

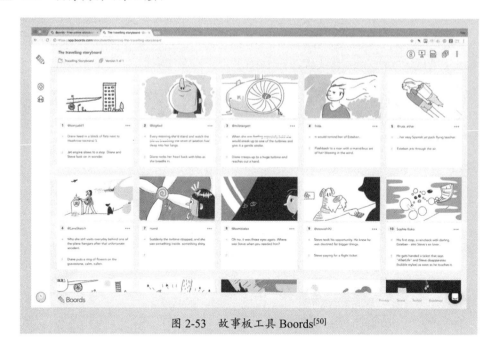

图 2-53　故事板工具 Boards[50]

虽然计算机绘图的优点很多，但是它不可能完全取代纸上绘制。作为设计者，还需要不断地提高自身的造型能力、绘画水平。

2.6.5　创建故事板

故事板的四要素就如同人的骨架，而故事板的表现手法就像精美的外衣。了解了上述两部分内容后，本节将通过实际案例讲解如何创建故事板。

在本书情景分析法部分曾提到如下案例。

✍ 案例：

"一位刚入职的年轻人想追求心仪的女孩,他每天都忙到晚上 7～8 点才能下班,因此平时约女孩吃晚饭都是奢望。女孩喜欢听音乐剧，但一张票的价格相当于他的月薪，最后只能买一张票让女孩独自去看，约好音乐剧结束再去接她。由于那天加班，年轻人赶到剧场时女孩已经回家。年轻人准备在情人节给女孩一个惊喜，却因为太忙直到情人节前一天才想起，无奈两手空空去表白，被女孩愤然拒绝。"

下面我们便来分析如何根据这个情景绘制故事板。

1. 确定故事角色
故事角色可以是一个人或一群人，可根据故事和设计的需要确定。

上述案例的故事角色是一位刚入职的年轻男性。在设计人物造型时，可以把他勾勒成 IT 男的形象：身体瘦弱，多半是垂头丧气的样子。

2．构建故事场景

故事场景包括时间、地点、环境、人物活动空间、范围等。

案例中的故事场景包括：下班后，在餐厅门口，男主角孤独地等待着；音乐剧散场后，男主角才匆匆赶到；情人节那天，男主角空手向女孩表白，却被愤然拒绝。

3．讲一个故事

把故事角色放在某个场景里，故事应该包括对问题的研究和自己的想法。

案例中的故事可以被分解为三组画面，每组画面可以用两幅画来表达故事进展。

（1）第一组画面。

画面①：寂静的夜晚，男主角独自等待。

画面②：他一直坐着等呀等，不免浮想联翩，自己心中的"女神"说不定正和她的"白马王子"共进晚餐。

男主角内心独白：我错过了一个和她共进晚餐的机会。

（2）第二组画面。

画面①：精彩的音乐剧正在上演。

画面②：男主角赶到现场，失望地听到门卫告诉他："音乐剧结束了。"

男主角内心独白：终于，我错过了在黑暗剧场中牵她手的机会。

（3）第三组画面。

画面①：昏黄的路灯下，男主角匆忙赶到女生面前，连声说着对不起。

画面②：男主角挨了心仪女生的巴掌。

男主角内心独白：我错过了和她共度一生的机会。

4．针对故事场景，进行视觉化表达

梳理完上述画面后，研究者就可以进行视觉化表达了。在表达时，应力求画面统一、达意，不一定要将所有的画面内容都视觉化。

在进行上述案例的视觉化表达时，研究者采用了黑白对比的方法，营造出一种悲惨的氛围。研究者首先在纸上大体绘制出六幅画面的主体图案，接着用数位绘图板上色。铺上一些大色块后，便开始对场景质感及细节（如音乐剧剧场上方的文字等）进行处理。最后统一调整这三组画面的效果。最终的故事板如图 2-54 所示。

图 2-54 "团购提醒"[1]应用的故事板

通过创建以上故事板，客户、研究者、设计团队等人员对整个场景和用户都有了更加清晰的了解，这也能更方便地获取用户的主要需求，为最终的设计提供有力的支持。

2.6.6 故事板的发展与局限性

故事板是一种偏主观的研究分析方法。例如，选定什么样的场景、选择什么样的故事角色及行为，这些都是无法量化的，这也是它的局限性。从产业的角度来讲，设计调研领域对于故事板的研究较为欠缺，国内至今并没有形成有针对性的系统理论和可操作的具体方法。这跟我国设计调研领域尚未成熟和故事板本身的学科交叉性有关。

故事板的整个呈现过程是充满创意的。它也很适合设计和展示概念产品。国外近10年来开始从产品设计视角探讨故事板的价值，他们收集并给出的翔实案例也十分有借鉴价值。更令人欣喜的是，一些不错的设计公司，如 IDEO 正在将故事板应用到产品设计研发中。在此，我们也希望在以后的研究中，研究者能融合更多适合中国人心理、行为和情感的内容，真正发掘本土化的用户需求，让故事板更好地为中国人而设计。

1　"团购提醒"曾由腾讯公司的用户体验与设计部（上海 CDC）出品。

2.7 可用性测试

2.7.1 什么是可用性测试

可用性测试（Usability Test）是一种基于实验的测试方法。主持测试的人被称为主试者；参与测试的人被称为被试者，但为避免测试意味太重，现在通常称其为来访者或参与者。可用性测试的场景实拍如图 2-55 所示。

图 2-55 可用性测试的场景实拍[51]

参与可用性测试的人一般为 6 ~ 10 名。可用性测试并非定量测试方法，每位用户展示出来的都是他自己的情况，收集这些情况是为了更好地了解真实场景中的用户互动。国外曾有实验指出，当参与可用性测试的人超过 12 名时，可以发现大约 85% 的问题，继续增加被试者，出现新问题的概率就迅速降低了。具体需要多少名参与者，可以由研究者商议。

可用性测试的优势在于可以发现用户如何执行具体任务，因此应该用它来检查每个独立的功能点向预期用户展示的方式。在测试中通常会预先设计一定的任务流程，每个任务流程包含需要测试的功能和使用该功能点的过程。

1. 测试时机

可用性测试往往在产品原型诞生的时候就开始介入。一般来说，高保真原型可以实现关键的操作步骤和界面显示。这时进行可用性测试是最佳的，因为在完全投入研发之前就获得用户的直接参与，了解用户的看法、行为习惯，可以提高产品的质量。而开发出产品测试版本时，也是可用性测试介入的时机，只不过这时发现的问题可能要被排入下一版本的开发计划中解决。虽然可用性测试会增加投入的成本，但它是了解用户真正使用情况的最直接的方法，也能减少修改的成本，并且避免了因推出产品后用户不满意而导致市场份额降低等巨大影响。

因此不少开发人员在制作项目进度表的时候，就对何时进行可用性测试、何时进行测试后的迭代修改做了规划，这有助于提高产品设计和项目开发过程中可用性测试的效果。

2. 基本过程

在测试过程中，主试者需引导被试者完成整个测试。主试者和被试者将在整个过程中进行良好的沟通。当被试者在实验中有困惑或者多次操作错误时，主试者应及时询问原因。主试者应鼓励被试者自由探索，而不应在被试者感到困惑时马上告知其答案或解决办法。主试者和位于观察室的其他测试人员需要记录整个测试过程。

测试结束时，主试者可以询问被试者对产品的看法，让其表达出在使用过程中对哪些地方感到满意，认为哪些地方有缺陷，并启发被试者提出改进的建议。

可使用录像设备对可用性测试的测试过程进行记录并保存，以便日后研究调用。

✎ 案例：

我们以 App 的开发为例进一步说明如何进行可用性测试。在 App 的基本功能确定、开始进行 UI 设计的时候，设计师一般会用线框图来表现不同的页面。在工程师还没着手开发时，产品经理和设计师可以拿这些线框图做一些简单的界面跳转。有了这个原型，就可以寻找一些潜在用户来做测试了。而设计师在向用户展现产品原型时，因为产品的功能没有被程序实现出来，所以还需要向用户口头描述一些功能的期望。图 2-56 为一款 App 的可供测试的开发原型，产品开发者可以从这里开始和用户打交道。

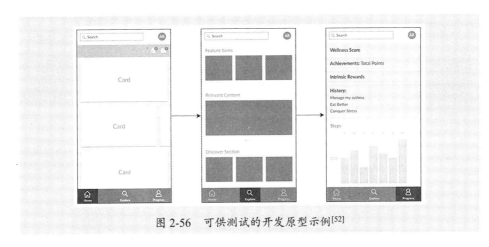

图 2-56 可供测试的开发原型示例[52]

日程表

可用性测试日程表可参考表 2-8。

表 2-8 可用性测试日程表示例

时 间	活 动
1 天	确定测试目标和被试者
1 天	整理测试功能点
1~7 天	招募和筛选被试者
1~2 天	编写测试大纲、脚本，创建测试任务
1 天	和开发团队沟通，修改测试大纲、脚本
0.5 天	选出被试候选人，初排日程
0.5 天	发送邀请给主要合格候选人，预留备选
0.5 天	访谈前通知提醒
1~5 天	执行测试
2~3 天	输入数据，保存影音材料
1 天	和观察员、开发团队讨论
3~5 天	召开总结会和撰写报告
在通常情况下，可用性测试并非想象的那么快捷。一次可用性测试起码需要提前 1 周开始准备，整个过程需要至少 2 周的时间。有时候为了尽可能找到一些大的明显的问题，在测试点较少、对参与人数要求不高的情况下可以快速执行，整个过程可控制在 1 周之内。	

招募被试者

招募部分可以参考 1.2.2 节，这里不做展开。需要注意的是，在开展招募之前，研究者需要让被试者对本次测试的主题有所了解，即让他们知道这次测试的目的是什么、该测试在整个开发过程中处于哪个阶段等。

测试主题需要研究者、项目负责人、开发者和设计者多方一起沟通，了解他们对项目的看法，并且从开发者处拿到适合测试的产品，在开发者的陪同下熟悉产品，并对每个测试的部分有所了解。

2.7.2　测试功能点

1. 选择功能点

可用性测试最主要的工作就是编辑功能点，并根据功能点制作适合的任务。可用性测试是让用户在相对真实的环境下使用产品，从而了解用户的使用情况，并发现产品存在的问题。在开展测试的过程中，必须有明确的测试功能列表，列出整个测试会涉及的功能，用户会使用哪几个功能，每个功能需要哪几个步骤，等等。

例如，一个关于新用户注册的可用性测试，涉及的功能有找到注册入口、填写注册信息、成功注册/出现错误再成功、作为新用户首次登录。新用户注册既可以作为研究目的，也可以作为功能目的。可用性测试的优势在于每一步都可以被很好地记录，还可以记录效率、操作时间、用户反应，并进行后续的分析。

以搜索引擎"百度"为例，图 2-57 为注册入口，图 2-58 为填写注册信息。

图 2-57　百度的注册入口示例

图 2-58　在百度中填写注册信息示例

功能可大可小，我们需要将每个完整的动作都分解为多个步骤，这里的步骤必须是连续的。被试者不一定按照标准的步骤完成测试，可能会被打断、跳出界面，然后再回来。这时不仅要注意对被试者进行引导，还要深入分析被试者没有按照既定步骤进行操作的原因，这样会对产品操作流程的改进有很大帮助。

例如，在研究社交工具的消息发送功能时，要将发送消息分解成一个个步骤。可能有的方案包括：先进入联系人的界面，如对方的主页，再找到主页上的消息，接着进入消息界面，进而编写文本消息，最后发送；先进入消息界面，新建消息，再进入通讯录，接着勾选联系人，进而编写文本消息，最后发送；先进入消息界面，在历史消息中找到想继续对话的联系人，接着编写文本消息，最后发送。

发送完消息后，我们需要考虑是否要提示发送者消息已经发送成功，是否要提示发送者消息是否被阅读，以及在测试访谈中需要了解用户是否愿意让对方知道自己是否阅读了消息。

在测试时，我们请用户试用那些可以进行探索和比较的方案，并观察用户进行了什么操作，在哪里停顿、犹豫，适时询问用户做出某行为的原因，并了解用户希望通过什么方式发送消息等。

2．创建任务

将一个或几个功能点组合起来让用户完成的便是"任务"，它其实是仿照用户的心理过程或心理目标来设计的。用户想要完成某个心理过程或实现某个心理目标就是给自己设定了一个任务，并且通过各个功能来完成这个任务。例如，当用户需要某篇文档时，他可能通过搜索、下载等功能或步骤实现，而这些过程中可能涉及注册账号或付费购买等功能。

用户在测试过程中接触到的是任务大纲，而测试所涉及的功能点则不展现给用户。

2.7.3　大纲和脚本

1．拟定大纲

大纲将根据所要测试的功能点和任务展开。可用性测试的大纲是主试者在执行可用性测试时的流程规范，它包括所测试的任务和功能、记录点和其他补充备注。

每次可用性测试所采用的大纲的内容都不尽相同，但是大纲的结构往往是相似的。我们试以某款游戏作为例子来展开对可用性测试大纲的介绍，如表 2-9 所示。

表 2-9　某款游戏可用性测试的大纲

任务和功能	记 录 点	备 注
安装游戏 • 在下载页面找到下载位置 • 下载客户端 • 安装软件 • 连接网络	下载：从（　　　）找到下载网页，找到下载位置花费（　　　）秒。是否有口头评价 下载：是否遇到障碍 安装：是否顺利？对默认安装有没有做自定义操作，做了什么 联网：是否顺利	
登录游戏 • 注册账号 • 登录账号 • 选择服务器	注册：从（　　　）找到注册按钮的位置，是否易见 注册：注册过程花费（　　　）秒，提交是否一次成功 登录：是否遇到障碍 选择服务器：会基于什么选择？对界面有怎样的看法	
完成新手教程 • 创建角色 • 新手教程完成情况	创建角色：在哪部分花费时间最多？ ＿＿＿＿＿＿；对创建的各部分是否满意？如何评价 新手教程：每部分完成时间＿＿＿＿＿；失败（　　　）次	
自由探索 • 认识关卡里的其他元素，并列举 • 用户做了哪些操作，进入了哪几个关卡	用户自己探索了哪几个内容，步骤： （　　　） （　　　） （　　　） 用户在每个关卡的行为： （　　　） （　　　） （　　　）	根据用户认知的顺序来记录和交流；如果用户始终没有发现某关卡,则适当引导用户去尝试
退出游戏 • 退出按钮的位置 • 退出前做了哪些事	退出位置：是否能发现 退出动作：退出前做了哪几件事？原因	

通过这个简单的例子，我们会发现在大纲里，左侧一栏简要地列出了任务和功能（即测试点），中间栏的记录点则简要罗列了在相应的任务和功能里需要记下的数据和事实。这些数据和事实有的是时间、次数等数字，有的是做了什么动作、反映了什么原因等现象和事实。

2．编写脚本

"脚本"一词，很容易让人想到剧情里常说的剧本和计算机程序要执行的脚本。在可用性测试里，脚本其实是记录了测试时要做的事、说的话的剧本。脚本与大纲有对应关系。接着上面的大纲，以"安装游戏"这部分的脚本作为例子，如表 2-10 所示。

表 2-10 某款游戏可用性测试的脚本

任务和功能	建议脚本
安装游戏 ● 在下载页面找到下载位置	下载位置: 如果你正在家里,并且现在就想玩这款游戏,那么你会怎么做?(根据回答情况进行提示:会下载吗?会如何下载?)
● 下载客户端	下载客户端: 现在你打算通过下载的方式将此游戏安装到计算机中,那么你一般会怎么找到下载该游戏的地方?现在请你按平时的习惯找到并下载它,好吗?(观察用户如何寻找/到达下载位置,找到的是什么页面,是否是官方下载位置,然后记录用户找到下载位置的时长。)
● 安装软件	安装软件: 好,现在你需要安装这个游戏了,请你像平时一样安装这个游戏吧。(观察用户在安装过程中是否做了自己的设定操作,用户在哪几个地方做了更改;安装结束后,用户做了什么动作;用户对安装所需的时长、难度是否有评价。)
● 连接网络	连接网络: (观察用户是否检查打开客户端后的网络连接状态)启动过程中连接是否觉得顺利?感觉速度快不快

3. 准备记录纸

记录纸的作用是在进行可用性测试的过程中,对观察到的用户的行为、反馈等信息进行客观记录。对记录纸的设计在大纲完成的时候就已经形成。因为在设计测试大纲的时候,需考察的问题点都已被考虑清楚,所以在大纲完成时,自然就根据考察点设计好了记录纸。前述提供的大纲就可以将备注栏作为记录纸。

值得一提的是,记录纸一般由记录员在观看整个测试的过程中使用。当只有一名主试者的时候,主试者通常没有多余的时间做记录,所以需要在回看录像的过程中,再将信息和数据整理在记录纸上。

记录纸的形式有 Word 文档,也有 Excel 表格,现在通过网络共享文档和在线编辑的方式准备记录纸,可以异地查看记录信息。例如,助理研究员可以在家工作,边观摩测试边记录内容。

2.7.4 实施测试

1. 主持人

有句话在可用性测试中常被提到,那就是:"你是在测试产品,而不是在测试用户。"在测试过程中,用户有时会遇到无法搞明白的步骤或者做错了某操作;或者用户甲很轻松地完成了某个功能步骤，而用户乙却反复地失败；或者因没有注意到一个小细节而导致重复多次操作。这往往会给人一种错觉，认为这个测试是在看哪些用户更聪明。这就违背了可用性测试的目的。

可用性测试不是为了测试用户，获得的用户数据也不是为了给用户排名次，而是为了观察这个产品面对不同用户时的表现如何，是否符合开发人员的预想。主持人要格外注意，不能给用户任何压力。除了测试前向用户进行说明，还要在测试中随时鼓励用户，避免用户因操作失败而产生不悦感。要记住，这个测试是为了更好地了解产品的特点和问题。

和访谈一样，可用性测试的主持人需要具备以下几方面的素质。

（1）**善于倾听**。能够引导用户自由、放松地表达自己的意见，不随意打断用户的表述。

（2）**保持客观**。原原本本地观察和记录测试过程中发生的情况；在提问的时候，不对用户进行暗示和引导；不抢着总结用户的表述，以避免曲解用户的意见。

（3）**适当深入**。主持人要能在适当的时候深入问询原因，帮助用户表达潜在的意图；要能针对测试中发生的状况随机应变地追问、探索。

（4）**掌握全局**。在一场不少于 30 分钟的可用性测试中，主持人对任务和时间的合理分配、对测试中所有产品的了解都是必需的。

（5）**亲和阳光**。这条并非专业素质，但是在和人打交道的过程中，一个人的性格和形象也会对工作的效果有所影响。如果主持人是一个亲和、阳光的人，那么这无疑有助于可用性测试顺利完成。

2．观察员

和访谈一样，可用性测试也要配备 1 名以上观察员。观察员需要和主试者一样熟悉整个大纲、产品的功能和特点等。观察员不仅要记录被试者的言语内容，还要记录他们遇到关键问题和操作时的表情、语气词、手势等，以便在后续的研究中帮助理解问题。同时，观察员也需要关注测试过程中产品的表现是否顺利，如遇到问题需要及时和开发人员联系，以消除可用性测试过程中出现的障碍。

2.7.5 整理数据

1．收集结果

可用性测试的记录纸记录了测试中的各种发现，可以将其进一步整理为描述性数据和数字性数据。描述性数据就是记录到的文字内容，用户告诉你他们如何操作及操作的理由；数字性数据就是那些可以计数的内容，如次数、耗时、频率、费用等。好的记录会将数据的结果整理得很有结构和条理，研究者只需要将用户的记录纸、观察员的记录纸和其他工作人员的记录汇总起来，在每个功能、步骤上做好罗列、对比。

2．建立问题卡片

建立问题卡片是为了给问题做分类和描述。例如，在下载失败时，我们可以尝试制作一张如表 2-11 所示的问题卡片。

表 2-11　问题卡片举例

问题名称：下载失败	问题位置：官方网页中的下载按钮处
问题描述：用户找到了下载位置，并点击了下载按钮后，出现报错	问题建议：修正报错 Bug，点击后会出现下载确认对话框
问题类型：链接所至的服务器不稳定	问题严重等级：C
后续改进：提交技术开发部门解决	其他：

每个项目或团队的问题卡片应该是不同的。上述例子是想告诉大家，在总结归档可用性测试中的问题时需要增加相应的维度，以便把问题描述得更清楚，让问题更便于管理，让反馈更有针对性。

3．给问题评级

问题卡片中的"问题严重等级"用于对问题的程度进行区分。每个公司和产品的问题评级是不一样的，可以参考以下因素。

（1）对用户继续使用的影响是大还是小。

（2）对用户情绪的影响是大还是小。

（3）该问题对于整个产品是主要问题还是次要问题。

（4）该问题产生影响的时间是长还是短。

在这个基础上，对问题进行评级就不会困难。评级便于开发人员参考，也便于研究者对问题进行分析和整理。

2.7.6　常见的问题和对策

1．何时进行可用性测试

可用性测试需要有可以运行的产品版本，这是否意味着要等到产品开发完成才能开始测试？事实上，当产品尚未开发完成时，可以用 Figma 等软件制作的高保真原型来进行简易的可用性测试。可用性测试的目的是发现用户在真实使用中的情况和问题，所以只需确保让用户体验到操作过程。虽然这种方式比较简陋，但有助于节约迭代版本开发和测试的时间。

有些开发者认为，如果产品马上要上线了，即使现在做了可用性测试也来不及在当前版本中进行改善，那么这是否意味着就不需要测试了？对于这个疑问，首先，如果上线了没有充分测试过的产品，则可能造成用户的流失和品牌信用的下降。因此最好在产品上线之前，预留出一次修正时间。其次，在产品上线前进行可用性测试，可以帮助研究者预先了解产品上线后可能出现的问题，做好应对措施，例如安排客服解答用户的疑问。如果需要修改某些功能，又不能影响产品上线的时间，那么可以在上线后的更新版本中进行修复。

2. 可以信任可用性测试的结果吗

面对 8~10 名用户的测试结果，人们往往会质疑：样本量不够，不能代表我们的目标用户群体。其实可用性测试是一种启发式的、定性的测试活动，收集 8~10 名用户问题，并不是为了判断哪些问题是大部分人会遇到的、哪些问题是小部分人会遇到的。可用性测试提供的是对真实用户使用过程的记录，并对发现的问题进行理解和分析。

我们可以把可用性测试中发现的问题当作需要验证的"对象"，并将它们大致分为基础问题和体验问题。基础问题指阻碍用户完成任务、消耗用户时间、容易使用户出错的问题，解决这些问题可以提高产品的"生存"能力。体验问题指在用户可以实现目标的前提下，体验感不佳，不利于用户对本品牌产生好感和黏性的问题。

为了验证发现的问题，我们可以积极地与运营团队、数据团队一起研究"验证对象"的实际数据和变化趋势。反过来，当数据出现异动时，我们也可以使用可用性测试来找到原因。

Nielsen 团队曾经计算过，当可用性测试的被试者为 5~10 名时就可以发现产品中存在的大部分问题。其中，7~8 名被试者参与的可用性测试能发现产品中 70%左右的问题；而 10 名被试者参与的可用性测试可以发现产品中 85%以上的问题。所以 8~10 名被试者参与的可用性测试可以让我们发现产品中很多可改进的问题[53]。

3. 如何反馈问题和建议

得到可用性测试报告和问题列表之后，研究者就要和其他项目组成员进行沟通。需要记住的一条原则是，进行可用性测试的研究者和产品开发团队其实是同一阵营的，他们的目标都是开发出更好的产品。因此，研究者不要认为自己通过可用性测试找出了产品存在的问题就站在了开发人员的对立面，其实我们也是开发、改进产品的成员之一。所以在反馈问题和建议的时候，研究者可以同产品开发团队一起进行探讨。

此外，在反馈问题和建议时，研究者要将问题描述和用户感受作为主要依据，结合问题的严重程度，告诉开发人员最好按照怎样的顺序处理。同时，研究者还需多多研究产品开发的流程、问题背后的原因和逻辑，这些都会对自己以后的研究分析有很大帮助。

4．是否可以开展远程可用性测试

答案是可以。我们在 1.2.8 节中给大家分享了一些使用视频会议工具来开展访谈的方法，其中不少内容与远程可用性测试是相通的。

在开展远程可用性测试时，我们可以利用屏幕分享及会议录屏等功能，更好地观察用户使用产品的情况。在正式开展测试之前，为了确保在用户的计算机或其他工具上也可以使用产品的所有功能，我们需要提前做一次预测试（Pilot Test），对设备进行调试，避免在正式测试时因为设备故障或使用不熟练等问题而无法获得好的测试效果。

在对可用性测试进行记录时，我们还可以使用在线工具提供的录屏或语音转文字功能，这大大提高了可用性测试的效率。

此外，还有一点值得我们注意：用户在家进行远程可用性测试时，会因为使用自己的设备而表现得更加自然，这样得到的测试结果说不定会比在陌生的会议室、实验室里更加真实。

2.8 A/B 测试

2.8.1　什么是 A/B 测试

随着互联网的发展进入下半场，流量的红利大幅缩减，各种产品用户人数快速增长的局面难以再现。在这个背景下，我们需要更加精细化、科学化地运营每个产品。而数据驱动是精细化运营的基础。

A/B 测试有时也被称为 Split Testing，即分离测试，它是一种测试不同版本产品如何影响页面的简单方法。顾名思义，A/B 测试需要有两个版本的产品设计，A 代表现有的设计，B 代表新的设计。然后让不同用户使用这两个版本的产品，并在设定的时间或者访问量之内，比较这两个版本产品的相关数据（转化率、业绩、跳出率等），选择效果更好的版本。A/B 测试可以在改版或者新设计上线之前进行，验证它们是否可以达到预期目标。A/B 测试实际能测试的不止两个版本，如果有多个设计版本，那么可以同时进行测试，所以也可能出现"A/B/C/D 测试"，但我们还是将它叫作"A/B 测试"。

通过 A/B 测试，研究者可以判断哪个版本能更好地达到目标。很多有经验的营销和设计工作者都会通过 A/B 测试来获得访客的行为信息以提高转化率。随着各种分析工具的发展，A/B 测试的成本越来越低。研究者可以通过 A/B 测试避免让自己陷入产品设计各种不同意见的争论中，实现大胆创新和快速试错；也可以通过 A/B 测试找到不同变量对结果的影响，在将新设计正式投入市场前获得参考数据，以实际的数据来科学地支持相关决策。

| 2.8.2　A/B 测试的历史

A/B 测试及其他一些多变量的测试方法起源于 18 世纪对坏血病的治疗探索。在 1747 年，坏血病是船员面临的主要健康问题。英国皇家舰队的医生詹姆斯·林德（James Lind）给不同的舰队成员实行不同的食疗方案，然后测试他们的坏血病治疗效果，最后得出结论：柑橘类的水果可以很好地治疗坏血病。这可能是最早的 A/B 测试。

以前的 A/B 测试多由广告商和市场研究者使用，这些测试将一系列变化控制在一定的基准（控制组）内进行比较。他们使用发送电子邮件的方式来进行测试，发信者（商家）将同一商品的不同版本的广告邮寄给目标群体，进而统计回应率。根据这些数据，商家可以对广告邮件的内容做相应的修改，尽量靠近有更高回应率的版本。这个过程在当时需要花费相当长的时间。如今，借助互联网的实时反馈，A/B 测试也逐步成长为数据驱动增长的基本方法，帮助大量互联网产品进行迭代优化。例如，国内对 A/B 测试应用较多的互联网公司字节跳动，从产品命名到交互设计，从推荐算法到广告优化，几乎每个业务及决策都会使用 A/B 测试。也正因为用了这种科学的决策方式，字节跳动近年来推出的多个产品都获得了巨大的成功。

| 2.8.3　如何开展 A/B 测试

在进行 A/B 测试之前，要根据自己的目标来选择测试的内容。例如，我们想提升一个信息流内用户对内容的访问量，则可以测试以下方面：相同内容标题的长度或撰写方式、信息分类的标签、相同内容对应的图片、推荐算法的逻辑等。在这种情况下，A/B 测试的目标是弄清楚影响用户访问的因素，是标题的撰写方式，还是吸引人的插图，或者是清晰明了的内容分类标签？这些问题都可以通过一个个 A/B 测试来获得答案。

另外还要注意，用户在浏览过程中看到的产品应该一直是同一个版本的。也就是说，如果用户一开始看到的是 A 版本，那么在整个浏览过程中，他看到的应该一直都是 A 版本，产品不能出现 A、B 版本切换展示的情况。同时，研究者也要注意控制各个版本的访问人数，一般可以通过哈希算法[1]来实现流量切割。

还有一个常见的问题，即在运行测试时需要多少流量？这将取决于多个因素，通常需要 1000 次以上的访问量并确保测试持续时间超过 1 周，以避免日常误差。

开展 A/B 测试应当采用自然、科学的研究方法，步骤如图 2-59 所示。

---

[1]　把任意长度的输入（又叫 Pre-image，即预映射）通过哈希（Hash）算法变换成固定长度的输出，该输出就是哈希值。哈希算法可以被近似理解为完全随机抽样。

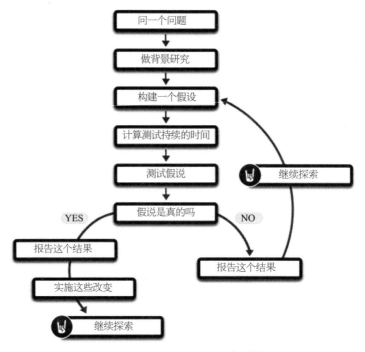

图 2-59 开展 A/B 测试的步骤[54]

（1）问一个问题：例如"为什么我的 App 首页跳出率要比同行业其他 App 首页的平均跳出率高"。

（2）做背景研究：使用数据埋点的分析工具去了解访问者的行为。

（3）构建一个假设：例如"在首页增加抽奖活动会降低跳出率"。

（4）计算测试持续的时间：主要根据我们需要测试的用户访问量和网站每日的访问量，估算出本次测试所要持续的时间。

（5）测试假说：创建一个 B 版本网站，在这个版本网站的首页上添加更多的推荐内容。

（6）假说是真的吗（分析数据并且得出结论）？如果跳出率降低了，那么你可以得出结论"在首页添加更多的推荐内容是降低跳出率的方法之一"；如果跳出率没有什么变化，那么就要向相关人员报告这一结果，并回到第（3）步，重新构建一个假设。

（7）报告这个结果：让相关人员都知道测试的结果和结论。

（8）如果这些改变带来了正向的结果，则实施它们并且按照上述步骤继续探索新的问题。

一旦决定了要测试什么内容，研究者接下来就要选择一个合适的测试工具。如果公司没有自己的 A/B 测试平台,那么可以考虑使用互联网上的工具,例如 HubSpot[55]、Optimizely[56]、Zoho[57]等(详见 2.8.6 节)。不管使用哪种工具,测试的核心步骤都是类似的。

2.8.4 A/B 测试的内容

在线上 A/B 测试中,我们通常会关注不同元素对转化率的影响。在测试中具体采用哪种变量则取决于转化目标,界面中几乎所有影响用户行为的元素都可以进行 A/B 测试。为了有效地找出哪些元素能够影响转化率,一般会用对比的方式测试下列元素。

1. 主标题

主标题会影响用户对某产品内容的第一印象,主标题是否成功取决于它能否完美匹配用户的预期。在主标题中可以尝试使用积极或消极的语态来表达主题,比如"那些人口增加的城市做对了什么"或者"为什么这些城市的人越来越少"。人们读标题的速度通常非常快,所以要确保主标题能够准确地表达出相应内容的核心价值。

为了评估主标题出现的问题,研究者可以尝试进行 5 秒的快速测试:在一位不熟悉这个页面的用户面前展示这个页面 5 秒,然后问他:"这个内容是干什么的?"如果他不知道,就说明主标题上的信息不够清楚。

测试主标题的方案如下。

(1)长标题和短标题。

(2)积极语态和消极语态。

(3)利益导向和功能导向。

(4)单行标题和多行标题(主标题下面有次标题解释)。

(5)增强对比度让标题更具有视觉冲击力,吸引访问者的注意力。

2. 图片

图片能够快速表达复杂的含义和情感,是非常好的测试元素。图片是页面上为数不多的有明确标准的元素,要确保在页面上使用的是高质量的图片。例如,不要有像素化或模糊不清的图片出现。如果在页面上使用了人像,就要让人像的目光尽可能地聚焦于页面的行动召唤按钮上。虽然图片通常是人们阅读页面时的第一关注点,但还是要确保在主要图片下方写一些吸引人的文字。

基本的图片测试主要涉及如下类型的图片。

(1)彩色图片和黑白图片。

（2）人像图片和产品图片。

（3）一张图片和多张图片。

（4）男性化图片和女性化图片。

如图2-60所示，在页面的相同位置测试两张图片：一张是电话图片，一张是真人照片。测试结果为放真人照片页面的转化率是放电话图片页面的2倍。此研究说明，访问者更容易被照片吸引。

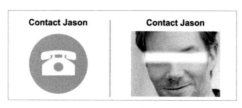

图2-60　图片测试

3. 视频

在页面上使用视频可以有效地提高转化率，测试视频的方案有以下几种。

（1）自动播放和按指令播放：可用性指南中建议不要自动播放，因为自动播放会让用户中断操作，厌烦地单击关闭按钮。虽然自动播放可能给品牌带来潜在的负面影响，但也有可能提高转化率，所以必须在两者之间进行权衡。

（2）转化按钮：可以一直存在，也可以在视频中的某个时间段出现，还可以在视频结束时出现。

（3）视频长度：测试长版本和短版本，看用户更喜欢哪种。有些产品可能需要一个详细的解释说明，而有些产品可能更适合用一个30秒的商业风格的视频来展示。

（4）图片和视频：尝试在页面的同一位置分别使用静态图片和视频进行比较。

（5）视频讲解人：有些用户可能需要有人对视频进行讲解，便于他们理解视频的内容；而有些用户可能不希望有讲解人出现。

（6）视频的数量：如果在页面上使用视频来表现其他用户或机构对产品的认可，那么为了增加可信试度，可以考虑增加视频的数量。

（7）保真度：专业的视频可以展现出对质量的关注，这通常是比较好的选择。但是如果预算紧张，则可以用低保真的视频来展示真实的和令人信服的体验，即使是用手机拍摄的视频也可以。

4. 段落文本

最基本的规则是保持页面简洁明了，但是不要忽略长表格。页面有时也可以提升转化率，但通常只针对推销信类型的页面。无论是有多个自然段还是只有几个句子列表，用户首先关注的都是这些文字能否支持事实和功能，能给他们带来什么好处。

判断文字是不是有效的办法之一就是大声朗读它，判断其听起来怎么样，是不是顺畅。更好的办法是让同事读给你听，自己亲身感受一下。

如果页面上的信息明明可以用简短的形式表达清楚，却用了过于冗长的文字，那么很可能降低转化率。可以试着测试一下长文字和短文字两个版本，看看哪个效果更好。

5. 表格

大多数落地页（访问者通过某些行为操作来到的页面）上都包含一些可以从访问者处获得信息的表格，比如请访问者留下邮箱的输入框。要想让这种表格更加有效，最好提供一些数据来做交换，例如电子书、白皮书或在线研讨会的注册资格等。研究者要试着找出什么样的交换内容最能提升转化率。

另外，还可以测试信息表格的以下内容。

（1）字段的数目。

（2）所提供字段之间的关联性。

（3）对表格元素的设计（如输入框的设计）。

（4）必填的和非必填的字段。

（5）表格的位置（在页面右侧还是左侧）。

（6）添加指向表格的直接线索。

（7）表格的表题（要求访问者做的事情要跟行动召唤按钮上的内容一致）。

（8）为了提高信任度，可以在邮件地址旁边放一个隐私声明的链接（点击后让隐私声明出现在浮层中，不要让访问者离开页面）。

（9）把表格分别放在多个页面中。

6. 行动召唤按钮

行动召唤按钮就代表了转化率，这是页面最想让访问者做的事情。如果发现访问者并没有跟着召唤来转化，那么就需要考虑更新了。行动召唤按钮上的内容应该具有较好的描述性，能准确地描述点击之后会发生什么。一种好的方式是使用"我想……"的句型去思考转化按钮的名称。

例如，我想：

（1）查看更多。

（2）购买。

（3）订阅。

（4）下载。

（5）加入购物车。

（6）现在升级。

好的行动召唤按钮应该能够顺着标题、内容、图像的思路，让访问者清楚地知道这个页面应该结束了，并且明白接下来该做什么。

7. 颜色

关于颜色一直存在争议。有些人认为按钮的颜色应该跟人们的意愿相关，比如绿色代表"可以"，蓝色是标准的链接色，而橙色或者红色可以带来一些情绪化的反应。还有些人认为它们并不相干，重要的是要使用有对比度的按钮，以便能将按钮突出显示在页面上。这时 A/B 测试的用处就展现出来了，不需要自己猜测，只需进行测试，就可以找出哪种颜色更能提升用户的转化率。

还要注意的一点是有很多人是色盲，且以男性居多。所以如果网站或应用主要是为男性设计的，那么研究者要更关注按钮和页面色彩之间的对比，而不是使用哪种颜色。

8. 社会认同感和信任

人们在很多时候喜欢随大流，喜欢看其他人在做什么。想象一下，如果你在街上散步，看到一个人在凝望天空，那么你极有可能不会去关心他。但是如果有一大群人都在凝望天空，那你很可能会被吸引去看发生了什么事情。这是社会认同感构建出来的信任，可以提升转化率。所以，需要在首页上添加什么元素来提高社会认同感呢？有如下元素可以使用。

（1）表扬或赞赏（如"非常有用"和"十分感谢"之类的话）。

（2）权威性（如有影响力的客户、知名公司的标志、平台的认证标签等）。

（3）社会影响力（如已经有多少人看过、多少人评论、多少人购买等）。

此外，还可以通过展示粉丝数量、显示分享按钮来说明页面很受欢迎。最好将分享按钮放在确认页面，使主页可以保留单一的行动召唤按钮，不至于将访问者吸引到其他地方。

做 A/B 测试时还可以考虑使用以下两种对比方案。

（1）使用元素的数量：放一句赞赏还是多句？

（2）放置在页面的位置：放在页面顶部还是底部？

9. 确认页面

这是测试中非常容易被忽略但又非常重要的元素。在填好表格并提交后或者在付完款后会出现一个确认页面，这个页面之所以重要，是因为它是访问者在完成转化之后看到的第一个页面。这意味着访问者已经在页面上付出了信任、时间、个人数据或金钱，所以必须利用这个短暂的机会试着从访问者那儿再获取些东西。

可以在确认页面上测试的内容如下。

（1）社交分享的按钮或组件：如前所述，放在这里可以避免干扰主页上的转化。

（2）领取优惠券：让用户领取优惠券，且需讲清楚优惠券的使用方法，如用户领取后可以得到满减等优惠，便于提升复购率。

（3）产品建议：按照亚马逊公司的模式，尝试对电商平台的确认页面添加经典的"如果你喜欢那个，那么你可能也会喜欢这个"。

（4）额外的奖励：如网站想宣传自己的思想或者课程，就可以考虑添加额外的 PDF 免费下载链接。给访问者额外的奖励更利于口碑的传播。

另外，在 A/B 测试中测试得比较多的元素通常是网站的布局和风格、产品定价和促销活动等。

| 2.8.5　A/B 测试的优缺点

1. 优点

A/B 测试已经被证明在很多情况下都是非常有效的，这种方法具有以下优点。

（1）**速度快并且设置简单**。如果已经有了不同版本的设计稿，那么只需要一顿午餐的功夫，就可以配置并且实施一次 A/B 测试，并且在几个小时或几天后就能看到结果。在很多情况下，A/B 测试甚至可以不需要专门开发或其他外部资源支持。

（2）**容易设计**。与其他复杂的多变量测试相比，A/B 测试不需要经过精心设计或考虑各种平衡因素。研究者只需决定要测试的版本数量，然后尽可能地平均分配可用的流量。研究者也不需要进行后续的测试来验证结果——一旦收集到足够的数据，只要在本次测试中表现最好，就可以宣布获胜者。

（3）**测试结果明确**。A/B 测试能提供清晰、明确的结果。如果想测试某个广告的两种版本，那么能非常快速地得到有意义的结果和明确的答案。

（4）**可以采用先进的分析工具**。A/B 测试涉及互动、假设、实验、分析和清楚的数据，对于每个变量都可以进行深入分析。例如，可以查看点击路径，生成热点地图，等等。

（5）**成本比较低。**A/B 测试不需要进行那些可能会导致成本过高的大规模宏观测试。

（6）**定义变量灵活。**在 A/B 测试中，定义变量非常灵活。研究者可以只简单地改变标题的文本，也可以完全改变设计方案（包括布局、色彩、文字、行动召唤按钮等）。在同一个测试中研究者可以混合使用一系列备选方案，不用担心必须被某种元素限制。例如，对喜马拉雅 App 的首屏推荐进行 A/B 测试，如图 2-61 所示。

图 2-61 喜马拉雅 App 首屏推荐的 A/B 测试

2. 缺点[58]

A/B 测试有优点，也必然存在一定的缺点。

（1）A/B 测试在关键绩效指标单一且可被量化时比较适用。这样的绩效指标包括电子商务网站的销售额、订阅邮件的用户数、在网上银行开户的用户数、下载文档的用户数、联系销售人员的用户数，或其他主动推进销售进程的用户数，等等。但是网站追求的目标通常不只有这些，在大多数时候，网站的最终目标是不可被量化的，如提高某品牌的声誉或对某公司进行公关维护等。收集媒体剪报等信息或许可以证明一家公司的公关情况，但这些剪报的作者是否浏览过该公司 A/B 测试的网站则是研究者无法得知的。同样，邮件订阅量可以被量化，但订阅者阅读邮件的具体情况则是无法被监测的。

（2）A/B 测试的结果通常是短期、即刻的用户行为。很少有人会监测长期的 A/B 测试影响，比如对比 3 年之内的销售额等。所以 A/B 测试比较看重短期的绩效指标（如浏览量），而关注短期绩效指标的危险就在于可能让研究者失去长期的优势。例如，采用某些夸张的设计风格可能让网站在短期内浏览量上升或其他数据更好看，但长期这样做有可能使用户的忠诚度下降。

（3）A/B 测试不能提供用户行为的具体细节。A/B 测试的结果仅限于被测试的 A、B 选项：如果 12 号字为你的网站或应用带来的用户浏览时间比 16 号字多 1%，那么 10 号字呢？8 号字呢？A/B 测试不能帮助你做更多的、更长远的决定，所以还需要你进行进一步的研究分析来确定之后的方向。

2.8.6　A/B 测试工具

1. Google Optimize
Google Optimize 是 Google Marketing Platform 的一部分，它提供的工具可以帮助我们改进网站，并为网站的细分受众群打造个性化体验。

2. HubSpot 插件
HubSpot 插件操作简单，可免费使用，不需要进行复杂的代码更改，适合刚开始进行 A/B 测试的公司。

3. Freshmarketer
Freshmarketer 是一款功能强大的工具，可用于测试、定位和验证实验并跟踪收入。

4. VWO
VWO 是一款针对企业品牌的 A/B 测试和转化率优化工具。VWO 可以同时创建和运行多个 A/B 测试、多变量和拆分 URL 测试，并自动将流量引向表现最佳的变体。

5. Optimizely
Optimizely 是面向企业营销、产品和工程团队的数字实验平台。它的特点是能够运行数量无限制的并发实验，确保可以始终保持测试和迭代，以提供最强大的客户体验。

除了上述几款工具，还有 Omniconvert、Crazy Egg、AB Tasty、Convert、Adobe Target、Kameleoon、Convertize、Zoho、Apptimize、Oracle Maxymister 等，有兴趣的读者可以自行研究。

| 2.8.7　A/B 测试案例

这里引用 VWO 官网中介绍的一个有意思的 A/B 测试案例：育碧娱乐软件公司（下文简称"育碧"）通过 A/B 测试将潜在用户的购买转化率提升了 12%[59]。

育碧是一家法国游戏发行商，总部位于巴黎。它发行过多款著名游戏，包括《刺客信条》《舞力全开》《孤岛惊魂》《荣耀战魂》等。该公司在六大洲开展业务，拥有 13000 多名员工。育碧的游戏以精美、还原真实的历史场景而著称。2019 年巴黎圣母院被大火烧毁后，育碧发行的游戏《刺客信条》中的数据还成为巴黎圣母院的复原参考。

对于育碧而言，在其网站的"立即购买"页面上，潜在用户购买转化率的提高是用户体验的关键指标。在该案例中，他们首先研究了现有页面，然后创建了目标：在"立即购买"页面上提高游戏《荣耀战魂》的购买转化率。

随后，育碧团队使用热力图、滚动图、点击图和页面调查收集用户数据并分析，确定了提升购买转化率的合理假设。这个假设就是减少页面的上下滚动并简化整个购买过程，即缩短用户交互路径。

整理完数据后，育碧及 VWO 团队对"立即购买"页面进行了全面的优化。借助热力图，他们可以实时可视化用户的行为路径。基于缩短用户交互路径的假设，使用 VWO 提供的 A/B 测试套件来对优化前后的版本进行测试，如图 2-62 所示。结果证明优化后版本的潜在用户购买转化率确实提升了很多。

如图 2-62（a）所示，在 A/B 测试的旧版本中，用户的购买操作步骤如下。

（1）用户必须从页面上显示的 5 个版本中选择喜欢的版本。

（2）用户需要向下滚动并选择平台。

（3）用户按下"立即购买"按钮，被带到育碧商店的结账页面。

如图 2-62（b）所示，在 A/B 测试的新版本中，研究者设定的目标是减少页面的上下滚动并简化整个购买过程。为了支持该目标，研究者对页面的设计和布局做了如下更改。

（1）在重新设计的页面布局中，选择版本、平台及"立即购买"按钮已移至左侧栏的顶部，并带有版本比较。

（2）版本取消了页面上下滚动的设计，并改进了"立即购买"页面上的交互效率。

新旧布局之间的测试数据清楚地表明，重新设计的版本将潜在用户的购买转化率提高了 12%（从 38% 提升到 50%）。

（a）A/B 测试之前的购买页面

（b）A/B 测试之后的购买页面

图 2-62　使用 VWO 提供的 A/B 测试套件来对优化前后的版本进行测试[59]

2.9 用户点击行为分析及口碑净推荐分数

2.9.1 "数据驱动"是当代产品研发的必然模式

在生活高度数字化的当下，"数据驱动"已经被广泛地应用于网络产品及服务的研发和结果衡量上。这对产品研发设计非常重要，通过用户的行为及反馈生成数据，并对数据进行分析，可以做出更加精准的判断，从而进行明智决策。这样做的好处是显而易见的：在微观层面，产品的可用性和使用体验可以得到提升，并具备更好的性能；在宏观层面，产品最终能够获得较高的用户满意度，并提高在市场上获得成功的概率。

现代技术的发展是实现"数据驱动"的基石，而应用程序编程接口（Application Programming Interface，API）是现代软件和系统开发的核心。API 是一组定义好的使用规则，可以作为中间层处理系统之间的数据传输，能够使不同的应用程序相互通信。有了 API，开发者能够更容易地获取第三方的应用或服务，更快捷地开发出复杂的系统并整合不同的技术。值得一提的是，API 也常被用来追踪用户与系统互动时的行为数据，这对应用程序和软件的开发是至关重要的。通过 API 收集和分析用户的行为数据，研发和设计团队能够得到非常有价值的用户偏好和行为透视，可以为提高产品品质和体验提供非常重要的方向性指导。

因此，不论是工作高度细分的大厂项目组，还是较小规模的独立开发团队或最小单位的独立产品开发者，对数据的关注都是必不可少的，并且这需要贯穿项目的整个生命周期。这些数据也最终成为制定关键业绩指标、工作目标、工作成果，以及评估项目价值的重要依据。

2.9.2　调研数据的选择原则和类型

相当一部分设计师认为自己的工作是从在产品经理等需求方处收到需求时开始的。但成熟的产品设计师逐渐意识到，工作真正的起点是找到商业需求及相关的数据指标，继而定义并归纳出自己接下来的工作中有哪些是为这个目标服务的。实际上，他们的工作并不是严格从这个阶段开始的。但随着项目的展开，这个阶段的工作后续也会在不断迭代的过程中被逐渐补上，从而保证顺利地完成设计并成功推进执行。

因此对设计师而言，首先要做的是与利益相关者（包含合作的产品经理、开发团队、部门管理者甚至投资人等）对齐关键绩效指标（KPI），确保这些数据指标与整体业务一致，从而更好地细分并开展后续调研、设计迭代、发布监控等工作。那么在明确目标后，要如何选择合适的数据指标呢？以下有一些数据的选择原则可供参考。

1．相关性

顾名思义，相关性就是与产品所要解决的目标最直接相关的数据。这部分的数据应该易于处理，或者不需要特别分析和解读，要能直接反映项目的成绩和表现。

2．数据质量

用于分析的高质量数据具备以下特征：精准而完整、连续且最新，数据来源和采样具有一致性。

3．及时性

要保证采集的数据是最新的，始终能够反映当下的状况。要避免使用过时的数据，因为这部分数据可能不再跟当下的场景有关，容易导致错误的结论和方向。

4．多样性

多样性指在选取数据时尽可能地收集该用户类型下的各种特征数据，比如某类用户的年龄、性别、居住地、兴趣爱好、接入服务的使用设备及特别行为等。同时，在设计问题解决方案时，设计师不能只看单一用户类型的数据，这样做容易失去其他用户类型可能带来的对解决问题或者优化体验的洞察。例如，在设计手机游戏时，对玩家的年龄、使用偏好、性别及资深程度等进行分析，有助于理解不同类型用户如何同游戏产生互动，从而找到潜在的优化游戏体验的机会。

5．可操作性

具备可操作性的数据能够给出更直接的具有可操作性的建议，它们跟项目和产品的最终商业目标之间的关系不需要过多的解读，且可被随时获取及分析。由于这部分数据最直接地反映了产品或者服务的目标，所以它们必须精准且可衡量。此外，具有可操作性的数据最好经过结构化且一致性的处理。这样可以确保收集数据时使用标准的数据格式，有利于数据后续的编码转化，同时保证产品上线后能够及时对收集到的数据进行分析并迅速做决策。

产品设计师要选择的数据大致上可以分为两类：一类是与用户行为相关的数据，这类数据展示的是用户是怎样"做"的；另一类是与用户口碑相关的数据，这类数据更多体现的是用户是如何"说"的。

基于用户行为的结果数据相对客观，它们真实地展示了用户在面对服务和产品时的反应。该类型的数据包括用户的点击路径、点击流数据，各类用户流量的转化率、停留时长、购买历史、媒体内容的互动数据、检索历史、系统报错历史，等等。它们常常被应用于电商、娱乐等强运营类型的网络产品或服务的设计分析中。这些由用户实际行为产生的数据能够让设计师直观地看到产品或者服务在用户群中产生的实际效果。

要想更全面地了解用户做出某些选择和行为的原因，并探索和发现产品设计改善和优化的空间，就需要依赖用户的主观评价数据。这类数据则可以通过多种调研方法获得，比如单人访谈法、焦点小组、A/B 测试、净推荐分数（Net Promoter Score，NPS）、用户自主生成内容（User Generated Content，UGC）分析、客服互动等。

2.11 节提供了全面、广阔的视角及实例来呈现数字化产品项目中多个角色所需要纳入分析和考量的数据，相信这些内容可以帮助大家得到更加深刻的体会。

2.9.3 分析用户的行为：用户的点击数据

1. 数字化产品中的用户点击数据

在互联网时代，用户的行为主要涉及"看"和"交互"两个方面。利用专门的眼动设备来追踪用户在浏览网页时的视线及轨迹是一种效果良好的分析涉及"看"的行为的记录和观察手段，这种方法可以帮助研究者得到用户的眼球更容易被哪些内容、样式被吸引的结论。在实际的产品研发过程中，用户同产品实际"交互"所产生的数据（即点击数据）有更低的获取成本和更高效便捷的获取方式，成为用户行为数据的主要来源和分析重心。在图 2-63 给出的示例中，点击热力图能够记录、分析用户在界面上的点击结果，颜色越深表示关注度越高。

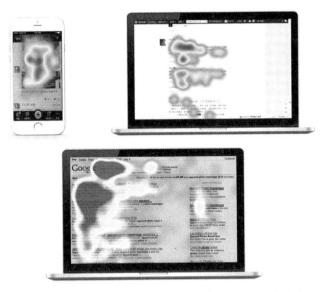

图 2-63　点击热力图能够记录、分析用户在界面上的点击结果

　　从数据的多样性原则出发，统计分析用户的点击数据能够帮助设计师得到更加确切的透视和解读。比较常见的收集用户点击数据的方法有两种：一种是相对宏观地收集和分析用户浏览行为的数据，即通过分析网页后台记录的用户在各页面之间的浏览日志来了解用户的浏览路径和行为，这样比较容易得出用户大致感兴趣的内容和做出此类选择的动机；另一种则是将分析视野放到更加微观的层面，即统计分析用户在某一界面上的点击行为，这样可以帮助设计师发现用户对展现形态的变化产生的反应，从而找到相对模式化的"套路"，即最佳实践规律。

　　对网页用户点击数据的统计分析，除了可以被用来观察、分析网页设计的质量，改善网页的使用体验，更重要的是，对运营类的网站（如购物网站等）来说，点击量的多少还关系到该网站运营状况和业绩的好坏。在这类网站中，最常用也是最需要考查分析的数据可以被归纳为三大类：访问量（通常指流量规模，即访问用户总数）、页面互动/点击总量及相关用户数（即单一页面上用户与所呈现的内容或商品产生的互动/点击数据和用户规模）、业务转化效率（即最终的经营性结果，如提交订单、完成购买等的用户规模同总访问用户数、互动用户数之间的比率）。例如，通过多种渠道引入的用户有相当一部分在首个落地页面上对依据运营目标而特别展现的内容进行点击，而这部分进行点击的用户又有一部分最终贡献了价值，即产生购买行为等。其中，转化率越高，从某种程度上可以说明相应的网站运营内容对用户越有吸引力，界面布局越合理，操作流程越贴近用户的使用习惯。

2. 用户点击数据的收集方法和类型

在网页中常用两种方式来收集用户点击数据：一种是通过网页前端代码，如 JavaScript 将用户在页面上点击的像素坐标（即信标）传送给数据统计服务器从而进行统计；另一种则通过专门的点击统计分析工具或者程序自动统计网页中可产生点击事件（Click Event）的界面元件（UI Component）被触发所导致的点击行为，如 Google Analytics 等，这些工具还可以对统计结果进行视觉化的呈现和解读。当前，用户对产品和服务的接触摆脱了沉重的台式计算机，而更多地使用各种各样的移动设备。这不但让收集多个客户端的用户点击数据变得更加便捷，还使得对数据的分析和解读变得更加直观和容易。

3. 有效点击、无效点击和恶意点击

从理论上讲，普通用户在浏览网页时会点击他们关注或感兴趣的内容，这样的点击行为都被视为有效点击，因为这部分用户可转化为该网站的最终用户并带来价值。但对具有经营性质的网站而言，实际情况会复杂得多。这类网站中有两种习惯性的点击行为：一种是用户的浏览习惯带来的附加的点击行为，例如，有些用户在浏览网页时会习惯性地用鼠标在页面空白的地方点几下；另一种是有些用户在点击内容时习惯性地连续点两次，而这里的第二次点击是由用户的日常习惯造成的（如图 2-64 所示）。这些习惯性的点击行为通常不作为运营评估指标，因此被认为是无效点击。

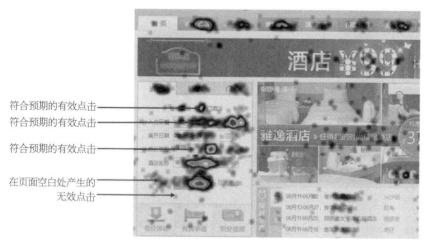

符合预期的有效点击
符合预期的有效点击
符合预期的有效点击
在页面空白处产生的
无效点击

图 2-64   网页记录的符合预期的有效点击和在页面空白处[60]产生的无效点击

正是因为点击行为是评判运营效果的重要指标之一，所以某些人或组织会采用不

正当的竞争手段，利用机器人软件或人为操作恶意提高特定网站或网页中某些内容的点击量。这部分点击行为干扰了正常的页面数据统计，因此很难分析出设计与最终运营效果之间的关系。这种由人为因素造成的点击量变化对设计调研分析并没有实际用处，需要借助特定手段进行分析和辨别，因而也是一种无效点击。

4. 用户点击数据分析实践案例——逆向跨境海淘服务网站"Superbuy"首页的模块设计及点击分析

Superbuy 是一个逆向海淘的服务网站。它服务于全球 150 多个国家、超过 120 万用户，主要提供采购及寄送中国商品的服务，因此网站的运营活动也与国内其他电商平台有着类似的频率和节奏。被引入的用户进入网站后，会看到页面上呈现的推荐商品。而该经营业绩的最主要指标就是通过运营活动及商品推荐而实际产生的成交商品总额（Gross Merchandise Value，GMV）。因此如何促进用户进入网页站点、完成商品匹配并成功下单，最终提升成交商品总额，就成了整个项目团队需要解决的问题。

为了实现成交商品总额的增长目标，Superbuy 决定对网站首页做一系列的优化。采用的手段主要集中在两方面：一方面，运营团队对外拓展社交渠道从而吸引更多的用户；另一方面，思考如何提升内容栏目的转化率。这也决定了不但要针对进入网站的用户，推荐他们可能感兴趣的商品和专栏，还要考虑如何更好地呈现这些内容。比如通过合理的界面布局和呈现方式、操作流程上的优化来促进用户的点击，提升他们同内容之间的互动概率，从而提升订单转化率。因此，设计团队通过对用户的点击数据进行分析，得出了一些可以优化和改善的方向。

在收集、分析用户的点击数据时，常常需要让用户分批访问或者分组测试，以便找到最佳的方案。通常可根据项目的实际情况向不同规模的抽样用户展示新的版本，并且观察一段时间的点击数据，进而分析并得出结论，然后再优化、再测试，最后逐渐将优化版本的使用范围扩大至全量用户。这也正好符合互联网时代的产品持续迭代优化的研发特性。

用户能在极短的时间内对网页产生"好"或"坏"的第一印象，而这样的第一印象与用户对最终产品的满意度有正向的关系。正如情感学的研究表明，当人们初次见面时，会通过对对方外表的第一印象来判断此人的个性等。而第一印象能在短短的 39 毫秒内通过所搜集到的信息形成。还有研究表明，第一印象往往会影响人类长期的行为。因此要避免使用较低质量的迭代版本进行测试，否则有可能产生附加影响，降低分析结果的可信度；再者，较低质量的迭代版本会影响用户对产品的最终满意度，从而导致用户流失。

对成长型业务的服务网站进行改版时应当更加小心：一是需要照顾既有用户的使用习惯，让原有的功能能被轻松找到；二是要给新业务足够多的曝光和展示。如图2-65所示，当进行变化较大的改版时，新版本向50%的用户开放进行实验，并对每个核心业务的点击入口做了特别的标记，以便使用专门的统计工具记录这些用户的点击行为。同时，页面上需要提供旧版本让用户可以自由选择。经过近两个月的数据收集，中文版新版本的访问流量逐渐增长并开始超出旧版本的访问流量。而英文版新版本的访问流量呈阶梯式增长，远远高于旧版本。

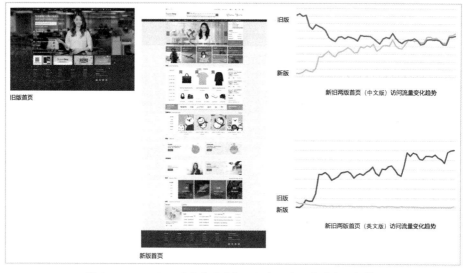

图 2-65　Superbuy 网站首页的新旧版本及访问流量变化趋势

最终，通过对主营业务按钮上的点击数据进行统计，中文版新版本下的核心业务的互动率提升了4.7倍；英文版新版本的首页访问流量相比旧版本提高了15倍，跳出率降低一半。而各模块增加的新业务的曝光和点击量都有不同程度的增长。点击数据带来的变化，让项目团队对新版本的改善和正式全量上线充满了信心。

此外，在之后的站点升级优化中，首页焦点图区域会定期更新运营内容，因此产品运营项目组联合设计团队针对网站首页上重点曝光区域的内容的呈现方式做了引导用户点击的实验（如图2-66所示），通过对点击数据的观察，找到引导用户点击的方法及运营内容的最佳呈现方式。在这组实验中，内容的选取逻辑及选取比例基本保持一致，采用相同的观察周期，排除特殊运营情况，只是呈现方式不同，对收集到的点击数据进行分析和解读。

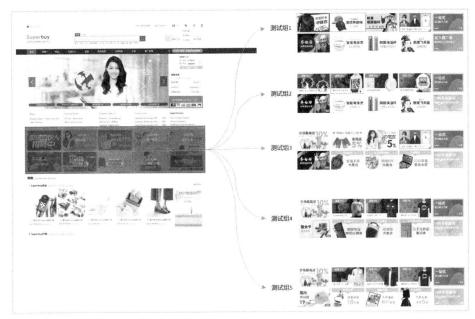

图 2-66　对 Superbuy 网站首页的焦点图区域做连续 5 个周期的引导用户点击的实验

实验发现，用户对特定的产品品类有明显偏好，包含这些品类的任何相关内容都比其他品类有更高的点击量。这一情况说明了既有用户群体的主要分布状况和偏好，为运营团队接下来的工作提供了新的思路。

同品类不同的展现方式能够带来不同的点击效果。如图 2-67 所示，呈现方式 A 中利益点信息展示明确，有清晰明确的产品价格，产品图片清晰易识别，其点击效果远远好于呈现方式 B。因此设计团队在商品图的设计和选择上总结出了一套行之有效的方法，大大降低了探索新的呈现形式的试错成本。

图 2-67　产品的呈现方式是影响用户点击的重要因素

最后，通过观察中英文版本首页各模块下的点击数据，还能收获一些有趣的发现。如图 2-68 所示，不同语言的用户有着截然不同的使用习惯。在 Superbuy 平台上，英文用户比中文用户更愿意通过热词来搜索平台上的商品。这也为后续如何针对平台上使用不同语言的群体做精细化运营提供了新的思路。

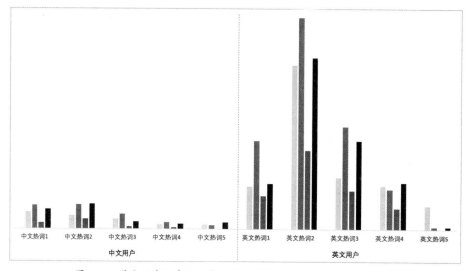

图 2-68 英文用户比中文用户更愿意通过热词来搜索平台上的商品

2.9.4 分析用户间的口碑——净推荐分数（NPS）

想要全面、深入地分析和了解用户，研究者不仅需要观察用户的实际行为，还需要听他们是怎么评价产品或服务的，即用户实际对产品或服务的口碑。调研中有很多种评估方式可以衡量用户口碑，其中最常用且典型的就是净推荐分数。

1. 净推荐分数的定义

净推荐分数（Net Promoter Score，NPS）是一项用来衡量用户满意度和忠诚度的数据指标。正因为这项指标简单、易衡量，直观且易于分析和解读，所以它目前是非常流行的判断新产品或服务商业效果的重要指标之一。

这项指标的核心是围绕 10 分制的问题"你有多大可能会向你的朋友或同事推荐我们的产品或服务？"来分析评价，研究者会根据用户打出的分数将他们分为以下三类。

- 推荐者（Promoters）（分值为 9～10）：打出这类分数的用户对当前的产品或服务非常满意，并极有可能将产品或服务推荐给周围的人。
- 中立者（Passives）（分值为 7～8）：打出这类分数的用户对当前的产品或服

务比较满意，但是可能对将产品或服务推荐给周围人持中立态度。

- 批判者（Detractors）（分值为 0～6）：打出这类分数的用户对当前的产品或服务有明显的不满，并可能向身边的人传播关于产品或服务的负面评价。

这个分数的范围为–100～100，分数越高表明这个产品或服务拥有的用户满意度和忠诚度越高。图 2-69 所示为净推荐分数的构成和计算方法。

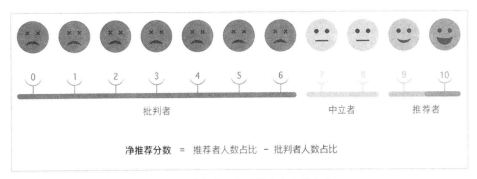

图 2-69　净推荐分数的构成和计算方法

2. 净推荐分数的作用

净推荐分数显然是一个跟业务目标强相关的数据指标。通过它能够直观地评估和呈现用户群体对产品或服务的忠诚度，帮助产品设计师了解用户有多大可能向周围的同事或者朋友推荐产品或服务，拓展产品的受众范围和正向口碑。

此外，通过收集和分析批判者的反馈，产品研发团队能够发现产品或服务中需要改进的部分。同时，产品研发团队也将净推荐分数进行横向比较，以判断产品或服务是否达到行业标准，以及该产品或服务和竞品之间的差距，从而进一步分析如何提高用户的忠诚度和满意度。

当然，净推荐分数较高也说明产品或服务拥有非常忠诚的用户。那么同样的策略和方法就可以被应用到公司研发的其他产品或服务上，更有利于新产品迅速建立正面的用户口碑。

3. 怎样的净推荐分数是好的分数

通常来讲，当净推荐分数为 0～30 分时会被认为表现良好；高于 30 分的时候，说明喜欢该产品或服务的用户占大多数；低于 0 分的时候，也并不意味着产品或服务已经到了无药可救的地步；–10～0 分时则说明当下的状况非常值得产品设计等决策部门警醒。

这里需要特别说明的是，在分析净推荐分数时，不要只看分值而不考虑整个行业的平均水平。举个例子,根据美国调研咨询公司 Recently 的行业净推荐分数数据分析,在过去的 4 年中,美国健康保健行业的净推荐分数平均值在 20～31 波动,而通信和媒体行业的净推荐分数平均值则为－6～15。中国各行业净推荐分数的基准也会逐年出现不同程度的变化,如图 2-70 所示。因此,当我们评判一个净推荐分数好坏的时候,需要从多个角度进行衡量。

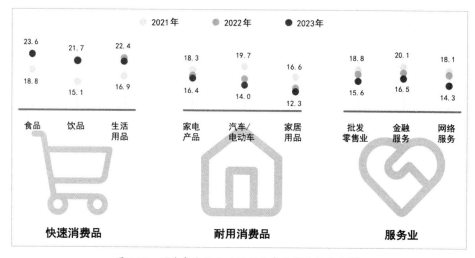

图 2-70   国内部分行业典型品类净推荐分数基准[61]

此外,即便是同一个产品,在其产品生命周期的不同阶段,不同利益相关者的净推荐分数也有所不同。以软件即服务（Software as a Service,SaaS）行业为例,Gransight's Customer Success Index 2022 公布的一份调研结果表示,产品的使用者（终端用户）的净推荐分数与产品的购买者（决策者）的净推荐分数有着非常大的差别。产品的使用者在整个用户旅程中的使用评价都低于产品的购买者。但随着使用者逐渐习惯了产品并领会了产品特性中的微妙之处,他们的净推荐分数会逐渐上升。也就是说,净推荐分数的分值高低取决于他们能够多快地适应这个工具。而产品的购买者的净推荐分数的分值高低取决于将自己的项目切换到这个软件服务上的速度。

4．应用误区

净推荐分数看起来是一个数据,实际却很有迷惑性,很容易被一些公司或者组织当成需要持续维护的关键绩效指标。事实上,这个指标的最核心用途应该是跟踪和维护产品与用户之间的关系,并推动产品和用户之间的对话,倾听并收集用户的反馈,然后基于这些反馈采取行动,以此来改善产品的用户体验,从而建立长远的用户价值和口碑。

　　此外，与软件即服务的案例一样，产品使用者和产品购买者的视角和反馈都非常重要。需要强调的是，净推荐分数并不是一次性的调研结果，而应该在用户使用产品的过程中被持续关注。

5. 用户口碑数据净推荐分数实践案例——思科 DevNet Learning Labs 向用户收集净推荐分数数据

　　思科 DevNet 开发者社区中有一个面向社区内部开发者的学习实验室（Learning Labs），其中提供的内容能够让社区内的网络工程师和开发者更加深刻地了解并熟悉思科的产品和技术。社区的产品设计团队需要持续优化 DevNet Learning Labs 的使用体验和功能。在一次体验升级中，DevNet Learning Labs 引入了净推荐分数的评价体系，定期向社群内参与学习的开发者开展净推荐分数调研。

　　要开展对净推荐分数的调研并不复杂。DevNet Learning Labs 的项目组会在开发者学习了一段时间的课程之后，在合适的时机弹出净推荐分数调研问卷（如图 2-71 所示），邀请他们回答问题。经过一段时间的投放、收集和统计之后，研究者就能够得到净推荐分数。此外，这个调研会随着 DevNet Learning Labs 的更新被周期性地投放并展现在开发者的学习旅程之中。

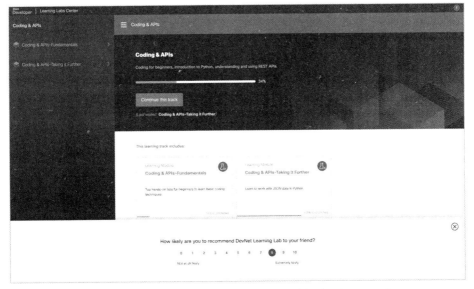

图 2-71　DevNet Learning Labs 课程中弹出的净推荐分数调研问卷

2.10 流量、转化率和跳出率

在互联网诞生初期，网站页面的内容非常简单，通常由旋转的图标、少量照片和联系信息构成。经过了几年的发展，图像、声音、动画和视频等多媒体元素得以在互联网上展示，网站逐渐发展成我们现在看到的图文并茂的形式。通过动态网页技术，用户能够与其他用户或网站管理员进行交流，一些网站还提供电子邮件和在线交流服务。对于内容提供者来说，这算是前进了一大步。

随后，人们逐渐开始关注网站的各个方面，试图从中找出有价值的信息。网站运营者通过观察、调查、实验和测量等方式，将网站的各方面情况以数据的形式呈现出来，以便了解网站的运营情况。其中，流量、转化率和跳出率是 Web 端网页 3 个基本指标。本节将具体讨论这 3 个基本指标。

2.10.1 流量

网站流量指一段时间内（通常是一个自然日）网站的访问量，是衡量网站价值至关重要的指标。

通常用 PV 和 UV 这两个指标衡量网站流量。

PV 是页面访问量，即 Page View，指在某个周期内（如 1 天、1 周、1 月、1 年）某个网站或页面被请求的次数，不考虑多次访问是否为同一个人所为。1 名用户多次访问同一页面也可使 PV 量累加，比如 1 个人访问网站 10 次，则计作 10 个 PV；2 个人分别访问网站 5 次，同样计作 10 个 PV。

UV 指独立访问用户数，即 Unique Visitor，指在某个周期内（如 1 天、1 周、1 月、

1 年）某个网站或页面的访客数量。比如某网站被访问了 10 次，其中第一个人访问了 3 次，第二个人访问了 7 次，则计作 2 个 UV。

PV 只能统计网站被访问多少次，无法反映用户的来源。而 IP 地址[1]可以在一定程度上反映用户的来源，它是区分连接到广域网的计算机的唯一标识。例如，在同一台计算机上，甲打开了微软公司的官方主页，注册了会员。乙过了一会儿也来看了看，同样注册了会员。他们一共给微软公司的官方主页带去了 6 ~ 10 个 PV。由于他们二人使用了同一台计算机，所以他们的 IP 地址是相同的，微软的计数器只会记录 1 个 IP 地址。然而，有一些具备统计功能的系统可以根据其他条件（如他们在微软注册的账户）推断出实际使用的用户数量，这样可以得到 2 个 UV，从而向网站建设者提供真实可信的信息。

当然，在多数情况下 IP 地址与 UV 相差不大。如果网站的用户主要来自学校、网吧、企业机关等特殊机构（数 10 台计算机共享 1 个 IP 地址），则需要引入更加精确的 UV 来统计网站用户数。

我们通常把"某个周期"设为 1 个自然日，称为日均流量或日均访问量。日均流量指选择时间范围内的平均每日流量（日均流量=总访问量/总天数），分析者也可以根据实际需要按其他时间单位来计数，例如月均流量、年均流量。如图 2-72 所示，我们在百度统计平台的网站概览中可以很清楚地查看到某网站今日流量的具体情况，包括 PV、UV、IP 等指标。

1. 流量的种类

流量是如何产生的呢？简单来说，用户打开网页就产生了流量。用户通过不同路径进入网站，就构成了网站的不同流量来源。流量对于每个网站来说都很重要，但并不是越多越好。我们应该更看重流量的质量，即流量是否有变现的价值。从质量和数量这 2 个维度来划分流量的类型，可以将其分成质优量多、质优量少、质差量多、质差量少这 4 种（如图 2-73 所示）。

1　公用的广域网传输协议族（TCP/IP）为每台访问因特网的计算机（可以是个人计算机、服务器及其他兼容广域网传输协议族规定的接入设备）定义了 4 个段落（例如：192.168.0.255 的形式，有时会加入第五段落端口号作为描述信息，端口号是介于 1 ~ 65535 的数字）共 32 位二进制代码的标识，叫 IP 地址，俗称 IP。

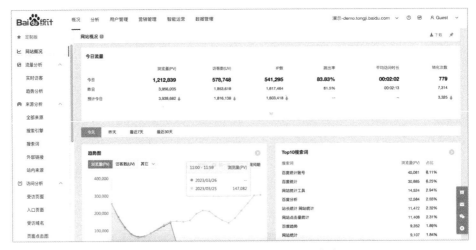

图 2-72　某网站在百度统计平台中的概览情况

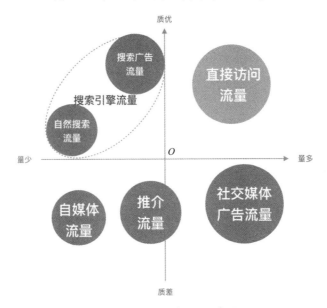

图 2-73　网站流量的不同来源

　　直接访问流量指不通过搜索引擎[1]，而直接通过网站域名[2]进入网站的流量。例如，用户在浏览器中输入淘宝网站地址，或单击浏览器收藏夹里的淘宝网站地址，即可打开淘宝官网的首页，这就为淘宝的官网带来了 1 个直接访问量。直接访问流量是不依赖外界渠道的流量，对网站的信誉度要求较高，是每个网站都希望提升的。对于新网

1　搜索引擎：谷歌、百度、必应等第三方搜索网站。

2　网站域名：即网址。

站来说，增加直接访问流量通常需要进行大量的推广和运营活动。此外，简单易记的网站域名也有助于增加直接访问流量。

推介流量指用户通过其他网站来到目标网站所产生的流量。这种情况通常发生在目标网站与其他网站存在合作关系时，目标网站在其他网站上放置了链接，引导用户访问自己的网站。入口的形式多种多样，最常见的有广告 Banner[1]、文字链接、推广邮件、视频、社交分享等。这统称为外部链接或外链。例如，某网站想要提升自己的品牌知名度，就会在流量较高的网站上投放广告，吸引用户点击，将他们引导到自己的网站，从而产生推介流量。

搜索引擎流量指用户通过点击搜索结果访问网站产生的流量，包括自然搜索流量和搜索广告流量两种形式。在专业搜索引擎如谷歌、百度出现之前，网站的流量大部分来自友情链接等外部链接，少部分来自用户口碑传播，极少部分来自像网易、搜狐、新浪这样的综合性搜索引擎。然而，随着互联网近 20 年的快速发展，网站数量剧增，人们不得不借助搜索引擎快速找到所需网站，搜索引擎在信息检索方面的强大能力也增强了人们对它的依赖性。同时，随着社交媒体、自媒体、短视频和直播等新兴媒体的崛起和繁荣，搜索引擎流量也受到了一定冲击。

社交媒体广告流量和自媒体流量是数字营销中的重要概念，对企业的品牌推广和营销活动具有重要意义。

社交媒体广告流量指在社交媒体平台投放广告带来的流量。社交媒体拥有庞大的用户基础，通过在这些平台上投放广告，企业可以精准地触达目标受众，提高品牌的曝光度和知名度。社交媒体广告流量可以通过点击量、曝光量、转化率等指标来衡量，从而评估广告的效果和投资回报。

自媒体流量是指通过自媒体平台获得的访问量。自媒体平台如博客、微信公众号、视频平台等为个人和机构提供了创作和发布内容的机会，能够吸引用户阅读、观看和互动。自媒体流量的优势在于其内容的独立性和个性化，能够吸引具有特定兴趣和需求的用户。自媒体流量可以通过订阅量、阅读量、分享量等指标来衡量，从而评估内容的受欢迎度和用户忠诚度。通过精心策划和创作优质的内容，自媒体可以吸引更多的用户流量，增加品牌曝光度和用户参与度。

2．流量的价值

在通常情况下，拥有大量流量的网站都会拥有庞大的用户群，如门户网站（如新

1　Banner：网站页面的横幅广告，一般用鲜明的形象吸引用户点击。

浪网、腾讯网）、搜索引擎网站（如百度、谷歌）、社交网站（如新浪微博、小红书）、电子商务网站（如淘宝、京东）等。流量可以变现为网站收益，一般流量越大，变现收益也越高。每个网站都有其存在的目的和意义，除了政府和公益类网站，大部分网站的存在都是为了创造货币收入，也就是变现。无论是直接销售产品，还是收集用户信息或产生销售线索，网站的最终目标都是赚钱。因此，如何提高流量并将其变现是每个网站必须考虑的首要问题。

广告是网站营利的重要渠道之一。高流量意味着高曝光率，也具备更高的广告价值。我们可以将网站视为一种传播媒体。作为传播媒体，报纸、杂志、电台的广告售价都是由发行量决定的，它们之间的用户不存在差异。它们能够给广告主提供的信息仅限于用户的构成比例和层次等，这就是所谓的"你知道你的广告支出有一半是被浪费的，但你不知道浪费的是哪一半"的根源所在。而网络广告则可以依托网站流量的大小来确定广告的传播效度，从而量化收益。以新浪微博为例，有网友认为"当你的粉丝超过100个，你就是一本内刊；超过1000个，你就是个布告栏；超过1万个，你就是一本杂志；超过10万个，你就是一份都市报；超过100万个，你就是一份全国性报纸；超过1000万，你就是电视台"。虽然这里的衡量指标是用户量，但实际上反映的是曝光度。这就是流量变现后的效果，流量越大，广告位的售价就越高。

2.10.2 转化率

转化率（Conversion Rate）指用户的目标访问行为的次数与总访问次数的比率，相关的访问行为可以是登录、注册、订阅、下载、购买等一系列用户行为，因此转化率是个广义的概念。简而言之，转化率就是当新用户访问网站时，网站通过各种手段引导新用户在网站上进行操作（吸引他们购物、浏览有趣的内容），也可以理解为从新用户到常驻用户的转换。

1. 转化率的定义

转化率指在一个统计周期内，完成转化行为的次数占总点击次数的比值。计算公式为：转化率=（转化次数/点击量）×100%。

以用户登录为例，如果每100次访问中有10次是在登录网站，那么此网站的登录转化率就为10%；而最后有2名用户订阅，则订阅转化率为2%；有1名用户购买，则购买转化率为1%。很多人将网站转化率定义为注册转化率或者订单转换率（新用户中注册或者下单的比例），但这些都是狭义的网站转化率概念，我们应该全面理解网站转化率的概念。

SEO[1]转化率指用户通过搜索引擎进入网站后，在网站进行用户行为的次数与总访问次数的比值。SEO 转化率是个广义的概念，其中"用户行为"可以是注册、登录、订阅、下载、阅读、分享等。电子商务网站转化率与之不同，侧重的是交易成交数量与进入网站总 IP 地址数量的百分比。而 SEO 转化率的目标是通过优化搜索引擎，把进入网站的访客转化成网站常驻用户，也可以将其理解为从访客到用户的转化。

2．转化率的价值

网站转化率越高，说明网站的营利能力越强。前文提到的流量指标意味着某网站来了多少用户，而转化率意味着这些用户里有多少活跃用户。单位时间内的访问者越多，产生的活跃用户就越多。提高网站转化率能够在无法增加流量的情况下增加网站赢利的可能性，所以网站转化率是我们必须关注的指标。一般而言，网站的转化率为 1%~2% 是正常现象。不同行业、不同网站的转化率标准不同，有些网站的转化率甚至可以达到 90%，此时我们可以通过提升用户体验、改进文案等方式促进其继续提高。例如，我们在百度统计平台中可查阅到某个站点不同时间段、不同终端设备、不同用户类型的访问转化详情，如图 2-74 所示。

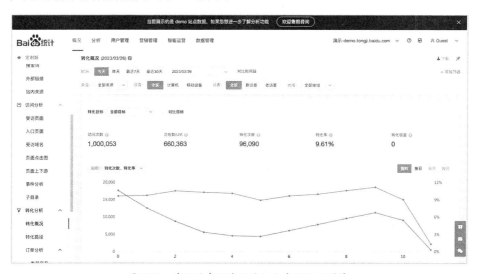

图 2-74　某网站在百度统计平台中的转化详情

转化率对于网站十分重要，那么提升网站的转化率也是网站运营非常重要的一部

1　SEO 指搜索引擎优化（Search Engine Optimization），是一种通过分析和利用搜索引擎搜索、抓取网站页面及排名规律，提高相关关键词搜索结果排名的技术。

分，下面谈谈如何有效地提升网站的转化率。

3. 快速提高网站转化率的 4 种途径

（1）优化网站架构和导航，让用户能方便地找到想要的内容。

网站导航的目的是帮助用户找到他们需要的信息，清晰的网站导航可以让用户在网站中不"迷路"。网站导航包括全局导航、局部导航和辅助导航等，不管是哪种导航都是为了引导用户浏览相关页面，完成网站各内容页面间的跳转，这需要对网站内容进行索引和理解。定位用户在网站中的位置（如面包屑导航）或者展现整个网站的目录信息（如网站地图）都是为了帮助用户快速找到相应的内容。

（2）内容丰富、专业，让用户停留更长的时间，同时增加信任感。

C 端产品也叫 2C（to Customer）产品，是面向终端用户或消费者的产品，往往承担引流和转化的任务。C 端产品的目标是促进用户转化消费，这也要求 C 端产品经理非常了解用户的需求和消费心理。

有调查表明，在电商商家为提升顾客购买转化率采取的各种措施中，提供丰富的商品介绍信息能起到明显的作用。对于企业网站也是如此，产品的特点介绍越详细，产品展示图片越清晰，用户的兴趣度就越高。电商网站可以摆出具有说服力的用户证明，比如商品详情页的用户评价。随着视频技术的发展，短视频、直播等产品介绍形式给用户带来了更加个性化、在线化、高效化的消费体验。

（3）简化任务流程，让用户尽快完成任务。

B 端产品也叫 2B（to Business）产品，使用对象是企业或组织。B 端产品往往基于某个业务领域，解决用户在办公或经营中遇到的问题，以为用户降本增效为目标。

不同于 C 端产品，B 端产品非常注重效率，重视功能的可用性，提倡"效率第一，体验第二"。B 端产品面向的是整个业务领域，增加易于理解的引导说明、简化流程步骤、提高关键信息曝光度等设计策略都能提升任务完成率。

（4）合理定价，运用多种营销手段，促使用户快速转化（达成交易）。

通过限时促销、打折优惠等方式吸引用户购买，同时注意不要过度依赖降价来吸引用户，以免降低品牌价值。

✍ 案例：

> 小区内有一家新开的羊毛衫店，一开业就表明"只卖 7 天，低价促销"。但 7天后又改说法了，"接厂家通知，再卖 5 天，降价促销"；5 天后的说法是"最后 3天，买一送二"；3 天后的说法是"延期 3 天，一件不留"；再过 3 天的说法是"明

天下午 6 点走，半卖半送"；1 天后的说法是"厂家的车未到，见钱就卖，随到随走"，过了几天，羊毛衫全卖完了，他们真的走了，不过并没有走远，而是到另一个小区重新开业。1 个月的时间里，这家羊毛衫店接连掀起 5 次销售高潮，在小区里创造了比商业街上同类店铺还要好的销售业绩。

现在很多网站都采用了促销与限购相结合的方式来有效地提高转化率，通过一定的促销手段吸引用户购买，同时限制购买数量，增加用户的购买欲和紧迫感。

面对老客户，利用网络营销来引导他们向周围的朋友介绍产品或服务，比传统营销方法更有优势。通过积分、折扣、礼品等形式给予老客户回报，并提供优惠价格给老客户介绍来的新客户，既能增加新客户的购买意愿，也能增加老客户的忠诚度和参与度。

4．关于提升导航转化率的思考

✍ 案例：

对电商平台来说，首页导航是用户对网站的第一印象，对用户的留存和购买决策有着直接的影响。因此，不断优化和改进首页导航对于提升访问流量和合理分配流量非常重要。某电商平台的设计团队在促销活动之前，对首页导航进行了 3 次改版，并通过 A/B 测试持续监测了 4 个版本的首页导航转化率数据，如图 2-75 所示。

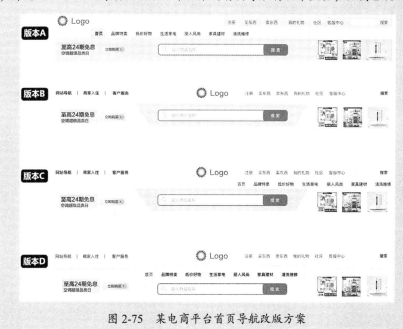

图 2-75　某电商平台首页导航改版方案

从改版前后的样式看，版本 A 的导航入口非常明显；版本 B 删掉了导航入口，导致用户无法找到入口；版本 C 虽然加回了导航入口，但位置居右，并不明显；版本 D 保留了导航入口，并通过加强色彩对比、减少干扰信息等视觉手段，让导航入口更加明显。

就导航设计而言，版本 D 是相对较优的。但是否可以认为首页增加导航有助于提升购买转化率呢？因此设计师又监测了页面的购买转化率，发现首页导航的转化率表现虽然没有优于详情页，但是表现也算不错，如表 2-12 所示。相对于首页其他位置，比如广告位、推广链接，首页导航的转化率较高。最后可以得出结论，首页是有必要增加导航入口的，而且需要更为明显。

表 2-12　不同版本首页导航的监测情况

	导航点击量占首页总点击量	CTR[1]
版本 A（旧版本）	9%	4.6%
版本 B	2%	0.5%
版本 C	9%	2.7%
版本 D	12%	5.2%

| 2.10.3　跳出率

1. 跳出率的定义

跳出率（Bounce Rate）指用户通过搜索关键词来到某一网站，只浏览了 1 个页面就离开的次数占全部访问的次数的百分比。跳出率与转化率相反，它反映的是流量中对网站不感兴趣的用户所占的比例。统计网站跳出率对于提高用户黏性有重要意义。跳出率越高，平均访问时间越短，说明用户体验做得越不好，用户刚进入网站就离开了，这可能是因为网站的登录页不能满足用户的期望与需求，也可能是因为人群定位不精准。相反，如果跳出率较低，平均访问时间较长，则说明用户体验做得很好，用户能在第一时间获取自己需要的内容，而且可能会二次光顾。

如图 2-76 所示，我们可以看出在某固定时间段内，某网站的访客数与跳出率的变化趋势。

1　CTR（Click-Through-Rate）即点击通过率，是互联网广告常用的术语，指网络广告（图片广告、文字广告、关键词广告、排名广告、视频广告等）的点击到达率，该广告的实际点击次数（严格来说，可以是到达目标页面的数量）除以广告的展现量（Show Content）的结果。

图 2-76　百度统计平台中某网站的访客数与跳出率趋势

2．降低网站跳出率的 4 种途径

（1）导航结构合理：设计清晰、合理的导航结构，包括面包屑导航等，方便用户浏览和回溯。通过清晰、合理的导航结构，用户能够更容易找到他们需要的内容，减少跳出率。

（2）链接正确且友好：确保网站的链接正确并且不会欺骗用户。如果用户点击进入的页面不显示或者内容不正确，那么用户的感受会非常糟糕，会极大地提高跳出率。因此，做好网站的内部链接和结构尤其重要，不要做有欺骗跳转行为的链接，要保证用户点击的每个页面都符合预期。

（3）提高网站访问速度：网站的加载速度对于用户体验至关重要。通过优化网站的性能，减少页面加载时间，可以提高用户的满意度，降低跳出率。用户通常只会等待短短几秒钟，超过这个时间，可能会选择离开。

（4）简化任务步骤，让操作更容易：通过减少冗余信息和任务步骤，提供简单而快速的操作选项及明确的进度指示，使用户能够轻松地完成任务，这样降低减少跳出率，增加转化率。

3．关于降低跳出率的实践案例

 案例：

某电商平台卖家发布商品流程的优化

一般来说，卖家在真正售卖商品前，都需要将商品信息上传到后台。例如，卖家需要完成添加商品、填写商品信息（包括商品名称、价格、描述、规格、型号、品牌等）、上传商品图片、设置商家属性等操作。确认发布后，还需要经过商品审核、上架销售、商品管理等流程。

（1）发现问题。卖家在发布商品时需要先选择对应的类目，然后才能提交。该电商平台的类目选择页面优化前的样式如图 2-77 所示。

图 2-77　卖家类目选择页面优化前的样式

设计师通过不同的调研方法，找到了如表 2-13 所示的一些痛点问题。

表 2-13　痛点问题与调研方法

痛点问题	调研方法
卖家难以发现类目搜索功能	调研反馈
卖家对类目搜索功能的理解有误，不用或误用该功能	调研定性+后台数据
卖家不能正确地使用类目搜索功能，输入的关键字不准确	后台数据
搜索结果列表缺少引导，筛选费时	调研定性
搜索结果准确度低	算法问题
没有发现常用类目功能	调研反馈
常用类目不准确	算法问题
类目体系查找困难	点击分布图+调研定性
视觉噪声过多，导致无效点击多	数据埋点

通过网站数据埋点，设计师发现类目搜索和常用类目这两个功能的使用率非常低，页面的跳出率也很高，卖家很容易将商品错放到不合适的类目中。

（2）优化目标——让卖家准确、快速地找到类目。类目搜索和常用类目这两个功能的使用率提升、跳出率下降、有效点击率（转化率）提升、类目选择耗时减少。这个目标可以细分成两个子目标：第一，引导卖家优先使用类目搜索功能；第二，引导卖家使用常用类目功能，如表 2-14 所示。

表 2-14　优化项目与优化目标

优化项目	优化目标
搜索类目	引导卖家关注类目搜索功能
	让类目搜索的含义一目了然
	引导卖家正确使用类目搜索功能
	让卖家在搜索结果里快速找到最匹配的类目
用过的类目	引导卖家关注常用类目功能
	让卖家能在常用类目中进行快速查找
人肉查找	让卖家能通过人肉搜索快速查找到类目
其他	减少卖家操作，减少无效点击

（3）优化后的页面样式。优化后的页面样式如图 2-78 所示。

图 2-78　优化后的页面样式

（4）优化设计策略。设计师主要思考解决：如何全局性地突出类目搜索功能，当页面加载时间过长时如何缓解用户的等待焦虑，如何直接展示常用类目（"您最近使用的类目"），如何在全部类目中快速定位某类目。于是设计师进行了以下3点优化：将类目搜索框放在视觉居中的位置；将常用类目功能的下拉选择转变为按钮选择；在全部类目中增加搜索及拼音定位功能。

该优化方案于11月20日上线，我们可以发现类目搜索功能的使用率比以前提升了1.3倍左右，常用类目功能使用率也有小幅提升（如图2-79所示）。

日期	类目搜索功能使用率	常用类目功能使用率	类目搜索返回无结果的次数／次
10月21日	5.00%	3.34%	43504
10月22日	4.93%	3.25%	51143
10月23日	5.37%	3.53%	50802
10月24日	5.48%	3.44%	56957
10月25日	5.46%	3.47%	52302
10月26日	5.97%	3.52%	40201
11月20日	13.45%	3.76%	1069
11月21日	13.66%	3.89%	940
11月22日	13.54%	4.15%	960
11月23日	13.54%	4.15%	960
11月24日	13.40%	4.52%	648
11月25日	13.62%	4.09%	749

图 2-79　类目页面的数据

从优化前后页面跳出率的对比（如图2-80所示）中可以看到，页面跳出率下降了18.51个百分点，有效点击率提升了1.4倍左右。

图 2-80　优化前后页面跳出率的对比

这些数据充分说明，优化方案成功地改善了卖家发布商品的使用体验：类目搜索功能的优化让用户更容易找到他们想要的目标类目，并提高了信息浏览和查询效率。常用类目直接突出后使用率小幅提升，也证明用户更频繁地使用了这些类目，进一步提高了任务的完成效率，降低了任务的跳出率。

2.11 网站数据分析

数据分析是一个非常大的概念，可以面向不同行业、不同对象进行。近年来，云计算、大数据和人工智能的发展让数据分析行业得以更高效、更准确、更智能地进行数据处理和应用，为各行各业（如商业决策、市场调研、医疗健康、智能交通、环境保护等）的发展带来更多机遇与挑战。

网站数据分析作为特定的细分场景，以互联网数据为中心，专注于分析垂直性互联网行业的数据，例如平台流量监控、目标用户研究、网站日常维护、运营推广技巧等。本节希望以全面的视角，向读者介绍网站数据分析常见的视角、指标、技术手段及相关案例。如果对"数据分析如何驱动设计决策"感兴趣，则请参见在 2.9 节。

2.11.1 为何要分析网站数据

在互联网不断发展的背景下，人们对网站的期望也在不断提高。用户更加注重网站性能的方方面面，如易用性、安全性和个性化服务等。开尔文有句名言："不能度量，就无法改进。"这句话恰好道出了网站数据分析的宗旨：通过对网站数据进行分析，为网站运营决策提供有力支持。

分析网站数据是一种重要的数字化营销策略。它可以帮助企业了解客户的行为和需求，从而优化网站用户体验，提高转化率和销售额。随着互联网技术的不断发展，越来越多的企业开始将数字化营销作为核心战略，网站数据分析成为数据化营销中不可或缺的一环。

从图 2-81 中可以看到，对于从用户点击广告到完成销售任务的整个环节中的数据，可以通过各类网站分析工具（如 Google Analytics[1]、OMNITURE[2]等）实现采集与分析，这有助于提升访问体验以获取更高的在线 Leads[3]的转化。分析师只有把用户在各个环节的数据有效关联起来，才能在第一时间内找到优化业务的正确方向。

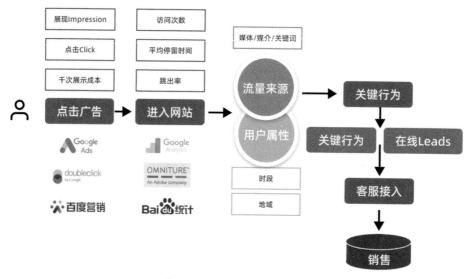

图 2-81　数据驱动业务提升[62]

2.11.2　不同视角下的网站数据分析

1. 数学统计视角下的网站数据分析

从数学统计视角来看，网站数据分析需要使用各种统计方法和技术。首先，需要收集和整理数据，如访问量、页面浏览量、跳出率等。然后，可以使用描述性统计方法对数据进行总结和概括，如平均值、中位数、标准差等。接下来，可以使用推断统计方法进行假设检验和置信区间估计，如 t 检验[4]、方差分析等。最后，可以使用回归分析等方法来探索变量之间的关系，并建立预测模型。

2. 业务视角下的网站数据分析

这里主要涉及对业务流程上各类数据指标的分析，需要结合真实业务含义与场景

1　Google Analytics：网站分析软件，功能强大且免费，高级细分及定制功能很强大，由谷歌公司开发。

2　OMNITURE：网站分析软件，功能齐全，但是费用比较高，适合大型企业使用，由 Adobe 公司出品。

3　Leads 指通过交流得到的关于某人购买某种产品或服务的可能性的数据。

4　t 检验：又称 student t 检验（student's t test），主要用于样本量较小（例如 $n < 30$）、总体标准差 σ 未知的正态分布。t 检验用 t 分布理论来推论差异发生的概率，从而比较两个平均数的差异是否显著。

对实际问题进行构建和还原。基于业务的分析不是纯理性的数理推算，而是感性地去探索问题。因此很多分析师会基于各类报表进行业务流程上的指标映射，也就是目前行业里经常讲的数据驱动业务结果或指标过程改进。例如，A/B 测试是一种实验设计方法，用于比较两个或更多版本的产品、营销策略或网站页面，以确定哪种版本能够产生更好的结果。A/B 测试是一种有效且灵活的成本较低的测试方法，可以避免盲目调整或改变，从而降低风险。

3．商业视角下的网站数据分析

从商业视角来看，网站数据分析需要关注商业目标和收益。首先，分析师需要确定商业目标，如增加销售额、提高客户满意度等。然后，分析师可以通过分析用户行为来对用户群体进行分层，如哪些用户的购买力较强、他们喜欢购买哪些产品，等等。接下来，分析师可以通过开展营销活动等方法吸引更多潜在客户，并提高转化率和客户忠诚度。最后，分析师可以根据数据分析结果来制订营销策略和投资计划，如进行特定人群的广告投放、开展特定品牌的促销活动等。

4．体验视角下的网站数据分析

从体验视角来看，网站数据分析通过分析用户在访问网站时的感受来评估网站的优化方向并提出改进措施。可以利用不同模型对用户体验进行度量，目前行业中主要使用的用户体验度量模型如下。

- 系统易用性量表（System Usability Scale，SUS）是常用的易用性量表，通过 10 个问题来评估用户对系统易用性的主观感受。
- 净推荐分数（Net Promoter Score，NPS）是衡量用户满意度和忠诚度的指标，通过问卷调查来评估用户是否愿意向他人推荐该产品或服务。
- 客户费力指数（Customer Efforts Score，CES）是衡量用户在使用产品或服务时所需的努力程度的指标，通过问卷调查来评估用户的体验感受。
- HEART 模型由谷歌公司于 2010 年发表，是以用户为中心的度量模型，包括 5 个方面：愉悦度、参与度、接受度、留存度、任务完成度，可被用于综合衡量 C 端业务中用户对产品服务的整体感受。
- 阿里云 UES（User Experience Score）模型是阿里云设计中心通过多年实践沉淀出的云产品体验度量系统，适用于大部分 B 端中后台产品的体验度量，包括 5 个维度：一致性、易用性、满意度、任务效率、性能。

以上用户体验度量模型可以帮助企业和团队更加全面地了解网站给用户带来的感

受，从而有针对性地对网站进行优化。

2.11.3 网站数据分析的重要数据指标

网站数据分析的重要数据指标如图 2-82 所示。

图 2-82 网站数据分析的重要数据指标

1. 流量指标

- 访问量：网站接收到的访问量总数，是衡量网站受欢迎程度的重要指标。
- 独立访客：访问网站的 IP 地址数量，用于衡量网站的用户数量。
- 页面浏览量：网站所有页面的浏览数，也叫 PV。
- 平均停留时间：用户在网站中停留的平均时间，用于衡量用户对网站的黏性。
- 跳出率：访问网站后只查看一个页面或在访问第一个页面后直接离开的用户所占比例，用于衡量网站的吸引力。

2. 行为指标

- 转化率：完成某个预定的行为（如提交表单、注册、购买等）的用户所占的比例。
- 转化成本：用户完成一次转化所需要的成本，用于衡量营销活动的效率。
- 转化路径：用户从进入网站到完成转化的路径，用于优化站点路径。
- 用户来源：用户从哪些渠道进入网站，包括搜索引擎、社交媒体、广告等。
- 用户点击量：一段时间内用户点击某个链接或按钮的次数，用于评估用户参与度。这些点击可以是对不同图片、文章、商品或广告的点击。对用户点击行为的更多解释，请参考本书 2.9 节。

3．社交指标

- 分享量：网页被分享的次数，用于衡量网站的社交影响力。
- 点赞数：网页被点赞的次数，用于衡量网站的内容质量和用户满意度。
- 评论数：网站被评论的次数，用于衡量网站的用户互动性和用户满意度。
- 社交媒体的流量：从社交媒体平台引流到网站的流量，用于衡量社交媒体对网站的贡献。

4．广告指标

- 广告点击率：广告点击次数占广告展示次数的百分比，用于衡量广告的吸引力。
- 广告转化率：广告实际触发预期行动的用户比例，预期行动包括购买产品、注册、下载等。广告转化率 = 完成预期行为的用户数 ÷ 浏览广告的总用户数 × 100%。
- 成本：投放广告的成本，包括点击费用、展示费用等。

5．内容指标

- 页面质量：包括页面加载速度、易用性等，影响用户体验和搜索引擎排名。
- 内容质量：包括文章、图片、视频等，影响用户满意度和搜索引擎排名。
- 页面排名：网站在搜索结果中的排名，影响网站的流量和用户转化率。
- 搜索关键词排名：网站在搜索结果中针对特定关键词的排名，可用于优化 SEO 转化率。

6．其他指标

- 用户满意度：用户对网站的满意程度，用于衡量用户体验和品牌形象。
- 客户维护成本：网站维护客户所需的成本，包括客服支出、售后支出等，用于优化客户服务流程。
- 品牌声誉：网站在用户心目中的形象，影响用户忠诚度和品牌口碑。

2.11.4　网站数据分析的技术手段

1．网站数据埋点

网站数据埋点是一种数据采集技术，指对特定用户行为或事件进行捕获、处理和发送的相关技术及实施过程。采集数据的方式通常是通过代码埋点嵌入网站页面，收集用户行为数据并传输到服务器。对数据的存储和处理通常使用数据库[1]、数据仓库[2]等技术。在结合业务模型进行分析后，分析工具往往通过图表、报表、仪表盘等可视化手段，帮助网站管理员更好地理解数据，以便进行决策和优化。网站数据分析流程如图 2-83 所示。

图 2-83　网站数据分析流程

网站数据埋点有以下 3 种。

（1）**代码埋点**，即在需要埋点的节点调用接口直接上传埋点数据。友盟+、百度统计平台等第三方数据统计服务商大都采用这种方式，主要通过命令式代码调用，如图 2-84 所示。这种方法的优点是针对特定场景埋点，可获得业务数据，准确性高；缺点是开发工作量大，每个埋点都需要单独实现，代码入侵量大，与业务代码混在一起容易出错。

（2）**可视化埋点**，即通过可视化工具配置采集节点，在后台配置埋点数据，在客户端自动解析配置并上报埋点数据（如图 2-85 所示），从而实现"无痕埋点"，代表产品是国内的神策分析平台[3]。这种方法的优点是不依赖开发实现，配置简单、灵活；缺点是前期开发成本很大，SDK[4]和后台开发成本都会增加，适合较为简单的业务场景，不能获取复杂业务参数。

1　数据库是按照数据结构来组织、存储和管理数据的仓库，是长期存储在计算机内的、有组织的、可共享的、统一管理的大量数据的集合。

2　数据仓库（Data Warehouse，DW 或 DWH）是为企业所有级别的决策提供数据支持的战略集合。它存储的是单个数据，创建目的是为分析性报告和决策提供支持。数据仓库为需要业务智能的企业提供业务流程改进和监视的时间、成本、质量及控制方面的指导。

3　神策分析平台是针对企业级客户推出的深度用户行为分析产品，支持私有化部署，客户端、服务器、业务数据、第三方数据的全端采集和建模，驱动营销渠道效果评估、用户精细化运营改进、产品功能及用户体验优化、老板看板辅助管理决策、产品个性化推荐改造、用户标签体系构建等应用场景。

4　SDK 全称为 Software Development Kit，意思是软件开发工具包，指软件工程师为特定的软件包、软件框架、硬件平台、操作系统等建立应用软件时的开发工具的集合，广义上指辅助开发某一类软件的相关文档、范例和工具的集合。

图 2-84　友盟+的代码埋点方式截图

图 2-85　可视化埋点配置界面

（3）**无埋点**，并不是不需要埋点，而是客户端利用 Hook 拦截系统的响应事件，自动采集全部事件并上报埋点数据，在计算后端数据时过滤出有用数据，其代表产品是国内的 GrowingIO[1]。这种方法的优点是可回溯数据，埋点覆盖面更全，可以在后台

1　GrowingIO 是基于用户行为的新一代数据分析产品，提供了全球领先的数据采集和分析技术。利用 GrowingIO，企业无须在网站或 App 中埋点即可获取并全面、实时地分析用户行为数据，以优化产品体验，实现精益化运营，用数据驱动用户和营收的增长。

查看全面的数据记录；缺点是采集的数据量很大，对数据传输和存储的要求很高，并且无效数据较多，只适合较为简单的业务场景。

2．网站数据分析工具

目前有很多提供数据分析工具的平台，例如国外的 Google Analytics、OMNITURE 等，国内的百度统计、友盟+（如图 2-86 所示）等。借助这些平台提供的工具对网站进行埋点后，就能非常方便地监测并采集到数据。不同平台面向的行业不同，它们多集中于数据统计、运营分析、数据决策和数据应用等层面为企业提供完善而精细化的数据管理服务。

图 2-86　友盟+的数据分析产品矩阵截图

2.11.5　消费者行为分析方法及案例

在电子商务领域，商家通常会通过挖掘和分析数据来更好地了解消费者。这样做有助于企业开发出更适合消费者需求的产品和服务，并对不同消费群体制定精准的营销策略。然而，在这个过程中，网站运营者面临数据整合、清洗、分析等挑战，需要使用合适的分析模型和工具来处理大量数据，并得出有意义的结论。其中，消费者行为分析是非常基础和通用的数据分析方法，涵盖了消费者在购买商品时所做决策的过程、影响和行为。通过借鉴营销学、广告学、用户增长等理论，并结合数据可视化技术，分析者能够深入了解并揭示用户行为的内在规律。

消费者行为分析有以下 4 种常见方法。

1．行为路径分析

行为路径指因发生时间不同而产生先后顺序的用户行为序列。例如，用户从登录网站到支付要经过搜索、浏览、加入购物车、提交订单、支付等过程，因此可以通过计算所有细分用户每一步的流向，累加生成整体的用户行为路径大图。现实中用户购物是一个反复的过程，例如提交订单后，用户可能返回网站继续搜索商品，也可能取消订单。而行为路径分析是通过分析消费者的主流路径，了解消费者的行为习惯，有针对性地优化网站布局和导航，提升用户的浏览和购买体验。

行为路径分析对网站的运营优化有着很大的帮助。通过对行为路径大图的可视化展示，运营人员可以整体了解用户从触达到购买的主路径和次路径，以及路径中各环节的转化率，发现用户的习惯和偏好。除此之外，行为路径分析也可以用于监测和定位用户路径中存在的问题，发现异常路径或高价值路径，判断影响转化的主要因素和次要因素。最后，行为路径分析还可以根据路径长短对消费者进行分类，如表 2-15所示。

表 2-15　根据用户行为路径对消费者进行分类

类　　型	说　　明
冲动型	行为没有目的性，浏览行为比较频繁，一旦遇上促销，就容易产生消费行为
理性型	行为路径非常具有目的性，搜索行为比例较高，不容易被促销优惠打动
比较型	行为路径存在反复比较性，在多商家同类产品间浏览比例较高
贪婪型	行为路径中更偏好领取优惠券和赠品，且愿意为了优惠而成交

✍ 案例：

行为路径分析结果通常以桑基图[1]展现。运营人员通过在桑基图上筛选起点和终点，可以详细查看某个时间段内用户行为的流转路径。

如图 2-87 所示，某电商商家在"618"活动期间，希望监测消费者到店消费的行为路径。在汇总及分析了数据后，运营人员发现 6 月活跃人群的下单行为大多来自直接搜索，说明这些购买行为带有强烈的主观搜索意图，但从下单到支付的转化率非常低，这就需要结合其他分析挖掘更深层的原因了。

1　桑基图（Sankey Diagram）用于描述一组值到另一组值的流向，通常用于能源、材料、金融数据的可视化分析。在桑基图内部，不同的线条代表不同的分流情况，线条的宽度代表分支的数据多少。

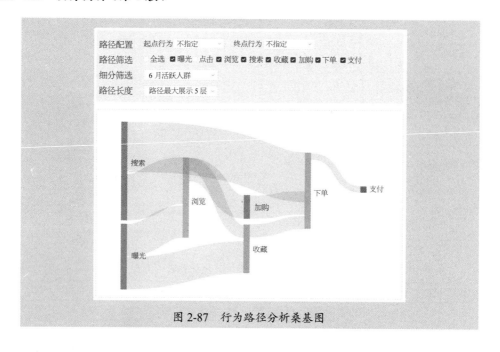

图 2-87　行为路径分析桑基图

2．漏斗分析

漏斗分析表现的是从起始环节到购买环节这一过程中用户的行为步骤和各步骤之间的转化率。它在流量监控、产品目标转化及日常数据运营与分析等领域得到广泛运用。漏斗分析也是电商网站常用的标准流程分析方法，如图 2-88 所示。

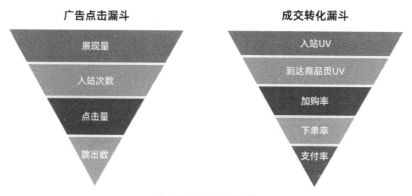

图 2-88　漏斗分析[63]

漏斗分析一般有两个目标：一是通过异常数据指标找到有问题的环节并解决，最终提升整体购买率；二是通过对比不同人群下的"漏斗"是否流转正常，可以对流失较多的人群进行再营销。

✍ 案例：

　　某电商商家在"618"活动期间，希望了解不同消费者在店铺内的流转情况。但是单个用户的漏斗模型并不具备分析意义，店铺运营人员需要聚类不同用户的漏斗流转序列，最终聚合成群体的漏斗模型。假设将漏斗节点定义为"浏览""加购""成交"，下面是 4 个用户的行为路径。

　　用户 1：浏览→成交→加购，输出漏斗为"浏览→加购"。

　　用户 2：加购→浏览→成交，输出漏斗为"浏览"。

　　用户 3：浏览→加购→成交，输出漏斗为"浏览→加购→成交"。

　　用户 4：加购→成交，输出漏斗为"无"。

　　所以，最终漏斗为"浏览（3 人）→加购（2 人）→成交（1 人）"。

　　再假设该店铺有用户人群 A 和 B，将漏斗节点定义为"曝光""浏览""加购""成交"，对比这两个群体的漏斗转化差异，如图 2-89 所示。

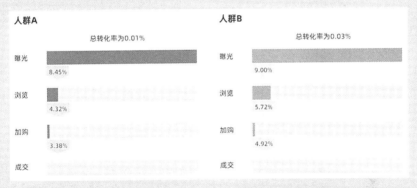

图 2-89　不同人群漏斗分析模型对比

　　从图 2-89 中可以看出，人群 B 的总转化率较高（这里的总转化率表示漏斗的第一层"曝光"流转到最后一层"成交"的人数占比，是各层转化率的乘积）。还可以看出不同层级的流转率不同：从"曝光"到"浏览"的转化率较高，这说明较多用户都会点击进入商品详情页查看；但"浏览"到"加购"的转化率会低很多，说明大部分用户并不会将商品加入购物车，这可能是因为商品利益点暴露不足或者价格优势不明显，导致用户跳出，这就需要结合其他业务分析来判断各个层级的流转率是否正常。

3. 留存分析

　　留存分析是指不同细分用户在被触达后，不同时间的留存人数占首次触达人数的百分比，一般有两个目标：一是了解由渠道[1]触达的用户在未来一段时间内每天的转化比例；二是根据不同渠道每天转化率的变化情况，判断渠道效果差异，从而优化营销策略。

案例：

　　某电商商家在"618"活动期间，希望洞察不同用户人群在不同周期中的留存情况，留存率一般用表格来呈现。假设该店铺有 2 个不同的用户人群 A 和 B，从图 2-90 中可以看出，人群 A 的留存率普遍比人群 B 高，而且在同一人群中，留存率在前 2 天会较高，然后随着时间的增长逐步降低。

人群/首次触达日期	总人数	第0日	第1日	第2日	第3日	第4日	第5日	第6日	第7日
人群A	17157	74.24%	35.79%	22.64%	15.59%	10.78%	7.23%	3.67%	0.13%
20220617	2849	92.66%	53.60%	39.73%	31.59%	26.25%	25.69%	21.45%	0.67%
20220618	2695	79.00%	42.12%	28.87%	25.16%	22.34%	18.48%	0.45%	0.04%
20220619	2378	74.22%	38.60%	29.56%	24.14%	20.40%	0.17%	0.13%	0.04%
20220620	2314	70.58%	36.14%	28.72%	21.09%	0.50%	0.17%	0.04%	0.01%
20220621	2339	67.89%	35.70%	23.69%	0.56%	0.04%	0.04%	0.09%	0.04%
20220622	2369	66.02%	32.84%	0.80%	0.04%	0.08%	0.04%	0.01%	0.00%
20220623	2114	63.81%	3.6%	0.28%	0.00%	0.00%	0.00%	0.00%	
人群B	354336	77.80%	15.59%	10.28%	7.60%	5.70%	4.25%	2.56%	0.10%
20220617	75798	90.76%	21.61%	16.08%	13.98%	12.52%	12.62%	11.61%	0.34%
20220618	52520	81.16%	17.94%	13.78%	11.63%	11.07%	9.96%	0.30%	0.07%
20220619	47365	75.86%	17.24%	13.08%	10.91%	9.77%	0.28%	0.10%	0.06%
20220620	48504	74.82%	15.46%	11.68%	9.76%	0.34%	0.11%	0.05%	0.05%
20220621	40824	71.65%	16.45%	11.61%	0.43%	0.10%	0.08%	0.06%	0.02%
20220622	43043	70.98%	15.53%	0.62%	0.22%	0.08%	0.06%	0.04%	0.01%
20220623	46319	69.62%	1.58%	0.30%	0.12%	0.06%	0.03%	0.02%	0.02%

图 2-90　不同人群留存率分析对比

4. 用户生命周期价值分析

　　用户生命周期价值[2]用于衡量用户对产品所产生的价值，是所有运营手段的最终衡量指标。举例来说，网站运营人员可以通过比较最近 90 天依靠付费搜索和自然搜索获

1　渠道指电商企业用于推广和营销产品的途径和方式。常见的渠道有：搜索引擎营销（SEM）、社交媒体营销、直播营销、内容营销、电子邮件营销、短信营销等。

2　用户生命周期价值（Life Time Value，LTV；或 Customer Lifetime Value，CLV）指一位用户在与企业的关系中预计产生的全部经济价值。

得的用户,以及通过网站 A 和网站 B 获得的用户,评估哪种渠道带来的用户价值更高。因此,用户生命周期价值分析也可以被用于评估渠道的质量。

这类分析模型的核心是对用户与产品的首次互动进行定义,并根据一段时间内的累积人均收入来衡量用户价值。首次互动可以是短视频平台的广告触达,也可以是公众号消息推送等。衡量周期可以是每日、每周或每月等,周期可以是 90 天、180 天或360 天等。

✍ **案例:**

> 某电商商家在"618"活动后,希望了解展示广告、搜索广告、信息流广告 3 种不同渠道中哪种带来的用户价值最大。图 2-91 展现了 3 种不同渠道触达的用户在后续半年(24 周)内的生命周期价值。从图中不难看出,从第 13 周开始,用户价值增速趋于平缓。

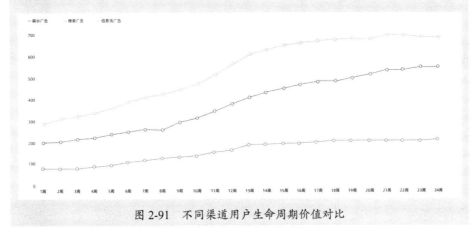

图 2-91　不同渠道用户生命周期价值对比

参考文献

[1] 马英. 图表的力量:Office 表单、图示和图表设计[M]. 北京:中国青年出版社,2012.

[2] 邓力. 南丁格尔玫瑰图[J]. 中国统计,2017(6):34-36.

[3] 雷达图[EB/OL]. (2014)[2023-07-28]. http://shu.taobao.com/.

[4] 韩明文. 图表说服力:Excel 与 PowerPoint 的图表终极活用术[M]. 北京:清华大学出版社,2011.

[5] 艾瑞网. 各大电商 3C 家电消费面积图[EB/OL]. (2014)[2023-07-28]. http://a. iresearch.cn.

[6] 艾瑞网. 不同场合人们使用手机的情况[EB/OL]. (2013)[2023-07-28]. http://a.iresearch.cn.

[7] 艾瑞网. 亚马逊 2009—2013 年收入情况变化趋势[EB/OL]. (2013)[2023-07-28]. http://a.iresearch.cn.

[8] 艾瑞网. 用户休息时手机放置地点占比图[EB/OL]. (2014)[2023-07-28]. http://a.iresearch.cn.

[9] 艾瑞网. 一线城市网民互联网价值图谱[EB/OL]. (2014)[2023-07-28]. http://a.iresearch.cn.

[10] 市场研究与统计技术. 两种常用的知觉图绘制方法比较[EB/OL]. (2002-09-10) [2023-07-22]. http://www.3see.com/library/librarys/2002/09/10/42.html.

[11] URBAN G L, STAR S H. Advanced marketing strategy: phenomena, analysis, and decisions[M]. Prentice Hall, 1990: 280.

[12] 王方华，李乃和. 营销工程[M]. 上海：上海交通大学出版社，2006:126-128.

[13] MBA 智库. 知觉图[DB/OL]. (2016-03-01)[2023-07-22]. http://wiki.mbalib.com/wiki/%E7%9F%A5%E8%A7%89%E5%9B%BE.

[14] ASHOKCHARAN. Perceptual maps (correspondence analysis)[EB/OL]. (2013-03-13) [2023-07-22]. https://www.ashokcharan.com/Marketing-Analytics/~bs-perceptual-maps. php#gsc.tab=0.

[15] ZHENG X S, LIN J J W, ZAPF S, et al. Visualizing user experience through "perceptual maps": concurrent assessment of perceived usability and subjective appearance in car infotainment systems[C]//International conference on digital human modeling. Springer-Verlag, 2007.

[16] UX Planet. Top things to know about UX competitive analysis[EB/ OL]. (2020-07-28) [2023-07-22]. https://uxplanet.org/top-things-to-know-about-ux-competitive-analysis-d91689fd8b36.

[17] 表引自:王方华,李乃和. 营销工程[M]. 上海:上海交通大学出版社,2006:126-128.

[18] 优雅但无解. SPSS 做因子分析操作步骤及结果分析超详细版[EB/OL]. (2022-07-24)[2023-07-22]. https://zhuanlan.zhihu.com/p/477640246.

[19] 王方华，李乃和. 营销工程[M]. 上海：上海交通大学出版社，2006:145-148.

[20] YOUTUBE. Running a preference mapping in XLSTAT[Z/OL]. (2011-04-06) [2023-07-22]. https://www.youtube.com/watch?v=9JlPAVavVQQ.

[21] YOUTUBE. Perceptual mapping[Z/OL]. (2018-11-09)[2023-07-22]. https://www.youtube.com/watch?v=L9hgJ-4hLYg.

[22] YOUTUBE. Perceptual mapping & product positioning explained[Z/OL]. (2012-10-26) [2023-07-22]. https://www.youtube.com/ watch?v=xJUrBylId7I .

[23] 罗伯特·帕尔马蒂尔，什里哈里·斯里达尔. 营销战略：第一原理和数据分析[M]. 康俊，杨智，译. 北京：中国人民大学出版社，2020.

[24] MBA 智库. 鱼骨图[DB/OL]. (2023-02-25)[2023-07-22]. http://wiki.mbalib.com/wiki/%E9%B1%BC%E9%AA%A8%E5%9B%BE.

[25] 维基百科. 五个为什么[DB/OL]. (2022-11-17)[2023-07-22]. https://zh.wikipedia.org/wiki/五个为什么.

[26] 快懂百科. 软件缺陷[DB/OL]. (2022-05-15)[2023-07-22]. http://www.baike.com / wiki/软件缺陷.

[27] 快懂百科. 客户满意度[DB/OL]. (2023-05-17)[2023-07-22]. http://www.baike. com/ wiki/客户满意度.

[28] 百度文库. 卡片法[DB/OL]. [2023-07-18]. http://wenku.baidu.com/view/ 130f1a4ce518964bcf847ceb.html.

[29] CHEN J. 利用卡片分类进行信息架构[EB/OL]. (2008-07-26)[2023-07-18]. http://ucdchina.com/snap/95.

[30] ELLERBY L. Analysis, plus synthesis: turning data into insights[EB/OL]. (2009-04-01)[2023-07]. http://www.uxmatters.com/mt/archives/2009/04/analysis-plus-synthesis-turning-data-into-insights.php.

[31] 董小英，李芳芳，鄢凡，等. 我国企业 CIO 在信息化建设中的角色：基于 Q 方法的研究[J]. 信息系统学报，2008，2(2): 10-21.

[32] 赵德雷，乐国安. Q 方法论述评[J]. 自然辩证法通讯，2003(4)：34-39，110-111.

[33] 戴力农. 基于人物角色法的上海中高收入家庭儿童家具设计研究[D]. 南京：南京林业大学，2017.

[34] HUANG X J, DAI L N. Chinese cultural values in user experience design of kids' home products[C]//International Conference on Cross-Cultural Design. Switzerland: Springer, Cham, 2015.

[35] 仇泓钧. 基于人物角色法的亲子家庭室内设计研究[D]. 上海：上海交通大学，

2021.

[36] 快懂百科. 情景分析法[DB/OL]. (2022-02-06)[2023-07-22]. http://www.baike.com/wiki/情景分析法.

[37] CARD S K，MORMAN T P，NEWELL A. GOMS[DB/OL]. [2023-07-19]. https://en.wikipedia.org/wiki/GOMS.《设计心理学》作者 Donald Norman 在此基础上提出"采取行动的 7 个阶段"。

[38] 联合调研项目团队. 手机宠物人物角色案例分享[DB/OL]. (2010-12-18) [2023-07-18]. http://www.docin.com/p-108474714.html.

[39] COOPER A, REIMANN R M. 软件观念革命 交互设计精髓[M]. 詹剑锋，张知非，译. 北京：电子工业出版社，2005.

[40] COOPER A, REIMANN R, CRONIN D. About face 3：the essentials of interaction design[M]. John Wiley & Sons, 2007.

[41] MULDER S, YARR Z. 赢在用户：Web 人物角色创建和应用实践指南[M]. 范晓燕，译. 北京：机械工业出版社，2007.

[42] NIELSEN L. Engaging personas and narrative scenarios[D]. Copenhagen: Copenhagen Business School, 2004.

[43] CHURRUCA S. DIY user personas[EB/OL]. (2013-06-28)[2023-07-19]. http://www.ux-lady.com/diy-user-perso nas/.

[44] APESK. The big five[EB/OL]. [2023-07-19]. http://www. apesk.com/bigfive/.

[45] 赵宗. 麦尔斯-布瑞格斯人格类型量表综述[EB/OL]. [2023-07-19]. https://www.renrendoc.com/p-38233456.html.

[46] 库伯·莱曼，克罗宁，等. 交互设计精髓[M]. 倪卫国，刘松涛，杭敏，等译. 北京：电子工业出版社，2015.

[47] LELIE C V. The value of storyboards in the product design process[J]. Personal technologies, 2006, 10(2a3): 159-162.

[48] 刘伟，走进交互设计[M]. 北京：中国建筑工业出版社，2013.

[49] 范特曦. 腾讯数据地图宣传图动画片《数据魔方》分镜头/故事版[EB/OL]. (2022-07-01)[2023-07-28]. https://www.zcool.com.cn/work/ZNjExMDUwMTI=.html.

[50] 动画学术趴. 有了这个神器，再也不用担心做不好故事板了[EB/OL]. (2017-05- 31) [2023-07-28]. https://zhuanlan.zhihu.com/p/27176268.

[51] MELNIK N. 8 Critical usability testing mistakes and how to avoid them[EB/OL]. [2023-07-29]. https://usabilitygeek.com/critical-usability-testing-mistakes-and-how-to-avoid-them/.

[52] BRIANVOTAW. Working process[EB/OL]. [2023-07-29]. https://www.brianvotaw.com/Working-Process.

[53] NIELSEN J. How many test users in a usability study?[EB/OL]. (2012-06-03) [2023-07-23]. https://www.nngroup.com/articles/how-many-test-users/.

[54] VWO. A/B testing guide[EB/OL]. [2023-07-28]. http://visualwebsiteoptimizer.com/ab-testing/#what-is-ab-testing.

[55] HBSPOT[CP/OL]. [2023-07-28]. https://www.hubspot.com/.

[56] OPTIMIZELY[CP/OL]. [2023-07-28]. https://www.optimizely.com/.

[57] ZOHO[CP10L]. [2023-07-28]. https://learn.launchdarkly.com/.

[58] 甘甜. A/B 测试有什么局限性？ [EB/OL]. (2013-06-12)[2023-07-28]. https://www.zhihu.com/question/19631253/answer/17466330.

[59] VWO. How Ubisoft used A/B testing to increase lead generation[EB/OL]. [2023-07-19]. https://vwo.com/success-stories/ubisoft-ab-testing-lead-generation/.

[60] 易分析[Z/OL]. [2023-07-28]. https://yeefx.com/index.html.

[61] CHNBRAND 品牌洞察. 官方重磅 | 2023 年中国顾客推荐度指数 C-NPS 研究成果及排行榜权威发布[EB/OL]. (2023-01-10)[2023-07-28]. https://mp.weixin.qq.com/s/1DMcw_sZrP_XEY-Hu-a8Hw.

[62] 克利夫顿. 流量的秘密：Google Analytics 网站分析与优化技巧[M]. 2 版. 王彦平, 译. 北京：人民邮电出版社，2012.

[63] 王彦平，吴盛峰. 网站分析实战：如何以数据驱动决策，提升网站价值[M]. 北京：电子工业出版社，2013.

第 3 章

从设计调研到设计洞察

3.1 设计调研的流程

根据产品所处的阶段不同，设计调研通常可以分为两种形式：一种是针对已有产品，通过设计调研发现产品存在的问题并进行改进，提升产品体验；另一种是针对全新的产品，通过设计调研，提出设计原型，让用户进行体验并收集反馈，进而不断改进和完善产品设计，直到满足用户需求。后者包含前者，贯穿于产品从形成到消亡的整个过程。

图 3-1 是用户体验与产品创新设计过程模型，该模型描述了整个产品设计过程及涉及的设计调研方法。本书对其中的关键方法有具体的介绍，如单人访谈（详见 1.2 节）、焦点小组（详见 1.3 节）、调查问卷（详见 1.4 节）、头脑风暴（详见 1.5 节）、情景分析（详见 2.4 节）、人物角色模型（详见 2.5 节）、可用性测试（详见 2.7 节）。

在实际应用中，由于资源（时间、人力、财力）有限，很少有企业会在产品设计的每个阶段都进行设计调研，绝大多数企业会选择在某些关键设计阶段，根据产品状态，选择最佳设计调研方法或方法组合，完成设计调研目标。下面简单介绍一下设计调研的通用流程，以及如何在不同的设计阶段，基于不同的设计调研目标，选择正确的设计调研方法。

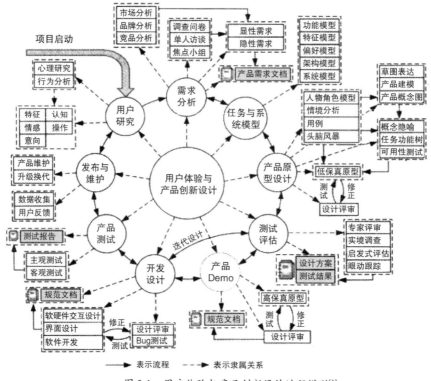

图 3-1　用户体验与产品创新设计过程模型[1]

3.1.1　确定设计调研的目标与方法

设计调研的第一步，也是最重要的一步，就是明确设计调研的目标，并根据目标选择正确的设计调研方法。在这个过程中，我们需要对设计调研的需求进行分析，明确产品目前所处的阶段、设计调研希望解决的问题及具体内容，同时初步确定设计调研将会采用的方法。

如图 3-2 所示，本书介绍的大多数设计调研方法可以被划入 4 个象限。横轴表示该方法得到的数据是客观的（人们所做的，即行为）还是主观的（人们所说的，即目标和观点）；纵轴表示该方法的类型是定性（了解）的还是定量（验证）的。

定性和定量是两个相对的概念。定性的方法主要用于发掘问题、理解事件/现象、分析人类的行为与观点，主要解决"为什么"的问题。定量的方法通常是对定性方法发现的问题的验证，主要解决"是什么"的问题，常用于发现行为或事件的一般规律。在产品的不同阶段，我们需要解决不同的问题，因此选择的方法类型也就不同。

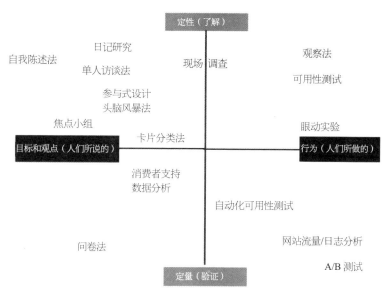

图 3-2　设计调研方法的差异性

1. 与产品生命周期对应的设计调研方法

我们可以将产品的生命周期划分为 4 个阶段，并根据在不同阶段面对的不同问题，选择不同类型的设计调研方法，如图 3-3 所示。

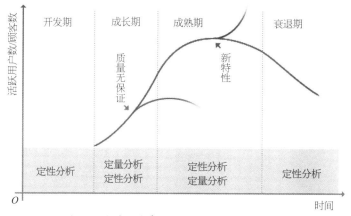

图 3-3　与产品生命周期对应的设计调研方法[2]

产品开发期

在这个阶段我们还没有用户，需要解决的问题是"目标用户的需求应该如何被满足"。这可以通过用户（竞品用户、专家用户）访谈和二手资料研究等定性方法来解决。

产品成长期

在这个阶段我们需要保证和提高产品的质量，维持高增长率。积累用户数据可以帮助我们更好地进行人群细分，再结合定性的方法来获得特定类型用户对产品的使用反馈，从而保证产品质量，提高产品竞争力。例如，我们可以通过对用户的使用行为进行定量分析来区分活跃用户与不活跃用户，并通过定性方法了解用户不活跃的原因，从而改进产品。

产品成熟期

在这个阶段产品趋于稳定，需要通过创新来保持竞争力，所以我们需要挖掘新的用户群，并通过增加产品新特性来开辟市场，使产品重新进入成长期。例如，通过访谈等定性的方法发现企业即时通信用户对网络存储存在需求，并通过大样本的问卷调查验证了该需求具有较大的市场可能性，从而考虑在企业即时通信中增加网盘功能。

产品衰退期

产品如果无法顺利延长成熟期或无法再次进入成长期，就可能逐渐消亡，即进入衰退期。如果我们选择调整产品以适应新的用户群，那么又回到了产品开发期。

2．与产品设计阶段对应的设计调研方法

以上是从大的产品周期来看，各个阶段通常需要选用不同类型的方法。实际具体到每个阶段，也可能涉及多种研究方法。以新产品从无到有的设计过程（产品开发期）为例，可以再细分为4个小阶段，每个阶段有不同的目标与具体的设计调研方法，如表3-1所示。

表 3-1　与产品开发期对应的设计调研方法

阶　　段	目　　标	基本方法	其他方法
细察环境 ● 外面有什么？ ● 接下来会发生什么？	探索、定义、描述，监视	二手资料研究、单人访谈法、观察法	问卷法、产品博客、在线用户交流、网络研究、焦点小组
形成方案 方案的可行性如何？	形成、定义、探索	单人访谈法、焦点小组、快速原型和反馈	二手资料研究、眼动测试
选择方案 哪个是最好的？	验证、评估、测试，确认、选择、优化	问卷法、可用性测试、后台数据分析	二手资料研究、眼动测试
评估结果 我们做得有多好？	衡量、跟踪	问卷法、二手资料研究、后台数据分析	单人访谈法、眼动测试

细察环境

在这一阶段，我们需要了解目前市场上是否已经有同类产品，现在使用这些产品的用户情况如何，接下来会发生什么样的变化等，目标是探索客观环境，定义并描述我们的设计需要解决的实际问题，监视现有的同类产品。在这个阶段往往要进行竞品研究：竞品有哪些优劣势，我们的机会在哪里，如何做差异化设计，如何通过竞品的不足来帮助我们的产品走得更远。

在了解了市场和环境后，我们通过各种手段来采集目标用户的数据，了解他们的真实环境、真实行为、真实想法，从中找到与竞争对手形成差异的设计机会点。用户设计调研对于创新性设计非常重要。

形成方案

我们要探索多种问题的解决方案，同时考虑可行性问题。这个阶段又称为 Demo 期，可以利用简单的纸面原型进行快速测试和反馈，通常和单人访谈或焦点小组一起进行，目标是持续地与用户的思维进行碰撞，避免产品到了后期或者外发阶段再做高成本的修改。

选择方案

在前期我们或许形成了多个方案，我们需要对这些方案进行测试、评估与验证，了解用户对各个方案的接受情况，选择最佳的方案，并通过用户反馈优化设计方案。这个阶段往往有较为成形的产品，或者进行了小范围的灰度发布，通常采用可用性测试或后台数据分析获取用户行为数据，并结合问卷调查做量化的验证。

评估结果

当设计正式对外发布后，我们可以利用论坛、博文、问卷、后台数据等渠道收集用户反馈，并建立各类指标来衡量与追踪产品满意度。

以上从产品生命周期与产品开发期的不同设计调研目标出发，对常用的方法进行了梳理。在实际工作中，明确产品所处的阶段，可以帮助我们快速聚焦设计调研的目的及设计调研的方法。这是设计调研最重要的一步。

| 3.1.2　制订设计调研计划

在明确了设计调研的目标与方法之后，我们需要制订详细的设计调研计划。这是对整个设计调研的细化，能够帮助我们在设计调研过程中明确方向与重点，把控时间节点，并预测结果的大致方向。设计调研计划主要包括以下几部分内容。

1．设计调研的背景

这部分主要描述设计调研的背景、产品所处的阶段和希望通过设计调研解决的问题。例如，我们有一款成熟的 App，现在需要对该产品进行全面的评估，以加深对用户需求的理解，从而提升产品质量。

2．设计调研的目的

设计调研背景中提到的问题，既是调研中需要回答的问题或完成的具体内容，也是最终报告中需要阐述的重点。例如，针对成熟 App 的评估，我们将目的描述为：评估该产品的可用性与可学习性；评估该产品的用户满意度水平及与竞品的差距。

3．设计调研的方案

设计调研方案是对整个设计调研的说明，通常包括以下 4 部分。

设计调研方法

在设计调研过程中，通常需要根据研究目的选择恰当的定性或定量方法。例如，需要对该 App 进行全面的评估，我们选择可用性测试、专家走查、问卷法 3 种方法进行评估。

这里简单介绍一下专家走查。专家走查也被称为启发式评估，是一种可用性工程学的研究方法，主要用来查找用户界面设计中的可用性问题，具体方法是由专家评审人员根据一些通用的可用性原则和自己的经验来发现系统内潜在的可用性问题。通常 1 名评审人员可以发现 35%的可用性问题，而 5 名评审人员能发现大约 75%的可用性问题。专家走查具有简单、快捷、成本低的特点。

设计调研计划

设计调研计划是对整个方案的初步规划，包括对设计调研各环节先后顺序的安排。有些设计调研需要先完成定性部分，然后根据定性发现的问题进行定量的验证；而有些设计调研需要先通过定量调查了解整体情况，再针对其中某一类用户进行重点的定性分析，挖掘特定行为背后的原因；也有一些设计调研，定性和定量考察的是不同的内容，数据互为补充，这时候两者没有先后顺序，可以并行开展。例如，在上述 App 全面评估的设计调研中，将通过可用性测试了解该产品的可用性与可学习性，通过专家走查了解该产品是否存在更好的体验设计，同时将结合定量的问卷法，了解产品的整体满意度水平。

设计调研对象

设计调研是围绕着目标用户展开的研究。在某种程度上，是否找到正确的用户是设计调研结果是否可信的重要判断因素。一般情况下，我们把用户分为以下 3 种类型。

- 新手用户。他们从未使用过你要设计的产品，缺乏操作经验，更倾向于采用以往同类产品的操作经验。在进行每一步操作时，他们都有一定期待。在设计用户操作界面时，要使他们能够应用自己以往的经验，符合他们的期待和预测，减少学习和出错。

- 专家用户或专家。他们不但熟悉操作，而且熟悉与操作有关的知识经验；不但熟悉自己经常使用的产品，而且熟悉同类产品的性能，并能够比较它们的优缺点；不但了解产品在各个阶段的演变情况，而且能够分析产品的前景。

- 熟练用户（经验用户）。他们介于专家用户和新手用户之间，又被称为一般用户或普通用户。他们对产品具有一定的操作经验，能够自主独立解决常见问题。

在实际设计调研中，根据设计调研的目标不同，选择的设计调研对象也会不同。在上述全面评估 App 的设计调研中，无论是定性部分还是定量部分，都需要涵盖该产品及其竞品的这 3 种类型的用户。

进度安排

进度安排即设计调研项目的时间计划表，建立进度安排表的主要目的是控制整个设计调研的进度，避免因各种干扰因素产生延误。此外，也便于告知团队其他成员项目进展的情况。

在进度安排中需要注意，设计调研的前期准备是其成功的关键，因此典型的设计调研要有足够的时间来准备方案。每个阶段具体所需时长受产品、用户、方法、样本量等因素影响。例如，设计调研对象越高端或越小众，招募这些用户所需要的时长就越长。这需要研究者在日常的工作中积累经验，因此当使用新的设计调研方法，或者对新的用户群进行设计调研时，最好预留更宽松的时间。全面评估某 App 的设计调研进度安排表如表 3-2 所示。

表 3-2　全面评估某 App 的设计调研进度安排表

任务安排		2023 年 11 月														
		1	2	3	6	7	8	9	10	13	14	15	16	17	20	21	22
环　节	具体任务	星期三	星期四	星期五	星期一	星期二	星期三	星期四	星期五	星期一	星期二	星期三	星期四	星期五	星期一	星期二	星期三
项目启动	沟通需求																

续表

任务安排		2023 年 11 月															
		1	2	3	6	7	8	9	10	13	14	15	16	17	20	21	22
环　节	具体任务	星期三	星期四	星期五	星期一	星期二	星期三	星期四	星期五	星期一	星期二	星期三	星期四	星期五	星期一	星期二	星期三
可用性测试	沟通测试要点			█													
	撰写测试提纲				█												
	招募用户				█	█											
	执行测试							█	█								
	撰写测试报告										█	█					
专家走查	执行走查				█	█											
	撰写走查报告						█										
问卷调查	准备问卷						█	█									
	投放问卷								█	█							
	分析问卷											█	█				
	撰写问卷报告												█	█			
最终报告输出	撰写报告														█	█	
	评审报告															█	█
	输出报告																█

4．设计调研的预计成果

这部分是对设计调研目的的逐一回答。在本案例中，我们将获得一份对该 App 全面评估的报告，报告包含以下 3 部分内容。

（1）该 App 及其竞品的可用性测试问题清单，详见 2.7.5 节。

（2）专家在走查过程中发现的该 App 的问题及优化建议，如表 3-3 所示。

表 3-3　专家走查发现的问题及优化建议

问题说明	在网页搜索界面中搜索"伤害 tianqi"（上海天气）时能很好地进行纠错，但在地图分类中搜索时则无法进行智能判断及搜索关键词
原因分析	手机搜索界面各分类中的界面和展示信息重合度很高，且类目切换难度较大，因此最好能在一个搜索框里搜索到大部分内容
解决方案	利用智能判断给出结果

（3）用户对该 App 及竞品的满意度评价。这部分涉及满意度模型的建立，这里篇幅有限，不再赘述。

5．设计调研的人员分工

通常一个设计调研项目需要一个团队来配合完成，不同角色承担不同的工作，如表 3-4 所示。

表 3-4　不同设计调研环节的具体任务及负责人

环　节	具体任务	负　责　人
项目启动	沟通需求	产品经理、设计师、用户研究员
可用性测试	沟通测试要点	产品经理、设计师、用户研究员
	撰写测试提纲	用户研究员
	招募用户	用户研究员、用户研究员助理
	执行测试	用户研究员
	撰写测试报告	用户研究员
专家走查	执行走查	设计师
	撰写走查报告	设计师
问卷调查	准备问卷	用户研究员
	投放问卷	用户研究员
	分析问卷	用户研究员
	撰写问卷报告	用户研究员
最终报告输出	撰写报告	用户研究员
	评审报告	产品经理、设计师、用户研究员
	输出报告	用户研究员

3.1.3　邀请设计调研用户

在实际设计调研中，根据设计调研的目的不同，选择的设计调研对象也不同。例如，竞品调查中我们需要了解竞品用户，流失用户调查中我们需要定义并找到流失用户。因此，在确定了设计调研计划后，我们首先要做的就是邀请用户。邀请用户的方法在 1.2 节中已经详细介绍，这里不再赘述。

下面简单介绍一下邀请用户的步骤。

1．确定招募用户的条件和方式

招募开始前就要针对具体设计调研项目明确理想用户，可以从产品目标用户的人口统计和相关产品的背景资料入手。这里需要注意的是，不要过分具体地确定目标用户，即招募用户的范围可能比目标用户的范围更广。例如，在设计儿童网站时，我们的目标用户是儿童，但仍需要考虑家长的意见。

对于不同的用户，招募的方式通常也会略有不同。我们可以通过自己的数据库或借助专业招募公司的数据库进行招募，选择的方式通常取决于这些数据库中具备的资源。例如，在产品开发期，尚未有用户，因此通常招募竞品用户或有潜在使用需求的用户。我们可以在论坛或公司内部招募，也可以依托第三方进行招募。在产品成长期与成熟期，我们已经积累了足够的用户，这时通过后台数据筛选合适的用户或对特定人群投放招募问卷，效果会比通过第三方或其他途径更好。在产品衰退期，我们可以找一些专家用户、竞品用户或熟练用户，这时可以将上述两种方式结合使用。招募用户是比较耗时的过程，尤其是在招募比较罕见的群体或者"大忙人"时。但如果组织得当，再加上具备足够的时间，那么招募过程还是简单可行的。

2. 编撰用户甄别问卷及筛选符合条件的用户

用户甄别问卷主要用于筛选符合条件的用户。无论是利用自己的数据库还是借助专业招募公司的数据库，编撰用户甄别问卷都是招募过程中最重要的部分。在编撰时要注意用户甄别问卷不同于招募条件，要避免设置直接透露招募条件的问题。

例如，要招募使用 macOS 操作系统的用户，表 3-5 中用户甄别问卷的问题 A 的提问方式要优于问题 B。

表 3-5　用户甄别问卷示例

A. 您目前使用的操作系统是？	B. 您目前使用的是否是 macOS 操作系统？
- Windows 7 - Windows XP - macOS - 以上都不是	- 是 - 否

在招募用户时，我们还要注意用户的性格。虽然大多数自愿参加设计调研的用户都是偏外向、活跃的，但难免会遇到一些内向、沉默的用户。尤其在单人访谈和焦点小组中，招募到不健谈的用户会影响后续的执行效果。所以我们可以在初步确定了符合条件的用户后，与他们进行简短的电话沟通来判断其是否外向，或者在更早期的用户甄别问卷中增加与性格判断相关的题目，来排除一部分较为内向的用户，如表 3-6 所示。

表 3-6 性格甄别问卷示例

在朋友聚会上，我通常	
只跟我认识的人在一起	1
跟很多人在一起，包括陌生人	2*
当我和一群人在一起的时候，我通常	
主动发起谈话	1*
等待别人先开口	2
与陌生人交谈的时候	
我觉得很容易找到话题	1*
我觉得跟他们没什么好说的	2
当遇见新朋友时，我感到	
有些紧张，直到我对他们有所了解之后	1
激动与兴奋	2*

注：合格受访者的答案必须包括 3 个或 3 个以上的星号选项。

3. 确定邀请用户的信息和时间安排

完成招募用户的工作之后，我们需要将用户信息和时间安排整理成表格（主要指可用性测试、单人访谈、焦点小组等需要用户在特定时间到特定地点参与的设计调研），便于团队其他成员了解。

表 3-7 是某下载软件设计调研的用户基本信息登记表，包含用户基本信息和对该下载软件的使用情况。

表 3-7 用户基本信息登记表

姓名	联系方式	性别	年龄	职业/专业	受教育水平	macOS 使用情况			
						macOS 使用年限	macOS 下的常用客户端软件	是否使用 macOS 下载软件	使用 macOS 下载的软件

安排时间时要注意的是，每场设计调研的时间是由调查内容的复杂度决定的，但最好不要超过 2 小时，并要在每场的前后留有讨论或缓冲的时间。可用性测试的时间安排表如表 3-8 所示，可用性测试较为简单，这里给每场测试安排 1 小时的时间，并预留出 0.5 小时的讨论时间。

表 3-8　可用性测试时间安排表

场　　次	日　　期	时　　间	地　　点
1		09:00—10:00	
2	2023-11-22	10:30—11:30	
3		14:30—15:30	
4		16:00—17:00	××××
5		09:00—10:00	
6	2023-11-23	10:30—11:30	
7		14:30—15:30	
8		16:00—17:00	

最后，作为正式的设计调研项目，我们需要通过电子邮件等形式告知用户设计调研相关的信息，并在设计调研开始的前一天与用户进行确认，避免出现"放鸽子"的情况。

3.1.4　执行设计调研

不同的设计调研方法在具体执行过程中会遇到不同的问题，本书前面的章节已经详细介绍了常用方法的操作流程及注意事项，这里不再赘述。下面简单归纳一下常用方法。

1．情景分析法
常用于产品开发的最初阶段，找到目标用户，研究并了解他们的需求；也可用于在产品迭代时，了解用户如何使用产品、何时使用产品，以及用产品来做什么；还可以用来对最初的假设进行检查，或进一步挖掘用户需求，以便重新设计产品。

2．单人访谈法
绝大多数研究都会使用单人访谈法，观察法虽然重要，但要真正了解用户的体验，就必须对他们进行提问。可用性测试、焦点小组等都需要配合单人访谈法进行。

本书介绍的单人访谈法又称深度访谈，往往用于对典型用户进行深入了解或挖掘需求，如建立人物角色模型。

3．焦点小组
如果在很短的时间内需要大量可靠的信息，那么焦点小组就是一种高性价比的方法。在产品开发早期、重新设计或周期迭代中，要了解用户需求、识别和安排特性优先级、了解竞品情况等，都可以借助焦点小组来实现。这种方法让多人聚在一起，可能产生更多想法，可以作为头脑风暴法的环节之一。

焦点小组是极好的探索方法，能帮助我们深刻了解用户的动机和思考过程，但不能用来证实观点或判断立场。该方法无法获得可用性方面的信息，通过其得到的结论也无法被量化推广到更多人，因此不能取代可用性测试与问卷法。

4．可用性测试

可用性测试的优势在于可以发现人们是如何执行具体任务的，可以用来凸显"我们对用户的误解"或"我们向用户展现的方式与用户预期之间的差距"。在产品发布前，该方法可能是发现可用性问题最快、最简单的方法，所以很多团队将其作为产品上线前检查具体特性可用性的测试工具。实际上，应该更早地进行测试，如在开发早期和中期，通过功能原型或纸质原型对特性的定义、功能点进行测试，帮助我们更早地发现问题。

5．问卷法

焦点小组、可用性测试和情景分析法等定性方法能表明用户使用产品时为什么会有特定的行为，但不能准确地区分用户。而问卷法是发现用户是谁及他们有哪些意见的最佳工具。

使用问卷法往往需要有自己的用户和网站，因为竞品不可能让你调查他们的用户。利用电话、电子邮件或拦截路人进行问卷调查所需的费用都很高，而且结果也有偏差。

6．卡片分类法

卡片分类法常被用于开发信息架构阶段或设计确定之前，用来确定产品的目的、受众及特性，在设计的中间环节使用。

7．可用性测试和访谈的组合

传统的可用性测试大多是基于任务的，虽然能够帮助我们发现产品的可用性问题（如是否在保存设置时遇到问题），却忽视了访谈用户能够带来的更大价值（如了解产品的哪些地方吸引他们，产品的哪些特性对他们是有价值的，他们对产品的用途有多深的了解，等等）。把可用性测试和观察后的补充访谈（挖掘深层态度问题）结合在一起，能够帮助我们发现更丰富的数据。

8．问卷法和焦点小组的组合

这种组合是将定性和定量的方法结合起来，如通过定量的问卷法发现人们行为中的模式，通过定性的焦点小组对造成这些行为的原因进行研究。反过来又可以通过问卷法来验证这种解释。如此交替的调查方式，在实践中经常被使用。

3.1.5 输出设计调研结果

完成对设计调研结果的分析之后，我们需要输出最终的报告。优秀的报告不只包括问题清单，还要告诉项目团队需要对产品做哪些调整，以免将来发生类似的错误，这是调查报告发挥价值最重要的步骤。在写报告之前，我们就需要了解：谁会拿到报告？他们的目标是什么？他们知道什么？他们需要知道什么？他们期待什么？受众的需求决定了报告的重点。

在撰写报告之前，我们还要和受众讨论报告的形式。如果时间紧张或设计调研内容比较简单，那么可以使用电子邮件发送报告。在其他情况下，尤其是对于重要的或大型的设计调研报告，我们需要制作用于正式汇报的 PPT。

无论采用什么形式，所有报告都要采用类似报纸报道的结构。因为有些人只有空阅读开头几段，有些人会阅读 1～2 页，有些人会浏览所有内容，而有些人会仔细阅读每个字。报告内容要满足这些受众的所有需求。

在经典的报纸报道风格中，第一句话要说出最重要的事实，第一段要说出基本事实，接下来的几段则要对第一段提到的若干要素进行详细阐述，而报道的剩下部分则提供设计调研的背景，并用总结作为结尾。

因此在写报告时，永远不要"把最好的留到最后"，而要把最不重要的内容放到最后[3]。

下面简单介绍一下定性和定量的报告中需要注意的问题。

1. 定性报告中需要注意的问题

写报告最关键的一点是围绕设计调研目的来写。不要把所有的研究结果都罗列出来，然后告诉大家每个用户说了什么或做了什么。较好的方式是先确定目标，并给出对应的结论，同时摆出证据，最好能给出相应的建议。表 3-9 为某可用性测试结果的示例。

表 3-9　某可用性测试结果的示例

目　　的	用户是否会进行拖曳操作
结　　论	拖曳移动（上传）不是所有用户第一反应能想到的操作
证　　据	请用户移动照片，有 4 名用户第一反应使用了拖曳；3 名用户首先使用复制、粘贴，经提示后使用拖曳；1 名用户使用复制、粘贴，没有想到可以使用拖曳
建　　议	对用户给予引导或将拖曳操作作为备选，或有其他备选操作

另外要注意，定性报告提供的都是定性结论，且定性结论要避免过于依赖统计

数据。

2．定量报告中需注意的问题

定量报告中最重要的是图表的呈现方式，即要注意选择合适的图表来表达你要呈现的信息。图表选择建议如图 3-4 所示。

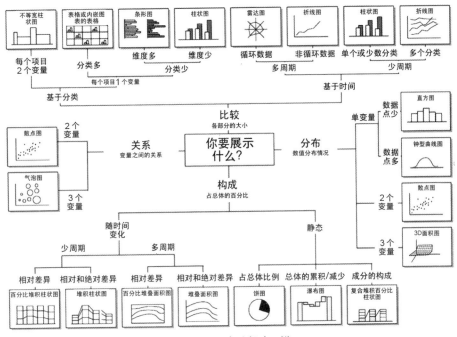

图 3-4　图表选择建议[4]

撰写完实际报告之后，最好做一下测试：让几位用户看一下报告，了解报告是否涵盖了他们期望的主题，对呈现的结果是否进行了合理的优先级安排，他们的同事或朋友等是否会对报告产生疑问。最后根据用户的建议进行修改，准备后续的汇报。

3.2 设计调研和设计洞察

| 3.2.1　设计调研概述

设计调研，即对设计展开调查和研究。设计调研包含了作为动词和名词两个方面的内容：一方面，设计调研指展开与设计主题或任务相关的调查和研究，包括调研方法的选择应用，信息的搜集、整理和分析等一系列的动作与行为，以及具体的实施阶段和流程；另一方面，设计调研也包括了调查和研究的具体内容和结果。

设计调研广义上指开展的所有与设计相关的调查和研究工作；狭义上指通过人与人的互动或者人与物的互动获得客观的信息、数据，并加以分析和总结，为设计提供思路和依据。利用设计调查综合其他学科的成熟方法、法则，以及设计学科特有的方法，找出具体事实与调查内容的关系，为设计师提供需求点反馈信息，以便进一步设计、开发出符合用户需求的产品。

杰夫·坦南特曾指出："理想的设计过程应该是反复进行的调研、设计、模拟、实效验证和评价的循环，直到设计完全满足设计概念、限定条件和评定准则。"[1]设计调研是设计展开的重要环节，其目的是搜集、获取尽可能丰富且有效的信息，为设计定位服务，为设计提供信息支持和设计依据，并辅助设计顺利进行 [2]。设计调研一般会具体到通过设计调研来解决设计上的问题。但设计感受本质上具有主观性和差异性，所以设计调研与一般调研存在较为明显的区别,主要表现为在设计调研的执行过程中,不仅要使用大量的设计理论知识，还要融入经济、社会、文化、技术、潮流、审美等环境因素，以及用户的感知等。因此，设计调研是更为全面、综合、有针对性的调查和研究。

近年来，设计调研越来越受到整个设计行业的重视，并成为设计师的基本职业思维方式和行为方式之一，也成为设计过程中必不可少的步骤。设计调研能帮助我们了解目标用户，明确产品设计是否符合用户的生理、心理需求，是否符合用户的使用行为习惯，是否符合可用性标准，等等。设计调研也能帮助设计师跳出以自我为中心的设计观念局限，从个人思维逐步换位到用户思维，逐步体谅、理解用户，了解用户对具体产品的功能需求、价值评定、审美观念等，明白具体产品的设计内容，以及如何减少用户操作出错、降低用户学习认知负担，等等。

3.2.2 设计调研与市场调研的比较

设计调研和市场调研在方法、流程上有部分相似之处，但也有较大差异。

1. 设计调研

与市场调研相比，设计调研的范围更小、更具体、更明确。设计调研是针对目标进行设计，包括针对实体产品设计（如工业产品设计、包装设计等）和虚拟产品设计（如软件产品、网络产品等）所进行的调查和研究。设计调研的结论、结果应该为设计师所用，并对设计起指导性作用。不同于一般的艺术创作，设计和市场、消费者、用户有直接关系。设计师不能仅以自身的知识、经验作为判断设计好坏的标准，而需要从设计调研开始，通过对用户及其他利益相关者展开调查和研究，深入了解目前的产品或设计存在什么问题，挖掘用户的生理、心理等方面的需求。基于设计调研的结果，对设计方向和目标进行合理定位，从而制订合适的设计计划，并进行设计。可见，设计调研是做好设计的重要基础和保障。

2. 市场调研

美国市场营销协会将市场调研定义为一种通过信息将消费者和营销者连接起来的活动[5]。利用市场调研得到的信息主要被用于识别和确定营销机会和问题，产生、提炼和评估营销活动，监督营销绩效，改进人们对营销过程的理解。市场调研的具体内容包括：确定某个特定问题所需的信息范围和内容，设计收集信息的方法，管理并实施信息收集过程，对信息进行分析并给出问题的解决方案，等等。因此，市场调研是营销过程中实施的一种调研方式，目标是确定营销手段是否会受到消费者的认可，以及产品的潜在市场前景，等等。

设计调研与市场调研的比较如表 3-10 所示。

表 3-10　设计调研与市场调研的比较

	设计调研	市场调研
含义	为设计而做的调查和研究	连接消费者和营销者，改进营销的手段
特点	为设计而做，具体、明确、有针对性，强调感性认知	以促进营销为目的的设计调研，通常用数据说话
方法	综合了设计学方法，以及市场调查方法和心理学方法等其他学科方法	常用的市场调查方法，如问卷法、单人访谈法、统计调查分析等
目的	提供设计依据，发掘设计洞察	了解潜在市场，确定营销手段
设计调研人员组成	包括设计学、心理学、社会学等多学科的专业人才	包括营销、策划、统计分析等领域的专业人才

3.2.3　设计调研的目标和优缺点

设计调研的目标是明确用户与使用的产品及其周围环境的关系。主要包括了解用户的特征，如日常工作、生活环境、休闲场所、出行方式和产品使用情况等，从中发现目标用户和设计对象间可能的关系，给出方便用户认知、使用产品的方式，以及容易被用户接受的审美标准。

通常情况下，设计调研得到的只是较为模糊的信息，而不是明确的设计方案。设计调研强调使用感性认知的设计调研方式，尝试研究情感关系和设计敏感度，而不只依赖数据的量化分析。通过详细的设计调研可以更好地把握用户的需求，进而有效降低设计风险[6]。

与此同时，设计调研得到的结论、结果又时常表现为迎合客户的需求，可能导致产生相对平庸的产品，从而缺失更具前瞻性的设计概念。因此，只有谨慎对待和合理把握设计调研，才能最大限度地发挥其在促进设计洞察、辅助设计成功方面的作用。

3.2.4　设计洞察概述

洞察（Insight）也被称为洞见，其字面意思是看穿、看透，强调通过观察发现事物本质或内在的内容或意义。在认知科学领域，洞察即"从不知道如何解决问题的状态转变为知道如何解决问题的状态"[7]。设计洞察通常指在设计前期及设计过程中对设计的概念、方向、新思路等方面的觉察和提取。设计思维导向下的设计活动围绕人展开，强调发现问题、解决问题。此外，设计问题具有不确定性，通常被认为是诡异的（Wicked）或模糊的（Vague）[8]。因此，设计洞察需要随着设计调研的展开而获得，这样设计师才能深刻理解特定的情景、特定的人（用户），从而洞察用户需求，厘清设计问题，发现设计机会点和方向，进而探索解决问题的可能性。可见，设计洞察不是单纯的动作，而是集思考、反思和总结于一体的过程。正如原研哉所说："设计不是一种技能，而是一种捕捉事物本质的感觉能力和洞察能力。"[9]设计洞察力是设计师应该具备的能力。

设计的前期工作主要包括接受设计任务、设计进度规划、设计任务分配、设计调研等，其中设计调研是最为重要、最为关键的内容和环节。设计调研有助于激发灵感、收集信息、发现问题和机会，为设计洞察提供直接的内容来源。设计调研和设计洞察对于设计的内容、方向，以及结果和产出具有重要影响。在欧美地区，设计调研也成为区分顶级设计公司和普通设计公司的重要依据。顶级设计公司已经从提供单一的设计方案转型为提供思维方式和系统的突破点，以及提供市场的潜在需求和解决方案。顶级设计公司在重要项目上会采取"调查研究—分析—解决方案"的全流程方式，给出合理、可信服的设计方案。其中最具代表性的就是以调查分析能力强大著称的 IDEO 设计公司。IDEO 设计公司在做设计创新之前会投入大量的人力、物力进行设计调研，其很多新奇且深入人心的设计洞察部是在设计调研的过程中产生的。

在设计前期，设计洞察往往随着设计调研的展开而逐渐被获得。双钻模型（Double Diamond Model）、斯坦福 d.school 的设计思维流程，以及 IDEO 经典设计思维流程等经典设计流程都形象地说明了如何从设计调研中获得设计洞察。

1. 双钻模型

双钻模型是 2005 年英国设计协会（British Design Council）提出的一种可用于整个设计过程的思考模式。双钻模型描述了发散→收敛的设计流程，包括 4 个阶段，即调研（Research）、整合（Synthesis）、构思（Ideation）、实现（Implementation）。这 4 个阶段对应的调研行动分别是发现（Discover）、定义（Define）、发展（Develop）、交付（Deliver）[10]，如图 3-5 所示。其中，调研阶段即展开设计调研，通过应用设计调研方法和推进设计调研流程来发现问题，并探索和研究问题的本质。新版的双钻模型在调研阶段对洞察做了明确标注，即需要对调研阶段的问题进行思考和总结，洞察现象及其背后的问题，找出核心点，并对问题进行整理、归类，发现可能的机会突破点，确定设计方向和思路[1]。

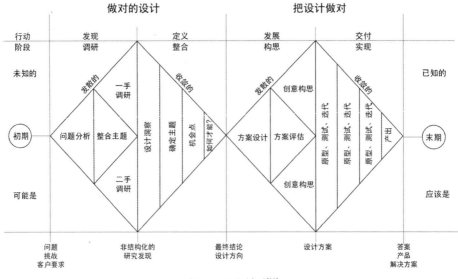

图 3-5　双钻模型[11]

✍ **案例：**

谷歌支付利用双钻模型展开设计调研以洞察设计

谷歌支付（Google Pay）为了提升用户体验并优化现有应用界面的交互设计，利用双钻模型展开设计调研，从而获得设计洞察。在调研阶段，通过问卷法和单人访谈法获得了关于用户需求及其使用行为的一手资料。同时，通过收集二手资料展开竞品分析，深入理解了现有竞品的优缺点。在整合阶段，通过启发式评估、人物角色法、移情地图、价值分析、头脑风暴法等方法获得了设计洞察，回答了"我们如何才能"（HMW）的问题，为设计确定明确的方向和思路。

2. 斯坦福 d.school 的设计思维流程

斯坦福 d.school 提出的设计思维强调以人为本，其流程包括 5 个主要步骤，即同理心（Empathy）、需求定义（Define）、创意构思（Ideate）、原型制作（Prototype）、原型测试（Test）[11]，如图 3-6 所示。其中同理心也称移情、共情，意味着要换位思考，洞察并理解用户的需求和感受，这样才能为后续的问题整理分析及需求定义提供参考和基础。IDEO 设计公司的首席执行官蒂姆·布朗（Tim Brown）认为观察和理解人们的行动是设计思维的核心[13]，也是设计者获得洞察和启发的重要方式。

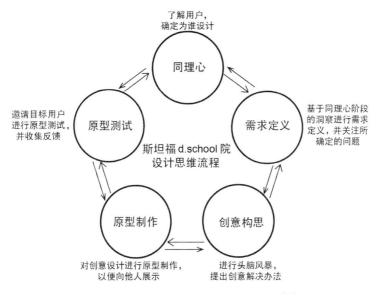

图 3-6 斯坦福 d.school 的设计思维流程[14]

3．IDEO 经典设计思维流程

IDEO 经典设计思维流程包括 6 个关键步骤，即发现并确定问题（Frame a Question）、创意构思（Gather Inspiration）、设计生成（Generate Ideas）、原型制作（Make Ideas Tangible）、验证测试（Test to Learn）、分享故事（Share the Story）[15]，如图 3-7 所示。IDEO 设计公司指出该模型在实践应用中并不总是按线性顺序执行，某些步骤会重复出现。例如，"发现并确定问题"这一步骤的顺利完成是建立在充分理解设计对象，识别用户的痛点、行为模式和心智模式等内容的基础上的。只有这样才能洞察用户的需求并确定问题和设计的机会点，从整体体验的角度去构思设计。

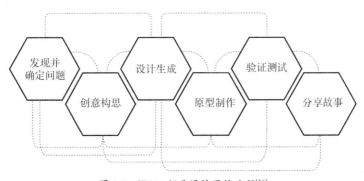

图 3-7 IDEO 经典设计思维流程[16]

可见，以上经典设计流程中的"探索—定义""共情—需求定义""发现并确定问题"3个阶段/步骤，虽然名称不同，但本质上都指设计调研。这不仅强调了设计调研的重要性，也说明了设计调研有助于设计者了解用户的心智模型，全面理解用户的需求、期望、痛点等，发现问题并洞察用户对产品或服务在功能、情感，甚至是时尚、趋势等方面的需求，以便更好地为后续的设计流程服务。

✍ 案例：

IDEO 设计公司设计购物手推车

IDEO 设计公司有一个被全球各大商学院 MBA 课程使用的经典设计案例，即在 5 天内重新设计了购物手推车。在该案例中，设计团队展开了设计调研，通过到商场亲身体验各种情景下人们使用购物手推车的过程收集一手资料。综合运用专家建议等设计调研方法，发现购物手推车的安全问题是其当时最主要的问题，而物品丢失及购物手推车易被风吹走也是较为明显的问题。然后，设计团队通过头脑风暴法，对各种想法进行集中、分类和整理，洞察设计机会点，提出分离式手推车、高科技手推车等创新概念。最后确定的设计方案实现了车轮的 90 度旋转，并为小朋友设计了安全座椅，还添加了对讲设备，并安装了扫描仪用于扫描价格，在没有增加成本的同时，优化了购物手推车的功能，解决了当时购物手推车存在的诸多问题，如图 3-8 所示。该设计充分体现了通过设计调研洞察用户对购物手推车的功能需求和情感需求，深入理解具体情景和用户体验等多方面的内容。

图 3-8　IDEO 设计公司设计的购物手推车[17]

3.2.5　从设计调研的流程、方法中获得设计洞察

通常，设计调研主要有如下三大步骤。

1. 明确设计调研的目的和内容

设计调研是以设计为目的进行信息收集、信息分析、信息研究的工作。设计调研是设计洞察、设计展开的基础。设计调研做得越系统、越详细，设计就越可能成功。设计洞察大多伴随着设计调研的开始、展开及分析结论的提出而产生，因此要想获得设计洞察，首先可以从设计调研的目的中寻找思路。设计调研通常分为"为寻找创意而进行的设计调研""为探讨创意可行性而进行的设计调研""为检测创意而进行的设计调研"[18]。在这里，创意是设计洞察的主要内容，创意的产生为设计洞察提供了重要思路。

（1）为寻找创意而进行的设计调研。

这类设计调研以寻找设计创意为目的，通常会从头脑风暴或用户设计调研开始，通过设计调研广泛收集资料，从而探寻各种潜在的、有可能的设计创意想法、思路。这类设计调研完全为创新而做，设计调研的范围和方向一开始并不一定非常明确。在为寻找创意而进行的设计调研中发现或找到的任何创意点，实际上都是一种设计洞察，是一种对可能展开的设计概念、设计理念、设计方向的觉察和提取。

（2）为探讨创意可行性而进行的设计调研。

这类设计调研的主要目的在于探讨创意的可行性。通常情况下，创意的提出不一定经过了深入的思考和全面的调查了解，可能只是设计者一时闪现的灵感。创意在设计实现、加工制造等方面的可行性还需要通过设计调研来提供参考依据。设计调研需要综合运用各种方法广泛收集资料，以此作为设计洞察的切入点，进而展开后期的设计。

✍ 案例：

IDEO设计公司在为Specialized Bicycle Components公司提出了一种底部尖细的自行车水瓶的创意后，需要对创意的可行性进行确认。在设计调研中，设计师通过实验发现，如果为水瓶附上增加摩擦力的橡皮环，就能使车手们易于用手抓握瓶身。在观察中他们还发现，车手们在喝水时动作相当笨拙，需要先用牙齿把瓶盖拧开，这个过程在水瓶因路途遥远而被覆盖上灰尘或泥沙的时候就变得更加麻烦。为了解决这个问题，设计师用 3 个三角形的小片演绎心脏瓣膜的开合原理，用刻有"X"形孔的橡皮膜来开合瓶口的创意为设计提供了可行性依据，随后还进行了实验验证。这样一来，当车手们要喝水时，只需用一只手挤压瓶身，水就会从孔中流出来，一旦停止挤压，橡皮膜就会重新合拢，不会让任何脏东西进到水瓶里，水瓶里面的水也不会溢出来。IDEO 设计公司设计的自行车水瓶如图 3-9 所示。

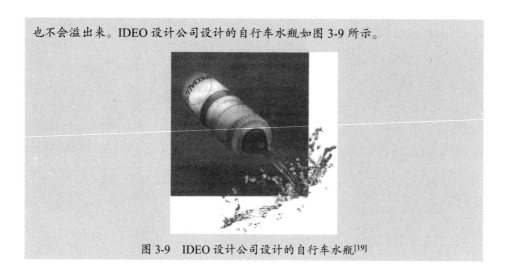

图 3-9　IDEO 设计公司设计的自行车水瓶[19]

（3）为检测创意而进行的设计调研。

这类设计调研的主要目的是检测创意。提出的创意是否可以实现良好的功能和效用，是否符合大众审美，是否满足了用户的需求等情况，均可以通过设计调研来检测。如今的设计，不再遵循瀑布式的设计流程，取而代之的是迭代式的设计流程，所以设计调研不只在设计前期进行，而往往贯穿于整个设计过程中。因此，为检测创意而进行的设计调研也显得更加重要和必要。这样的设计调研常常能给设计者带来很多设计洞察。例如，对于交互设计而言，实现交互效果时通常会在交互创意设计的过程中及设计完成后不断地进行创意检测。这就需要对用户的认知特点、操作行为特点和心理需求等方面进行设计调研，以检测交互设计创意的成效。设计调研会在这样的迭代式设计流程中贯穿执行，设计者经常可以从中获得更多的设计洞察，以进一步优化、完善设计。

2. 收集设计信息

设计信息的收集是设计调研中的重要步骤，也是设计洞察可能产生的重要环节。设计信息是通过各种设计调研方法获得的。设计调研方法主要包括定性和定量研究方法，以及二者混合的设计调研方法。其中常见的定性研究方法如人种志方法，具体涉及田野调查、观察法、单人访谈法、个案研究法等；定量研究方法常用问卷法、统计分析，以及心理学的实验法等。设计调研和市场调研的差异在于前者需要根据不同的目的采用灵活的设计调研形式和方法。每种方法各有所长，应该根据具体情况，适当选择各种设计调研方法收集设计信息。例如，对儿童的设计调研就不能用问卷法和单人访谈法，相对而言观察法会更适合。设计洞察通常可以通过以下几种设计调研方法获得具体的内容。

观察法

该方法多用于街头、商场店铺、用户家中，对用户的生活和产品使用情况进行观察。通常会通过直接观察并借助相机和摄像机等设备获得视频、音频、照片等一手资料。大量的观察数据是获得设计洞察的基础。观察法的优点是可以客观地收集资料，集中了解问题。不足之处在于有很多问题不能通过眼睛直接观察到，或者不能通过观察识别，例如用户的兴趣、偏好、心理感受、态度等。此外，观察到的结果通常缺乏对用户行为的原因和动机的分析和解释，无法深度洞察用户需求。对观察法的详细介绍参见 1.1 节。

单人访谈法

该方法是一种由研究者根据研究的要求与目的，按照访谈提纲或问卷，通过个别面访或集体交谈的方式，系统而有计划地收集资料的方法。单人访谈法可被用于了解有关用户及产品的多方面信息，是设计调研中应用非常广泛的方法之一。对单人访谈和多人访谈（焦点小组）的详细介绍参见 1.2 ~ 1.3 节。

问卷法

问卷法通过设计和发放问卷来向用户、消费者了解相关情况。在设计调研中，通过对用户以及其他相关人员，如销售者、购买者、设计厂商等进行访谈和问卷调查，可以收集到关于设计的想法和使用反馈。对于问卷法，除了实地发放问卷，研究者还会通过互联网发放、收集大量问卷，从而尽可能地顾及各方面的用户需求和反馈。对问卷法的详细介绍参见 1.4 节。

实验法

实验法会通过设定特殊的实验场所、实验流程等来进行调查，被较多运用在对创意设计的可行性设计调研中，以及检测和数据收集的过程中。在通常情况下，实验法有较高的要求，需要提前做好实验规划安排，才能有效展开设计调研。值得一提的是，近年来，眼动实验法受到越来越多的重视。通过眼动实验获得的视觉信息能提供设计洞察点，为设计创意提供可信的依据和参考。对实验法的详细介绍参见 1.7 节。

大数据设计调研法

该方法利用大数据资源和分析技术对用户需求展开设计调研和分析[20]。大数据设计调研法整合了数据挖掘、数据分析和数据可视化等方面的优势，有助于设计者全面洞察用户的显性和隐性需求[21]。相较于传统的设计调研方法，大数据设计调研法具有数据来源广、效率高、相对客观及可预测等特点。同时，基于大数据的分析方法也因为数据的来源及准确性等方面的问题存在一定局限性。对大数据设计调研法的详细介绍参见 3.5 节。

需要特别说明的是，既可以在一开始就根据类型来选择设计调研的方法，也可以在设计调研的不同阶段合理选择设计调研方法。例如，在深化设计调研阶段，可以用加法，即把设计调研和流行的研究模式，如商业模式创新研究、新生态系统研究等结合。一切有利于设计创新且行之有效的方法和手段都可以相互结合、相互借力。也可以做减法，即在已熟悉的领域建立相关数据库，如用户信息、市场信息、竞争产品信息等的数据库，从而提高工作效率。

3．整理、分析结果

设计调研收集到的资料是大量的、零散的，甚至是过时的、片面的，同时也是感性认识层面的，是对事物表面现象的反映，通常不能直接用于分析或说明问题。只有通过科学的整理和分析，才能从感性认识上升到理性认识，为设计和判断提供依据和支持。因此，设计调研资料的整理和分析具有承前启后的重要作用。

在对信息资料进行整理和分析的过程中，一方面，可以把在设计调研中发现的问题提出来解决；另一方面，可以通过不一样的发现产生更多的设计洞察。此外，通过整理和分析得出的结论、结果也能得到设计洞察，并为设计的展开提供依据和参考。因此，对设计调研资料的整理、分析工作就显得尤为重要。

对设计调研资料的整理应根据设计调研目的、任务和要求进行，从而系统化、条理化，得出有意义的结论。通常采用图表将结论可视化，无论是对内容的表述、对数据的对比分析，还是对趋势方向的展现，都将有助于设计洞察的产生。

3.2.6　从设计调研到设计洞察

设计信息指在设计前期、设计过程中对设计师的创意、决策、结果等起到辅助性作用，并指导设计构思的各方面信息。而设计调研是获得设计信息的重要方式。设计洞察往往是在设计信息的获得和整理过程中得到的。

在通常情况下，设计调研主要包括用户研究、市场信息设计调研、社会资源信息设计调研和技术信息设计调研等。

1．用户研究

用户研究是以用户为中心设计的重要内容，也是设计调研最主要的内容。主要包括对目标用户的基本情况（如年龄、性别、职业等）、主要需求、生理和心理特点、审美要求、生活方式，以及人机工程等方面的调查研究。

用户不同于消费者，用户关注的是使用目的、需求和如何操作。所以用户研究要确定用户人群，发现用户的目的、需求、操作习惯，以及用户的产品定位等，以此建立各种用户模型，如用户心智模型、行为模型、认知模型、学习模型和出错模型等，从而获得较为全面的信息。设计者可以通过用户研究洞察到各种潜在的用户需求，从而找到适合目标用户的设计创意。

✍ 案例：

IDEO 设计公司设计的 Oral–B 粗手柄儿童牙刷

儿童牙刷一直是成人牙刷的微缩版，但是 IDEO 设计公司的设计师不这样认为。他们在设计儿童牙刷之前，深入儿童的生活中进行了设计调研。在设计调研的过程中，设计师观察到小孩使用牙刷时会用整个拳头抓住牙刷手柄，而不是像成年人那样用指尖握手柄。设计师由此发掘出设计洞察点，即设计一种肥大的、柔软的、润泽的牙刷手柄，以便孩子们抓握，如图 3-11 所示。

图 3-10　IDEO 设计公司设计的 Oral-B 粗手柄儿童牙刷[22]

2．市场信息设计调研

这里的市场信息设计调研不同于以营销为目的的一般市场调研，它更侧重于了解市场上现有产品的销售情况、比较分析竞争产品等方面，从中发现潜在的设计需求，进而获得设计洞察。

3．社会资源信息设计调研

设计具有实用性、社会性，因此设计调研涉及大量的社会资源信息，例如国家、民族、种族的文化差异，不同年龄、不同性别用户的情况等。设计与社会学、人类学、行为学、美学等多个社会学科密切相关，因此设计调研也相应地需要对社会资源信息进行调查研究。

4．技术信息设计调研

技术的发展常常能为设计创新提供可能，很多概念设计都是技术信息在应用上的投射，而技术信息设计调研可以为设计提供参考依据。技术信息设计调研包括对现有成熟技术、新兴技术在相关产品设计中的应用等方面的设计调研，最具代表性的当数多点触摸技术在产品设计中的应用。继苹果公司推出第一代 iPod touch 之后，三星、诺基亚等企业也相继进行了对触摸技术的设计调研，从而发现了更多的设计突破点，创造出如今手机、平板电脑等产品的繁荣市场。

设计调研能为设计洞察提供大量、丰富的资料，设计洞察则是把设计调研的成果转化成设计可能的桥梁。因此，从设计调研到设计洞察，既有感性的洞悉观察，又有理性的分析研究。做好设计洞察需要设计者提升设计洞察力和分析判断能力，增强对设计的敏感度和对用户的理解深度。设计者需要在大量长期的设计研究及实践中积累经验，重视设计调研，从设计调研的目的、方法、流程、内容等方面入手，培养和提升设计洞察能力，发掘设计创新切入点。

3.3 设计调研中的沟通与汇报

3.3.1　沟通在设计调研中的价值

前面向大家介绍了不少常用和经典的设计调研方法。不知道大家是否边阅读边在自己的设计或研究里尝试了呢？本节将与大家讨论一个在设计调研过程中容易被忽视却极为重要的话题：研究员应该怎样和设计调研相关的各方沟通，怎样向领导、期待设计调研结论的需求方和提供研究经费的管理层汇报，以及怎样回应那些质疑设计调研团队存在必要性的同事。

设计调研团队有时候大过专注于专业领域的内容，缺少与其他各界的沟通，会给其他人一种"关起门来做研究"的感觉。虽然有句古话叫"酒香不怕巷子深"，但是在公司里、在项目中、在快节奏的工作模式下，设计调研团队还需要主动地与外界沟通和交换信息以获得资源支持，从而帮助公司做决策，让公司在市场竞争中受益。

3.3.2　项目开展之初：通过沟通进行有效需求分析

对于优秀的研究员，不管是用户体验专家、资深用户研究员，还是研究团队负责人，其设计调研的最终目的都是输出非常有价值的报告。进一步思考一下：这里的"价值"指什么？回答研究提出的问题并满足委托方的需求即设计调研的价值。因此当准备可用性测试、访谈或者问卷的时候，思考一下，这次研究是谁提出或委托的？他们（或团队/部门）向设计调研团队提了什么问题？他们期待通过这次研究回答或者验证什么？

1．了解需求方的基本诉求

公司内的设计调研部门往往从产品或业务方、设计伙伴、管理层收到设计调研需求和委托。有时候我们也把需求方称为利益相关者，他们本身或开发、或管理、或运营着需求来源的产品或业务，并且在公司的运作中承担了一定比例的职责和业绩考核工作。如果转换视角，那么设计调研部门可以把他们看作内部的"客户"。

- 产品或业务方：他们把握着产品和业务的资源、管理成本和人员，具有较高的市场敏感度。在设计调研之前很多产品和业务方就能根据经验，对市场上的趋势有一定的判断和猜想。他们在提出设计调研需求和委托时，基本诉求往往是希望设计调研能提供必要的论据。

- 设计伙伴：有些公司将设计调研职能归入产品或设计团队，有些公司则拥有平行的研究团队和设计团队。前者一般将设计调研放入整个设计流程中，其基本诉求往往是和团队成员一起论证设计概念、比较设计方案、收集和验证信息。除了前面提到的，平行的研究团队还会承担一定的测评和考核设计成果的职责。

- 管理层：当需求来自管理层时，设计调研的基本诉求往往和制订战略方向有关。管理层希望听到真实的用户声音，需要可靠、有逻辑的论据来帮助他们获得备选方案和进行决策。当设计调研需求来自管理层时，设计调研团队会获得有力的资源与经费支持，也更容易和相关部门协同。

2．向需求方收集信息

研究员需要理解上述三类需求方在公司的职能和对设计调研结论的关注点。在提出需求到启动设计调研期间，还有收集和整理需求的过程，即明确研究标的和研究对象。

✍ 案例：

一家游戏公司的新游戏上线一个月后，主策划来到设计调研团队，分享了游戏的一部分数据后，想请设计调研团队对流失的玩家进行问卷调查，收集玩家流失原因。

设计调研团队的用户研究员并没有立即开始设计问卷，而是先和主策划进行了一番讨论。

用户研究员：现在流失玩家的比例高吗？

主策划：并不是很高，不过有部分玩家大概在角色升级到 10 级、11 级时左右就不继续玩了。

用户研究员：所以您想了解一下他们是因为什么不玩了？

主策划：其实也想知道他们是一开始就觉得没意思，还是玩到 10 级后才觉得没意思。如果能知道原因，例如升级前后没有太明显的变化，我们是可以做出相应调整的。

用户研究员：那就是既希望玩家继续玩下去，也想了解能不能找到玩家的乐趣和兴奋点。

主策划：对对，其实有些玩家本身就是来玩玩看的，花很多力气也不一定能留得住。我们主要还是想知道对这个游戏感兴趣的玩家，他们认为新手阶段的哪些地方有吸引力，与同类游戏比这个游戏有哪些不足，我们后续可以采取一些措施让这部分玩家对游戏产生黏性。

用户研究员：明白了，我可能需要一些后台数据，先看一下流失玩家主要集中在什么级别和什么任务完成之后。我也会调研一些已经达到 20 级的玩家，了解他们在升到 10 级左右时对游戏的看法，这样可以对比一下流失玩家和继续玩的玩家有什么不一样的地方。

主策划：对，20 级的玩家，他们没有放弃的原因和怎样才能让他们继续玩下去，这部分请你也设计调研一下。

用户研究员：我想一下问卷调查是不是最合适的，可能还需要从后台找一些用户进行访谈。我们最好一起来设计一下怎么问他们，而且策划团队里的同事也可以过来一起交流。

主策划：好的，这样最好。我先把后台数据发给你，然后我们约个会议讨论一下访谈题目吧。

上述案例中，最初提出需求的主策划（产品和业务方）带着 3 个关键词（问卷、流失原因、流失玩家）找到了设计调研团队。而当对话结束时，主策划和研究员一起将关键词变为：①访谈；②新手阶段的乐趣、兴奋点和不足点；③流失玩家+跨过主要流失段的玩家。

研究员在接收到需求时，和需求方一起梳理了现状（流失的玩家比例高吗），询问了需求方想做什么（找出流失玩家出于什么原因不玩了，能不能找到新手阶段的乐趣和兴奋点），并且给出了设计调研方法的建议（访谈比问卷更适合发现深层原因），扩大并完善了研究范围（更高级别的玩家坚持下去的原因），最后还邀请需求方一起参与设计调研。

3.3.3　项目开展之中：把需求方和相关方变成队友

1. 让需求方和相关方融入设计调研团队

一般来说，与设计调研团队相关的主要有需求方、设计团队、开发团队。设计调研团队的使命不仅是对事实进行提炼和分析，还需要切实地给公司和项目带来价值。设计调研团队无法只靠自己产生价值，更多时候需要和各方保持良好的沟通并带动大家一起参与才能创造出真正的价值。

如图 3-11 所示，研究是为谁实现、实现目的和效果都要同需求方沟通；如何实现研究成果，以及实现的速度和质量则高度依赖于设计团队和开发团队。在开展研究项目时，设计调研团队可以扩大设计调研项目团队的范围，将利益相关方邀请进来，和研究员一起完成项目。

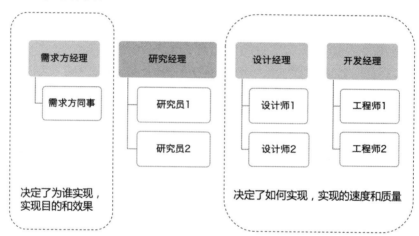

图 3-11　公司内不同团队的诉求和关系

2. 主动了解需求方的业务

研究员经常被问到：你对这个行业/产品熟悉吗？你之前的研究经验主要来自什么类型的项目？你是否深入了解过我们这个垂直领域？在项目开展的过程中，大部分研究员不仅需要在设计调研方法上精进，还需要对设计调研项目所在的行业/领域/公司/产品加深理解，这样才能更好地完成设计调研项目，构建研究员的职业壁垒。主动了解需求方的业务将极大地帮助研究员提高沟通效率。如图 3-12 所示，研究员进入需求方所在的部门开展工作。

图 3-12 研究员进入需求所在的部门开展工作

融入需求方

我们既可以把需求方邀请到设计调研项目中作为"半个"成员，也可以让我们的研究员努力融入需求方团队，成为"半个"需求方。

进入需求方团队的研究员一方面会成为承担设计调研项目沟通职责的专员；另一方面还要参加需求方的日常会议，理解需求方讨论的内容，懂得需求方的项目背景和整体情况。

部门间轮岗

为了进一步提升设计调研团队的业务能力和沟通能力，还可以在公司内部开展轮岗。在部门轮岗的初期，需要公司相关人员制定相关规则并协调好各部门的工作；在部门轮岗的中长期，要使人员间的流动转换为知识和经验的流动，这样才能让公司整体的洞察、分析、设计、产出能力上一个台阶。

3．设计调研项目的沟通机制

尽管不同的设计调研方法对应不同的项目推进方式，但总体来说可以将设计调研拆分为以沟通和需求整理为主的设计调研前期，以实施为主的设计调研中期和以汇报和跟踪为主的设计调研后期。

设计调研前期

请需求方和我们一起明确需求，讨论如何选择设计调研对象，请需求方同事将讨论结果带回需求团队，等等。这时建议以多人会议的方式，沟通好项目前期的各方面内容。

设计调研中期

实施过程中可以定时整理进度，并通过发送电子邮件等方式同步给需求方。还可以请需求方同事来参与预测试、预访谈，并观摩设计调研结束后的复盘过程，一起讨论、给出建议。

设计调研后期

整理汇报时可以根据设计实现的可行性和效果预测与需求方进行事先沟通，并且把能在后期跟踪时看到数据变化的内容确定下来。

4．沟通工具和方法

在特定的场景选择合适的沟通工具可以实现沟通效果最大化，减少沟通隐患。不同公司可能使用不同的沟通工具，有的公司内部使用钉钉、飞书等协作工具；有的公司将 Microsoft Office Outlook 和 Microsoft Teams、Microsoft Sharepoint 搭配使用；有的公司使用企业微信和腾讯文档；有的公司使用自己研发的沟通和协作工具。

沟通工具和方法的类别

根据沟通的时间和场所不同，对沟通工具和方法的分类如表 3-11 所示。表中给出了不同沟通工具和方法的优势和局限性。

表 3-11　沟通工具和方法的分类

	同时		异时	
	优势和局限性	工具和方法	优势和局限性	工具和方法
同步（地）	优势：可进行即时沟通，是触手可及的可视化工具；可以让双方充分沟通，容易形成共识 局限性：需要提前预约好时间和空间（或工具）	线下会议室、线下工作坊、在线会议工具	优势：沟通的双方（多方）不必同时在线/在场，约定访问同一个工具时可以看到对方的工作进度和更改记录等	共享文档、电子邮件
异步（地）	优势：双方（多方）可以即时沟通 局限性：虽然沟通和交换信息是即时的，但协作不能同时发生，往往以在该平台上发送后续消息的形式协作或通过其他平台（或工具）协作	视频/语音电话、聊天软件	优势：可保留沟通记录 局限性：和同步异时的区别在于不可以随时打开	微信历史消息里的文件、电子邮件中的链接、网盘

沟通工具和方法的适用场景

选择最合适的工具和方法可以提升沟通的效果，避免因沟通不畅或误解而造成项目开展不顺。表 3-12 所示是 4 类沟通工具和方法的适用场景。

表 3-12　沟通工具和方法的适用场景

	同　时	异　时
同步（地）	适合开题会、工作坊、总结会、分歧解决会、颁奖会等。可用于解决核心问题、沟通关键意见、鼓励成员	适合分工后的各自作业，可以看到对方的进度，可以给团队成员留言评论
异步（地）	适合通知、快速询问意见。不需要当场协作，适用于用文字可以说清楚的内容	适合存档、结项后的文档保存等

- 同时同步：如果希望更多人，包括团队的关键成员、领导等看到，并且获得他们的支持，或者希望在设计调研涉及的各方都在场时讨论核心问题，并做出关键的决定，则可以使用这类沟通工具和方法，例如项目的开题会、动员会，项目中期的讨论会、工作坊，项目结项时的总结会、颁奖会，等等。

- 同时异步：如果不需要对方当场协作，只想快速地通知或确认某事项，则可以使用这类沟通工具和方法，例如传达项目通知、甄别错误、消除误解，等等。

- 异时同步：如果想让双方更好地协作，并能看到协作中各自的分工、贡献度等，则可以使用这类沟通工具和方法。适用于设计研究大纲时想听取其他成员的建议，撰写分析报告时不同板块分工作业等情况。

- 异时异步：如果想保留研究的记录，且只在参考的时候才调取，则可以使用这类沟通工具和方法，例如电子邮件里的链接、各自登录访问的网盘，等等。

创造需要回应的沟通

沟通是一种有来有往的交流，需要有回应才能完成问与答、提议与确认。你是否遇到过这样的情况呢？通过语音电话和对方沟通时，以为对方听清楚了内容，而当事情推进时却出现了错误，经过回顾和复盘才发现对方在前期沟通时就听错或理解错了；分好任务后，迟迟没有得到对方的回应，当自己主动去询问时，对方才表示自己没有时间看，还没有开始启动，而这时已经接近汇报的时间点了。

下面通过案例来介绍以下沟通经验和技巧。

技巧①：让对方重复需要记忆和同意的内容。

技巧②：用给出多个选择项来替代简单的提问。

技巧③：将比较长的时间分段，设定中间节点。

技巧④：主动制作模板、创建文档等，让对方填写。

技巧⑤：除即时沟通外，多用邮件共享进度，并抄送给对方上级。

✍ 案例：

　　一家车企正在商议对副驾驶座前的显示屏交互内容进行评测。有 3 个部门参与这次测评：智能和数字化部门的产品经理主要设计了在驾驶和停车场景下的副驾驶屏幕交互内容；用户研究部门的研究员主要负责开展对两个场景下的用户探索和体验交互内容的评测；客服部门的同事协助寻找符合条件的车友并安排好参加测评的时间。

　　场景一：招募用户。

用户研究员："我们这次根据智能和数字化部门的需求，对副驾驶位置的屏幕交互内容进行测评。我们大概需要6名用户参与。由于这次是副驾驶位置的屏幕体验，所以我们要找经常坐副驾驶位置的用户，然后请他们带驾驶员朋友一起来参加。"

客服同事："我有点糊涂啊，到底需要找谁来？"

用户研究员："我们这次测评需要请的是经常坐副驾驶位置的用户，为了让他们能更自然地参加测评，我们请他们带驾驶员朋友一起来参加。你看是否明确谁来参加测评，谁是陪着过来的？"（技巧①）

客服同事："哦，这次要求来参加测评的是经常坐副驾驶位置的用户啊，这个可不好找，我们平时接触的大部分都是车友。那如果先找到驾驶员车友们，然后让他们带朋友来体验副驾并成为测评用户，这怎么样呢？"

用户研究员："你的这个思路好像更好。我们可以请车友们来填写问卷，然后让他们带1名经常坐副驾驶位置的朋友一起来参加这次测评。我先给你需要填写的问卷吧。"（技巧④）

分组号	主驾用户	副驾用户（本次测评对象）	平均每周乘坐次数
1			
2			

场景二：准备测评内容。

（周二）

用户研究员："这次用户测评的时间安排在下周二到周五，每天邀请1~2名用户进行测评。"

产品经理："好的，我们这边会有同事一起去看，车后座还有空间吗？"

用户研究员："我们会安排研究员进行录像，可以考虑以直播的方式同步到你们那边，这样可以让更多人看到车内的操作情况和交流情况。"

产品经理："啊，这样太好了。最终的测评内容还没准备好，如果下周一给你们的话，还来得及吗？"

用户研究员："我们这边也需要做一些准备和预测试。今天是周二，你看可不可以按照上次定下的测评大纲，在周四的时候先给我们其中的1和2，这样的话，我们就可以在周五做一下预测试；至于剩下的3和4，你可以在下周一早上给我们，当天下午我们还可以做一些最后的准备。时间比较紧，就定好这两个时间点，不要拖延，怎么样？"（技巧②和③）

产品经理："嗯，那我也和部门同事说一下，的确还需要给你们预留点准备时间。"

场景三：管理进度和材料。

（周四傍晚）

用户研究员："今天快结束了，智能和数字化部门还没有发来测评材料吧？那我们去问一下。"

（邮件内容如下。）

To：产品A（主发对象）

CC：产品经理（抄送）

之前和产品经理商定好了，今天给我们测评大纲里1和2部分的测评材料，现在准备得怎么样了？是否可以在今天下班前给我们？我们这边需要准备一下明天的预测试。如果3和4中有提前准备好的也一并发给我们吧。（技巧⑤）

3.3.4　项目开展之尾：汇报就是一场向上沟通

当大家完成了一场设计调研后，就会开始撰写报告并准备汇报（有时候是分享会）。好的设计调研过程需要好的汇报来传达。好的汇报可以真正理解用户，为公司的产品和设计提供有效的建议，规避有风险的方案，从而使设计调研团队的价值得到体现，影响力得到提升。

1. 结论先行

前文提到，研究的目的是回答提出的问题和满足需求。那么在汇报时，就要首先回顾本次研究的目的，并且将结论最先提出，再对设计调研过程加以分析。例如，在之前提到的设计调研流失玩家的项目中，研究部门在汇报时可以先把玩家流失的原因是什么、流失的主要是哪些玩家这些内容作为核心结论在报告开头呈现。

结论先行有几个好处：①好的汇报如何开头很重要，在汇报初期先呈现研究的结论可以调动听众或读者的注意力，这样他们才会想要继续听或看整个报告的内容。②如果你的听众中包含管理层，有时候他们只听取会议的前10分钟，或者会在不同的会议中切换，那么他们会迅速地通过开头来判断汇报的价值。

电梯宣言就是典型的结论先行的汇报结构，它描述了这样的场景：当你和领导或者客户在同一部电梯中时，仅用这段非常短的和他们处于同一空间的时间，用令人印象深刻的方式表达自己的想法。这样即使电梯到达了相应的楼层，对方也会感兴趣地请你继续说下去。

要根据研究结论的特点来对其进行组织、报告，不同的结论组织方式有不同的优点，如表 3-13 所示。

表 3-13   不同的结论组织方式及其优点

结论组织方式	优　点
按照结论相关度或重要性	将重要的或与研究主题高度相关的结论放在前面，能快速地回应产品或业务方心中的疑惑
按照结论的新颖度	当产品或业务方期待设计调研能够为其带来新的用户时，如果结论中有比较新颖的观点（和常规认知相反的结论），则可以先呈现这类结论，从而快速引起产品或业务方的兴趣
按照一定的逻辑顺序	如果设计调研中所有结论的重要性、相关度、新颖度都没有明显的区别，那么可以考虑以某种逻辑关系呈现结论。例如，在可用性测试中，我们可以将结论按照各个功能模块的顺序排列

2. 结构清晰

报告的结构框架要清晰，以 1~2 条故事线为宜。整个报告和每部分小节都可以遵循结论先行的原则，然后展开论证的框架。对于不重要的、琐碎的信息，可以将它们放在附录。

在报告的每一页 PPT 中，对样式的选择取决于如何展示结论、数据、论据。根据不同的论证方式，这里给出 3 种 PPT 样式以供参考。

样式 1：上下结构、单一维度论证

先在标题处呈现核心结论，如果有分论点，则可以用较小的字号写在标题下方。图表及研究员对图表的解释和分析以左右并列的形式呈现，如图 3-13 所示。

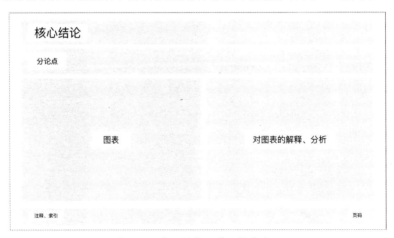

图 3-13   上下结构、单一维度论证

样式 2：上下结构、多维度论证

如果有两个图表从不同的维度加以论证，那么可以用左右并列的结构来呈现。在每个图表的下方可呈现研究员对相应图表的解释和分析，如图 3-14 所示。

图 3-14　上下结构、多维度论证

样式 3：左右结构、展开论证分析

如果无须对论据进行过多分析、解释（例如论据为清晰明了的数据、图片、用户原声时），则可以按左右排列的形式来呈现，将解读出的分论点呈现在左侧，论据呈现在右侧，如图 3-15 所示。

图 3-15　左右结构、展开论证分析

3．描述规范

描述的规范性对保持报告的严谨、科学性至关重要，优秀的报告需要做到语言表达易懂、前后内容一致。

语言表达易懂

在撰写报告时，准确、无误的表达能减少读者的质疑，在撰写结论时尤其需要注意这一点。描述太过笼统或者"帽子"扣得太大都是新手研究员容易犯的错误，这里举两个具体的例子来说明。

例如，在可用性测试中，汇报 PPT 中的结论为"××板块推荐的酒店内容不符合用户预期"，这样的结论就比较含糊，没有讲清楚用户的预期到底是什么。如果将其修改为"用户预期在××板块看到旅游路线推荐，当前内容与用户预期不符"，则效果会更好。

再如，研究员通过研究发现用户在挑选酒店房间时，很少会观看房间视频。初级研究员很有可能得出结论"用户没有观看视频的习惯"。这样过度简化的结论很容易引起争议，看报告的人一定会疑惑：在短视频活跃的时代，用户怎么会没有观看视频的习惯呢？如果加上行为发生的场景，并换一种更缓和的表述方式，即修改为"在挑选房间的场景下，用户看房间视频的习惯还有待培养"，则结论看起来就可信多了。

前后内容一致

完成报告后，研究员需要进行详细的自查和阅读，确保整个报告前后的观点是一致的。同时，要检查配图和文字信息、措辞、格式是否一致。如果不能将这些看起来无关紧要的细节处理好，则很容易使整个研究内容、成果陷入被质疑的窘境中。

4．保留数据，善用图示

可视化的图表能帮助读者快速获取信息。基础的条形图、柱状图、饼图、折线图往往可以满足绝大多数的数据呈现场景的需求，研究者需要根据不同的场景选择最合适的图表。但只堆叠图表是不够的，还需要加以解释说明，强调图表中存在的规律。为了让图表更好地帮助我们传递信息，还需要注明图表中的一些概念、计算方法、数据单位。如果需要利用问卷获取的数据，则还要注明原问卷的题型和样本量。

5．传递用户的声音

在用户研究报告中摘录用户原声也是很重要的一种论证形式。尤其是一些具有代表性的用户反馈，能让需求方最直接地感受到用户的所思所想。但是需要注意，一名用户的想法不能有效支撑结论，因此需要选取适当的标签来描绘这名用户的声音背后代表的用户群体。可以选取人口学标签，例如年龄、性别、地域；也可以选取用户消费标签，例如消费场景、消费水平、消费偏好。此外，在摘录用户原声时需要注意，用户的表达往往比较口语化，研究员需要进行适当的转述，同时尽量保留用户原本的情绪和意思。

可通过表格结合用户原声的形式呈现不同类型用户对同一件事情的看法。如表 3-14 所示，以不同用户对某酒店平台的"房间实拍视频"的态度为例。

✎ 案例：

表 3-14 不同用户对某酒店平台"房间实拍视频"的态度

用户类型	学生/情侣用户	商旅用户	亲子用户
用户态度	正向态度，依赖真实的房间视频做决策	负向态度，不会看房间视频，不影响决策	中立态度，可能会影响决策
用户原声	"真实的房间视频能让我看到酒店的卫生状况、房间的大小、装修的新旧程度，多对比几家酒店的房间视频，就能选到性价比高又舒适的酒店。"——X 同学，21 岁。消费场景：情侣异地旅游度假。消费水平：200~300 元/晚	"我只关心酒店的品牌和位置，同类品牌的装修、服务水平是类似的，我没有必要花时间去看房间视频。"——Y 女士，31 岁。消费场景：差旅。消费水平：400~600 元/晚	"比起房间，我更关心酒店整体的情况，比如酒店早餐好不好，是否配备泳池、儿童淘气堡等娱乐设施。我会先确定住哪家酒店，可能顺便看一下酒店的房间视频。只要房间卫生、设施符合价位标准，就下单了。"——Z 先生，35 岁。消费场景：亲子本地休闲娱乐。消费水平：600~1000 元/晚

6. 提出可操作的方向

好的汇报既能清晰地传达研究结论、分析逻辑，也能通过研究的结论为公司、产品提出可操作的改进建议。

怎样才是可操作的方向？例如，"今后我们将继续提高用户的满意度"这样的汇报方式就缺少"怎样提高"、如何衡量"满意度"等细节。可以进一步分解目前用户的满意度是多少，需要提高多少，提高的方法有哪些，不同的方法会产生怎样的效果，使用某个方法需由哪几个部门协作，在什么时候完成，等等。这样给出的方向会将报告的价值推上新的高度。

在提出可操作的方向时，还可以结合设计调研部门的规划，主动提出希望承担的工作部分，以及在后续实践中如何通过设计调研来评测效果。设计调研团队在不断的积累中，会一点点树立起团队品牌，呈现更多价值，成为公司不可缺少的部分。

7. 应对提问和质疑

汇报过程中或汇报结束时收到提问和质疑是常见的情况。对于有些提问，我们可能事先没有准备，论据不够充足，暂时无法回答。任何研究员汇报时遇到这种情况都会感到紧张，刚入门的研究员还会因此对自己的能力产生怀疑。

首先，研究员要认识到这是常见的情况，不管是资深的还是刚入门的研究员，在汇报时都会遇到。其次，得到提问和质疑说明听众对汇报产生了兴趣、进行了思考，这是一次深度沟通的机会。无论怎样应对，回应前都需要先及时记录下对方提问的内容，并一边重复对方的提问一边确认。接着感谢对方对本次汇报感兴趣并提出有意义的问题。如果有其他研究员在场，那可以先暂停并与他们沟通半分钟，将大家对提问的想法进行简单收集后再回复。

如果遇到的是汇报中没有提及，但在研究和分析过程中有相应答案的问题，那么可以在回答时进行解释，并在当时追加展示或者在会后总结补充。如果遇到的是没有准备过的内容，则可以和对方沟通一下提问背后的原因及顾虑，迅速地整理研究方法中可以回答提问的可能选项，给出对方适合追加研究的方案，邀请对方加入今后的研究，等等。

3.4 如何推广设计调研

| 3.4.1 什么样的团队需要设计调研

无论团队处于哪个发展阶段，只要希望提升产品质量与用户体验，设计调研就是必不可少的。然而，据不少从业者反馈，成熟团队往往更注重设计调研，而初创企业、中小型公司和组织内的成长型团队很难承担和开展设计调研工作。

由于成熟团队在发展中持续感受到了设计调研带来的价值，因而设计调研工作往往会得到管理层的大力支持。这类团队往往配备有专业的研究员，或与其他团队共享设计调研资源，使得设计调研工作能够按照标准流程，自上而下、有序而专业地展开。如果你有幸身处这样的团队，那么将有机会作为专业的设计调研人员，系统而深入地掌握设计调研方法，并在实践中不断提升。图 3-16 为复杂组织结构下设计调研人员的架构。

成长型团队通常存在于初创企业、中小型公司和组织内，也可能以一些非设计调研小组或临时项目组的形式存在。这类团队的业务发展快速而敏捷，但由于缺少专门的设计调研职位和相应预算，其工作容易被轻视甚至忽略，从而产生产品定位不准确、用户体验不佳、用户满意度下降、研发返工等风险，进而形成恶性循环。

如果你已经具备一定的设计调研知识，但并非"全职"设计调研人员，那么你可能来自运营、设计、产品、测试、BI 分析或其他岗位，你认同设计调研的价值，并致力于成为"设计调研推广者"，在团队内部推广设计调研。然而面临团队的认知限制并受限于自己的身份，你遇到了重重阻碍。在这样的背景下，我们希望通过合适的工具与方法，帮助每位"设计调研推广者"在团队中普及、推广设计调研，让设计调研成为项目不可或缺的环节，并推动团队和产品向更成熟的阶段迈进。

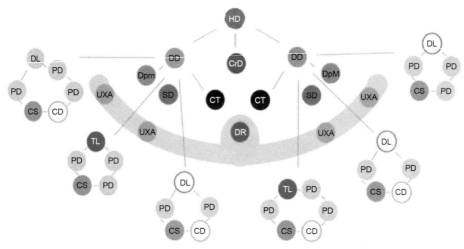

图 3-16　复杂组织结构下设计调研人员的架构[23]

3.4.2　设计调研受到"忽视"的常见原因

通过实际报告和在各组织中的观察，我们发现在成长型团队中，对设计调研的推进常常受到一些认知误区的阻碍，这些误区主要体现在以下几个方面。

（1）认为只在产品高成熟度时才有必要进行设计调研。

（2）忧心忡忡地认为设计调研的学习门槛极高，不易掌握。

（3）认为设计调研的周期较长，可能耗费大量时间。

正是这些认知误区影响了团队对设计调研的决策。例如，企业在招聘时往往难以预判设计调研岗位的实际效果，因此会低估该岗位在组织中的占比；在项目实施过程中，团队可能担心设计调研的时间成本过高，从而选择跳过，导致错失在关键时期进行设计调研的机会。

为克服这些困难，作为"设计调研推广者"的你，需要及时识别、纠正这些误区，通过行之有效的工具和方法降低设计调研的学习成本，通过项目管理和技术手段合理控制设计调研时间，让设计调研在任何产品阶段都能发挥重要价值，从而在团队中建立设计调研的文化并扩大其影响力。

3.4.3　方法 1：选择一个"恰好"的项目切入

实际上，即使在成长型团队中，许多成员内心也是渴望进行设计调研的。他们可能听说过设计调研能洞察用户内心，引领产品创新。然而由于他们对设计调研方法比较陌生，总感觉那属于高深莫测、遥不可及的领域，是产品和团队成熟到了一定阶段才配得上开展的高阶活动，所以往往犹豫不决，不知如何迈出第一步。

作为"设计调研的推广者"，你可以积极寻找适合的项目作为切入点，并引导团队实践设计调研的方法。以下有几类适合作为设计调研切入点的项目。

1. 处于概念阶段的项目

此类项目正处于探索和设想阶段，尚未形成明确的产品方案。通过设计调研，团队可以深入了解目标用户群体的需求、行为模式和痛点，为产品定位和功能设计提供科学依据，从而降低产品开发风险。

2. 体量较小的项目

这类项目通常规模较小、需求明确、相对灵活。团队可以借此机会实施有针对性的设计调研活动，收集并分析用户反馈，快速发现并解决产品中的关键问题，优化用户体验。

3. 时间相对宽裕的项目

在时间相对宽裕的项目中，团队有更多时间进行深入设计调研。专业人员可以积极参与项目前期讨论，预判设计调研需求，并规划详细的设计调研流程，以确保设计调研的全面性和有效性。

4. 以提升用户体验为核心目标的项目

这类项目强调优化用户体验，有明确的指标（如缩短用户操作时长、降低跳出率、减少投诉量等）。设计调研能为团队提供关于用户行为和体验的深刻洞见，为实现项目目标提供决策支持。

设计调研的过程能提升团队成员对设计调研的认知和信心，让团队内逐步形成积极参与设计调研的良好氛围。在这个过程中，"设计调研推广者"的角色无比重要。

3.4.4　方法 2："重在参与"也是设计调研的目标

尽管专业的设计调研人员可以通过高级的设计调研技术进行更深的洞察，但让团队内所有角色与用户产生真实的连接也具有巨大的价值。

勇敢的"设计调研推广者"不必担心自己的技术是否成熟、经验是否丰富，不妨将"重在参与"定为你的首战目标，和你的团队一起去认识产品背后鲜活的用户。当团队能站在用户的角度审视自己的产品时，无须任何说教，他们就会迫不及待地期待下一次设计调研。具体方法技巧如下。

1. 前期准备

（1）确立"共赢"的设计调研目标。

团队中的每位成员除了有共同的项目目标，也有各自的职能目标。身为"设计调研推广者"的你需与其他成员充分沟通的诉求，并确立"共赢"的设计调研目标，这样他们自然会更加支持你的工作。如果你是设计师，那么你的上游是产品经理或业务方，他们有非常强的市场分析能力，却容易忽视用户；你的下游是研发和测试人员，他们会直接影响到设计方案是否会返工或频繁改版，同时决定了测试的核心用例设计。

（2）整理设计调研框架提纲。

根据设计调研目标评估合适的设计调研方法、计划和设计调研对象，并将它们整理成设计调研框架提纲。可在设计调研提纲中添加一些"小抄"，注明提纲的使用方式。即使成员的设计调研知识有限，也可以借助提纲中的"小抄"完成质量可控的设计调研任务。图 3-17 为可用性测试模板中的"小抄"。

✍ 案例：

```
××产品/功能可用性测试
本次调研的目的和背景。
一、访谈记录
此部分为记录基本信息，方便后续整理。
┌─────────────────────────────────────────────┐
│ 访谈时间：                                      │
├─────────────────────────────────────────────┤
│ 访谈地点：                                      │
├─────────────────────────────────────────────┤
│ 访谈人：                                        │
├─────────────────────────────────────────────┤
│ 被访者称呼：    年龄：    性别：    所属组织架构：   │
└─────────────────────────────────────────────┘
二、被访者基本信息
调研之前务必对被访者的基本情况有所摸底，同时在下方录入被访者与此次调研目标相关的信息。
┌──────────────┬──────────────────────────────┐
│ 被访者信息    │                               │
├──────────────┼──────────────────────────────┤
│ 工作习惯      │                               │
├──────────────┼──────────────────────────────┤
│ 竞品使用情况  │                               │
├──────────────┼──────────────────────────────┤
│ 测试前引导问题 │                               │
└──────────────┴──────────────────────────────┘
三、可用性测试
• 被访者的态度和观点都可能是存疑的，因此对行为的描述是最为客观的评判标准，可让他描述最后一次行为的流程
  而不是主观判断。
• 为避免出现被访者无话可说的情况，需建立任务，但交流过程中需要跟着被访者的思路走，在自然的对话中更容易
  引导出问题。
• 记录不同的任务中被访者的成功情况。
```

图 3-17　可用性测试模板中的"小抄"

（3）认领设计调研任务，打造"需要感"。

这个方法来源于工作专门化（Work Specialization）[24]。正是由于每个成员都有自己领域内的技能，所以整理好了设计调研的框架提纲后，项目成员可以根据自己的特长认领任务。例如，在设计问卷时，开放性问题和强业务领域的问题可以由产品经理或技术人员完善，招募用户的工作可以由市场或运营人员负责，问卷分析和处理可以交由数据分析师完成。这样做可以让每个人因为自己的专长而感到"被需要"，进而会斗志满满地将自己的特长应用在新的领域。

2．设计调研过程

（1）推广者示范。

在设计调研过程中，你可以对已经习得的知识进行示范，同时让其他成员作为旁观者参与到测试中，亲身体验真实的设计调研过程。建议旁观者通过站在单面镜后观察或观看录像的方式参与。如果是远程测试，那么旁观者可关闭摄像头模拟观察室"单面镜"，避免参与者过多给受访者带来压力。

（2）团队成员主导。

推广者示范后，可让团队成员进行分组，在设计调研框架提纲的提示下尝试与真实用户进行互动。此时"设计调研推广者"的角色由主导者逐渐转变为辅助者，旨在帮助团队成员独立完成设计调研任务，获得设计调研中的成就感。

这个环节难免会出现各种不可控的情况，例如项目成员紧张、问题过于主观、带偏主题，甚至会出现让用户感到不适的话题。这时，团队成员需要灵活机动地控场，但更重要的是，多一些包容和鼓励，将问题记录下来，并在设计调研结束后及时复盘。

通过亲自参与，团队成员会越来越享受与真实用户交流并与之产生共鸣的过程，从用户对产品的认可中获得极大的鼓励和持续提升的动力。

3．结果及复盘

（1）关注结果的同时更应关注团队。

在每次设计调研后都应当预留少量时间，即时汇总各成员的设计调研记录并形成初步分析，这也是一个非常好的交流设计调研感受的场合。此时，作为"设计调研推广者"的你需要特别关注团队其他成员的情绪变化，不要吝啬对他们的赞美。同时需要纠正不合适的方法，并普及更加完整、专业的设计调研方法。你也可以邀请团队成员，尤其是首次接触设计调研的成员发表感想。这样知行合一的方式可以提高团队的设计调研认知和凝聚力。

（2）与具备数据分析技能的成员合力完成分析。

与团队中具备数据分析技能的成员，如数据分析师、算法工程师等共同处理数据，并从中挖掘亮点。

（3）让管理层看到设计调研结果。

无论最终的受众或报告形式是什么，如果你负责的产品的管理层无法参与实际设计调研，就务必让他知晓设计调研结果。除了设计调研结果分析，也可以选取典型的用户原声，带给管理者深刻的感受，同时别忘了在报告中感谢所有团队成员对此次设计调研工作的支持并为他们署名。

至此，恭喜你已经消除了团队对设计调研专业技能的疑虑，取而代之的是接触用户的惊喜和掌握技能的成就感。

3.4.5　方法 3：利用机制和工具为设计调研工作降本增效

在实际项目中，设计调研面临的挑战是如何平衡项目的上线进度与设计调研的时间安排。幸运的是，随着越来越多的团队成员认识到设计调研的重要性，项目的节点评估方式也逐渐得到改善，里程碑计划中开始加入设计调研环节。此外，团队也可以采用一些高效的流程和工具来推动设计调研的顺利实施。

1．尽早介入项目

"设计调研推广者"应尽早介入项目，明确项目目标，判断所需的设计调研策略与方法，并确认设计调研的具体日程。

2．建立日常数据收集机制

团队可以建立日常收集用户反馈和设计调研数据的渠道，定期分析、总结，以便及时发现并改进体验问题。

3．利用工具提升设计调研效率

全球化分工等趋势虽然给直接设计调研带来了阻力，但也催生了线上设计调研。同时，随着人工智能技术的普及，设计调研的效率得到了极大提升。可以利用以下几类工具提升设计调研效率。

在线设计调研平台

在线设计调研平台为用户提供了全面而灵活的设计调研工具，能够满足多种设计调研场景的需求，也能实现问卷的设计与发布、数据采集、数据分析与报告、结果分享等功能。不同的平台还根据自身优势提供了很多差异性的服务，如某些平台提供的问卷模板与样本库，移动端友好的设计调研技术，等等。用户可根据自身需求和场景选择合适的在线设计调研平台进行调查和数据分析。这类平台可帮助用户高效、便捷地收集和分析数据，从而实现有针对性的决策与优化。

多人在线协作平台

在线协作平台可提供虚拟白板工具，支持绘图、思维导图、流程图等视觉表达。即使团队人员处于不同的地区或时区，也依然可以通过在线协作平台进行实时的头脑风暴、创意整合、设计方案等活动。同时，这类平台具有强大的社群能力，沉淀了高质量的模板供初学者学习和使用。图 3-18 为在线设计协作平台 Figma 提供的用户设计调研模板。

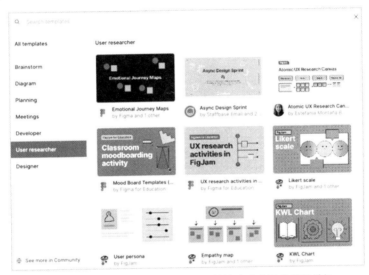

图 3-18　在线设计协作平台 Figma 提供的用户设计调研模板

在线设计调研记录工具

以焦点小组或可用性测试为例，以前进行实地拜访，1 天只能拜访 1～2 位用户，且要考虑到距离、交通等制约因素。线上设计调研的效率可以提升 2 倍以上，且可以根据线上用户的回答决定是否进一步对其进行实地探访，大大降低了设计调研的时间和成本。

同时，许多主流在线会议产品已经提供了实时语音转文字的能力，部分产品可以通过人工智能技术完成自动生成会议纪要、提取关键词和创建待办清单等任务，自动化地对数据进行预处理，为后续分析工作带来很大的便利。图 3-19 为在线设计调研记录工具"通义听悟"。

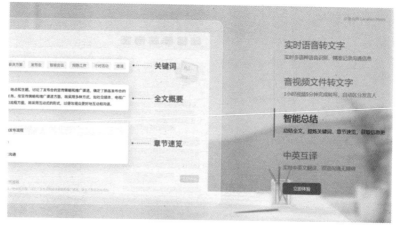

图 3-19　在线设计调研记录工具"通义听悟"

如果希望了解更多在线（远程）设计调研技术，还可以参考 1.2 节、1.3 节。

3.4.6　让设计调研成为团队资产

当团队建立了设计调研的意识并有了基础的设计调研能力后，需要将其持续化并开展规模化的应用，让新人更快具备设计调研能力，让不同项目的成员更容易"听到"用户的声音——是时候让设计调研成为团队资产了。你可以按以下维度整理团队的设计调研资产。

1. 设计调研方法

包括对各种设计调研方法的详细介绍，如单人访谈法、焦点小组、问卷法等，以及它们各自的适用场景、注意事项等。

2. 设计调研工具

计划、协议、访谈脚本、用户任务、同意书、设计调研大纲、用户旅程图模板、设计调研报告模板等。

3. 设计调研数据

包括设计调研过程记录、问卷回收结果、用户原声记录、设计调研影音录像等。

4. 设计调研结论

包括设计调研分析、设计调研报告及对应的跟进结果和解决方案。

在收集设计调研资产的过程中你会意识到，它们作为所有设计调研活动的沉淀，更应为团队获取研究信息提供便利。因此设计调研资产应以资产库的形式存在，且在设计调研资产库的维护上还需考虑以下两方面。

可搜索性

通过对设计调研资产的属性、类别、关键词进行标记，团队成员能够很方便地对它们进行筛选和搜索。

易获取性

将设计调研资产库储存在团队的公共空间或云服务器上，方便团队成员灵活取阅、更新。同时可以通过设计资产管理平台（Design Assets Management，DAM）将设计调研资产的数据整合，进一步实现数字化设计资产管理。

通过不断积累和维护设计调研资产，团队能够更快地响应用户需求，推出更高质量的产品和服务。图 3-20 为在设计调研资产库中的搜索示例。

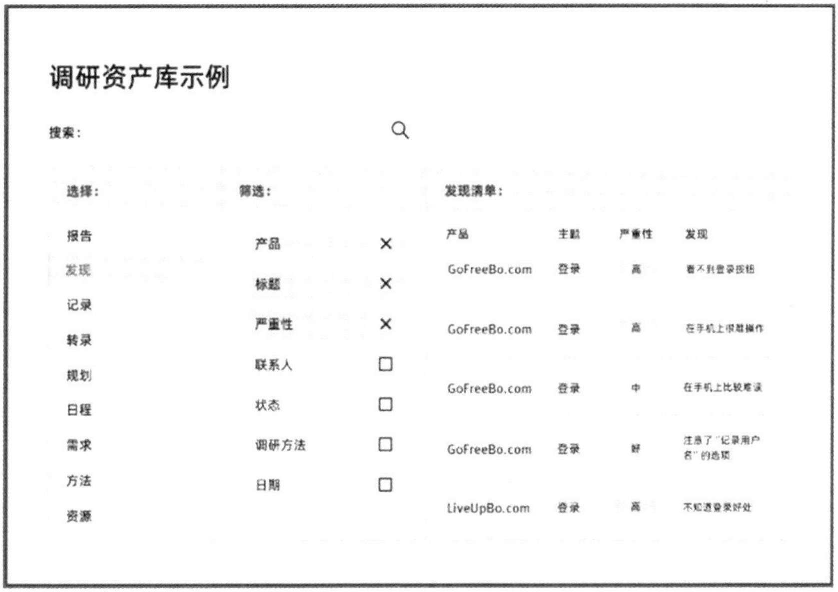

图 3-20　在设计调研资产库中的搜索[25]

3.4.7　扩大设计调研的影响力

当设计调研的成果得到了认可，团队因此尝到了甜头并获得成就感时，你应该意识到这是让设计调研影响力持续提升的契机。怎样做才能乘风破浪、让设计调研的影响力更上一层楼呢？接下来为各位"设计调研推广者"奉上扩大设计调研影响力的清单。

1. 培训交流，打造高素质团队

开设设计调研的专业培训课程，提升团队成员的设计调研知识储备和技能熟练度。让团队更好地掌握设计调研方法，使设计调研结果更加精准、有效。定期举办设计调研分享会，通过相互学习、交流和探讨汇聚团队的智慧，形成共同的设计调研视角和认知，让人人皆可成为"设计调研推广者"。

2．用创意可视化设计调研成果

设计调研的成果不必总是一堆枯燥的数据和文字，我们可以用富有创意的方式将它们展示出来。无论是图表、动态 PPT，还是短视频、互动海报，都能让设计调研成果更加生动、有趣。同时可以把用户画像、用户原声、用户反馈的解决进度通过投屏或者文化墙的方式进一步可视化，让团队成员能更直接地感受到用户，也更容易引发团队内部的讨论和思考。

3．向决策层推进，让设计调研成为战略利器

设计调研的作用不仅仅是收集信息，还能为团队的决策提供有力支持。你应该积极向决策层传达设计调研的重要性，让他们意识到设计调研是推动产品或服务优化的关键环节，并将设计调研结果纳入决策的参考依据，使设计调研成为团队战略规划的重要组成部分。

4．持续跟进，确保设计调研成果落地

对于设计调研成果，我们不能只是纸上谈兵，而应该利用它们为团队带来真实的改变和进步。我们需要关注设计调研建议的执行情况，确保它们被有效使用，并在实际操作中及时调整、优化方案，让设计调研产生的实际效果成为其重要性的有力证明。

5．不断调优，让设计调研不断进化

设计调研不是一次性的项目，而是持续迭代的过程。我们要倾听团队成员和用户的声音，对设计调研方法和方案进行及时调整和优化。这样才能持续提升设计调研的效果，让设计调研的影响力持续升级，进而成为团队发展的强大动力。

让设计调研成为团队文化的一部分，让每位团队成员都意识到设计调研的重要性，并愿意积极参与设计调研活动，这样才能形成一个充满活力、具备团结协作能力的团队，并共同为提升设计调研影响力而努力。设计调研文化将有效增加团队的向心力，推动团队走向更高水平。

▎3.4.8　推广设计调研的理论和趋势

笔者曾有过多次推广设计调研的成功实践，在团队中推广具有价值的新技术需要方法和理论加持。下面介绍推广设计调研的重要理论和未来趋势。

1. 组织变革原理

ADKAR 模型是一种用于指导个人和组织变革的管理框架，包含 5 个主要组成部分：认知（Awareness）、渴望（Desire）、知识（Knowledge）、能力（Ability）和强化（Reinforcement）[26]。这个模型主要用于帮助人们更好地接受和适应新的理念、方法或技术。它为推广者提供了一个系统的、关注个体和组织变革的、有助于克服变革阻力的框架，有利于实现有效的行为改变。整个设计调研的推广过程也是在 ADKAR框架内进行的，如表 3-15 所示。

表 3-15　ADKAR 模型下的设计调研推广

	说　　明	设计调研推广实践
认知	推广者是否意识到变革的必要性及重要性	意识到设计调研对产品最终决策和体验的重要性
渴望	推广者是否有改变的意愿，对变革有什么期待	从个人到团体都能从设计调研中获益
知识	推广者是否具备变革所需知识	学习设计调研、组织管理相关理论知识
能力	推广者是否有能力领导、实施和完成变革	选择合适的设计调研项目作为切入点，重视团队在设计调研中的参与过程，善用降本增效的设计调研工具
强化	推广者是否具有适当的措施来巩固改变的状态、习惯和成果	建立团队共享的设计调研资产库，通过培训持续提升团队知识水平，通过迭代优化设计调研质量，持续跟进落地设计调研结果，不断推动决策层发挥力量，持续提升设计调研影响力

2. 设计调研民主化趋势

User Interviews 网站在 2022 年做过一个关于用户设计调研现状的报告[27]，其中提到了设计调研民主化（Research Democratization）[28]。这是一种授权非设计人员进行研究，将设计调研的思想、方法和实践扩展到组织的各个层次，使更多的员工参与到设计调研、分析等实践中，从而提高产品或服务的用户体验的方法。研究人员在民主化的角色中扮演类似"教练"的角色，协助非研究人员进行设计调研，并通过建立规范和流程保障设计调研的质量。

3.5 基于大数据的设计调研与设计

▍ 3.5.1 大数据时代的用户研究

这个时代是研究"人"的最好的时代。传统的线下用户设计调研正面临成本高、周期长、样本量小、难以迭代等困境，而这些困境在大数据时代将不复存在。特别是随着互联网和移动设备的普及，用户留下的痕迹越来越完整，越来越丰富。互联网就像一个巨大的模具，把每个人完整地"印"在上面，从吃、穿、住、行到精神世界，从社交娱乐到日常工作。如果把一个人遗留在各种网站和 App 上的点点滴滴串起来，就能非常完整地还原出这个人。因此，利用线上数据进行用户研究将取代传统的线下设计调研并成为主要趋势，用户研究将会迎来新的时代。本节将探讨大数据时代用户研究领域面临的变革，以及如何基于大数据产出最优的设计方案。

▍ 3.5.2 多维大数据的交融

要想从海量的、繁杂的原始数据中提取出有价值的信息，数据挖掘技术起着至关重要的作用。例如，用网购收货地址结合登录的 IP 地址（如学校、医院、写字楼、小区、政府机构、工厂和商场等），再结合上网时间（如白天还是晚上、工作日还是周末），通过算法模型就可以判断出每个人的工作地点、居住地点、职业、业余活动等信息。此外，结合消费特征、App 偏好，以及在社交网站上发表的言论、关注点和公开的身份信息，通过算法模型基本可以判断出每个人的性别、年龄、消费能力、学历、毕业院校、兴趣爱好（如摄影、园艺、钓鱼、打牌、运动等），甚至细化到经常旅游的地点、擅长运动的类型（如跑步、足球、篮球、游泳、舞蹈、瑜伽、骑马等）、风格品位（如偏好的品牌）、影视偏好（如喜欢的电影、电视剧和歌曲，喜欢的明星和导演等）、生活习惯和人生阶段（如单身、热恋还是已婚；是否有孩子、孩子的年龄；是否有宠物、宠物的类型和品种；是否有房有车、居住小区的档次、车的品牌和型号；是否和父母同住、一家几口住在一起）。

这些数据只是冰山一角，大数据时代让打通更多的数据源成为可能，结合更多的数据源才能产生更大的价值。"大数据"的核心不是更大的数据量，而是多源数据的打通。例如，高德地图 App 的实时定位信息、家庭智能电视的收视数据（已经和几千万台智能电视的数据打通，可以知道每台电视机前的观众收看的电视节目）、在视频播放平台的点播偏好数据，以及用支付宝进行电子交易时产生的社会关系数据等。大数据时代的未来充满想象！

3.5.3　大数据洞察全景

大数据时代的特点是数据全面、丰富、深度和连接。不仅可以看到不同垂直行业的数据，数据之间还能打通和连接，进而发现事物背后的关联。"大数据时代"从全景到洞察，再到行动（如产品设计和营销方案），最后到后续的效果检测和优化迭代，建立了一整套体系。

基于此信念，阿里巴巴集团研发出可视化的数据分析和挖掘工具，用于帮助品牌商和研究机构进行用户研究。其特点是基于数据的深度和广度，可从各种角度切入，深入地研究不同人群的特征和行为，对现象背后的原因进行深入分析。相信它将会对设计调研领域产生颠覆性影响。

在互联网大数据时代，阿里巴巴集团拥有丰富的数据源、非常细的数据颗粒度（可无限次地交叉细分）、可视化的数据展现形式和所见即所得的操作方式。阿里巴巴集团的数据分析系统内置自由、灵活的数据分析工具和算法模型，可进行深度的数据分析和挖掘。数据的分析结论不仅可以用于展现，还可以落地，直接打通后续的营销投放平台。可基于应用场景选择最合适的数据分析方法，并且可以选择任意数据维度进行交叉、对比和关联分析，上亿条数据在 0.1 秒内完成计算，并且以可视化的方式呈现。另外，可以将数据图表继续细分，层层剥茧，深挖现象背后的原因。

为了便于读者理解，下面将用案例阐述大数据时代的用户分析系统。考虑到商业保密的原则，只能采用较早的案例，虽然已经过去几年了，但是方法和原理是一样的。

3.5.4　基于大数据构建用户角色模型

用科学的方法构建用户角色（Persona）模型是各大品牌商的迫切需求。我们在大数据领域摸爬滚打了很多年，曾和大量品牌商合作构建用户角色模型，并在这个过程中摸索出一套基于大数据构建用户角色模型的方法论。我们还将这套方法论沉淀到数据分析工具中，希望服务于更多的品牌商和用户研究人员。

基于大数据构建用户角色模型主要分为以下 3 个步骤。

（1）绘制购买该品牌商品的消费者画像（人口特征），确定初步的目标人群。

使用人口特征交叉组合，寻找哪类人对该品牌商品有明显的购买倾向，通常可聚类为一到三类人。（如果尝试了各种维度的交叉组合后依然没有明显的人群倾向，则说明该品牌定位不够精准，需要明确品牌定位。）

（2）细化目标人群，对目标人群进行深度分析，挖掘核心需求，绘制完整画像。

可以通过该目标人群在各行业偏好的品类、品牌、价位段、属性、商品特征和搜索关键词来绘制完整的人群画像，从吃、穿、住、行到社交娱乐，深度了解目标人群，这样才能把握其核心需求。

（3）品牌通常有多个细分目标人群，针对每个目标人群定制营销方案。

为不同的目标人群推荐最合适的商品和服务，说最打动他们的话，在最恰当的时间和地点使用最合适的营销方式（如果品牌的细分目标人群过多，则建议精简目标人群，或者设立子品牌）。

如图 3-21 所示，消费者画像（人口特征）加上消费者偏好，即可组合成完整的消费者全景洞察。下面将通过真实的案例来详尽地演示如何利用大数据建立用户角色模型。

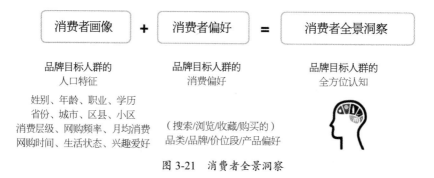

图 3-21　消费者全景洞察

案例背景：某轻奢女包品牌希望利用大数据进行品牌定位，绘制完整的目标人群画像，从而制订营销策略（由于该案例是真实的，为了保护品牌隐私，已隐去品牌名称）。

操作：挖掘该女包品牌消费者的特征。将各种维度的人口特征交叉组合反复尝试，找到特征最显著的维度组合，然后圈出偏好度最高的几类人群，如图 3-22 所示。经过反复比较和尝试后发现，"性别""年龄""消费能力"这 3 个维度交叉后特征最明显，人群聚类后得出该女包品牌主要有如图 3-22 所示的三类目标人群：高消费的女性（人群命名：白富美）、高消费的男性（人群命名：高富帅）和消费偏高的一二线城市的 25~40 岁女性（人群命名：大城市轻熟女）。

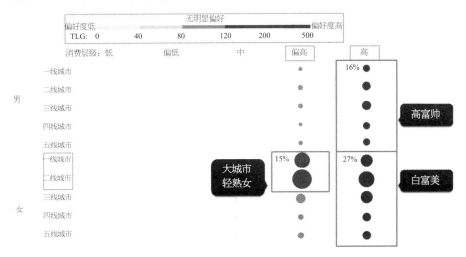

图 3-22　目标人群的交叉分析图

从图 3-22 中的数据中发现，"白富美"人群对该女包品牌的偏好度最高，是该品牌最核心的目标人群，如图 3-23 所示。

图 3-23　该品牌女包的三类目标人群及核心目标人群

通过大数据获取这三类目标人群的消费偏好（如品类、品牌、产品属性、价位段和搜索词等）和生活形态（如上网时间、网站、关注点、偏好的视频和电视节目等）。提取人群特征后，建立这三类目标人群的角色模型，如图3-24~图3-26所示，他们代表了真实的消费人群。通过描述人物角色的行为模式、生活习惯和品位、所处状态和环境等信息，还原目标人群，让团队中的每个人都能直观地感受到他们，从而有针对性地设计最优营销策略和服务。

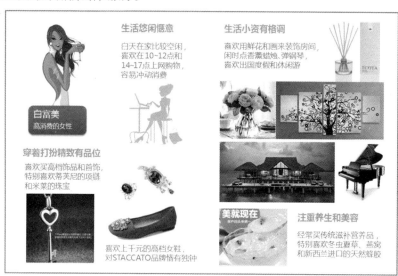

图 3-24   "白富美"角色模型

图 3-25   "高富帅"角色模型

图 3-26 "大城市轻熟女"角色模型

确定目标人群的角色模型后，针对目标人群设计品牌包装和一整套的市场营销方案，如图 3-27 所示。用户建模不是为了建模而建模，而是为了让团队里的其他同事更加深入地理解目标用户，感受到一个个有血有肉的人，真正体会他们的所思所想，进入他们的生活。

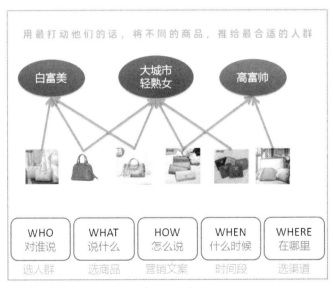

图 3-27 构建用户角色模型的目的

大数据帮助研究者从消费者洞察到品牌定位，再到营销创意和产品设计，以及产品推广和渠道建立，包括后续的效果检测和迭代，建立一整套解决方案，如图 3-28 所示。

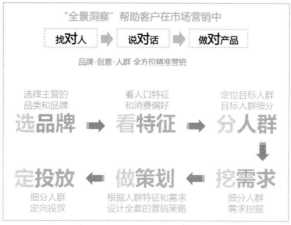

图 3-28　大数据的作用

3.5.5　基于大数据挖掘用户需求

1. 用户认知和需求

大数据可以帮助品牌商了解消费者对各个品牌的认知和需求，以及竞品在消费者心中的差异和优势。

搜索行为是消费者的主动行为，包含大量有价值的信息。表 3-16 为巧克力品类的主要搜索词，通过消费者搜索的关键词可以基本判断消费者对巧克力的认知和需求。

- 消费者喜欢"进口"巧克力。
- "费列罗"的品牌知名度最高，其次是"德芙"和"好时"。
- 巧克力在消费者心中的定位是"零食"。
- 消费者对巧克力口味的需求依次是"燕麦"、"松露"、"酒心"。

表 3-17 为消费者在购买各品牌巧克力时搜索的关键词，反映了消费者对各个品牌的认知和需求。

- 消费者喜欢买"好时"作为喜糖，买"费列罗"当作礼品送人。
- "士力架"在消费者的心中较廉价，消费者喜欢"包邮""批发""散装"的"士力架"。
- "德芙"的"礼盒装"和"散装"都很受欢迎，说明消费者既会自己吃，也有送礼的需求。

表 3-16　巧克力品类的主要搜索词

序　号	关 键 词	搜索次数
1	巧克力	11196931.28
2	进口	3311949.51
3	费列罗	2154001.20
4	零食	1965116.86
5	巧克力礼盒	1863035.09
6	德芙巧克力	1654060.95
7	德芙	1433759.56
8	情人节礼品	975587.04
9	进口食品	814061.54
10	费列罗巧克力	794855.75
11	德芙巧克力礼盒装	737537.19
12	燕麦巧克力	695674.14
13	松露巧克力	688696.10
14	酒心巧克力	634234.14
15	年货	631820.21
16	士力架	613521.47
17	进口巧克力	609811.37
18	黑巧克力	576882.44
19	好时巧克力	542859.35
20	巧克力 包邮	493473.64

表 3-17　消费者在购买各品牌巧克力时搜索的关键词

搜索量排序	好　时	士 力 架	费 列 罗	德　芙
1	好时巧克力	士力架	费列罗	德芙巧克力
2	好时	士力架巧克力包邮	费列罗巧克力	德芙
3	喜糖	德芙	巧克力礼盒	德芙巧克力礼盒装
4	好时之吻	德芙巧克力	费列罗 48	德芙巧克力 散装
5	好时巧克力礼盒	批发士力架巧克力	费列罗 礼盒	士力架
6	好时 巧克力 散装	士力架 全家桶	费列罗巧克力批发	巧克力礼盒
7	巧克力酱	士力架散装	健达奇趣蛋	德芙巧克力 盒装
8	巧克力礼盒	士力架巧克力	费列罗巧克力礼盒装	德芙巧克力 碗装
9	Kisses	德芙士力架	费列罗 散装	脆香米
10	好时喜糖	德芙 巧克力 散装	费列罗巧克力礼盒	德芙巧克力礼盒

2．用户对比行为分析

"竞争网络"可以帮助品牌商了解自己的直接竞争对手是哪些品牌,从而进行对比分析。图 3-29 所示为巧克力品牌的竞争格局，通过消费者在购物时的对比行为来发现品牌之间的关联。

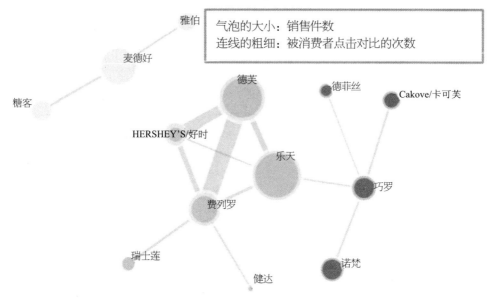

图 3-29　巧克力品牌的竞争格局

基于图 3-29，巧克力主要品牌自动聚类成以下三大类。

- "德芙""费列罗""乐天""好时"（中心品牌："德芙"）。
- "巧罗""卡可芙""诺梵""德菲丝"（中心品牌："巧罗"）。
- "麦德好""糖客""雅伯"（中心品牌："麦德好"）。

市场格局分析如下。

- "德芙"和"费列罗"是强竞争关系，经常被消费者拿来对比，对比后消费者往往会选择"德芙"，即"费列罗"在竞争状态下经常被"德芙"打败。
- "乐天"销量特别高，但很少被对比，消费者倾向于直接下单购买"乐天"巧克力，说明"乐天"在消费者心中有独特的地位，可替代性弱，不战而胜。

图 3-30 所示为搜索"德芙"的消费者最终购买的竞争品牌的巧克力情况。通过数据分析发现，"费列罗"抢走了"德芙"大量的消费者，所以"费列罗"是"德芙"最强劲的竞争对手。而且"费列罗"抢走了大量男性消费者，"乐天"更"擅长"抢走女性消费者。

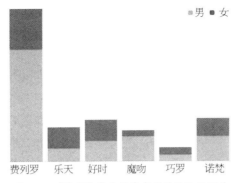

图 3-30　"德芙"潜在消费者的最终购买行为

3. 用户偏好分析

大数据可以帮助品牌商深入了解本品牌的目标人群和竞争品牌的目标人群差异，用于精准定位品牌的市场，可通过"交叉分析"来发现消费者特征和商品属性偏好之间的直接关联。图 3-31 展示的是巧克力品牌的地域偏好（可细分到城市、区县和小区）。

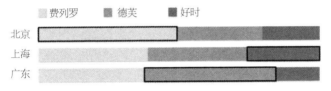

图 3-31　巧克力品牌的地域偏好

- 北京的消费者喜欢大颗的"费列罗"，广东的消费者喜欢香醇的"德芙"。
- 精致小资的"好时"最吸引上海的消费者。

图 3-32 和图 3-33 展示的是不同巧克力品牌的消费者差异，可交叉任意维度的人群。

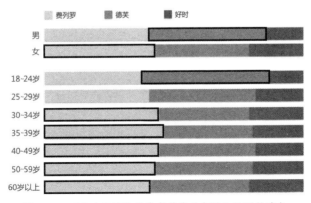

图 3-32　巧克力品牌的消费者差异（年龄和性别维度）

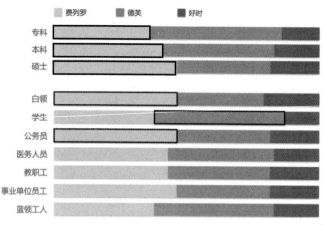

图 3-33　巧克力品牌的消费者差异（职业和受教育程度维度）

- 男性消费者喜欢"德芙"，女性消费者喜欢"费列罗"。
- 18～24 岁的消费者喜欢"德芙"，30 岁以上的消费者偏好"费列罗"。
- 学历越高越喜欢"费列罗"。
- 学生喜欢"德芙"，白领和公务员喜欢"费列罗"。

3.5.6　基于大数据的分析方法

如图 3-34 所示，数据分析方法经过了漫长的发展过程，从基本信息查询到交叉分析，再到深度数据挖掘，可多维度、全面地研究目标对象。

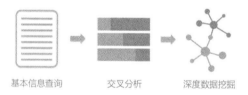

图 3-34　数据分析方法的发展过程

原有的数据分析流程往往是先把海量数据从数据仓库中导出，导入数据分析软件中（类似于 SPSS）去做分析和挖掘。但是在大数据时代，数据量极大，鲜有数据分析软件可以支撑如此海量数据的计算，所以现在的互联网大数据平台，通常是数据仓库和数据分析工具以及可视化展示整合在一起。在进行数据分析和挖掘时，通过各种数据分析工具，基于应用场景自由灵活地选择需要的数据分析方法。类似于一个自带大数据的 SPSS，上亿条数据的毫秒级运算，并且以可视化的方式展现数据。具体操作流程：用户先选择需要的数据分析方法，再选择被分析的数据维度，分析结果以可视化的方式自动呈现。

除了前面提到的数据分析工具，还有多重对应分析、联合分析、决策树、聚类分析、因子分析和矩阵分析等分析工具也非常实用。下文主要介绍多重对应分析和联合分析，以及它们在消费者研究领域的应用。

1. 多重对应分析

多重对应分析擅长分析多维度特征之间的关联，并以图形化的方式清晰、直观地呈现消费者偏好。主要用于市场细分和目标市场定位。

市场细分

选择主要的人口属性和商品属性后，以分析图表的形式自动呈现所有属性值之间的关联，关联强的则靠近，反之亦然。以手机市场为例，市场细分的格局如图 3-35 所示，一线城市 25～30 岁的消费者偏好 4000 元以上的手机，四五线城市的消费者偏好 1000 元以下的手机，等等。通过细分了解市场上各类消费者的需求差异，可以找到品牌的市场定位。

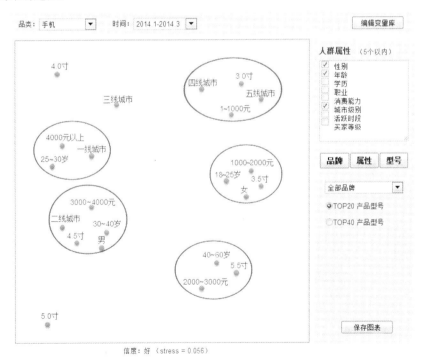

注：出于数据安全原因，以上为虚拟数据。

图 3-35　多重对应分析的市场细分功能

目标市场定位

输入品牌或产品型号后，自动呈现几类典型目标人群。如图 3-36 所示，可以尝试输入各种人口特征的数据维度，找出关联性最强、聚类最明显的维度。

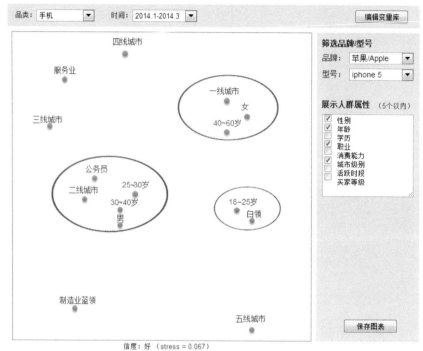

注：出于数据安全原因，以上为虚拟数据。

图 3-36　多重对应分析的目标市场定位功能

2. 联合分析

联合分析用于研究消费者特征和商品属性之间的关联（如什么特点的消费者喜欢购买什么特点的商品）。联合分析的独特优势在于通过定量的方式精确地展示不同特性间的关联度。

联合分析的主要用途如下。

（1）在产品研发时，针对目标用户设计最优产品特性组合（输入目标人群的特征后，输出该类人群对不同产品特性组合的偏好度）。

（2）在产品上市前，做该产品的消费者画像预测（输入该产品的属性后，输出偏好该类产品的人群特征）。

（3）在产品上市后，做该产品的目标市场定位（输入该产品型号后，输出购买该产品的人群特征）。

　　某尿片的消费人群特征如图 3-37 所示，从图中的数据可知，"18～25 岁的中档消费层级同时母婴类目月均消费 1000+且 VIP 等级为 4 级的女性"是该产品的核心目标人群。

年龄段	18-24	25~29	30~35	36~39	40~49	50~59
	0.04	0.02	0.01	0.02	0.01	0.00
性别	男	女				
	0.06	0.08				
消费层级	低	偏低	中	偏高	高	
	0.02	0.03	0.04	0.01	0.03	
VIP等级	1	2	3	4	5	6
	0.01	0.02	0.04	0.05	0.04	0.02
母婴类目月均消费	0.01-50	50.01-100	100.01-300	300.01-500	500.01-1000	1000+
	0.21	0.32	0.23	0.32	0.32	0.35

注：出于数据安全原因，以上为虚拟数据。

图 3-37　某尿片的消费人群特征

3.6 基于社交聆听的设计调研

3.6.1 什么是基于社交聆听的设计调研

社交聆听（Social Listening，SL），又称社交化聆听、社媒聆听法，聆听对象是"顾客之声"（Voice of Customer，VOC）。基于社交聆听的设计调研（简称 SL 设计调研）指从社交大数据中提取产品、品类、品牌、需求、场景、功能等关键词和内容类目、标签等的因子，通过分析包括平台内容推荐、搜索算法在内的多因子影响下的用户反馈、评论、分享等互动指标，了解用户对特定品牌、产品或服务的看法、态度和行为，从而改进产品和服务的设计和推广方式。持续的社交聆听设计调研可以帮助我们更好地了解用户的需求和期望，动态把握市场趋势，高效完成产品-市场匹配（Product-Market Fit，PMF）工作，提高产品和服务的质量和满意度。

主流社交媒体平台的用户和内容规模往往非常庞大，如快手这一短视频平台对中国社会各行各业有着像素级的记录。截至 2020 年 2 月，快手有近 200 亿条视频。自 2019 年 7 月至 2020 年 6 月，有 3 亿用户在快手发布作品，30 岁以下用户占比超 70%[29]。2023 年，小红书这一内容社交平台的日均搜索查询量超过 3 亿次，发布笔记超过 300 万篇，日均互动量超过 4 亿次，每月活跃创作者超过 2000 万名[30]，想要从中得出有效的设计调研结果，就会面临数据量巨大、类型复杂多样的媒体类大数据集合，需要通过数据挖掘、机器学习等技术，帮助我们分析和理解海量数据，从而发现数据之间的关系和规律，从中提取有价值的信息和洞见。通过分析大数据，可以更准确地估计事件发生的概率和风险，预测未来趋势，为决策和创新提供有力的支持和指导。大数据和概率理论常常结合使用，如在社交媒体信息流广告分发中，结合大数据与概率论，通过解析用户行为，预测用户兴趣偏好，以实现广告的精准推送和高转化率。通过聆听快手庞大的"顾客之声"，可以了解 3.6 万种职业和数亿人的生计[29]；通过聆听每月超过 2000 万篇小红书博主分享的品牌和产品种草笔记[30]，可以为品牌定义、品类创新和产品定义提供决策支持，从而提升业务效率、优化产品设计、改进营销策略。基于社交平台大数据的社交聆听设计调研已成为当今商业社会中不可或缺的一部分，其价值也越发显著。

机器学习和人工智能技术越来越多地被应用于社交聆听设计调研，通过自然语言处理、图像识别、智能推荐等，可以提升分析效率。快手、小红书等平台则提供了丰富的数据资源，为人工智能模型的训练和优化提供支持。此外，人工智能技术还可以被应用于数据的预处理、清洗和可视化等方面，提高数据的质量和可用性。

基于优质海量数据和人工智能技术的社交聆听设计调研，可以快速解决相关性和概率问题，帮助研究者提出假设。其中，相关性可被用于预测事件的可能性，而概率可被用于描述事件之间的关系。相关性通常指两个或多个变量之间的关系，可以通过相关系数等指标度量。而某个事件发生的概率，通常用 0~1 表示。当某一事件导致另一事件发生时，我们可以认为这两个事件之间存在因果关系。因果关系可以通过实验和观察来确定，通常需要考虑时间顺序、相关性和可重复性等因素。在科学研究和商业决策中，因果关系是十分重要的，它可以帮助我们理解事件之间的关系和影响，从而做出更加准确和有效的决策。

如果两个变量高度相关，那么它们之间可能具有因果关系；而如果两个事件的概率相近，那么它们之间可能存在一定的关联，但并不一定是因果关系。相关性和因果关系是两个不同的概念。在实际应用中，我们需要区分相关性和因果关系，以便更好地理解事件之间的关系和影响，从而做出更准确和有效的决策。

3.6.2 社交聆听设计调研的分类

按照设计调研的目的不同，社交聆听设计调研主要分为热度分析、趋势分析、竞争分析、需求分析和场景分析 5 种。

1. 热度分析

热度分析将社交媒体内容的相关维度按照用户行为指标进行排序。例如将内容话题按照用户评论数进行排序，可以了解到用户关注度高和讨论热烈的话题，从而了解用户的兴趣和需求；将不同地域用户对取暖器相关文章的点赞数进行排序，可以了解取暖器这一品类在用户需求和偏好方面的地域差异。此外，通过分析用户在不同环节的行为，例如对发布、浏览、点赞、评论、分享等互动行为的数据进行排序，能够了解处在不同环节的用户需求和行为模式。

✍ 案例：

> 通过对小红书的社交内容进行聆听，发现在一段时间内"空气炸锅"（以下简称"小红书空气炸锅"）这个关键词的搜索量非常高，月均接近200万次。于是我们将所有与空气炸锅相关的笔记按类目划分进行统计，发现运动健身类目下的空气炸锅相关笔记的互动量（即篇均互动量）最高，如图3-38所示。

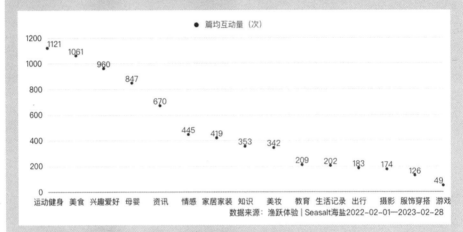

图3-38 （2022-02-01—2023-02-28）小红书空气炸锅相关笔记互动量类目统计图

> 小红书将互动量超过1000次的笔记认定为爆款笔记，并对其进行持续推荐。运动健身类目下空气炸锅相关笔记的互动量超过1000次，说明运动健身人群对与空气炸锅相关的需求和反馈程度非常高。

通过人工智能技术可以将知识图谱中的关键词快速展现，最常见的热度分析应用就是词云图。如图3-39所示，马桶和情感、夫妻关系等方面的词经常一起出现，值得我们进一步研究其中的关联和因果关系。再如，利用机器学习判断用户评论的情感倾向，当有海量评论数据出现时，就可以快速了解事件的热度是正向、负向还是中性的。

图 3-39　（2022-04-01—2023-03-30）小红书情感类目马桶相关笔记词云图

2. 趋势分析

趋势分析指通过社交媒体内容数据对用户行为指标的各期相对基期[1]的变化进行分析。趋势分析通常需要对一段时间内的数据进行分析，进而了解某个指标的变化（基于时间维度可以帮助我们更好地理解这种变化）。例如，我们可以通过分析用户对某种产品在不同季节或不同年份的互动行为数据，了解其用户对该产品的需求变化趋势。

✍ 案例：

如图 3-40 所示，小红书中"空气炸锅"这个关键词的相关笔记数量在 2022 年第一季度和第四季度呈现明显的增长趋势，并在 2022 年 11 月达到最高峰。

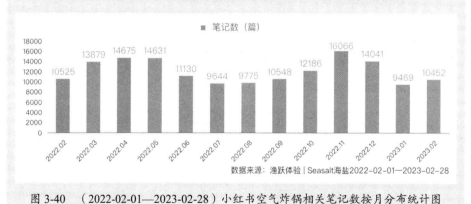

图 3-40　（2022-02-01—2023-02-28）小红书空气炸锅相关笔记数按月分布统计图

在进行趋势分析时，数据的准确性、完整性和及时性是非常重要的。另外，可以采用适当的数据分析工具和算法，以便提高数据分析的效率和精度。

1　基期，与"报告期"相对，统计中计算动态指标时作为对比标准的时期。基期的数值称为基数。

3. 竞争分析

竞争分析指通过社交媒体内容数据对用户行为指标的竞品份额进行对比分析。竞争分析通常需要遍历竞争品牌的数据。例如，我们可以通过分析用户与某品类中不同品牌产品的互动行为数据，了解用户对不同品牌产品的认知和需求程度。

✍ 案例：

在小红书空气炸锅相关笔记中，头部品牌互动量占比总和不超过 10%，其中松下牌空气炸锅的互动量占比最高，如图 3-41 所示。

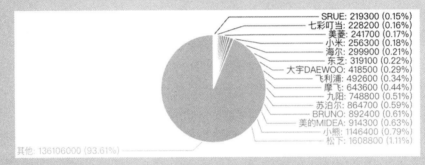

图 3-41　（2022-02-01—2023-02-28）小红书空气炸锅头部品牌 SOE 统计图[1]

如图 3-42 所示，虽然松下牌空气炸锅的互动量最高，但其笔记数并不是最多的，而是由于其篇均互动量高，平均每篇笔记都达到了平台大爆文的水平。

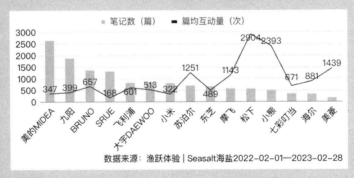

图 3-42　（2022-02-01—2023-02-28）小红书排名前 15 的空气炸锅品牌笔记数分布图

4. 需求分析

需求分析指通过社交媒体的内容数据对用户行为指标的群体特征、需求对象及需求方式进行强度排序、聚类分析和交叉分析。需求分析通常需要对社交媒体内容的类

1　SOE 为 Share of Engagement，即互动量的份额，互动量为用户点赞数、收藏数和评论数的总和。

目、内容与用户画像进行匹配，再从类目数据中的关键词、话题词、标签等细分数据中提取关键信息进行深入的用户行为指标分析。例如，我们可以通过分析用户搜索量高的品类关键词与某个类目中相关内容的互动行为数据，了解什么样的用户对该品类的需求度高，以及他们用来做什么、怎么用和为什么用。

另外，由于主流平台都有商业广告投放的业务生态，所以在匹配数据时，通过用户粉丝量等维度区分内容的商业广告投放属性，是影响需求分析成效的关键因素之一。

✍ 案例：

如图 3-43 所示，2023 年 3 月，小红书空气炸锅这个品类词的用户搜索量相对于其他厨房场景下的小家电品类占据了绝对优势，这代表了小红书用户对与空气炸锅相关的内容的需求度非常高。

图 3-43　2023 年 3 月小红书小家电品类词搜索量统计图

通过进一步分析发现，2023 年第一季度的婚嫁、文化等类目笔记的互动率相比 2022 年有明显的增长（如图 3-44 所示），因此可以进一步深入挖掘和分析与这两个类目相关的用户对空气炸锅的需求。

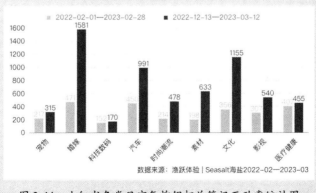

图 3-44　小红书各类目空气炸锅相关笔记互动率统计图

5. 场景分析

场景分析指通过社交媒体内容数据对用户行为指标的地点、空间环境、活动状态等特征进行分析。场景分析通常与需求分析结合，可以了解在细分类目或场景词中用户行为指标的变化趋势。

✎ 案例：

在小红书空气炸锅这个关键词的相关笔记中，细分类目为美食教程的笔记互动量最高，其次是减肥餐教程，如图3-45所示。

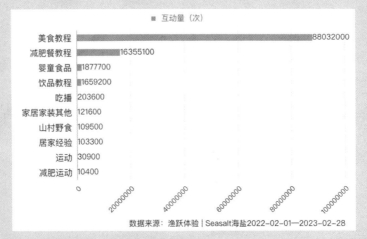

图3-45　小红书空气炸锅相关笔记中不同细分类目笔记的互动量排行

我们又对细分类目为美食教程的所有笔记的内容进行分词统计，聚类分析后得到所在笔记篇均互动量为1000次以上的是与"食材"、"口感"和"用途"相关的关键词，如图3-46所示。

图3-46　小红书空气炸锅相关笔记在美食教程类目下的分词统计

| 3.6.3　社交聆听设计调研的操作流程

在实施过程中，社交聆听设计调研主要包括采集数据、整理数据和分析数据 3 个阶段，每个阶段都对社交聆听设计调研的成效具有重要意义。常用的大规模数据采集方式主要包括网络爬虫、专有数据源接口获取和网络日志等，感兴趣的读者可自行查阅相关资料。下面将分别对整理和分析社交聆听设计调研数据的操作流程进行详细介绍。

1．根据数据属性对数据进行分类

多模态数据

内容社交平台的数据往往是多模态的，包括文本、图像、视频、音频等。目前大多数研究只处理文本和图像数据，因此会将视频转为图像，将音频转为文本。

定量数据与类别数据

定量数据是可以用数量或数值来衡量的数据。在内容社交平台中，用户和内容的交互行为，包括发表、点赞、评论、收藏、分享等也是可以被量化的。对于这种数据，通常可以进行数值计算和统计分析，如计算平均值、标准差，进行回归分析，等等。与定性数据相比，定量数据更具客观性和精确性，适用于许多科学研究和商业决策。类别数据是以类别或标签形式表达的数据，例如性别、种族、颜色、学历等。在社交聆听设计调研中，通常使用描述性统计分析方法分析和解释类别数据，例如频数、比例、百分比等。

大数据与小数据

大数据指数据量巨大、类型多样、处理过程复杂的数据集合。可用的大数据具有完整性，即是全量的。另外，由于数据量太大，大数据一定是"脏"、"乱"、"杂"的。小数据指数据量相对较小的数据集合。与大数据相比，小数据的样本量、特征量和维度较小，通常可以用传统的统计学方法进行分析。小数据通常更容易被获取、处理和存储，但也可能存在一些数据质量问题，如存在噪声、缺失值和不一致性等。

一般来说，大数据可被用于解决相关性问题，小数据可被用于解决因果关系问题，大小数据结合使用可为用户设计调研提供更全面和更深入的洞察。大数据可帮助我们了解用户的整体特征和趋势，提出与用户行为和需求相关的假设；而小数据可帮助我们深入了解用户的行为和需求，从而验证假设。

2．对数据进行结构化处理

梳理数据的维度和指标

维度指数据的分类方式。在内容社交平台上，数据的维度通常包括时间、地域、用户、话题等。指标用来度量数据的特定方面，通常包括点赞数、评论数、分享量、曝光量等。例如，在分析某品牌社交媒体账号的影响力时，可以将维度分为时间、地点、用户、话题等，指标包括点赞数、评论数、分享量等。以小红书为例，平台将丰富的笔记内容和海量用户行为数据结构化，已从笔记中识别出商品约 27 万个，昵称词超过 600 万个，属性词约 26 万个，情感描述词超过 700 万个[30]。通过对数据的维度和指标进行梳理、分析，可以更好地理解用户对产品的看法和做出的相关行为，发现用户的需求和期望，为品牌的产品和服务提供更有价值的支持和指导。

搭建数据结构化展示的框架

将数据结构化地整理与呈现，有利于我们快速识别数据之间的关联，发现其中的规律、差异，找到更丰富的分析视角。最简单的结构就是由维度和数值、维度和类别构成的列表，如图 3-47 所示。

	类目名称	关键词	笔记数（篇）	互动量（次）	篇均互动量（次）	时间段
1	运动	空气炸锅	7	30900	4414	2022-02-01—2023-02-28
2	减肥运动	空气炸锅	4	10400	2600	2022-02-01—2023-02-28
3	减肥餐教程	空气炸锅	11900	16355100	1374	2022-02-01—2023-02-28
4	运动健身	空气炸锅	15600	17488100	1121	2022-02-01—2023-02-28
5	运动健身	空气炸锅	2005	1060200	529	2022-12-13—2023-03-12
6	减肥经验	空气炸锅	68	29200	429	2022-02-01—2023-02-28
7	减肥其他	空气炸锅	3414	1005300	294	2022-02-01—2023-02-28
8	健身减肥	空气炸锅	248	53800	217	2022-02-01—2023-02-28
9	减肥医药	空气炸锅	13	1725	133	2022-02-01—2023-02-28
10	体育运动	空气炸锅	28	1838	66	2022-02-01—2023-02-28
11	减肥场所	空气炸锅	1	23	23	2022-02-01—2023-02-28

图 3-47 小红书空气炸锅相关笔记在运动健身类目下的数据表

对数据进行可视化处理

在数据结构化的过程中，还可以利用一些方式和工具对数据进行可视化处理。例如，将关键词放到以"笔记数"和"互动量"为轴组成的四象限中，就能发现哪些是用户认知度高、需求度高的，哪些是用户不太关心的，哪些是有流量红利的，等等，如图 3-48 所示。

此外，还可利用人工智能技术辅助数据可视化，在数据集中寻找模式和趋势，进行探索性数据分析。例如，将新浪微博的二次元话题按照相关性和互动量以不同距离和大小的圆的形式进行可视化展示，这可以帮助我们快速了解不同话题之间的关系，如图 3-49 所示。

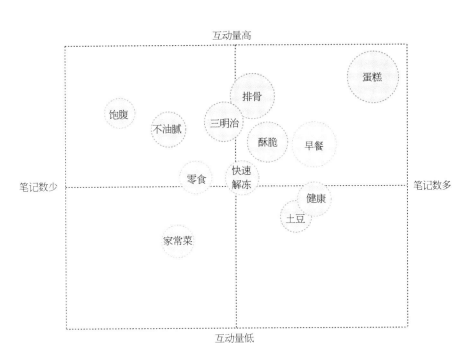

图 3-48　小红书空气炸锅相关笔记近 1 年的关键词

图 3-49　新浪微博二次元话题的哈密顿图（Hamilton）[31]

3．根据设计调研的主题和目的定义词包

词包指一组与特定主题相关的词语集合。在文本分析中，词包通常被用来对文本进行分类、情感分析、关键词提取等。

构建词包的过程中需要注意以下几点。

（1）确定主题：需要确定词包所要涵盖的主题或领域，例如美妆、时尚、接地气生活、空气炸锅、房车露营等。

（2）收集文本：从相关领域的文本数据中，收集与主题相关的文本数据，例如产品描述、用户评价、社交媒体内容等。

（3）清洗数据：对文本数据进行清洗，包括去除停用词、标点符号、数字等，从而保留与主题相关的词语。

（4）提取词语：从清洗后的文本数据中提取与主题相关的词语，例如品牌名称、产品名称、关键词等。

（5）筛选词语：对提取出的词语进行筛选和分类，例如删除无意义的词语、将词语按照类型进行分类等。

（6）构建词包：将筛选出的词语组成词包，例如将品牌名称、产品名称、关键词等词语组合成某品牌词包。

✍ 案例：

在与小红书有关的数据分析中，词包通常被用于文本分类和关键词提取。例如，小红书可以通过构建美妆品牌词包，对用户上传的美妆产品进行分类和推荐。在构建美妆品牌词包的过程中，可以从小红书的产品描述、用户评价、社交媒体内容等数据中提取出与美妆品牌相关的词语，例如品牌名称、产品功效、成分等。如图 3-50 所示，通过对这些词语进行分类和筛选，可以构建出包含美白功效和与成分相关词语的词包，从而对美妆产品进行分析和推荐。

> 美白、白皙、亮白、提亮、
> 抑制黑色素、祛黄、淡斑、祛斑、
> 传明酸、虾青素、熊果苷、烟酰胺

图 3-50　包含美白功效和与成分相关词语的美妆品牌词包

4．数据清洗与集成

数据清洗指对数据进行处理和修正，以提高数据的质量和可用性的过程。在实际应用中，原始数据往往存在缺失、异常、重复和不一致等问题，需要通过数据清洗来

解决。数据清洗可以帮助我们更好地理解和应用数据，从而做出更准确和更有效的决策。利用人工智能技术，可以对清洗操作的顺序和逻辑进行合理的安排，从而实现数据清洗的半自动化或自动化。

（1）预处理：对原始数据进行预处理，包括转换格式、标准化和归一化等。

（2）缺失值处理：检测和处理缺失值，包括删除、填充缺失值等。

（3）异常值处理：检测和处理异常值，包括删除、替换异常值等。

（4）重复值处理：检测和处理重复值，包括删除、合并重复值等。

（5）不一致性处理：检测和处理不一致数据，包括修正不一致数据，对数据进行标准化处理，等等。

（6）根据设计调研的主题，以及 3.6.2 节中不同的设计调研类型，将词包中与热度分析、趋势分析、竞争分析、需求分析和场景分析相关的数据分别集成到各自对应的数据集中。

5．数据规约与分析

对数据进行规约，包括数据分类、数据排序等。具体分析方法详见 3.6.2 节。

┃ 3.6.4　社交聆听设计调研的优点与难点

1．社交聆听设计调研的优点

（1）只要我们掌握了平台规则，能够甄别出真实的用户声音，那么通过社交聆听设计调研获取的数据确实比通过单人访谈法等方法获取的数据更加客观，可以避免设计调研时的样本个体偏差问题。

（2）随着内容社交平台的规模越来越庞大，新媒体用户作为个体化网络传播的节点，分布范围越来越广。相对于传统设计调研方式，社交聆听设计调研更易批量化触达新媒体用户，可以快速响应企业对研究效率的诉求。

（3）从企业经营的角度来看，通过在社交聆听设计调研上持续投入来解决产品定义问题，可以摊薄用户直连制造（Customer-to-Manufacturer，C2M）柔性供应链、舆情监控与公关和数字媒体营销方面的成本。尤其是在数字营销方面，可以实现设计调研和用户触达场景的一致性，有利于形成直面消费者（Director-to-Consumer，DTC）模式的闭环。

从洞察数据到体验评估，再到投放回测，基于社交聆听的设计调研过程是动态的、螺旋式上升的（如渔跃体验的 IDEAL 螺旋式价值上升模型），不仅适合新品研发环节，更适合产品的持续优化和迭代环节，如图 3-51 所示。

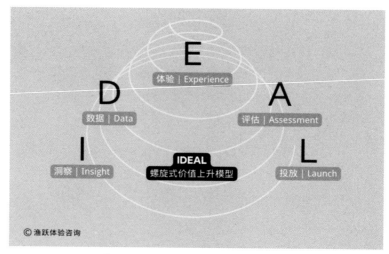

图 3-51 IDEAL 螺旋式价值上升模型[32]

2．社交聆听设计调研的难点

（1）一般来说，内容社交平台自身有最完整的数据，而从外部获取大规模全量优质数据的难度非常大。此外，内容社交平台的商业化往往以投放广告的形式为主，对设计调研洞察方面的支持力度较小，所以不少企业会借助第三方数据或咨询公司来协助设计调研。

（2）对于社交聆听设计调研，研究者既需要拥有完善的领域知识和用户体验思维，还要掌握大数据和人工智能方面的技术。

基于社交聆听进行设计调研的完整案例将在 3.7 节详细展开。

3.6.5 对社交聆听设计调研的展望

对企业来说，将产品需求卖点在特性树中体现出来之前，结合外部主流社交媒体和电商平台的舆情及销售数据，以及定性归因和匹配模型，可以全面、科学地评估研发早期需求评审和需求指标验收的体系，支持需求点储备池的建立，从产品-市场匹配的角度缩短研发测试周期，提升对快速变化的用户需求的响应敏捷度，并基于需求图谱规划测试验收覆盖范围，降低研发测试成本。此外，还可以通过补充外部增量市场用户基于需求和产品功能使用场景的反馈，精准定位品牌的用户群体的提升品牌形象。

3.7 社交聆听设计调研案例
——以小红书户外电源产品设计调研为例

3.7.1 确定设计调研的目标与重要性

随着人们生活水平的提高和旅游业的发展，自驾游越来越普及，户外活动和露营越来越受到人们的喜爱。人们急需一款可靠的户外电源产品来满足旅途中的用电需求。除了旅游，在一些特殊的场景中，如野外考察、探险等，也需要户外电源产品提供必要的电力支持。另外，在应对自然灾害等突发事件时，也需要户外电源产品提供应急电力保障。

1. 确定设计调研的范围与条件

（1）时间周期：利用小红书的相关数据对户外电源产品进行设计调研的时间周期需要根据具体情况而定。一般来说，设计调研的时间周期主要取决于设计调研的目的、范围和难度。如果设计调研的目的比较明确，且范围和难度较小，那么设计调研的时间周期可能相对较短，通常只需花费几周的时间；如果设计调研的目的比较复杂，且范围和难度较大，那么采集和处理数据所需的时间就会长达数月，因此设计调研的时间周期可能相对较长。另外，在已经具备现成的小红书数据库的情况下，可以直接从中获取相关数据，所以进行户外电源产品设计调研的时间周期可能相对较短，但具体时间还需要根据具体情况而定。

（2）预算范围：利用小红书的相关数据对户外电源产品进行设计调研，需要进行数据采集、数据处理和数据分析，具体的预算要根据实际情况而定。以下是一些可能需要考虑的费用。

① 数据采集费用：需要根据设计调研的目的和范围，选择合适的数据采集方法，如网络爬虫、API 等。

② 数据处理费用：需要对采集到的数据进行清洗、整理和格式化，以便进行后续的分析和挖掘。

③ 数据分析费用：需要使用专业的数据分析工具和方法，对采集到的数据进行深入分析和挖掘，以获取有价值的信息和建议。

总之，利用小红书的相关数据对户外电源产品进行设计调研需要考虑多方面的费用，要根据实际情况进行评估和预算。同时，在进行设计调研的过程中，要尽可能地提高数据的质量和准确性，以便更好地获取有价值的信息和建议。

2. 确定设计调研的产出物

利用小红书的相关数据对户外电源产品进行设计调研，产出物通常有以下几种。

（1）用户需求分析报告：通过对小红书相关数据的分析，获取用户对户外电源产品的需求和期望，包括对产品的功能、外形、品质、价格等方面的要求，形成详细的用户需求分析报告。

（2）用户行为分析报告：通过对小红书相关数据的分析，获取用户在购买、使用和评价户外电源产品时的行为和习惯，形成详细的用户行为分析报告。

（3）用户画像分析报告：通过对小红书相关数据的分析，获取用户的年龄、性别、职业、兴趣爱好等信息，形成详细的用户画像分析报告。

（4）市场趋势分析报告：通过对小红书相关数据的分析，获取户外电源产品市场的发展趋势和竞争情况，形成详细的市场趋势分析报告。

在这些产出物中，通常会包含对用户群体与使用场景的匹配情况的分析。通过对用户需求、行为和画像等方面的分析，可以了解用户在不同使用场景下的需求和行为特点，从而为产品的设计和研发提供有价值的信息和建议。因此，在小红书户外电源产品的设计调研中，用户群体与使用场景的匹配情况分析是非常重要的，需要在产出物中进行详细的描述和分析。

3. 确定数据源

根据用户定位选择社交媒体平台，即数据源，如图 3-52 所示。

图 3-52　小红书列表发现页与笔记详情页[33]

小红书是一个蓬勃发展的内容社区平台，大量懂生活、爱分享的人在这里交换着彼此的生活体验和生活态度。现在，小红书已经有 2 亿名月度活跃用户，"90 后"占 70%以上，50%的用户来自一二线城市，用户构成非常丰富和年轻化[34]。小红书是典型的 UGC 社区，它的内容生态包含大量的图文、视频等用户行为信息，产生了海量高质量的多模态数据，因此成为极佳的实践场景。用户对优质内容的观看、点赞、搜索等行为，转化为大量的反馈数据，其每天产生的数据量已达到了数百亿条的级别。

小红书包含了大量关于户外旅游和生活方式的内容，我们可以从中获取用户对户外电源产品的需求和反馈。从笔记数趋势来看，户外电源相关笔记的规模在 1 年内增长超过 92%。2022 年 5 月和 9 月，户外电源相关笔记的互动率，即篇均互动量较高。我们进一步分析这些峰值时间段的内容和用户互动数据，能够发现用户需求与使用场景的关联，为户外电源产品的定义提供更丰富的洞察。还可以了解用户对户外电源产品的外形、功能、品质等方面的需求和期望，以及用户的真实使用体验和评价，进而发现产品存在的问题和不足，并对其进行改进和优化。通过对小红书中户外电源产品的设计调研，还可以了解到用户的消费习惯和消费趋势，从而为产品的营销和推广提供有价值的信息和建议。总之，利用相关数据对户外电源产品进行设计调研是可行的，可以为产品的设计和研发提供重要的参考和指导。

我们还可以通过采集、分析小红书海量优质用户的 UGC 投放和互动数据，并持续监测具有动态时效性的用户搜索数据，为设计调研增加"流量获取"的预测分析维度，目的之一是支持项目的早期判断，即支持用户购买决策过程中的大规模需求预测和体验反馈验证，目的之二是支持功能卖点的全生命周期规划。

最后，需要强调的是，在选择数据源的同时，还需要考虑取得数据支持的可行性，除此之外，还要理解商务合规性要求，规避用户隐私侵犯问题。

3.7.2　确定小红书户外电源产品相关数据的采集方式

在选择采集小红书户外电源产品相关数据的方法和工具时，需要考虑以下因素。

（1）数据的可靠性和准确性：需要确保所采集的数据是真实的、可靠的，避免出现虚假的、重复的数据或错误的数据。

（2）数据的完整性和全面性：需要确保所采集的数据是完整的，要能覆盖用户在不同使用场景下的需求和行为特点。

（3）数据的可用性和可分析性：需要确保所采集的数据是易于处理和分析的，可以为产品的设计和研发提供有价值的信息。

以下是一些常见的数据采集方法和工具，以及它们可获得的数据类型。

（1）网络爬虫：通过自动化的爬虫工具和规模化的信息采集技术，可以从电商、社交媒体等网络平台上抓取用户评价、讨论、分享等信息，获取用户对户外电源产品的需求、评价和建议等方面的数据。常见的爬虫语言包括 Python、Java、JavaScript、PHP 和 Ruby 等。在选择爬虫语言和技术时，需要考虑适用性、易用性、性能等多方面的因素。

（2）API：通过与相关网站或平台建立 API，可以获取与户外电源产品相关的交易、评论等方面的数据。

（3）搜索引擎：通过使用搜索引擎，可以从互联网上获取大量的与户外电源产品相关的信息和数据，如新闻、评论等。

（4）数据埋点与行为日志：通过数据埋点，可以在网站或应用中设置各种事件和触发器，以记录用户的行为和活动，产生的行为日志可以记录用户在网站或应用中的行为和活动，比如用户的访问量、点击量、转化率和留存率等。

（5）商业智能（Business Intelligence，BI）：从各种 BI 数据仓库的数据源中获取大量的信息和数据，如用户行为数据、交易数据、社交媒体数据、新闻数据等。利用 BI 的数据可视化工具，可以将数据仓库中的数据以表格、地图等形式展示出来，以便研究者更好地理解和分析数据。

这些数据采集方法和工具都可以用于采集大规模公开信息，但研究者在使用它们的过程中还需要注意遵循相关法律、法规，避免侵犯他人隐私和其他权益。同时需要注意数据的真实性、完整性和可靠性，确保所采集的数据是有价值的。

出于对数据完整性和项目周期的多方面考虑，本案例结合使用爬虫和 BI 两种工具，如图 3-53 和图 3-54 所示。

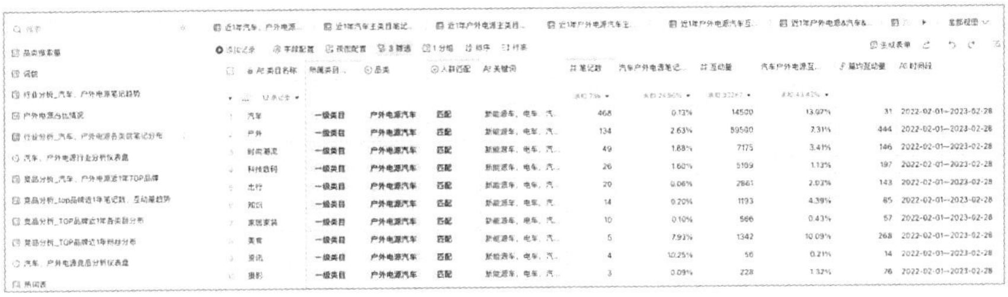

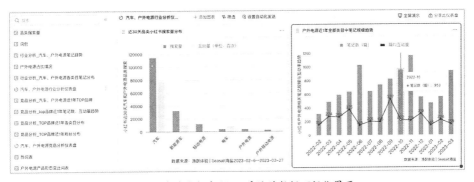

图 3-53 海盐小红书版 BI 系统的数据查询界面

图 3-54 海盐小红书版 BI 系统的数据可视化界面

3.7.3 对小红书户外电源产品相关数据进行整理与分类

1. 数据识别与处理

小红书户外电源相关笔记分为图文笔记和视频笔记两大类，包括文本、图片、视频和音频等多种类型的数据。研究者需要对它们进行识别和处理，以便更好地理解和分析数据。

利用自然语言处理技术，可以从文本数据中提取关键信息，如用户的评价、建议、需求等；利用图像识别技术，可以从图片数据中提取关键信息，如产品的外观、特点、颜色等；利用视频处理技术，可以从视频数据中提取关键信息，如用户的行为、动作、语音等；利用音频处理技术，可以从音频数据中提取关键信息，如用户的语音评论、背景音乐等。

2．量化指标与结构化定性数据

作为内容社交平台，小红书的量化指标包括每篇笔记的阅读量、点赞数、评论数、收藏数、粉丝数、赞藏评占比、篇均互动量、总互动量和搜索量等。

结构化的定性数据包括笔记标题、笔记文案、笔记类目、博主类目、关键词、笔记评论、用户个人简介和地域等。

3．数据清洗与集成

通过数据清洗和集成，可以将爬虫和 BI 等不同来源的户外电源相关笔记的数据整合在一起，以便研究者对其进行分析和挖掘。具体方法可参考 3.6.3 节。

▎3.7.4　对小红书户外电源产品相关数据进行分析

1．确定户外电源产品的重点用户群

根据内容属性不同，小红书的笔记被划分到不同的类目下进行推荐和搜索分发。这些类目主要包括时尚、美食、美妆、娱乐、出行、教育、家居家装、宠物、母婴、游戏、摄影、医疗健康、科技数码、汽车等。一般来说，这些类目也是用户群的重要标签。所以我们首先需要通过类目数据确定户外电源产品的重点用户群。

随着户外生活方式的兴起，与户外相关的笔记大量增加，小红书也在 2023 年新增了名为"户外"的类目标签。对于户外类目下与户外电源产品相关的数据，研究者都可以进行展开分析。

在与户外电源产品相关的笔记中，用汽车、新能源车、电车等关键词切分出与汽车相关的笔记，可以得到在与户外电源产品相关的笔记中，与汽车相关的笔记占比，该部分占比呈现增长的趋势，如 2023 年 3 月的占比相较 2022 年 3 月提升了 39 个百分点。

户外电源汽车相关笔记互动量占比排行前三的类目依次是汽车、户外和美食，因此我们找到了户外电源用户群体的另一个标签，即美食。后续可进一步挖掘美食类目下的细分场景和用户需求。

2022 年 2 月至 2023 年 2 月，从户外电源汽车、汽车、户外电源相关笔记的篇均互动量在各类目下的分布情况来看，户外、母婴和美食这 3 个类目下户外电源汽车相关笔记的篇均互动量高于户外电源、汽车相关笔记的篇均互动量，如图 3-55 所示。

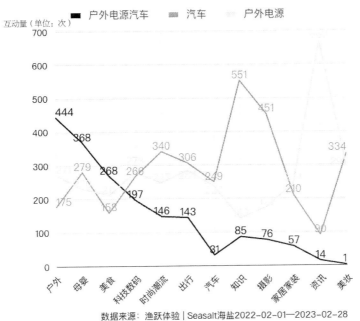

数据来源：渔跃体验 | Seasalt海盐2022-02-01—2023-02-28

图 3-55　户外电源与汽车相关笔记篇均互动量类目分布

虽然母婴类目下与户外电源相关的笔记数量较少，但其篇均互动量有明显的增长，于是我们又找到了一个重要的户外电源产品用户群体标签，即母婴。

在分析用户群体的过程中，我们圈出了重点用户群体的标签，即"户外""汽车""科技数码""母婴""美食"。我们可以重点挖掘这些标签下的数据，从而对使用场景和需求层次等进行更深入的分析。

2. 场景匹配分析

小红书根据一级类目下笔记的内容划分下一级类目，我们需要将这些细分类目与用户使用场景进行匹配。例如，母婴类目下的二级类目按笔记规模分布可分为婴童时尚、孕产经验、早教、婴童食品等。如图 3-56 所示，我们将小红书在 2022 年 2 月至 2023 年 2 月的一级类目全部展开，并根据笔记数和篇均互动量对二级类目为户外电源的笔记进行排序。通过笔记数量可以看出，露营类目下出现户外电源相关内容的频次最高；从篇均互动量可以看出，应用推荐类目和软件服务类目下与户外电源相关笔记的热度最高。由此可见，2022 年 2 月至 2023 年 2 月，小红书用户在露营、软件应用服务等场景下的户外电源产品需求最旺盛。

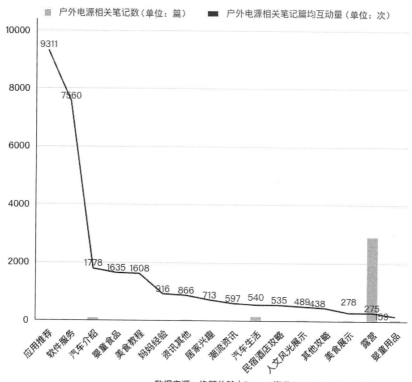

数据来源：渔跃体验 | Seasalt海盐2022-02-01—2023-02-28

图 3-56　户外电源细分类目笔记数与篇均互动量分布

我们再从户外电源相关笔记中切分出与汽车相关的笔记（如图 3-57 所示），从各细分类目下笔记的篇均互动量来看，在出行攻略、露营、人文风光展示、美食展示、婴童用品、移动数码、摄影其他等细分场景下，同时提及户外电源和汽车的笔记的篇均互动量高于大盘平均水平（篇均互动量为 200 次）；在出行攻略类目下的篇均互动量超过 1000 次，相当于每篇笔记都是爆文。

通过对爆文的进一步分析，我们可以从定性的角度了解用户对户外电源产品产生需求的原因。我们也可以按照品类词、场景词、需求词、产品词等对高笔记数和篇均互动量的细分类目下的关键词进行排序和聚类，并结合搜索量、篇均互动量、点赞数等指标进行更深入的场景分析。

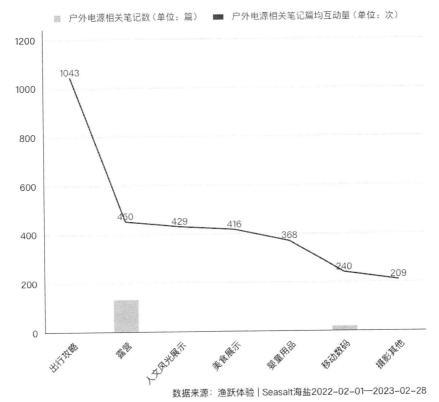

数据来源：渔跃体验 | Seasalt海盐2022-02-01—2023-02-28

图 3-57　户外电源中与汽车相关笔记数与篇均互动量细分类目分布

3．品牌与竞争分析

我们将与户外电源品牌相关的笔记按互动量进行排行和占比分析（如图 3-58 所示），可以看到，在小红书中占据头部地位的户外电源品牌有正浩、电小二等；互动量占比在 1%以下的品牌，其互动量总和超过了总量的一半。由此可见，户外电源产品的品牌竞争格局还没有达到红海的程度，还有机会利用用户认知获取红利。需要注意的是，小红书作为内容社交平台，其商品和品牌标签体系与大型电商平台相比欠成熟，所以需要借助站外数据进行分析，才能将品牌占比数据切分得更加精确。

品牌的互动量在行业或领域总互动量中的占比（Share of Engagement，SOE）体现了该类产品在平台内的品牌竞争格局，一般代表平台用户对这些品牌和产品的整体关注度和评价水平。因此，在用户群体、使用场景、需求层次等的分析中，品牌维度的数据也很重要。

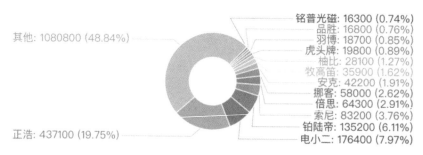

铭普光磁: 16300 (0.74%)
品胜: 16800 (0.76%)
羽博: 18700 (0.85%)
虎头牌: 19800 (0.89%)
柚比: 28100 (1.27%)
牧高笛: 35900 (1.62%)
安克: 42200 (1.91%)
挪客: 58000 (2.62%)
倍思: 64300 (2.91%)
索尼: 83200 (3.76%)
铂陆帝: 135200 (6.11%)
电小二: 176400 (7.97%)
其他: 1080800 (48.84%)
正浩: 437100 (19.75%)

数据来源：渔跃体验 | Seasalt海盐 2022-02—2023-02

图 3-58　户外电源相关笔记 TOP 品牌互动量占比

4. 需求强度与需求层次分析

在分析需求强度和需求层次的环节，我们主要通过热词数据来进行指标的拆解和分析。根据内容社交平台的指标不同，可以将热词分为以下几种，它们可以从不同维度支持对需求强度的分析。

（1）高频词：在笔记中出现的频次高，代表平台上的热度和用户认知程度高。高频词通常被用于快速了解用户认知，作为计算流量词和需求词时的起始词。

（2）流量词：热词所在的笔记篇均互动量较高，一般高于大盘平均水平。

（3）搜索词：小红书用户访问笔记的方式分为搜索和浏览两大类，搜索词即搜索查询（Search Query），搜索量越高表示用户需求度越高。

（4）红利词：搜索量和篇均互动量高，但与之相关的笔记少。红利词的红利指数=特定系数×搜索量×互动量/近期笔记数。

我们对户外电源相关笔记的内容进行分词与清洗，并按季度进行划分，计算高频词所在笔记的篇均互动量，得到图 3-59。从图中可以看到，户外电源产品的用户需求变化得非常快，用户从关注蚊帐、空调、收纳箱、防水等基本需求，到关注房车生活、自驾游、小院子等生活方式，再到关注好看、颜值、浪漫等氛围和感受，以及投影仪、氛围灯等周边产品，焦点每 3 个月迭代一次。

我们将户外电源产品的用户群体分析、使用场景分析和竞品分析中重点的人群类目、场景细分类目和 TOP 品牌的相关数据集进行整合，对关键词所在笔记的互动量进行综合排序，并通过聚类分析筛选出与户外电源功能相关的需求词，然后按照这些需求词的互动量进行词云图的数据可视化设计，如图 3-60 所示。除了对实用功能的需求，用户还关注"氛围感"。

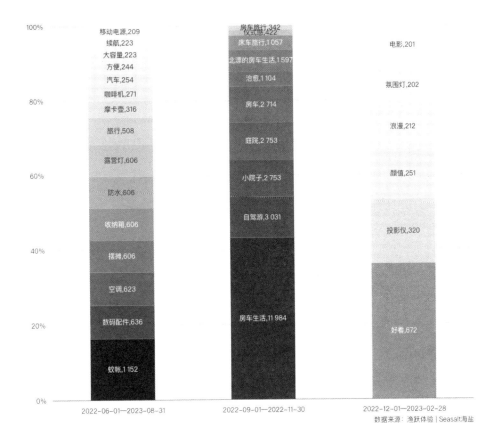

图 3-59　小红书户外电源相关笔记的高频词篇均互动量按季度分布情况

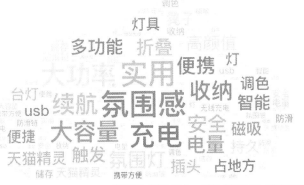

数据来源：渔跃体验 | Seasalt海盐 2022-04-01—2023-03-28

图 3-60　户外电源相关功能词云图[1]

1　由于户外电源在小红书上是新晋品类，相关笔记的数量不多，因此在做词云图时，我们选取的指标是关键词的互动总量。如果笔记的数量较多，那么也可以用篇均互动量，即互动率；或者根据关键词出现的次数，即词频来进行关键词的排序和需求强度分析。

我们收集母婴类目下各细分场景中与户外电源相关的搜索（如图 3-61 所示），发现在婴童食品、妈妈经验和婴童用品场景中，用户对帽子、电动牙刷、酸奶、奶粉、安全座椅、婴儿车、烤箱等母婴刚需类产品的需求最强，其次是对音乐、投影仪、天猫精灵、音箱等氛围感营造相关品类的需求，再次是对燃脂、产后瘦肚子、防脱发等关注和回归自我的需求，符合马斯洛需求层次理论。

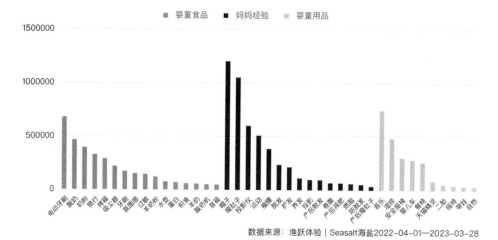

图 3-61 母婴类目下各细分场景中户外电源相关热词搜索排行

我们对 2022 年 4 月至 2023 年 3 月小红书中母婴和汽车类目下户外电源相关笔记中的关键词进行篇均互动量和搜索量的排序，再进行类目和互动搜索量的关键词聚类和交叉分析（如图 3-62、图 3-63 所示），发现对露营场景的需求是母婴和汽车类目下用户共性需求中强度最高的，房车生活是流量和用户反馈热度最高的，旅行是汽车生活、婴童食品、妈妈经验等细分场景下共性匹配程度较高的。

对母婴和汽车类目下的搜索热词与时尚潮流类目下的数据进行拓词和匹配计算（如图 3-64 所示），可以看到 OOTD（Outfit of the Day，今天的穿搭）、露营、电影等是母婴、汽车和时尚潮流这 3 个类目的共同需求，我们可以在制订户外电源产品出圈策略时对此进行深入挖掘。

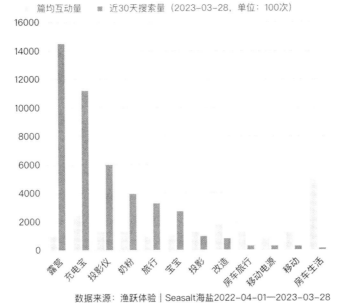

数据来源：渔跃体验｜Seasalt海盐2022-04-01—2023-03-28

图 3-62　小红书母婴和汽车类目下户外电源相关热词排行

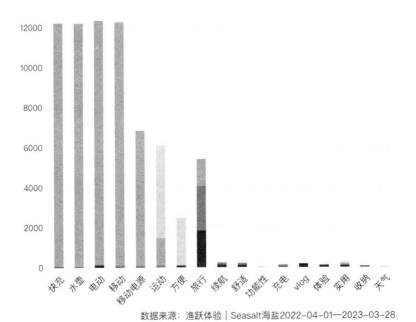

数据来源：渔跃体验｜Seasalt海盐2022-04-01—2023-03-28

图 3-63　小红书母婴和汽车类目下户外电源相关热词篇均互动量

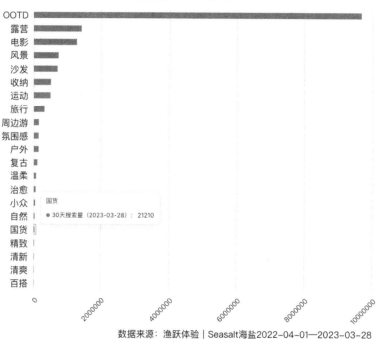

数据来源：渔跃体验｜Seasalt海盐2022-04-01—2023-03-28

图3-64　小红书母婴、汽车、时尚潮流类目下共同的户外电源产品相关场景热词

5. 提出设计策略

在亲子出行场景下，户外电源与汽车品类场景的需求高度重合，由此我们提出模块化汽车移动电源的大胆畅想——以极狐汽车在亲子高频场景下的安全座椅品类与汽车融合的创新方案为例。

✐ **案例：**

2023年1月9日，极狐汽车考拉正式亮相，其内饰如图3-65所示。考拉作为聚焦亲子出行的全新品类，也是极狐汽车首款场景化驱动的产品，将围绕亲子出行的全场景提供系统性解决方案。

图3-65　狐极汽车考拉的车内饰[35]

　　安全座椅作为亲子出行场景下的高频需求品类，以及较为复杂的个性化选择，通常由非车企前装供应商供给，由单独的商家完成接口匹配和针对车型的设计开发工作。随着汽车产品的个性化诉求持续攀升、生产线能力增强，针对关键场景的设计策略的重要性凸显。

　　随着电池能量密度的持续提升，以及封装技术的快速发展，在户外和出行领域可能产生更多的应用场景，也将对汽车产品本身的设计提出新的要求。目前已经有部分品牌的新能源汽车在推进换电模式，未来，车企可以将换电模式和接插式手提户外电源结合考虑。

　　我们可以对基于社交聆听设计调研得出的接插式手提户外电源设计策略做进一步的博主共创邀约和定性验证，形成动态的、螺旋式上升的价值，详见 3.6.4 节的 IDEAL 螺旋式价值上升模型。

6. 输出设计调研报告

　　在实际设计调研项目中，为了更好地利用社交聆听设计调研的结果，通常需要将用户群体分析、使用场景分析、竞品分析等的数据在可视化后整理成设计调研报告，进行完整的输出和交付。这里以一份公开的小红书投影仪设计调研报告[36]为例，给出了用户需求与场景分析报告和竞品分析报告，如图 3-66、图 3-67 所示。

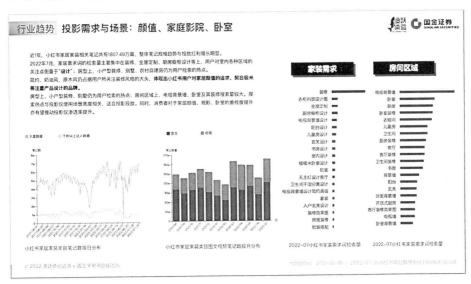

图 3-66　2022 年小红书投影仪需求与场景分析报告

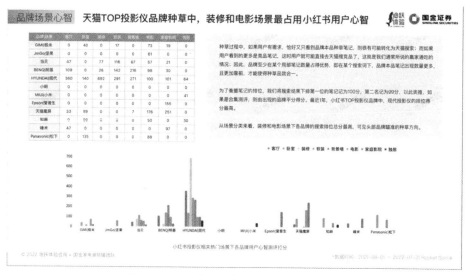

图 3-67　2022 年小红书投影仪竞品分析报告

3.8 海外互联网产品的设计调研

近年来，中国互联网公司出海推出了不少优秀的产品和服务，如阿里巴巴集团的跨境电商、Tiktok、Shopee 和 Lazada；蚂蚁集团参与孵化的多个电子钱包；SHEIN、原神和 MLBB，等等，都在海外市场取得了优秀的成绩。随着业务不断发展，这些中国互联网公司在海外有了大量的人力布局。服务海外市场的产品，在设计过程中会遇到更多的挑战，比如对当地市场不了解、设计调研困难、产品测试困难、当地运营成本高等。本节将阐述海外互联网产品在设计中的调研方法，供有相关需求的用户研究人员和设计师参考。

海外互联网产品（以下简称海外产品）的设计调研方法，大体上和本土的设计调研方法相似。设计调研贯穿产品研发的整个生命周期，包括设计前期准备、原型设计及测试、产品上线后的优化迭代。

3.8.1 多种小而美的设计调研渠道

获取信息是海外产品设计调研的第一大困难。由于地域差异，设计人员对目标市场缺乏认知，从广义的人口特征、市场发展情况，到具体某个场景下用户的日常习惯、文化偏好等，都会有大量的盲区，对细分领域的信息获取就更加困难。在产品研发的过程中，要想做好设计决策，需要大量准确和细致的信息支持。因此，第一步就是要建立起获取用户信息的渠道，并让这些渠道能够贯穿在产品设计的前、中、后期。

1. 选择渠道的原则

进行海外产品设计调研的渠道有很多种，有些通过公司内部的研究人员来完成，而更多的则需要通过外部的设计调研机构来完成。一般来说，在选择机构时可遵循以下规律。

（1）定性选团队，定量选公司。

定性研究的质量和研究团队的知识经验、控场能力、信息提炼水平密切相关。选择靠谱的定性研究团队和主持人，比选择研究公司更重要。定量研究则对招募能力要求高，需要研究公司上下游通力合作，并具备体系化的质控监管能力。大型研究公司往往更规范，较少发生人为的数据采集欺诈问题，数据清洗更为严格，结果真实、可靠。在设计调研前期进行充分的沟通是成功的前提，无论是小型团队还是大型公司，在合作初期都需要经历一段磨合的过程。

（2）注意研究公司的覆盖范围。

要注意研究公司能覆盖的地域范围。对于商业化比较成熟的地区，如欧美、中国、日本、韩国等，大多数研究公司都有大量的样本和调研途径，能够快速准确地触达用户。但对于东南亚、拉美、中东等地区，尤其是中小城市，就要特别关注调研公司的能力覆盖范围。另外，需要关注调研公司及外部设计调研机构的具体执行方式。若为多层转包，则很难控制设计调研的质量且收费高昂，因此尽量选择有严格质量控制的当地研究公司。

2. 各类渠道的特征和适用场景

（1）大型跨国咨询公司。

以 Nielsen、Ipsos、Kantar 为首的大型跨国咨询公司是系统、科学地了解某个海外市场的首选，虽然他们收取的费用相对昂贵、交付周期较长，但在样本选取、复杂数据处理和沟通成本上具有较大优势。例如，在某次实验中，我们需要招募跨境贸易公司的财务人员，对此类精确样本的需求，只有积累了多年经验和资源的大型跨国咨询公司才能满足。此外，在快速进入多个国家或区域时，大型跨国咨询公司有沟通上的优势。以东南亚国家为例，当我们需要了解某一产品在菲律宾、印度尼西亚等多个国家的市场情况时，通过大型跨国咨询公司，我们只需要对接一个团队，便能获取所有所要了解的国家的信息。

适用的设计调研场景：对全面性要求高的设计调研，例如以年为单位进行的产品全链路体验设计调研，此类设计调研需要更广泛地覆盖用户使用链路。

（2）小型设计咨询公司。

小型设计咨询公司可以满足设计团队日常工作中的较为小型、高频的需求，它们可成为设计团队在当地的助手。这类小型设计咨询公司通常由 10～20 名设计师组成，难以在搜索引擎上轻松地找到，需要由当地的同事或其他人推荐，也可以尝试从当地的体验设计组织中寻找。相比于大型跨国咨询公司，和小型设计咨询公司的合作更加灵活。在沟通完需求后，通常 2～3 天它们就可确定能否受理并给出项目期限，响应速度与交付速度都会更快。

适用的设计调研场景：高频的设计调研与设计活动，例如以月为单位进行的产品功能设计调研。此类设计调研通常聚焦某个功能模块去收集用户反馈与竞品信息，旨在帮助设计团队更快地进行设计决策，快速收集当地产品信息，不需要对大量样本进行分析。

（3）自由职业者雇用平台。

对于一些新兴的海外市场的特殊调研，通过以上方法难以找到合适的咨询公司，此时自由职业者雇用平台是不错的选择。直接与自由职业者对接的试错成本和不稳定性较高，能力强的自由职业者通常项目多、时间紧，所以可以选择与雇用平台建立联系，对接平台的客户经理，由客户经理为项目量身挑选合适的自由职业者，为项目的及时高质量交付增加一层保障。

适用的设计调研场景：海外本地市场，高频、规模小、场景垂直的研究，简单和碎片化的调研。例如收集最近一个月某市场 20～25 岁人群对短视频内容的偏好。

（4）在线用户测试平台。

使用 UserTesting、UserZoom 等在线用户测试平台时，研究者只需输入样本要求，定义好问题和任务，平台就可以自动完成用户招募，并形成定量的研究报告，这一过程并不需要研究者的参与和引导。通过 UserTesting 平台的视频功能，研究者可以观察到不同用户在任务进行时的具体行为和表情变化，以更好地完成分析。值得注意的是，使用此类平台本身具有一定的操作成本和赢利性质，研究者招募到的用户已经经过了一层筛选，他们有明确的收费目标，甚至有一些用户经常接受测试任务。所以这类平台适合快速收集基本的用户反馈和可用性问题，或测试对结果的精确度要求不高的产品。如果对测试结果的精确度要求很高，则需要谨慎评估。

适用的设计调研场景：覆盖的地区广泛，尤其适合英语接受度高的地区。目前互联网产品发展快的东南亚、中东地区都支持使用。可用于可用性测试、问卷和采访等需要快速完成的设计调研。

（5）公司当地的市场销售和客户服务团队。

一般来说，有海外市场的公司都会在当地建立市场销售和客户服务团队。它们可以帮助产品设计团队快速了解市场，避免走弯路。内部员工更加了解业务和产品，但他们不适合作为新产品投放市场时的测试对象。

适用的设计调研场景：需要快速和密集获取专家级意见的场景。

（6）当地用户池的运营。

通过上述渠道，我们有机会接触高质量的用户，可以留下他们的联系方式，通过社群、网站等渠道的进一步运营，建立起自己的用户池。平时可以分享一些重要的行业新闻，在关键产品进入市场或者发布时可以询问这些用户的意见。需要注意的是，某些行业的高质量用户是十分宝贵的，在与这些用户建立联系后，应避免频繁打扰，仅在关键节点寻求他们的帮助。

此外，对于服务企业的产品，终端用户大多是公司员工，通过设计调研机构难以触达，因此需要通过公司内部人脉积累用户池，进行持续的商业关系维护，这对产品的决策和设计会非常有帮助。

适用的设计调研场景：用户招募成本高、专业性强的企业类产品，需要持续性追踪用户反馈的场景。

3.8.2 通过 AIGC 做桌面研究

产品的垂直度或者专业度越高，能够获取的公开信息就越少。无论通过哪种途径收集桌面研究的信息，都需要大量专业人士。利用搜索引擎得到的信息过于碎片化，而利用专业信息获取源（如从调研机构购买报告），则需要花费大量时间和经费，这些都会给设计调研的效率和成本带来挑战。如果产品的市场在海外，那么以上这些问题会更为严重。

随着人工智能技术的发展，我们或许可以使用 AIGC 作为辅助。AIGC 具备优秀的信息推演和归纳能力，能够大大提升资料收集效率，帮助设计工作者产生灵感。其使用方法简单，使用自然语言进行提问和交流即可，这里要指出一些使用 AIGC 时的注意事项。

准确度

AIGC 设计调研的准确度难以考核，不能直接使用它的相关结论，还需要对其进行再次验证。建议对同一个问题换几个维度来提问，甚至对同一个问题进行多次提问，从而验证多次推演下是否会得出一致的结论。另外，一定要通过其他方法来验证其结论，不能只通过 AIGC 寻求答案，可以通过当地用户，至少是当地同事的反馈来验证该结论的真实性。当然，如果再验证的成本太高，那么这种设计调研方式就失去了快速设计调研的价值。目前，已经出现了很多直接引用 AIGC 设计调研结论后"踩雷"的案例，也有专家认为 AIGC 在"污染"信息源。所以，不能简单应用 AIGC 的设计调研结论，否则可能误导设计。

信息时效性

AIGC 的信息是有延迟的，在使用 AIGC 检索信息时，需要先确定相应数据库最后的更新时间，以确保所获取信息的时效性和准确度。

能力范围

AIGC 设计调研仅适用于对客观事实资料的收集、总结和归纳。截至笔者撰写此文时，AIGC 暂不具备输出辩证的观点的能力，而只会给出看似正确实则可能无效的信息。所以在使用它时，一定要关注它的能力范围。随着 AI 的算法的能力不断增长，读者可根据实际情况做出判断。

3.8.3　尽早进行田野调查，建立市场感知

陌生的海外市场会令人产生距离感，甚至产生畏惧感。但是，百闻不如一见，桌面设计调研只能获取宏观信息，对设计的帮助远远不如到用户的生活环境中进行田野调查。通过田野调查，可以观察当地用户的生活，与他们随意地聊上几句，就能帮助设计调研人员树立感性的认识，而共情也是设计中非常重要的一步。这个过程既不要求样本的精确，也不要求逻辑的严谨，旨在用小的队伍、小的投入来快速获取信息。在这一过程中获取的信息，很可能与设计调研人员以往的经验认知完全不同。

在田野调查的初期，首先要明确设计调研的目标、范围和场景。其中，范围最好是垂直化的场景和特定的人群。其次要绘制用户旅程图，用户旅程图可以是根据现有的信息串联起来的，并着重标记有疑问的地方。然后和当地人用在线的形式针对用户旅程图进行快速沟通，验证假设的场景和用户路径是否符合当地的情况。再基于和当地人初步沟通后优化的用户旅程图，到当地开展实地田野调查。

✍ 案例：

以经典的网上购物场景为例，绘制东南亚用户的旅程图。如表 3-18 所示，我们在 2018 年基于国内情况绘制出了用户旅程图，但与当地人沟通后，发现两地用户的网购习惯差异较大，需要大量调整测试脚本。

表 3-18　网购场景下东南亚用户旅程图

网上购物场景	第一步： 了解和熟悉产品	第二步： 选择产品	第三步： 支付下单	第四步： 收货和售后
设计人员基于经验假设的场景	通过电商网站的大数据推荐商品	在电商网站或导购网站上选择商品	在网站上下单支付	收货，线上可发起售后服务
和当地人沟通后快速了解到的场景	通常通过社交网站获知商品	熟人代买是常见途径	在网站直接下单只是一部分情况，仍有大量通过线下便利店付款或货到付款的情况	货到付款，退货困难

除了用户习惯导致的测试场景不同，客观因素也会造成用户的操作行为有很大差别。这里推荐使用"外部环境自查表"，如表 3-19 所示。关注这些因素导致的产品体验问题，例如一些地区的网络速度慢、手机配置较低等导致的产品体验问题；再例如有些用户的操作能力强，对产品体验有更具体的要求。

表 3-19　外部环境自查表

外部环境类别	具体差异
数字设备使用熟悉度	你的目标用户对数字设备的使用经验如何
网络连接情况	你的用户所在地区的网络速度普遍如何？你的用户切换不同网络环境的频率如何
硬件设备	你的用户最常使用的硬件设备是怎样的？例如处理速度、内存、显示像素等
使用环境	你的产品是在哪种真实情况下使用的
设备/账号共享	你的用户的设备和账号是否存在共享的情况？是否会和其他人同时使用

3.8.4　和当地用户一起进行在线概念设计

在通过以上几种方式收集完海外用户的信息后，就要准备开展设计了。利用在线工具，邀请当地用户一起进行头脑风暴，让他们参与到产品设计的过程中，是一种非常有效和有趣的方法，可以降低时间和差旅成本，避免设计调研人员在加工信息时产生偏差，甚至能使其迸发出特别的灵感。此处推荐 3 种邀请当地用户远程参与产品设计的方法。

1. 通过 FigJam 组织头脑风暴

FigJam 和 Mirror 是目前市场占有率最高的白板写作工具。本节选择使用 FigJam，因为其有丰富的头脑风暴及 Design Sprint（设计冲刺）模板可供选择。

（1）远程头脑风暴前。

- 准备与主题相关的材料，包括但不限于本品及竞品的截图等，帮助用户快速进入角色。
- 组织者将头脑风暴的主题、背景资料、期望达成的阶段性目标和最终目标，以及流程设计记录在 FigJam 的画板中。
- 准备好用户旅程图，并将收集到的重要的照片、用户真实的声音贴在旅程图对应的节点上。
- 邀请核心项目成员共同整理相关竞品的截图，让大家提早思考和准备。
- 为每位成员准备一张照片和一张独立颜色的贴纸，让每个人都在自己的贴纸中放入想法。

图 3-68 为在远程头脑风暴前准备好的讨论框架和基础设计调研。

（2）远程头脑风暴中。

协调与组织用户发言，创建安全、包容的环境，让每个人都可以自由地分享和表达自己的想法。最重要的是要鼓励用户利用在线工具涂涂画画，展示自己的灵感，可以是图片、草图、文字等。

- 头脑风暴开始后，主持人先输入设计调研的目标和背景信息，介绍整个头脑风暴的流程和最终要达到的目标。
- 请参与者对各自在会议前做过的准备，如竞品分析、设计调研收获等进行输出。
- 主持人根据事先设计好的结构，引导参与者按步骤和节奏完成头脑风暴。具体的注意事项和本书 1.5 节中的内容相似，二者的区别在于，在线工具可以让参与者随时画画和写字，只要不打断其他人发言即可。
- 可以让参与者给喜欢的观点贴上贴纸或者画些插图，让大家互动起来，这样远程头脑风暴才会更加有趣。

图 3-69 为远程头脑风暴的不同阶段目标的完成情况。

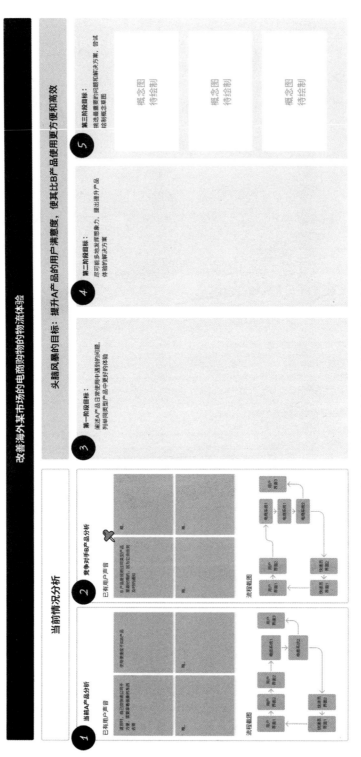

图 3-68 在远程头脑风暴前准备好的讨论框架和基础设计调研

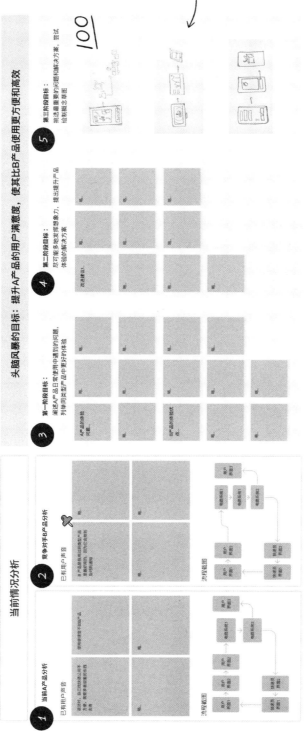

图 3-69　远程头脑风暴的不同阶段目标的完成情况

（3）远程头脑风暴后。

远程头脑风暴后，组织者必须尽快进行思维碰撞，形成有逻辑性的信息和方案。

2. 通过 Optimal Workshop 优化信息架构

Optimal Workshop 是一款灵活、经济的在线研究工具，可以帮助用户远程完成卡片分类、树分类测试和第一印象等工作，帮助设计调研人员更好地了解用户对信息架构和分类方式的看法，提高网站或应用程序的易用性和用户体验。注册后即可免费使用部分功能，使用其余功能则需付费。此外，也可以将 Optimal Workshop 与 UserTesting 等用户招募平台搭配使用。下面介绍 Optimal Workshop 中最受欢迎的几个功能。

卡片分类

通过使用 Optimal Workshop 的工具 OptimalSort，设计调研人员可以进行远程的卡片分类，并能选择该卡片分类是开放式的还是封闭式的。在一场开放式的卡片分类中（如图 3-70 所示），用户可以自由地将左边的所有词汇拖曳到右边的分类区，并且对每个类型进行自由命名。通过该卡片分类工具，我们可以快速理解用户所感知的信息层次结构，获取更多用户对信息分类的理解，方便开展之后的信息架构设计。

图 3-70　开放式卡片分类

树分类测试

通过使用 Optimal Workshop 的工具 Treejack，设计调研人员可以进行远程的树分类测试，快速验证信息架构的合理性。例如，设计调研人员可以利用该工具展示某网站的导航地图，并为用户分配多个具体的任务，如图 3-71 所示。在测试的过程中，用户可以不断说出自己的想法。与可用性测试不同的是，树分类测试设有具体页面，仅呈现系统的层级设计，考察信息架构是否合理。

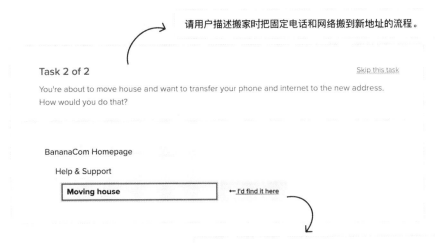

图 3-71 Treejack 的案例

使用 FigJam 和 Optimal Workshop，除了能够节省成本，还能够充分调动用户的积极性——在线互动的过程可以让不熟悉的人减少主动发表意见的心理负担，且每个人都有一块随时能涂画的画板，可以自由发表意见。此外，利用 FigJam 和 Optimal Workshop 得到的方案直接来自用户，避免了设计调研人员的干扰。但它们的缺点也很明显，即对参与的用户的计算机操作水平有较高要求，并要求他们有相对结构化的思考方式。

3．邀请当地设计师共创

引入当地的小型设计公司和自由设计师，邀请他们做设计共创。例如，在设计泰国的节日营销游戏时，想了解泰国用户普遍认同的节日元素，打造泰国当地的"五福活动"，就可以邀请泰国的设计师一起设计。这样得到的设计结果虽然不适合直接落地，但是会有一些有趣的思路。如图 3-72 所示，我们从当地自由设计师那里获得了与星星卡片有关的灵感：泰国人对节日的庆祝活动会围绕庙会举行，而庙会主办方都会在树上挂许多星星卡片，并在卡片上写上祝福的话或者可以获得的奖品。这种星星卡片便是泰国用户普遍能感知的象征着运气与福气的节日元素。

图 3-72   泰国星星卡片

这种请当地设计师一起设计的方法，特别适合与产品主干相关度不高的活动类和内容类设计。这两类设计都需要找到植根于当地风俗或社会热点中的灵感，并将其转化为共情式的设计方案，这对于跨文化的设计师来说很难做到。

| 3.8.5　通过研发最小可行产品来降低风险

最小可行产品（Minimum Viable Product，MVP）研发思想已经在软件开发领域被普遍使用。MVP 指开发团队通过提供最小可行产品获取用户反馈，并在这个最小可行产品的基础上持续快速迭代，直到产品到达相对稳定的阶段。它涉及开发项目的基本框架，使用最少的功能和用例，可以降低成本，识别设计中的缺陷，缩短上市时间。对于海外产品，这种轻量的迭代会把研发过程拆解为最小的模块，有效降低产品和当地市场需求相背离的风险，是一种安全的研发方式。

一定不要等到产品设计被打磨到设计师充分满意的程度再去做用户研究，而要把某个完整产品的研发过程尽可能地拆解为最小的模块，否则容易浪费时间。由于难以把握海外市场，所以建议针对同一模块设计多种方案。有以下几种方案可供参考。

方案一，高度模仿当前市场中已有的产品，用于测试当前用户的习惯和对产品的态度。

方案二，在当前市场中已有产品的基础上做一定的改进。

方案三，设计出有较大创新的产品，给用户带来颠覆性的体验。

针对不同的方案，分别请用户参与测试，观察用户的操作过程、操作的成功率和时长，再询问用户的主观感受。收到反馈后即可修改方案，然后进行第二轮测试。这种"设计+测试"的方法可以迭代进行，直到得到相对确认的版本。有时设计师认为不合理的产品，在海外用户中却有很高的接受度。例如，中国电商行业高度发展，用户对在线支付后再收货习以为常，但在海外很多地方，货到付款是在物流能力、用户心理、电子支付等多因素制约下无法被替代的解决方案。在这种情况下，方案一模仿当前市场主流的设计，可能是最安全的方向。方案二通过设计师的专业判断，在现有基础上进行优化，大概率会得到用户的认可。但当市场发展速度很快，用户的需求和市场服务能力开始脱钩时，就需要引入方案三，用创新式的方案给市场带来新机会。由于我们对当地市场的把握度较弱，建议以这 3 种方案全面收集用户反馈。

总结一下，由于市场发展状况和文化背景不同而形成的思维习惯不同，不同市场的用户对同一类产品会给出很不一样的评价。所以在设计方案时，请先给出 MVP，再把 MVP 方案分为 3 种：和市场产品类似的设计、有局部改良的设计和创新的设计，用这 3 种方案对产品进行快速迭代的测试。测试和优化常常需要进行多轮，才能全面和稳妥地收集到用户的反馈，从而进行准确的设计推导。

3.8.6　在线原型测试技巧

MVP 的核心在于"小步快跑"，如果测试的方法本身不够快，那么是不能满足 MVP 的研发需求的。在线原型测试是一种能较好满足 MVP 研发需求的设计调研方法。本节将以常用的可用性测试工具 UserTesting 为例，介绍一些在线原型测试的技巧。使用在线原型测试工具可节省大量时间，省去差旅的时间和经济成本。

1. 设计调研前的技巧

预留招募时间

对样本的要求不同，招募用户的速度也会有所不同。因此，在做远程设计调研时，我们要预留充足的时间。在英文使用率高、人口基数大的国家，通常招募用户的速度较快。以我们做过的某次设计调研为例，同样是招募 70 名用户，在菲律宾用了一个晚上，在印度尼西亚则花了 3 天。

设计调研人员既可以使用平台预设的条件筛选样本，也可以自行设置招募问题，挑选合适的样本。当招募条件较为苛刻时，应留出更多的时间。设计调研人员也可以使用平台的自动化数据收集与整理功能。

使用平台预设模板

使用 UserTesting 从零开始创建问卷有一定的学习成本和试错成本。我们建议设计调研人员使用 UserTesting 预设的模板，并在模板的基础上进行修改，然后将其保存为自己的模板。图 3-73 为 UserTesting 的问卷模板。

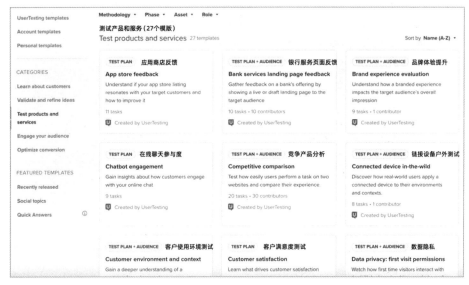

图 3-73　UserTesting 的问卷模板

UserTesting 依据测试的类型、产品开发的阶段、设计调研对象的形式，以及设计调研人员的角色 4 种方式对模板进行了分类。设计调研对象可以是图片、App，也可以是用 Figma 或者 Optimal Workshop 制作的原型。

预测试

平台支持在手机、平板电脑及计算机上进行测试，但图片素材的自适应能力较差。为了保证屏幕另一端的用户能按我们的设想进行测试，顺利回答相关问题，可以先招募一名用户进行预测试，排除预料之外的问题。

2. 设计调研中的技巧

进入 UserTesting 的用户访谈界面、访谈及测试的技巧与可用性测试相似，此处不展开介绍。

3. 设计调研后的技巧

快速浏览任务录屏

UserTesting 对用户输入的语音进行分析，将用户夸奖、抱怨的位置高亮显示在进度条上，设计调研人员可以快速定位到这些地方进行详细了解，如图 3-74 所示。

观看数据收集看板

平台可以自动帮助我们收集数据，通过平台的数据收集看板，我们可以直接看到用户在完成该任务时操作了什么、说了什么，提高报告分析效率。

图 3-74　UserTesting 语音自动分析

如图 3-75 所示，我们想知道用户参与某营销活动的意愿及不愿意参与营销活动的原因。通过评分量表问题看板，我们可获知用户的整体意愿，选择"不愿意"的用户有哪些，具体原因是什么。

图 3-75　UserTesting 的报告自助分析功能

4. 结合 Figma 原型，UserTesting 让高频测试成为可能

结合 Figma 的在线原型，UserTesting 可以让用户在产品开发的早期就参与进来，对我们的产品猜想、设计方案进行验证。结合用户的反馈，设计师可以科学地调整方案，经过反复地验证和沟通后，打磨出一套海外消费者认可的方案。这样做可以极大地降低试错成本，加速产品落地。市场上还有其他不错的测试工具，例如 UserZoom 等。

┃ 3.8.7　注重外部环境的可用性测试

在多个 MVP 迭代上线后，一定要在真实的场景下通过视频的方式，记录用户使用的整个过程。我们在做用户体验分析时，可能只从静态的层面截取核心的产品交互界面，这时候的用户体验往往看上去是合理的。但是，流畅的体验应该是动态的、交互式的，所以必须对用户使用产品的整个过程进行测试。

国内的网络基础建设好，智能机普及率高，互联网产品的成熟度相对高，产品性能和交互流畅度都比较好。但是海外的环境有诸多不同，例如网速慢、机器性能差、App 的底层框架能力不足，这些都会带来多余的页面跳转、不合理的交互细节，这些细节会严重影响体验的流畅性。这些问题在中国公司的测试环境里是很难被完全发现的，而大多数设计师不会花太多时间在开发测试阶段，会更多地关注原型测试阶段，原型测试阶段只包含理想状态下的核心界面，这大概率会与线上产品有差距。

✎ 案例：

> 在对某海外 App 的实际测试中，发现了无用的中间跳转页面、页面加载速度慢、字体大小不合适、字体遗失等问题。这和设计原型的差别很大，需要进行大量的研发升级才能达到理想状态。

这里可以参考 3.8.3 节的外部环境自查表，做好真实环境验证。部署多种场景下的测试机是一种好的工作习惯，最好每天关注海外产品，看看它们是否如预期的那样在运作。

除了网络、机器性能和用户操作能力，用户的操作环境也会对体验造成明显的影响，而这种影响在办公室测试环境里是无法被感知到的。例如，在一些紧急、网速不佳、机器容量小或者喧闹的环境下，非常微小的多余步骤都会引起用户不适。

✎ 案例：

> 线上营销活动的页面中经常会设计一些互动内容，增强用户的参与度。在线下领优惠的活动中，设计师沿用这种互动方式，采用多次点击的设计。但在海外，受排队和语言不通的影响，点击操作的小动画让人烦躁。所以，线下营销活动要特别注重效率，做好关键环节的设计，例如在收银台、热门商品的柜台放置表述简单的台卡或者广告，引导用户快速扫码下单。

最推荐设计师入驻现场，在真实的场景中体验产品。好的设计师具备强共情能力，在真实的场景中体验产品能够比普通用户发现更多、更细腻的问题。如果这时结合对目标用户进行的测试、访谈，那么能发现更精准和更全面的产品问题。

在时间紧迫或差旅困难的情况下，这部分的设计调研可以委托当地的设计调研公司或自由设计师进行。由于通常需要进行多次信息采集，还要高频次地和国内设计师同步信息，所以更推荐委托小型设计调研公司或自由设计师。大型设计调研公司注重流程的完整性，在这种高频、精细、琐碎的研究中并非最佳选择。

▎3.8.8　文化研究对设计的影响

设计师不仅要把设计调研获得的用户信息转化为合理的功能和流程，还要根据不同的人文环境做好形式层面的设计，为产品体验增加生命力。考虑到本书的读者中有大量一线的设计师，本节将介绍设计师如何通过设计调研做好形式设计。

文化差异会对用户的操作习惯、审美取向带来巨大的影响。例如，中国人喜爱红色和黄色；东南亚人喜爱热闹活泼的歌舞、鲜亮的水果和动物图腾；北欧人喜爱空旷、简洁的大色块；欧洲人喜爱华丽的古典主义；美国人喜爱现代感和夸张的风格；日本人喜爱精细与自然主义。不同的文化形成了不同的审美，而这些文化差异会对设计产生影响。

荷兰心理学家吉尔特·霍夫斯泰德（Geert Hofstede）提出了文化维度理论（Hofstede's Cultural Dimensions Theory），用来衡量不同国家的文化差异，他认为文化是在某一环境中人们共同拥有的心理程序，能将一群人与其他人区分开。他将不同文化间的差异归纳为 6 个维度，这些维度的文化差异会对用户的审美、使用偏好、信息获取方式、决策行为等造成影响。这 6 个维度分别是权力距离、个人主义与集体主义、男性化与女性化、不确定性规避、长期导向与短期导向、放纵与克制。通过对这些维度进行打分（1 分为最低分，120 分为最高分）来表明文化的偏向性，并得出以下结论。

- 权力距离指数（Power Distance index）：非洲国家、亚洲国家和拉丁国家的权力距离指数得分较高，而日耳曼国家和英美文化国家的权力距离指数得分较低。
- 个人主义与集体主义指数（Individualism and Collectivism index）：就个人主义指数而言，东方国家与西方国家之间、欠发达国家与发达国家之间存在着很大差距。欧洲国家和北美国家是高度个人主义社会；拉丁美洲、非洲和亚洲国家的个人主义指数得分很低，集体主义价值观很强。

- 男性化与女性化指数（Masculinity and Femininity index）：北欧国家的男性化指数得分较低，如瑞典和挪威的男性化指数得分别为 5 分和 8 分。英国、日本、瑞士、奥地利和匈牙利等国家的男性化指数得分很高。

- 不确定性规避指数（Uncertainty Avoidance index）：拉丁美洲国家、日本、东欧和南欧国家的不确定性规避指数得分较高。中国、北欧国家和英美文化国家的得分较低。例如，中欧国家的不确定性规避指数为 65 分，而瑞典仅为 29 分。

- 长期导向与短期导向指数（Long-term Orientation and Short-term Orientation index）：东亚国家长期导向指数的分数较高，西欧国家和东欧国家的得分中等，拉丁美洲和非洲国家得分较低。

- 放纵与克制指数（Indulgence and Restraint index）：北欧国家、英国、非洲和拉丁美洲的某些地区的放纵指数分数很高，而东欧国家和东亚国家则表现出更多的克制。

1. 权力距离

权力距离维度描述社会成员对权力不平等的接受程度。高权力距离的国家通常强调等级制度和权威，而低权力距离的国家则倾向于民主、和平。

- 高权力距离国家的用户重视权力和地位，喜欢能够彰显自己身份的产品，因此产品造型要大气、豪华。在营销设计中，这类用户更喜欢集中性的大促销、对氛围的渲染、华丽的视觉感。这类用户还喜欢运用排行榜，喜欢选择公共推荐度高的产品，倾向于看权威平台的推荐信息。

- 低权力距离的国家不重视等级差距，消费观念比较务实，重视对个体的尊重。针对这类用户的产品设计应更加日常化和简捷，使用简单的色彩和排版。此外，需减少使用排行榜和主动式推荐，应更多地采用由用户的自由点击和浏览行为形成的数据来推荐内容，如根据用户上一次浏览和收藏的内容推荐产品。在对会员系统的设计中，会更多地推出具体的优惠和服务特色。

2. 个人主义与集体主义

个人主义与集体主义维度衡量个人与群体利益之间的关系。个人主义国家强调个人自由和独立，集体主义国家则强调群体利益和团队合作。

- 在个人主义国家，用户更加强调个性，所以较少使用排行榜和强制式的推荐，这一点和权力指数相似。在审美上，个人主义国家更强调个人喜好，更大胆地使用夸张的造型、鲜艳的颜色、抽象的元素和插画，甚至营造冲突感，这在欧美国家的设计中可明显感受到。

- 在集体主义国家，人们希望能够得到来自群体或组织的照顾，需要集体给予他们一定的安全感，在做选择时通常也会跟随主流的价值观，倾向于大众化。因此，针对这类用户的产品设计在交互上要尽量符合常规的操作习惯，避免使用小众的交互功能；在推荐方式上可以利用用户的从众心理；在视觉上可以多选用生活中常见的符号，相对稳妥、平衡，不会过于个性化。

3．男性化与女性化

男性化与女性化维度描述社会对男性和女性角色的期望。在男性化国家中，竞争、成功和物质主义被认为是重要价值观；而在女性化国家中，关系、合作和生活质量被认为更重要。

- 在男性化国家中，社会竞争意识比较强烈，注重工作目标和绩效。在这种文化氛围中，多数人持有"生活是为了工作"这一观念。在游戏设计里，要强调竞争；在营销设计里，限时抢购、排名会带给用户更大的刺激感。这类用户更喜欢使用有效率的工具，因此在设计文案时应更加直白、简洁。
- 女性化国家更注重情感上的享受，待人、待物都很宽容，这里的人们认为"工作是为了生活"。在游戏设计和营销设计里，收集徽章和解锁更符合女性"采集"的本能。在设计文案时应更关注情感化的表达和故事性的论述。广告是一种重要的通过渲染情感增加行为冲动的方式，泰国的广告业发达可能与其女性化指数高有一定关系。

4．不确定性规避

不确定性规避维度衡量社会对未知和不确定性的忍受程度。规避程度高的国家倾向于制定严格的规章制度以减少不确定性，而规避程度低的国家则更愿意接受变革和冒险。

- 针对规避程度高的国家的用户，要考虑设计表达的直白性、简约性。这些地方的用户会更欢迎计划类的产品，例如闹钟、日历、记账本等。此外，他们也更倾向于阅读条款和协议，期望做更多的确认。这里举个有趣的例子，大部分国家的电子钱包在用户输入完金额后会直接出现支付按钮，而日本的某电子钱包在支付按钮出现之前设计了自动翻转金额的动态效果，让用户确认金额后再进行支付。这个细腻的操作增加了产品的确定性，而对有些市场的用户来说可能是多余的。
- 规避程度低的国家对新鲜、复杂的事物接受度更高，可尝试用新颖、有趣的内容吸引用户。这些地方的用户不太喜欢花大量时间做计划，不喜欢看大量的条款内容，所以在需要提升转化率的产品中，可更大胆地简化流程，去除非必要的确认步骤。

5. 长期导向与短期导向

长期导向与短期导向维度描述了人们对长期规划和短期目标的关注程度。长期导向的国家强调节俭、恒心和未来规划，而短期导向的国家则重视传统、礼节和现实成果。

- 长期导向国家的用户更注重长远的目标。他们喜欢有价值的东西，而不是简单的优惠、促销。他们喜欢会员等级和挑战赛，希望能通过不断积累获取更多的优惠和服务。

- 短期导向国家的用户更关注当下的利益，所以可以通过突出价格来刺激这类用户，促使他们冲动消费。他们更倾向于直接领取优惠并马上使用。相比买一年的会员，他们更喜欢短期的订阅服务，一个月太长，那就一周甚至一天。因此，先买后付（Buy Now Pay Later，BNPL）类的支付产品在这些国家会更受欢迎。

6. 放纵与克制

放纵与克制维度衡量人们对享乐主义和自我约束的态度。放纵型国家鼓励消费、娱乐和满足个人愿望，而克制型国家强调自律、节制和社会规范。

在做营销宣传时，面对不同文化的用户需要宣扬对应的社会价值观。

- 针对放纵型国家用户的产品在设计时可以考虑增加娱乐性和创意性，分期付款、提前消费等规则也很适合这类用户。

- 克制型国家的用户更倾向于积累，积分、收集印章、会员等级这样的长期型营销活动会更受他们的欢迎。

3.8.9 当地规则对设计的影响

需要特别提醒设计师的是，在进行设计前，需要做好合规调研，例如对宗教和民俗、语言展示、时间展示、货币展示的设计调研，在一些地区还要做好无障碍设计（无障碍设计是一个独立的学科，这里不展开介绍）。做好这些准备是有效开展设计活动的前提。

1. 隐私合规

每个地区都有隐私合规的要求，这些要求会直接影响产品在该市场的投放，如果触犯了这些规则，就会导致产品不能发布或被强制下线，甚至引起巨额罚款和市场声誉受损等问题。这里列举几个常见的法规：欧洲的《通用数据保护条例》（General Data Protection Regulation，GDPR）、美国《加利福尼亚州消费者隐私法案》、中国香港的《个人资料（隐私）条例》，等等。设计前一定要清楚相关要求，在赋予用户知情权、反对权、被遗忘权、数据控制和更改权这几方面做好适配地区条例的设计方案。

2. 政治关系与宗教文化

一定要了解目标市场的政治关系和宗教文化，以及每种宗教文化中的禁忌。

首先，要对目标市场的政治关系有大致的了解，一定不能出现和该地区领导人或王室成员相关的内容，一定要注意国际政治关系带来的立场问题。

其次，对目标市场的宗教文化也要高度谨慎。营销活动要避免涉及与宗教节日相关的内容，如斋月。如果是涉及宗教的设计，那么一定要确认其必要性和安全性。相比之下，对民俗节日活动的设计会更安全，例如泰国的泼水节。

一般来说，每个公司都会有法务、风控、公关人员，这些专业人士能够帮助设计师做好判断。要记得在设计开始前咨询他们，并在设计完成后请他们审核，充分的设计调研能保障产品安全落地。

3. 民俗和文化

文化是广义的，我们可以从民俗的角度深入市场，设计出让当地用户感觉亲切、有代入感的产品。其中，节日是个很好的切入点，我们可以在日常的设计调研中对目标市场全年的节日进行梳理，和运营人员共同制订营销计划。当然，对民俗元素的使用要适度，随着全球化的发展，各国审美趋同，大多数人的审美倾向于简洁、清晰，民俗元素过多的设计会让用户感到不舒服。

4. 文字、日期、货币、地址和姓名

在开展设计前，要调研清楚每个地方的信息表达方式，例如文字、日期、货币、地址和姓名的格式差异，需要根据调研结果做好设计修改。

文字

对于一般产品的内容文字，建议用系统自带的字体。这是因为海外市场的硬件条件较难把控，特殊字体会引起可读性和美观性问题。在设计英文时，一般需要在中文的基础上预留 1.5 倍到 2 倍的空间。

一般来说，文字内容越短，预留的长度越长，例如，当按钮类文字内容为 2 ~ 3 个字时，就要预留 200% 的空间，而段落内容只需预留 150% 的空间，如图 3-76 所示。

这个设计原则适用于大多数欧印语系。日文和韩文的长度设计和中文类似。如果涉及小语种，如泰语、印尼语，则可以在英文规范的基础上将行宽或段落高度再乘以 1.5，确保文字正常显示，如图 3-77 所示。

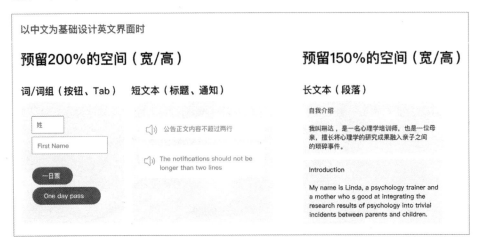

图 3-76　中文和英文布局设计的预留空间对比

中文	用户体验设计
英文	User experience design
德语	Benutzer–Erfahrung–Design
泰语	การออกแบบประสบการณ์ผู้ใช้

图 3-77　多语言的预留空间对比

另外，有些语言的字体需加高，如泰语。阿拉伯语的对齐方式是右对齐，需要对页面的布局做整体修改。

在使用其他语言时，要对组件进行一定的改造，特别是表单。要避免使用左边是标签、右边是输入框的设计，尽可能使用上下结构的组件，这一点从谷歌公司的 Material Design（材料设计）的表单格式中可以看出，如图 3-78 所示。

在产品开发过程中，要尽可能使用响应式的技术，避免因切换语言带来的空间不适配问题。对阿拉伯语系，更要适配好从右往左的书写顺序。

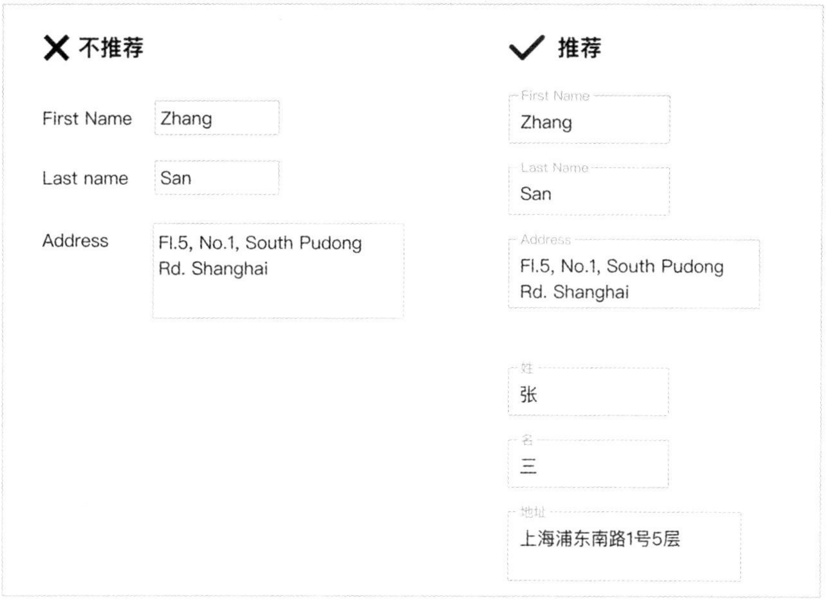

图 3-78　Material Design 的表单样式

日期

中文语境中表达时间常用"年/月/日"，而在英文语境中推荐使用"月/日/年"，且对"月"的表达要用英文缩写（如 Jan）代替，这样可以避免用数字表达（如 07-10-2022）时出现的"月"和"日"被混淆的情况。因此，设计前要先确认好当地的日期显示规则。

货币

货币的展示包括货币名称、货币单位名称、货币 ISO 代码和货币符号，例如人民币（货币名称）、元（货币单位名称）、CNY（货币 ISO 代码）、￥（货币符号）。最常用的是货币符号（如￥），因为它最简洁、辨识度最高。在跨境场景中推荐使用货币 ISO 代码或者货币单位名称，以免出现货币符号相同的情况。例如，人民币和日元的货币符号都是￥，用户无法区分，此时就适合使用货币 ISO 代码（CNY 和 JPY）或者货币单位名称（人民币元和日元）。货币 ISO 代码和货币单位名称各有优缺点，前者更简洁，统一性高，都是三位，但识别度低。后者的识别度高，但可能很长，如马来西亚林吉特，会给页面设计带来困难。

此外，当货币的整数位过多时，每三位用","分隔，但印尼盾的分隔符不是","而是"."。人民币、美元、欧元都有小数点后两位，但是有些货币（如日元）是没有小数点的。

在设计前需要对目标市场的货币及使用场景进行调研，选择合适的样式。

地址和姓名

每个地区的地址书写格式不同，地址内字段的展示顺序也不同。对于姓名，要注意姓和名的顺序，如中国习惯姓在前、名在后；西方国家习惯名在前、姓在后，且有一些地区还有中间名，这些都要在开展设计前调查清楚。图 3-79 和图 3-80 分别为中国、美国主流的地址和姓名格式差别。

图 3-79　中国和美国主流的地址格式差别

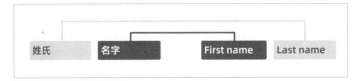

图 3-80　中国和美国主流的姓名格式差别

3.9 场地空间设计调研案例

——上海文化商厦设计调研

本节的案例是上海交通大学设计调研课程的优秀作业[1]。设计调研部分以马库斯的 POE 评价、人种志 6W 分析法和人物角色法为主要框架。

3.9.1 案例中应用的方法和流程

1. 案例中应用的方法

在本次调研中，研究小组运用了 POE 方法、人种志 6W 分析法和人物角色法等研究方法来深入了解场地特征，分析潜在使用人群，为之后的设计改良提供充实而有力的依据。

POE 方法

POE 方法即使用后状况评价（Post Occupancy Evaluation）方法，是一种从使用者的角度对经过设计并且正被使用的环境进行系统评价的设计调研方法。其目的是通过深入分析以往的设计决策带来的影响及景观与建筑的运作情况，勾勒目标用户的真实特征，构建用户原型，了解用户的需求，以及确认现在的场地有没有满足这些需求。

人种志 6W 分析法

人种志（Ethnography）又叫民族志，是一种人类学的研究方法，后来被引入设计

---

1 完成这项作业的团队中有 4 名学生，其中组长为陆可贤，组员为陈凝、范新楷、叶茜茜，指导教师为戴力农。本节内容的最后整理与总结由陆可贤完成。

调研中，现在则被广泛应用于产品设计调研中。其田野调查法注重实地观察真实用户，并与其交流，获得第一手数据。6W 分析法则指整理和分析了这些数据后，用 6 个 W 来形成设计研究的结论。这 6 个 W 分别代表 Who（谁）、What（做什么）、When（何时）、Where（何地）、How（如何）和 Why（为何）。

人物角色法

人物角色法原本被广泛应用于网站设计和工业产品设计。研究者可运用人物角色法对用户的目标、行为、观点等要素进行研究，并将这些要素归纳为对几类典型用户的描述，以辅助后期的决策和设计。有关人物角色法的其他内容详见本书 3.9.5 节。

2. 案例流程

本次场地设计调研的对象是上海文化商厦（现更名为"上海百联文化商厦有限公司"）。研究小组将设计调研的内容分为体验、研究和分析 3 部分。在体验阶段，研究小组首先实地了解上海文化商厦的场地区位和平面布置，从有关部门获取平面图。然后对上海文化商厦各层的建筑材料、交通流量、风向进行了调查和记录，并通过观察对每层进行功能划分。

随后进入研究阶段，研究小组对上海文化商厦管理部门提供的信息进行分类，并对节假日和非节假日人群活动进行分别注记，由此分析出不同场地的主要使用人群，进而对不同类型的人群进行跟踪调查和访谈，进一步了解这些人群在使用不同场所时的需求。

接着进入分析阶段，研究小组将上海文化商厦与功能类似的商店进行比较，并吸收其他商店的优点。

最后进行 6W 分析，构建人物角色模型，并分析现有场地在选址、布局、功能分区、人群需求满足和细节处理等方面存在的具体问题。

了解了上海文化商厦目前存在的问题后，即可对其场地进行优化设计，并针对不同人群对上海文化商厦进行优化设计调研。

3.9.2 上海文化商厦设计调研

1. 确定场地

上海文化商厦位于上海市黄浦区福州路 355 号至 397 号，成立于 1995 年，为上海百联集团有限公司所属。其一至四层作为商厦主体正被使用，所以满足 POE 方法的基本要求。

2．绘制场地区位图

场地区位图表示的是目标场地周围的环境。例如，目标场地周围是否有居民区、办公楼；是否有菜市场、公交车站；是否有同类型店铺。这些环境将影响场地周围人群的流动。上海文化商厦的场地区位图如图 3-81 所示，沿街分布着各式各样的商铺、居民区及交通站点，其北面的大门面向福州路，西面的地铁站及沿街的公交车站是运输客流的渠道，北面及西面的小区和银行促成了整条街的繁荣，为上海文化商厦提供了更多商机。由于上海文化商厦位于上海的中心区域，四周不乏学校及居民区（较为著名的格致中学就在附近），学生便于来此采购和阅读图书，老年人乐于来此消磨休闲时光，所以具备丰富的消费人群。上海文化商厦历史悠久，已成为许多老一辈人熟知并具有一定标志性的商业中心，但如今在层出不穷的新颖店铺的衬托下，它显得陈旧且黯然。

图 3-81　上海文化商厦的场地区位图

3．绘制场地平面图

场地平面图表示的是目标场地本身的环境状况，如区域范围、进出口、设备分布及不同的功能区（商业区、办公区等）。场地平面图可以直观地反映目标场地的构成要素配置完善程度、功能分布合理性及各要素之间的关系，便于确定 POE 方法的范围。需要提前复印多张场地平面图，因为在后面的许多环节中都会用到它。

图 3-82 以上海文化商厦的一层为例进行场地平面图分析。上海文化商厦共四层，每层的两边都配有货梯，西面则配有自动扶梯，除一层外均配备卫生间。主体区域分布着不同的销售柜台和店铺，同时有一个显眼的大门和两个边门作为出入口。楼层空间不大且走道曲折，给人以复杂的感觉。一层以大门前的圆形柜台为中心向两边发散，二层至四层由于功能不同布局也不相同，研究小组将在后面对其进行具体分析。

图 3-82　上海文化商厦一层的场地平面图

4．五感观察

五感即视觉、听觉、触觉、嗅觉和味觉。五感观察指研究者作为参与者对目标场地进行主观感受：研究者静坐在该场地中，全身心进入状态后，调用自己的五官去观察和感受周围环境，并把观察和感受到的内容记录下来。在记录时，需要掌握以下几点。

- 视觉：看见了什么？什么吸引了你的视线？注意到了什么纹理和颜色？空间尺度怎么样？你的视域是封闭的，还是可以穿越到空间以外？在这个空间里你还可以看见谁？他们是什么类型的人？他们正在做什么？他们的情绪怎么样？

- 听觉：有什么声音？声源在哪里？这些声音让你平静还是不安？你能想象别人会对这些声音做出什么反应吗？

- 触觉：你感受到了什么样的纹理、温度和品质？你能感觉到空气流动或温度变化吗？这些触觉让你有什么感觉（如安全、舒适、厌恶、厌倦等）？

- 嗅觉和味觉：你闻到了什么？这个地方闻起来是新鲜的、清新的，还是陈腐的、令人窒息的？这里有什么东西可以品尝吗？

- 感受：你感到愉快还是悲伤？这个空间是令人放松的、令人不适的，还是令人乏味的？其他人的存在是丰富了这个空间，还是给它造成了混乱？有没有特别的人、活动或群体吸引了你的注意力，或是让你感到不适？

下面就以上海文化商厦的入口为例表述五感观察。

- 视觉：玻璃大门不干净，门口停放着电瓶车，有个别商贩在大门处贩卖小件物品。
- 听觉：有商贩的谈笑声、汽车的鸣笛声、路人经过时的谈话声，有商业街的感觉。
- 触觉：大门处的玻璃和柱子都是光滑的，但是颜色发黄，让人不太想去触碰。
- 嗅觉和味觉：路上的鸡翅包饭特别香，很诱人。商厦隔壁就是杏花楼，出了商厦可以买点心吃。
- 感受：大门外有人走动，他们中的大多数很高兴。

5. 活动注记

活动注记指在不同时间段观察场地内的实际活动情况并进行记录。观察时间最好分别在淡季、旺季的上下午或其他不同时段，例如工作日和节假日的上午，工作日和节假日的下午，等等。每次考察记录需要尽量多且完整地记录场地内的各种信息，包括人们的年龄范围、性别、种族、是否为工作人员，以及具体的活动内容和地点。

研究小组分别在国庆假期，即 10 月 1 日至 10 月 7 日的上午 9 点至 11 点、下午 3 点至 5 点，国庆假期后的工作日，即 10 月 8 日至 10 月 9 日的上午 9 点至 11 点、下午 3 点至 5 进行了设计调研。通过比较发现，不同时间段内上海文化商厦中活动的实际情况差别较大。所以研究小组将活动情况归纳为高峰期和非高峰期，将数据汇总并制作成彩色多级柱状图及饼状图，再根据性别、年龄、活动类型对人群进行比较，最后分析、总结出高峰期和非高峰期的主要活动和人群，并对工作人员的活动进行了额外分析。此外，研究小组根据数据计算出了性别、年龄和各层人数的占比，并做出了活动在商厦内的区位分布图。研究小组得到的高峰期、非高峰期活动注记总结如图 3-83 所示。

通过进行活动注记，研究小组发现在高峰期非工作人员的行为主要有四类。第一类是买文具、画材，注意力集中在商品上，主要人群是青少年，通常为同学结伴而来；第二类是购书或有购书意向的人，主要以中老年人为主，通常独自前来；第三类是进出商厦的人；第四类是在商厦内闲逛或是等待、吃喝东西的人。工作人员的活动以闲谈和整理货物为主，即使高峰期进出商厦和购书的人数增加，工作人员的非工作活动（闲谈、玩手机等）的比例也没有下降。

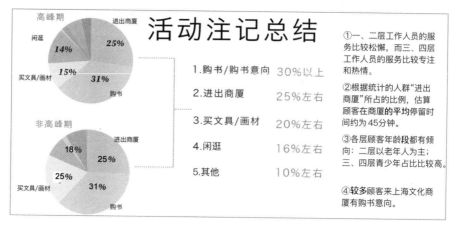

图 3-83　高峰期、非高峰期活动注记总结

6. 绘制功能分区图

功能分区指设计师在平面布局时会分出主要活动空间和供移动的次要空间，并为它们设定不同功能。这是设计师将潜在的功能与最终的用户使用方式联系起来的途径。功能分区的评价内容基于对空间的仔细观察和对潜在使用者如何感知与解读场地的认真分析，所以功能分区图应覆盖整个场地。图 3-84 为上海文化商厦各层的功能分区图。

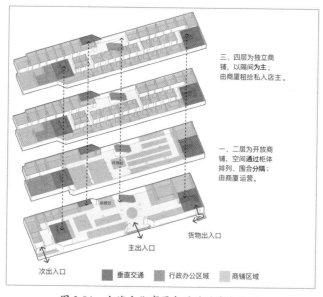

图 3-84　上海文化商厦各层的功能分区图

根据现场观察和活动注记等设计调研数据，以使用者的行为类型为依据，研究小组将整个场地划分为四种主要功能区，即出入口、垂直交通（电梯、扶梯）、商铺区域和行政办公区域。其中，商铺在各层均为主要区域，占地面积最大，属动态行为区；出入口仅一层有，分为两个人行出入口和一个货物出入口；垂直交通每层都有；行政办公区域分布在二、三、四层，只有商厦的工作人员可以进入。

7．跟踪调查法

跟踪调查法是在确定了目标人群后，研究者对他们的行为进行详细了解并记录的一种方式。跟踪调查法可以在目标人群不知情的情况下进行，研究者需在跟踪过程中记录目标人群的走向、行为、情绪等信息，也可以邀请目标人群做现场试验，给予他们特定的任务，并观察、记录其行为，随后邀请他们进行访谈。

研究小组对上海文化商厦的闲逛人群、有购物意向人群和提供商业服务人群分别做了跟踪调查，并记录下跟踪过程中目标人群的行为及位置。通过跟踪调查法，研究小组可以更好地了解目标人群在上海文化商厦内的行为，并分析其原因，例如有购物意向人群为什么选择在某层购物而不选择另一层，这会帮助研究小组深入地分析上海文化商厦的环境和布局对不同人群的影响。

在此以对有购物意向人群的跟踪调查为例，如图 3-85 所示。研究小组发现，有购物意向人群一般无固定出现时间；他们在商厦内的停留时间通常较短，一般先购买目标商品再随机闲逛；他们通常在三层或四层进行购物，这是因为三、四层商品的专业性强；他们的活动路线简捷，一般不重复。

8．访谈

将目标人群分好类后，研究小组需要非正式地对他们进行访谈。访谈前需要准备好一系列问题，要针对不同的人群了解那些无法通过现场观察获得的信息。例如，了解有购物意向人群和闲逛人群的年龄、职业等个人信息，以及来上海文化商厦的目的是什么、来这里进行了哪些活动、一般多久来一次、一般停留多久、怎么来这里、对上海文化商厦有什么意见和建议。对于提供商业服务的人群，研究小组则提供了另一个版本的访谈问卷，包含了他们日常上班和下班的时间、对环境的感受等问题。

以对有购物意向人群的访谈为例。研究小组在上海文化商厦内的不同区域找到了两组愿意接受采访的有购物意向人群，均在他们结束购物后实施访谈（当时他们的心情都不错）。其中一组为 2 名男青年，年龄在 22 岁左右；另一组为 3 名女青年，年龄在 22 岁左右。通过访谈，研究小组得到以下结论。

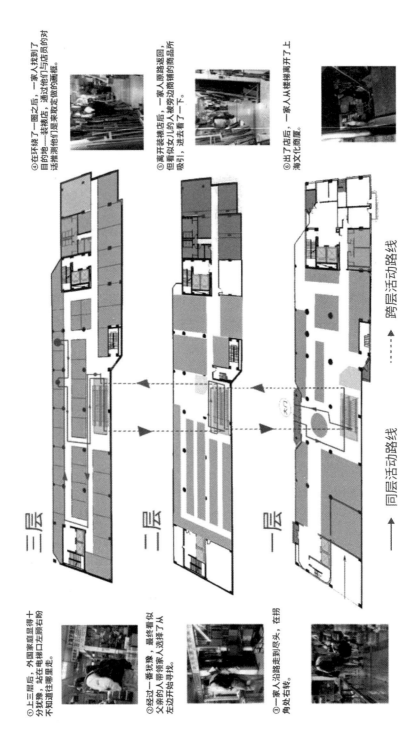

④在环绕了一圈之后，一家人找到了目的地——装裱店，通过他们与店员的对话推测他们是来取定做的画框。

⑤离开装裱店后，一家人原路返回，但看似左女儿做旁边商铺的商品所吸引，进去看了一下。

⑥出了店后，一家人从楼梯离开了上海文化商厦。

三层

二层

一层

①上三层后，外国家庭显得十分犹豫，站在电梯口左顾右盼不知道往哪里走。

②经过一番犹豫，最终看似父亲的人带领家人选择了从左边开始寻找。

③一家人沿路走到尽头，在拐角处右转。

跨层活动路线　⋯⋯▶

同层活动路线　——▶

图 3-85　对有购物意向人群的跟踪调查

有购物意向人群是上海文化商厦中比较常见但又比较特殊的群体,因为通常情况下商厦内的大部分设施都是为有购物意向人群提供的。由于停留的时间不长,他们对环境没有特别高的要求,但是对空间内导向设计和功能分区有较高要求。他们来商厦的时间一般不太固定,通常买书、文具、画材等。此外,他们会根据需要停留在不同的楼层,主要是三、四层。这类人群一般在商厦中停留 0.5 小时左右,其中一部分时间用于寻找目标商铺及商品;另一部分时间用于在商铺区域与他人(如工作人员)交谈。他们基本不会停留在无商铺的区域。

这类人群觉得上海文化商厦的整体环境一般,同时存在一些问题:主要是工作人员态度欠佳,影响他们的购物心情;三、四层环境比较脏乱,夏天还比较闷热;商铺密集的层楼容易迷路,难以找到目标商铺。他们通常是经人推荐才来这里购物的,可见上海文化商厦的口碑还不错。商品的专业性强、品种齐全也是上海文化商厦的优势之一。

9. 同类型比较

同类型比较指寻找其他与目标场地类似的场地进行评价与分析。从对宏观的区位条件和功能区环境进行比较,到对微观的人群和细节进行比较,通过对比了解其他场地的优点和值得借鉴的地方,找出目标场地的不足之处,为最后的总结分析打好基础。

在本案例中,研究小组找到了与上海文化商厦类似的商铺:淘书公社和百新文具馆。这两家商铺均位于福州路,在地理位置、区位、功能区划分及人群类型上都有相似的地方。研究小组通过设计调研找到了淘书公社和百新文具馆中优秀的设计点,以供上海文化商厦的优化设计借鉴。

在此,以百新文具馆和上海文化商厦的局部区域为例进行对比,如图 3-86 所示。

研究小组发现了以下可以借鉴之处。

(1)百新文具馆的门面装饰简洁,内外的装饰风格统一、规整,营造了很好的视觉效果。入口处经过精心设计的橱窗也能够吸引人驻足。内部用不同颜色来划分商品区域,标识牌醒目。

(2)关于商铺空间设计的比较如下。与上海文化商厦相比,百新文具馆的室内环境宽敞舒适、干净整洁,色调也比较明快(如图 3-86 中②所示);过道宽敞,不会给顾客带来不便;商品摆放合理,较有吸引力;收银台位于商铺中心,商品柜台围绕收银台呈现流线式排布。

图 3-86 上海文化商厦与百新文具馆对比图

由此可以得到给上海文化商厦优化设计的建议：可以将收银台移至更醒目的位置，并考虑改变装修风格，让色调更加明快。此外，可降低货架的高度，避免给顾客带来拥挤、封闭、压抑的感觉。

3.9.3 6W 总结分析

6W 总结分析指对调研对象提出 Who、What、How、When、Where、Why 这 6 个问题，并对他们的回答进行分析、总结的过程。这样得到的结论可以避免主观臆断，利用各种设计调研方法得到的文字、数据和图片都可作为这些结论的有力支撑。在证明每个 W 对应的结论时，至少需要 3 个证据，且证据越多，结论就越可靠。

下面介绍每个 "W" 的含义。

（1）**Who**：谁在使用该场地？

（2）**What**：这类人群来该场地做什么？他们有哪些行为？哪些是多数人的行为，哪些是少数人的行为？

（3）**When**：这类人群一般什么时候使用该场地？每次停留多久？频率如何？工作日和节假日有无区别？

（4）**Where**：这类人群在哪里开展他们的活动？哪些是集中停留的地方？哪些是必经之处？

（5）**Why**：这类人群为什么会选择该场地活动？他们来该场地的动机是什么？

（6）**How**：这类人群会对其他人群造成什么影响？他们与其他人群有什么关系？

根据前文对上海文化商厦目标人群的设计调研结果，研究小组对 6W 做了解答，并列出相关证据对该答案进行证明。每个 W 都需要 3 个及以上由不同设计调研方法获得的证据。以有购物意向人群为例，对 6W 的解答如下。

Who：有购物意向的人主要为中老年人，其次为青少年，其中去三层和四层的主要为艺术专业的工作者或学生，如图 3-87 所示。

图 3-87 有购物意向人群分析：Who

从证据 1、3 可知，中老年人和青少年为主要有购物意向人群，且中老年人占比较高；通过证据 2 可知，三、四层的有购物意向人群主要为艺术专业的工作者或学生。

What：有购物意向人群的主要行为是买文具、书和画材，如图 3-88 所示。

图 3-88 有购物意向人群分析：What

证据 1、3 显示买书和画材的人居多，证据 2 显示人们被上海文化商厦商品的多样性所吸引，因此可以得出结论：相比于其他独立店铺，有购物意向人群更倾向于在上海文化商厦里一站式购物，购买的商品主要包括文具、书籍、画材等文化用品。

When：有购物意向的人大多选择在中午至下午关门前购物，少数人选择在上午购物，如图 3-89 所示。

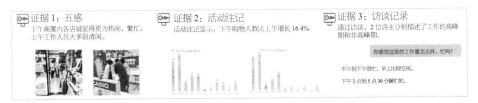

图 3-89 有购物意向人群分析：When

通过证据 1 我们得知工作人员上午比较清闲，但是仍有少数有购物需求的人会光顾。根据证据 2 可知，下午购物者的数量相比于上午有所增长。由证据 3 可知，工作人员下午比上午忙。

Where：调查发现有购物意向的人主要位于三、四层，如图 3-90 所示。

图 3-90　有购物意向人群分析：Where

证据 1、2 表明有购物意向人群往往直接去三、四层购买商品；证据 3 表示上海文化商厦的有购物意向人群的行为和同类型商店的不同，商厦中的购物者大多买完即走，而百新文具馆中的购物者买完商品后大多还会继续闲逛。

Why：有购物意向人群有明确的购物目标，青少年多为经人推荐或受师长要求前往此处购物，如图 3-91 所示。

图 3-91　有购物意向人群分析：Why

证据 1、2 表明，有购物意向人群大多有明确的购物目标，而且他们对一、二层的商品并不感兴趣；证据 3 表示他们大多是被人推荐或要求而直接来商厦挑选自己需要的产品。

How：多数人直奔熟悉的店铺购物，少数人先闲逛后购物。有购物意向人群对服务态度不好的店员有本能抵触。如图 3-92 所示。

图 3-92　有购物意向人群分析：How

证据 1 显示有购物意向人群喜欢直接去自己熟悉的店铺购买商品；证据 2、3 显示店员的服务态度不好会导致有购物意向人群不大想在商厦内停留，因而直接选择到他们熟悉的店里买完就走，这点与闲逛人群大不相同。

3.9.4　确定问题

确定问题指利用 POE 方法进行评价与分析，并根据目标人群的需求，找到目标场地存在的问题。能够确定的问题从宏观层面上看可以是选址、布局、功能分区，从微观层面上看则可以是不同目标人群及细节问题。

对上海文化商厦相关问题的确定遵循从宏观到微观，从选址到布局，从功能分区到目标人群使用方式及细节的路线。

（1）选址问题：上海文化商厦位于交通干道福州路，人流量较大。周围有不少居民区、学校等，可以为其提供客源。商厦靠近地铁站和公交车站，交通便利。但是福州路上与上海文化商厦同类型的文具店和书店众多，它们在商品价格、服务质量、购物环境等方面较上海文化商厦有一定的优势，形成竞争关系。这里可以提出相应的优化意见，如打造差异化业态，为顾客提供独特的购物体验，等等。

（2）布局问题：上海文化商厦虽然有两个出入口，但是大多数人都会选择主出入口，从而造成该出入口的人流压力很大。另一出入口不易被发现，基本不被使用。这里可以提出相应的优化设计意见，如增加同主出入口方向一致的新出入口，加强其他出入口处标识牌的引导效果，等等。

（3）功能分区问题：上海文化商厦的功能分区特征不明显，各分区的位置并不是特别合理。一层的收银台位于角落，不易被顾客发现。二、三、四层缺少分区指示牌，顾客常因此重复走动或迷路。

（4）目标人群问题：上海文化商厦的商品堆放得杂乱无章，缺少休息设施和适宜看书的光线等，会减少有购物意向人群逗留的时间，从而降低商品售出的概率，影响销量。

（5）其他细节问题：上海文化商厦面向街道的立面很不起眼，未经设计，没有起到吸引顾客的作用。商厦内针对顾客的人性化设施不够多，比如入口处的伞架、防滑垫、购物筐、可供休息的座位等。书店、画材店等的空间设计布局不够合理，指示牌不够清晰，商品摆放杂乱无章，不利于顾客挑选，从而减少了购买量。部分楼层和商铺光线昏暗，通风不畅，给顾客造成压抑感，影响顾客购物的心情。

┃ 3.9.5 分析人物角色

人物角色是在大量设计调研的基础上进行处理的真实、有效的人群分类，它抽象出角色、场景、剧情的特征，形成一个或多个虚拟角色。它是对基于真实人物提供的便于理解且准确的数据构建的虚构人物的详细描述，涵盖了主要研究人群的共有特征，便于以小见大。

在对上海文化商厦的设计调研中，通过提出和验证假设，研究小组确定了3种典型人群：闲逛人群、有购物意向人群及提供商业服务人群。研究小组对这3种人群的基本信息、用户目标、对环境的需求、情景故事进行描述，使这3种人群几乎可以代表所有的用户群体。图3-93为以有购物意向人群为例进行人物角色分析。

经设计调研发现，有购物意向人群以年轻人为主，因此模拟一名大学生并设定其基本信息（年龄、职业、生活水平、性格、爱好及场所使用情况），总结此类人群的用户目标及对环境的要求（如在最短时间内寻得商品和希望商铺合理归类分布）。最后描绘一个有情节的故事，其中包含在访谈过程中得知的用户购物路线、五感观察的内容及其他有代表性的事件（如营业员态度冷淡、发现对面文具店更有吸引力，等等）。

PERSONA

有购物意向人

年龄：22 岁

职业：大三学生

生活水平：较好

性格：有想法 爱思考

爱好：绘画 阅读

场所使用情况：每月一次

用户目标：
在最短时间内寻得目标商品。
能一次购齐所有目标商品，同时能有新发现。
特价及精品商品的位置以及商厦活动能一目了然。
希望提供商业服务人群以专业、热情的态度向用户提供商业信息。

环境要求：
商厦内多处有可视化标牌，尤其是在交通流量大的区域。商铺合理归类分布，同一种类集中摆放。
增加商铺种类，空间呈流动型或环形，能依次逛完所有商铺。
宣传海报或者展板分布在显眼的位置，清晰可见。

情景故事：

任民和室友们约好下午一起去福州路买画材、文具。

下午1点，3人乘坐地铁2号线到达人民广场站，沿着福州路的画材文具店一家家看，大约看了3家到4家后，任民表示每家店的种类和价格都差不多，不如去上海文化商厦，因为之前老师推荐过，而且那里东西也比较全，可以一次性购买到所有想买的物品。

3人走了10分钟到达上海文化商厦大门，在一层看到百乐、斑马、三菱等受欢迎的文具品牌便走进去看了起来。任民突然问道："你们有没有看到门口贴着打折的信息？"室友们面面相觑表示没有。任民心想可能是自己看错了，于是便继续看文具。

很快她就发现这些文具一点不比精品店便宜，但毕竟来了，她觉得就买一点吧。于是她拿起1只针管笔问营业员这个好用吗，营业员却只是扫了她一眼，满不在乎地说自己又没用过，不清楚。任民听了这话很不高兴，心想你哪怕推销一下也好啊，于是便放下东西离开了柜台。

之后她感觉现在逛的一层各区域卖的东西似乎没什么区别，她也没有兴趣往楼上走了。于是她询问室友要不要去对面的百新文具馆看看，室友觉得可以。3人离开商厦，过了条马路就来到了百新文具馆，进门她们就被精致的店内设计和新奇的文具吸引，纷纷奔向自己中意的区域选购商品。

图 3-93 有购物意向人群的人物角色分析

参考文献

[1] 罗仕鉴，朱上上. 用户体验与产品创新设计[M]. 北京：机械工业出版社，2010.

[2] UCDCHINA. 贯穿整个产品生命周期的用户研究[EB/OL]. (2007-03-31) [2023-07-19]. http://ucdchina.com/blog/?p=19.

[3] 库涅夫斯基. 用户体验面面观——方法、工具、实践[M]. 汤海，译. 北京：清华大学出版社，2010.

[4] ABELA. The extreme presentation(tm) method[EB/OL]. (2006-09-06)[2023-08-03]. https://extremepresentation.typepad.com/blog/2006/09/choosing_a_good.html.

[5] 吴翔. 产品系统设计——产品设计（2）[M]. 北京：中国轻工业出版社，2000.

[6] 徐公伟. 也谈设计调研[J]. 现代装饰，2009，4：131.

[7] MAI X Q, LUO J, WU J H, et al. "Aha!" Effects in a guessing riddle task: an event-related potential study[J]. Human Brain Mapping，2004, 22(4): 261-270.

[8] BUCHANAN R. Wicked problems in design thinking[J]. Design Issues，1992，8(2): 5-21.

[9] 原研哉. 设计中的设计[M]. 朱锷，译. 济南：山东人民出版社，2006.

[10] Council. What is the framework for innovation? Design Council's evolved double diamond[EB/OL]. (2019)[2023-08-03] https://www.Designcouncil.org.uk/news-opinion/what-framework-innovation-designcouncils-evolved-double-diamond/.

[11] DAN NESSLER. How to apply a design thinking, HCD, UX or any creative process from scratch [EB/OL]. (2016)[2023-08-03]. https://medium.com/digital-experience-design/how-to-apply-a-design-thinking-hcd-ux-or-any-creative-process-from-scratch-b8786efbf812

[12] STANDFORD D. School design thinking approach[EB/OL]. (2015) [2023-08-03]. https:// dschool. standford.edu.

[13] 蒂姆·布朗. IDEO，设计改变一切[M]. 侯婷，何瑞青，译. 杭州：浙江教育出版社，2019.

[14] Stanford d.school design thinking process diagram[EB/OL]. [2023-08-03]. https:// dschool. stanford.edu.

[15] IDEO design thinking[EB/OL]. [2023-08-03]. https://www.ideou.com/pages/design-thinking.

[16] IDEO design thinking[EB/OL]. [2023-08-03]. https://www.ideou.com/blogs/inspiration/design-thinking-process?_pos=3&_sid=5c7e771f2&_ss=r.

[17] IDEO shopping cart[EB/OL]. [2023-08-03]. https://www.ideo.com/post/reimagining-the-shopping-cart.

[18] 唐伟. 谈设计调研与创意[J]. 科技信息，2009，7：318.

[19] IDEO specialized bicycle components 自行车水瓶[EB/OL]. (2010)[2023-08-03]. https://wenku.baidu.com/view/4888bae870fe910ef12d2af90242a8956aecaa1a.html?re=view&_wkts_=1691635672322.

[20] 杨焕. 数据与设计的融合——大数据分析导出用户需求洞察的创新路径研究[J]. 装饰，2019，5: 100-103.

[21] 李伟超，贾艺玮，赵海霞. 基于大数据分析的用户需求挖掘研究[J]. 创新科技，2016，11(16): 72-74.

[22] Oral-B 公司儿童牙刷设计[EB/OL]. (2010)[2023-08-03]. https://wenku.baidu.com/view/4888bae870fe910ef12d2af90242a8956aecaa1a.html?re=view&_wkts_=1691635672322

[23] HALLIDAY S. Notes on organizational design[EB/OL]. (2018-08-27)[2023-07-23]. https://medium.com/@stedmanhalliday/notes-on-organizational-design-fbdaed1c9912.

[24] 罗宾斯，贾奇. 组织行为学[M]. 李原，王震，孙健敏，译. 北京：中国人民大学出版社，2016.

[25] KARA P. Research repositories for tracking UX research and growing your researchOps[EB/OL]. (2020-10-18) [2023-07-23]. https://www.nngroup.com/articles/research-repositories/.

[26] PROSCI. The prosci ADKAR model[EB/OL]. [2023-07-23]. https://www.prosci.com/methodology/adkar.

[27] BALBONI K, BURNAM L, DOMBROWSKI R, et al. The state of user research 2022[EB/OL]. (2022-03-08)[2023-07-23]. https://www.userinterviews.com/state-of-user-research-2022-report.

[28] BENINGHOF B. Democratization 2.0: the assisted model[EB/OL]. (2022-08-25) [2023-07-23]. https://www.userinterviews.com/blog/democratization-2-0-the-assisted-model.

[29] 真实故事计划. 快手人类学 [M]. 北京：台海出版社，2021.

[30] 柯南，瞿恩. 小红书 WILL 商业大会[Z/OL]. (2023-02-23)[2023-07-28].

[31] 挖数科技[DS/OL]. [2023-08-01]. https://www.wantdata.cn/weibo.

[32] 渔跃体验咨询. IDEAL 螺旋式价值上升模型[EB/OL]. https://www.fishdesign.top/insight.

[33] 小红书技术 REDtech. 小红书信息流推荐多样性解决方案[EB/OL]. (2022-05-18) [2023-07-19]. https://mp.weixin.qq.com/s/mBaMVRwJEirQjti_0NiDxQ.

[34] 凯奇. 大规模深度学习系统技术及其在小红书的应用[EB/OL]. (2022-10-15) [2023-07-19]. https://mp.weixin.qq.com/s/4edlj4MuOkvf7zSG12crwA.

[35] EV 知道. 极狐汽车对亲子出行下手了 搭载电动儿童座椅的考拉正式亮相[EB/OL]. (2023-01-10)[2023-07-19]. http://m.chexun.com/2023-01-10/113805769.html.

[36] 刘逸青，谢丽媛. 2021—2022 小红书"投影仪"居家场景洞察报告[R/OL]. (2022-09-29) [2023-07-22]. https://mp.weixin.qq.com/s/4plakwhHmxWe9hn7rsi72A.

附录 A
单人访谈法案例

某手机厂商希望针对刚推出的一款手机进行用户访谈，主要目的是了解这款手机的购买者。通过这个模拟的案例，我们来看一下如何进行单人访谈，相关的流程、问题及话术如下。

您好，我叫×××，是××公司的用户研究员。今天邀请您来参加我们的访谈活动，是因为您是我们新款手机的购买者，我们非常愿意了解您的使用情况和意见。今天的活动大概需要1小时，期间我们将全程进行拍摄，请问您是否可以接受？（可以的）那我们就开始吧。

（1）请先简单介绍一下自己。

（2）请从下面选出您购买××手机时最主要的3个决策因素，能分别说一下为什么吗？

① 外观设计　② 操作系统　③ 图标设计　④ 易用程度　⑤ App 种类
⑥ 语音质量　⑦ 联网速度　⑧ 硬件性能　⑨ 耐用程度　⑩ 电池寿命
⑪ 屏幕尺寸　⑫ 显示质量　⑬ 朋友推荐　⑭ 价格　　　⑮ 客服
⑯ 制造商品牌　⑰ 摄像头性能　⑱ 其他

（3）您在购买前花了多少时间搜索、了解××手机的相关信息？

用1~7表示程度，1为没有花时间，7为花了最多的时间。您给出的分数是多少？能简单解释一下吗？

（4）您是如何获得这些信息的（如从家人、朋友、博客、科技网站、商店等处获得）？

（5）您是在哪里买到××手机的？是线下官方直营店、官方网店，还是代理商的实体店，或者其他电商平台？能说说您为什么选择从此处购买吗？

（6)您在购买之前尝试过使用××手机吗？如果有的话，那么是在哪里使用的？

（7）请回想一下您第一天使用××手机的感受，用哪个词可以表达您的感受呢（激动、兴奋、有趣、挫败、单调、无聊、无力、复杂、神奇、深刻等）？请展开说说您的这种感受吧。

（8）您第一次使用××手机的感受是否符合您的期望（期待）？在多大程度上符合？

（9）您喜欢哪几个手机的品牌？在您喜欢的品牌中哪个让您有购买欲望？为什么？

（10）在我们的手机里，您最喜欢的3个功能是什么？能依次展开说明吗？

（11）您最不喜欢的功能是什么？为什么？

（12）下面我们来看一下功能 A，您觉得这个功能是否符合您的需求？您平时是否使用它？

（13）下面我们来看一下功能 B，您觉得这个功能是否符合您的需求？您平时是否使用它？

（14）下面我们来看一下功能 C，您觉得这个功能是否符合您的需求？您平时是否使用它？

（15）对我们的手机，您有什么其他的使用建议和补充吗？

结束语：好，今天我们的访谈就差不多结束了，最后还是非常感谢您的参与，稍后我们这里的工作人员会和您沟通礼金的发放事项。

根据以上问题设计访谈时使用的记录纸，如表 A-1 所示。我们既可以每访谈 1 名用户，就用一张新记录纸记录，也可以将所有用户的回答都记录在同一张记录纸上。将每个问题的回答 1 至回答 N 并列摆放，并在最后提取他们回答的相同和差异之处，方便后期对比每位用户的信息。

表 A-1 记录纸样式

题　目	回答 1	回答 2	回答 N	整理相同/差异
2. 最主要的 3 个决策因素				
3. 花了多少时间了解××手机				
4. 获得××手机相关信息的途径				
5. 购买××手机的地方				
6. 购买前是否使用过××手机				
7. 第一次使用××手机的感受				
8. 初体验是否与期望相符				
9. 对其他手机品牌的评价				
10. 最喜欢的 3 个功能				
11. 最不喜欢的功能				
12. 功能 A 的使用情况				
13. 功能 B 的使用情况				
14. 功能 C 的使用情况				
15. 补充建议				

反侵权盗版声明

电子工业出版社依法对本作品享有专有出版权。任何未经权利人书面许可，复制、销售或通过信息网络传播本作品的行为；歪曲、篡改、剽窃本作品的行为，均违反《中华人民共和国著作权法》，其行为人应承担相应的民事责任和行政责任，构成犯罪的，将被依法追究刑事责任。

为了维护市场秩序，保护权利人的合法权益，我社将依法查处和打击侵权盗版的单位和个人。欢迎社会各界人士积极举报侵权盗版行为，本社将奖励举报有功人员，并保证举报人的信息不被泄露。

举报电话：（010）88254396；（010）88258888

传　　真：（010）88254397

E－m a i l： dbqq@phei.com.cn

通信地址：北京市万寿路173信箱　电子工业出版社总编办公室

邮　　编：100036